伦理学基础

The Bases of Ethics

黄正华 著

社会科学文献出版社
SOCIAL SCIENCES ACADEMIC PRESS (CHINA)

目 录

绪　论 ·· 1

第一章　自由的根据 ··· 5
第一节　自由与决定论 ·· 5
第二节　个人的自由 ·· 13
第三节　自由的基本特征 ·· 20
第四节　他人的自由 ·· 26
第五节　不同类型的自由 ·· 31
第六节　自由与伦理学 ··· 39

第二章　伦理学方法 ··· 43
第一节　伦理学中的心理主义 ·· 43
第二节　语言分析方法的意义 ·· 48
第三节　基于认识共同体的语言分析方法 ··························· 53
第四节　系统方法 ··· 58
第五节　三种类型的伦理学 ··· 64
第六节　伦理学中的心理语词 ·· 68

第三章　人生目的 ··· 74
第一节　目的链条 ··· 74
第二节　人生目的及其问题 ··· 78
第三节　实际接受的人生目的 ·· 81
第四节　应当接受的人生目的 ·· 88

第四章　伦理学中的规范 …… 92
- 第一节　目的与规范 …… 92
- 第二节　伦理学中的事实 …… 96
- 第三节　规范的基本特征 …… 100
- 第四节　规范的类型 …… 107

第五章　美德伦理学与规范伦理学 …… 114
- 第一节　美德伦理学及其局限 …… 114
- 第二节　什么是品质 …… 120
- 第三节　对规范伦理学的批评 …… 126
- 第四节　以规范为基础的研究 …… 133

第六章　评价词 …… 139
- 第一节　伦理语词与自然主义谬误 …… 139
- 第二节　"好"的含义 …… 144
- 第三节　评价词的基本特征 …… 151

第七章　价值与价值语句 …… 158
- 第一节　什么是价值 …… 158
- 第二节　内在价值 …… 163
- 第三节　最高价值 …… 168
- 第四节　是与应该 …… 173
- 第五节　事实与价值的一般关系 …… 180
- 第六节　价值语句的真假 …… 185

第八章　义务论与后果论 …… 190
- 第一节　传统的价值标准 …… 190
- 第二节　义务论 …… 195
- 第三节　后果论 …… 202

第九章　社会规范的合理性
第一节　相对主义的困境 …… 208
第二节　社会行为与社会规范 …… 213
第三节　社会规范的根据 …… 218

第十章　社会团体与实有规范
第一节　实践共同体的基本特征 …… 226
第二节　社会群体与社会团体 …… 231
第三节　实践共同体与社会团体 …… 236
第四节　实有规范 …… 240
第五节　规范系统 …… 245

第十一章　道德规范的特征
第一节　作为规范的道德 …… 252
第二节　伦理利他主义与伦理利己主义 …… 255
第三节　道德规范与社会规范 …… 264
第四节　道德规范的普遍性 …… 269

第十二章　两种含义的道德规范
第一节　个体道德 …… 275
第二节　社会公德 …… 281
第三节　个体道德与社会公德的关系 …… 287
第四节　区分的根据 …… 292

第十三章　社会中的道德规范
第一节　社会制度与道德规范的关联 …… 300
第二节　理想社会及其根据 …… 305
第三节　应当接受的理想社会 …… 311
第四节　民主社会中的道德规范 …… 319

第十四章 社会公德的形成 …… 326
第一节 法律、行政与教育 …… 326
第二节 稀缺性目的 …… 333
第三节 非稀缺性目的 …… 339
第四节 社会公德的系统形成 …… 344
第五节 民主社会中社会公德的形成 …… 349

第十五章 品德评价 …… 354
第一节 品德评价与知行不一 …… 354
第二节 品德评价中的运气 …… 362
第三节 误判及其消除 …… 369
第四节 美德的自主培养 …… 377
第五节 美德培养的社会环境 …… 384

第十六章 安身立命 …… 390
第一节 人的自觉 …… 390
第二节 人生困境 …… 396
第三节 四种人生境界 …… 402
第四节 人生境界的确认 …… 408
第五节 高明境界的达到 …… 413
第六节 中庸之道 …… 418

结语 行如哲人 …… 423

跋 …… 432

绪 论

在特定的情境中,人可选择做不同的行为。一个人实际所选择的行为至少在他自身看来是合理的,而他要做出合理行为,显然先要知道何种行为是合理的。人们可基于不同的理由来判定一行为是否合理。一行为基于某种理由是合理的,却可能因其他理由而不合理。如果行为基于不同理由而具有不同的合理性,那就可区分出不同类型的合理性。人们实际区分出了诸如法律合理性、宗教合理性、政治合理性、经济合理性与道德合理性等不同类型的合理性。法理学或法哲学主要关注法律合理性,政治哲学主要关注政治合理性,最为关注道德合理性的学问则是伦理学。

在伦理学中,首先要提到的两个术语很可能是"道德"与"伦理"。"道德"与"伦理"产生于两千多年前的西方文化中,它们在词源上基本同义。这两个术语流传至今尽管已有两千多年,其含义却没有发生根本性的变化。从词源上看,中文中"道德"与"伦理"所表达的事物并不相同,不过受西方文化影响的中国现代文献一般也不太认真地区分它们。正是如此,尽管可对"道德"与"伦理"做出一些区分,而实际也有人有区别地使用它们,但此处并不准备这样做。不过为了表述的方便,在实际使用过程中,还是有必要对它们略做一些技术上的区分。这里特别地把对道德合理性、道德行为等道德现象的研究称为伦理学,而不称为道德学。伦理学尽管研究道德现象,却不只如此,它还可能研究法律现象、政治现象等。就此而言,伦理判断不完全等同于道德判断,伦理现象也不完全等同于道德现象。

对伦理学的研究与对物理学、化学等自然科学的研究不同。一个物理学家或化学家通常会与其他物理学家或化学家一起,甚至会与普通大众一起,共同接受诸多共识或前提。如他们接受某些共有的语言表达系统,把实验所获得的结果当作事实,甚至坚信一些基本原理以及它们得以成立的信念,等等。正是如此,物理学家或化学家可直接从这些被广泛接受的前提开始进行研究，而不必从更为基础处开始。伦理学往往缺乏这样的前提。不仅伦理学家内部难以拥有被广泛接受的基本原则或理论，而且不同伦理学家从相同的道德现象中也可能获得不同的事实。在伦理学中，甚至不存在一个为众多伦理学家共同接受的语言表达系统。诸如此类的情形迫使伦理学家要从一些没有被广泛接受的甚至充满争议的前提开始。如此一来，一些人甚至怀疑能否从伦理学家那里获得有关对道德现象的可信了解。这种怀疑当然是难以获得同情的。一个人如果断言不能从伦理学家那里获得对道德现象的可信了解，那他很可能也难以从其他地方达到目的。不过，人们的确有理由提出，如果希望对伦理问题给出较为可信的解答，或希望对道德现象给出较为深入而系统的认识，与自然科学家相比，伦理学家更需要从基础处开始，更有必要对其研究赖以依靠的那些前提进行反思。

从基础处开始的伦理学研究无疑会面临诸多困难。人们不仅对"伦理学基础是何物"有不同的回答，甚至对"伦理学基础是何种类型的事物"也广有争议。对那些试图了解道德规范起源的人来说，他所理解的伦理学基础可能是那些处于源头的道德规范或其他规范；对那些关注道德行为赖以产生的实际条件的人来说，他所理解的伦理学基础可能是行为者的某些心理因素或其所处的外部环境。不仅如此，尽管有人把某些事物当作伦理学基础，但在另一些人看来，它们非但不是伦理学基础，甚至只是空洞的虚构。比如，一些人相信，伦理学研究必定要基于被广泛接受的前提或绝对的基础，如要基于某些绝对的实践原则、绝对客观的事实等。胡塞尔就曾指出，伦理学需要"确定一个绝对的、纯粹的实践理性原则体系，这些原则脱离了一切与经验人及其经验关系的关联，它们应承担如下功能，即为一切人的行为，不论只是形式的，还是同时是实质的，规定绝对规范的标准"[①]。但现代伦理学家通常不太同意诸如此类的看法。他们相信，不仅难以获得这样的绝对基础，甚至它们是否存在也是极为可疑的。

正是如此，这里所说的从基础处开始并不表明伦理学要找到或提供

---

① 胡塞尔：《伦理学与价值论讲演录》，载万俊人主编《20世纪西方伦理学经典》（Ⅱ），中国人民大学出版社，2004，第90页。

某种绝对的伦理原则或道德规范，甚至不表明存在这样的基础。不过，即使在伦理学中没有这样的基础，也不表明不存在伦理学的基础性问题。实际上，这样的问题总是可找到的，如大致可把"为何伦理学家难以获得被广泛接受的共识""为何行为的合理性没有绝对的标准"等看作这样的问题。正因如此，这里所说的从基础处开始就只是表明，伦理学研究要从一些基础性问题开始，而不必从某些绝对的前提或基础开始。除此之外，还有必要指出的是，不仅不同的人对一些基础性问题的回答是不同的，甚至他们所提出的基础性问题也是不同的。如柏拉图的基础性问题不同于康德的基础性问题，而康德的基础性问题又不同于摩尔的基础性问题。

尽管基础性问题是什么通常不是很明确，但较为明确的是，从基础处开始研究的伦理学不只关涉道德现象，不只关涉道德领域，它也会关涉诸如法律、政治、宗教等其他现象，其研究会不自觉地超出道德领域。人们往往把"道德是什么"看作伦理学的一个基础性问题，但伦理学家在探讨此问题时，很可能要了解道德与法律、宗教、政治等之间的区别。如此一来，他就不限于谈论道德现象了。对道德合理性的探讨也常被当作基础性的伦理学研究。当伦理学家谈及道德合理性的根据时，他不仅要研究判定这种合理性的标准，也要一般性地研究判定合理性的标准，因而他的研究将超出道德领域。表达道德合理性的语言具有某些特殊性，如它们通常包含诸如"好""正当""应该"等语词。这些语词是伦理学的一些基本术语，伦理学无疑有必要对它们进行研究。实际上，对这些基本术语的含义以及它们之间关系的追问常常是伦理学研究中重要的基础性问题。由于伦理学家所试图理解的这些基本术语通常也被运用于法律、宗教、政治等领域，因而对它们的研究也就成了法理学、政治学等科学的基础。

从基础处开始的研究固然有益于推进伦理学的发展，它甚至是其他伦理学研究的基础，却不表明只有以这种方式才能推进伦理学的发展。不仅在探讨某些基础性伦理问题之前，对其他伦理问题的讨论早已出现，而且那些不准备以探讨基础性伦理问题为要务的伦理学（如应用伦理学、伦理学史等）也的确取得了显而易见、引人注目的成就。实际上，于基础性伦理学研究而言，这些非基础性的研究往往能带来意想不到的启发。

可以说，这两种类型的伦理学研究相互补充、相互促进。尽管如此，此处依然只希望从较为基础处开始研究伦理学，这也是我们把本书命名为《伦理学基础》的主要缘由。

尽管较为深入而系统的伦理学研究通常要从基础处开始，却不表明这种研究必定会提供一种全新的伦理学。就目前而言，任何基础性的伦理学研究都难以说是全新的。在人类文明的漫长发展过程中，伦理学研究成果汗牛充栋，它们极大地丰富了人们对道德现象或实践活动的认识。基于人类文明的积累性特征，人们很难相信，在当前以及可预见的未来将会出现一种全新的伦理学。不过，相比于以往，新时代的确涌现出了不同于以往的众多现实问题，而此时的人类思想也取得了诸多不同程度甚至堪称伟大的进展。在这些现实问题的引导下，结合新的思想材料，人们在伦理学领域中获得某些新进展也并非没有可能。

第一章 自由的根据

第一节 自由与决定论

当人们要求一个人做出合理的行为时，或要求一个人承担责任时，他通常相信这个人有自由或是自由的。如果人没有自由，他身不由己，其一切行为都是被决定的，那么要求他做出合理的行为或断言他的行为是合理的就显得没有意义了，他也无须为自己的行为承担责任。许多人相信，自由是区分行为合理与不合理、施予惩戒或荣誉、追求正义以及获得救赎的基础，它是道德、法律、宗教存在的前提，因而往往也是伦理学、法学、政治学等实践科学的前提。

古往今来，人们对自由问题有过众多繁复的讨论，不过，这些讨论所伴随的纷争远多于它们所取得的共识。这种情形的出现与"自由"一词存在多种含义是分不开的。在正式介入对自由问题的讨论之前，有必要对这里所说的自由做一初步的说明。一般来说，这里的"自由"是指，那具有自由的事物，其当前状态并不完全为其他事物以及此事物之前的状态所决定，而其后的状态也同样如此。它之所以处于当前状态，是它自己选择的结果。只要它愿意，它也可使自己处于其他状态。特别地，如果人具有自由，那么他当前所做的行为就并不完全为其他事物以及他之前的状态（如行为或思想）所决定，这是他自己选择的结果。只要他愿意，他也能做出其他的行为。洛克曾说："一个人如果有一种能力，可以按照自己心理的选择和指导，来思想或不思想，来运动或不运动，则他可以说是自由的。"[①] 洛克所说的自由与这里所说的自由是类似的。

人们一般不太关注世界中其他事物是否自由，而主要关注人是否自

[①] 洛克：《人类理解论》（上），关文运译，商务印书馆，1997，第208页。

由。人的这种自由，有时也特别地称为意志自由。这种称呼与对心灵的某种流行看法是密切相关的。"意志"一词的产生似乎主要归功于奥古斯丁。① 包括奥古斯丁在内的许多人认为，意志并不是指人的心灵，而是指心灵的某一部分或某种能力。他们进一步指出，心灵可分三个部分，除意志之外，还包含情感与理性。按这种看法，如果受心灵之外的事物的影响，那么某种情感将不可避免地产生，而它又决定性地影响人的行为，因而可以说，情感是外部事物决定人的行为的一种中介。不同人的情感可能完全不同，但理性与之不同。理性的一个目的是获取真理，由于真理具有客观性，因而至少一些人的理性是相同的，甚至所有人的理性都是相同的。意志不同于情感，也不同于理性。意志可决定人的身体做出某一行为，而其自身却不决定性地受心灵之外的事物的影响，它是一个人所具有的自主选择行为的能力。由于意志具有这样的特征，支持这种看法的人们相信，意志是自由的，并用"意志自由"与"自由意志"来表达自由与意志。按照这种看法，尽管理性可对人的行为提出要求，但这种要求要成为现实，还需要借助于意志，因为意志有能力支配人不按理性的要求行事。

尽管上述流行看法建议把心灵区分为不同部分或不同能力，但它不一定是可靠的。人们难以察看到他人的心灵，对于自己的心灵，他也感到它并非如面前的桌子一样清晰可辨，因而这种区分似乎不具有可行性。或许有人会提出，尽管心灵及其部分或心灵能力是抽象的，但它们可通过公开呈现于客观世界中的事物（如行为或人的生理特征等）表现出来，而据此可对它们做出清晰的区分。然而，对于这些公开呈现出来的行为与生理特征，人们通常难以区分它们是情感、理性或意志各自独立作用的结果，还是情感、理性或意志相互作用的结果，更难以了解它们是如何呈现出来的。可以预见，由于心灵不同部分与不同能力之间的区分不够清晰，人们不仅可对心灵做出多种可能的区分，而且在回答这些不同部分与能力之间具有何种关系时，也不可避免地会出现不同意见。基于此，赖尔相信，那种认定"有一些心理状态和心理过程，它们属于

---

① Richard Sorabji, "The Concept of the Will from Plato to Maximus the Confessor", in *The Will and Human Action: From Antiquity to the Present Day*, Thomas Pink and M. W. F Stone (eds.), Routledge, 2004, p. 15.

第一章 自由的根据

一类存在，还有一些身体的状态和身体的过程，它们属于另一类存在。在一个舞台上发生一件事在数量上决不等于在另一个舞台上发生一件事"的看法，是"机器中的幽灵的神话的一个不可避免的推广"，而意志以及它与其他心灵能力的区分纯属人为的虚构。①

如果没有可靠的理由把意志与其他心灵能力区分开来，而思想、行为也可能以心灵的其他能力为根据，那就难以断定心灵中的其他能力不具有自由。这样一来，把上述所说的那种自由或人的自由仅仅看作意志自由就显得不合适了。或许正因如此，洛克并不建议把这种自由看作意志自由。在他看来，把它看作"主体"自由更为合适。他说："自由只是一种力量，只能属于主体，而不是意志的一种属性或变状。"② 萨特对把这种自由等同于意志自由的看法也提出过批评。他断言把人的心灵切割为自由和不自由两个部分是不可能的，因为"意志远远不是自由唯一的、或至少是享有特权的表露，相反，它作为自为的完全的事件假设了原始自由为基础以便能将自己构成意志。意志事实上是作为相对某些目的而言的反思被确立的"，其他心理功能，如"激情可以提出同样的目的"③。当然，人们断言人的自由即是意志自由时，他所说的意志可能不是指心灵的某一部分或某种能力，而是指存在于人身体中并使得人呈现思想或做出行为的能力。尽管如此，为了避免误解，这里还是不打算称这种自由为意志自由，而愿意称之为心灵自由。

存在自由之物，那具有自由的事物至少部分可以摆脱外部环境的影响，其特定状态的出现不完全由其他事物以及此事物之前的状态所决定，它至少部分可由其自身中存在的、无待于外而具有的能力决定。这是一种自主决定或自主选择的能力。可称这一看法为自由论。一般认为，自由论与所谓的决定论是对立的。这里的决定论是指，不存在自由之物，所有事物都是被决定的。一事物是被决定的是指，其特定状态的出现不由其自身中存在的、无待于外而具有的能力决定，而完全为其他事物以及此事物之前的状态所决定。由于自由的抽象性以及自由论与决定论之间的密切关联，要理解自由以及自由论，有必要对决定以及决定论有所

---

① 吉尔伯特·赖尔：《心的概念》，徐大建译，商务印书馆，2005，第72页。
② 洛克：《人类理解论》（上），关文运译，商务印书馆，1997，第211页。
③ 萨特：《存在与虚无》，陈宣良等译，生活·读书·新知三联书店，1987，第569页。

了解。

决定论有多种类型，其中一种就是所谓的神学决定论。神学决定论相信，神是世界中各种事物或其特定状态出现的真正原因。在神的智慧与能力中，人的行为、思想是可以预见的，它们将注定以某种确定的方式出现。如果坚信存在神，并且它是全能的，这种决定论无疑是可接受的。然而，神学家通常认为，人的行为（如作恶）是自主选择的结果，人是自由的。这种看法与神学决定论之间似乎出现了不一致，于是，这种决定论就变得有些可疑了。尽管一些神学家绞尽脑汁地希望消除这种不一致，但都不是很成功。人们依然对全知且全能的神一方面希望人向善，另一方面又赐予他自由，使他可能作恶而感到奇怪。这也许是神具有无上智慧、难以为世俗的人们所臆测的原因之一吧。

相比而言，世俗的人们更容易接受另一种决定论，即因果决定论。按照这种决定论，一事物特定状态的出现完全为其他事物以及此事物之前的状态所决定。在所有这些事物之间存在一种相互关系，即所谓的因果关系，有时我们也称之为自然规律。在因果关系的作用下，一事物之前出现的状态同其他相关事物一起，可完全决定此事物之后出现的所有状态。根据这种决定论，人们很容易就可想象如下的结果：世界中的所有事物（包括人）都处于一个巨大的因果网络中，一事物在某一时刻的状态以及它之后的任何状态，都由它以及与之相关的其他事物之前的状态所决定，也可以说这些状态受制于这一因果关系。由于任何人都是此世界的一个组成部分，因而他同样受制于这一因果关系。

这种决定论与自由论看上去是对立的。如果这种决定论成立，那么任何事物的特定状态（包括人的行为和思想）的出现就都是被严格决定的，不存在自由之物。反过来，如果存在自由之物，这种决定论就变得不太可能了。设想人是自由的，而他与其他事物相关，那么受他影响的事物的某种状态就不为或至少不完全由其他事物以及此事物之前的状态决定。结果，人的影响一开始，存在于世界中的某些因果链条就将断裂。如果世界中的事物存在普遍的相关性，那么其中的所有因果关系都将因此而断裂，而那为因果决定论所设想的巨大因果网络自然也将不复存在。这样一来，这种因果决定论就不能成立了。

当然，还可能存在其他形式的决定论，这些决定论或多或少与自由论存在对立。不过，这里不打算细述所有这些决定论，而主要谈论因果决定论。就因果决定论与自由论而言，它们看上去都是可信的，甚至都是人们所不得不接受的。一些人提出，如果不接受因果决定论，许多科学（如自然科学）就难以想象。据说自然科学就是为了寻找事物之间的因果关系或自然规律而产生的。然而，如果不接受自由论，世界中的一切都是被决定的，如人的行为是受外部环境决定的结果，它不是行为者自身所选择的，那么不仅劝导人们遵守道德规范、对人施以奖惩等就失去了意义，甚至伦理学、政治学等科学也难以想象。考虑到因果决定论与自由论之间的这种对立，人们在接受决定论或自由论的问题上似乎就存在一个两难。这个两难自古以来就是人们激烈争论的话题。

有理由认为，上述两难多半源于一些误解。即便在严格的决定论（无论是神学决定论还是因果决定论）世界中，也依然可能存在道德现象、法律现象，存在伦理学、政治学等实践科学。在电影中，观众可看到其中的人物遵守各种道德规范、法律，他们为选择何种行为而苦恼，为自己已做的一些行为而后悔，为公平、正义或爱、友谊等辛勤求索。看起来，在电影世界中不仅存在道德、法律、宗教等现象，也存在伦理学、政治学等科学。然而，电影中的一切都由胶片所决定，其中的人物其实并没有自由选择能力。当你重新观看一部电影时，这种感受会更强烈！在神或斯宾诺莎的自然观中，我们自己很可能类似于我们眼中的电影人物。当现实生活中的人为自由选择而沾沾自喜时，为各种爱恨情仇所困扰时，其实他的选择完全可能是被决定的，一切都是被事先预定好了的。他自以为拥有自由，其实不过是表演冥冥中神或自然早已预定好的剧本而已。他遵守道德规范、法律的情形与电影中那些人物遵守道德规范、法律的情形并没有根本的不同，他引以为豪的对伦理学、政治学的研究也与电影中那些人物煞有介事地探索道德问题、政治问题是类似的。

因果决定论与自由论的确不一定是对立的。一般的自由论者往往抱有如此看法：一个人做出的某行为尽管不为他之前的状态以及其他事物所完全决定，但它也不是偶然出现的，纯粹偶然出现的行为不是自由行为。在某种意义上，自由行为也是被决定的，它为行为者自身或他的某种能力（如意志）决定。正是如此，斯马特等人提出，"决定论或至少是决定论的相似物对自由意志是必需的",甚至于"决定的程度越轻,我们的自由越少"①。此外,因果决定论有多种类型,那种认定世界中所有事物都处于一个巨大因果网络中的极端因果决定论固然可能与自由论难以相容,但并非所有的因果决定论都是如此。有些因果决定论者抱有如下看法:世界中的事物并不都处于一个巨大的因果网络中,它们可能处于不同的因果网络中。如在此世界中可能存在某些事物,尽管它们与其他事物一起能因果地决定一些事物的出现,但它们的某些状态的出现不完全为其他事物以及它们之前的状态所决定。由于在这一看法所设想的世界中,因果关系也在起作用,因而可把它看作另一种类型的因果决定论。不过,由于在这一世界中,有些事物并不是被因果决定的,它们可能随机地或自由地出现,因而这一看法与自由论是可相容的。

上述两难的出现很可能是受错误观念诱导的结果。在科学研究中,人们对所获得的事实进行整理,创造性地提出各种普遍性结论,并把那些被确认为真的普遍性结论看作理论。由于科学研究所获得的理论不一定是对事物或其中关系的反映,因而有理由表明,那些为事实所表达的各种事物之间是否具有决定关系或具有何种决定关系不是科学研究的必要前提,而世界上存在自由之物与人们以某种理论来理解它、认识它并没有矛盾。如此一来,即便世界中存在自由之物或人是自由的,依据科学依然可对它们进行研究。也即在进行科学研究、获取科学理论时不一定要预设因果决定论,或者因果决定论不是人们在从事科学研究之前所不得不接受的。同样,由于在严格的决定论世界中也依然可能存在道德现象、法律现象,存在伦理学、政治学等实践科学,因而自由论也不是人们在从事(实践)科学研究之前所不得不接受的。

一般而言,人的认识只能基于事实。尽管可基于事实而推测特定事物的某些性质,但通常难以基于有限的事实而获知事物的所有性质,更难以基于它们获知所有事物的性质。实际上,即使可根据事实来推测事物的某些性质,这种推测也往往没有充分的根据。于是,对于事物的性质以及它们之间的关系,不同的人可提出不同看法,神学决定论、因果

---

① 斯马特:《伦理学,劝说与真理》,载万俊人主编《20世纪西方伦理学经典》(Ⅰ),中国人民大学出版社,2004,第351页。

第一章 自由的根据

决定论与自由论等恰恰便是这样的一些看法。如果确是这样，那么即使上述的因果决定论与自由论存在冲突，人们也完全可设想出其他类型的决定论与自由论。根据这些设想出来的决定论与自由论，上述的两难并不会出现。

当然，上述两难也确实可能体现了某些思想疑难。为了更好地说明这一点，有必要做出进一步的讨论。在科学研究中，科学家根据所获得的理论，基于各种演绎关系从一些事实推出另一些事实。如果他做到了这一点，则可以说，在这些事实之间存在某种关系，而理论表达或呈现了这种关系。这种关系显示，如果存在某些事实，则必然存在或出现另一些事实。这时可以说，前一类事实决定后一类事实，或这些事实之间存在决定关系。由于这种关系通常使用诸如"原因""结果"之类的词来表达，有时也称这种决定关系为因果关系。一些人相信，在人们所接受的各种事实之间存在这种因果关系，而它们可通过理论表达出来。也可称这种看法为因果决定论。由于这种因果决定论是关于事实之间关系或事实的看法，它不同于前面所谈到的那种有关事物的因果决定论，于是可把这两种因果决定论区分开来。这里称那种相信事实之间存在因果关系的决定论为事实因果决定论，而称那种相信事物之间存在因果关系的决定论为事物因果决定论。由于事实之间存在因果关系并不表明事物之间存在因果关系，事物之间存在因果关系同样也不表明事实之间存在因果关系，因而这种区分是显然的。

尽管这两种决定论是不同的，但它们之间的联系也是明显的。事实因果决定论要是合理的，它就不仅要能解释相关的事实，也要与人的其他认识成果相一致，甚至还要能引导人的认识活动。由于事实因果决定论在认识活动中所处的基础性地位，为了更好地启发人的认识活动，也为了使人更容易接受它、理解它，人们往往借助于某种模型把它直观化。实际上，人们通常所了解到的事物因果决定论就是把事实因果决定论模型化或直观化的结果。尽管事物因果决定论为人们更直观地理解事实因果决定论提供了帮助，可把它看作对后者的诠释，但不能忘记的是，事实是对世界中各种事物以及它们之间关系的表达，人们不能直接观察到事实背后的实在过程，对事物的了解要基于事实，要想有根据地设想事物因果决定论，就需要基于事实以及事实因果决定论。

在此还要提到的一点是，基于某些事实以及事实因果决定论所提出的事物因果决定论可能不只有一种，人们甚至可能不根据事实或事实因果决定论来设想事物因果决定论或其他有关事物之间的决定论。这也是在文献中出现诸如神学决定论以及其他各种决定论的重要原因。由于人的认识以事实为基础，因而从认识论上说，事实因果决定论比事物因果决定论更为基本。然而，事实毕竟是对世界中事物的表达，因而从发生学或本体论上看，事物因果决定论更为基本。为了表达它们的这一特点，有时也称事物因果决定论为本体论的因果决定论，而称事实因果决定论为认识论的因果决定论。

显然，同样也可区分本体论的自由论与认识论的自由论。如果本体论的自由论是指在世界的众多事物中存在自由之物，那么认识论的自由论则是指，在人们所接受的各种事实中，必定有一些事实与其他任何事实之间没有因果关系，它们不能被纳入任何表达事实因果关系的理论中。本体论的自由论与认识论的自由论之间的关系，同本体论的因果决定论与认识论的因果决定论之间的关系是相似的。当断言世界中存在自由之物或直接认定某事物（如人）是自由的时，它所谈到的自由即是本体论自由。人们之所以断言世界中存在自由之物，接受本体论的自由论，他通常是从认识论的自由论中获得其认识根据的。可见，从认识论上看，本体论的自由论以认识论的自由论为基础。当然，从发生学或本体论上看，本体论的自由论却是认识论的自由论的基础。

如果对因果决定论与自由论不做上述区分，那么在讨论诸如"决定论与自由论何者是合理的""它们是否相容"等问题时，将难以避免地会出现各种混乱与误解，甚至不可避免地出现上述的两难。基于这种区分，人们不仅可消除其中的一些混乱，澄清某些误解，甚至可对这些问题提供某种解答。由于本体论的因果决定论与本体论的自由论并没有充分的根据，因而对"这种类型的决定论与自由论何者是合理的""它们是否相容"等问题也不太可能有可信的回答，它们不值得认真对待，人们甚至不能有意义地谈论它们。当然，在认识论的因果决定论与自由论中，这类问题是可有意义地谈论的。

通常而言，在科学研究中需要预设认识论的因果决定论。实际上，当断言科学研究要预设因果决定论时，人们指的往往是这种类型的决定论，而不是指本体论的因果决定论。在认识论中，如果自然科学要预设认识论的因果决定论，那么伦理学、政治学等实践科学也要如此。作为科学，伦理学、政治学等与自然科学一样，也需要使用诸如"原因""结果"之类的词，其中也包含各种理论，并且它们表达了不同事实之间的因果关系。然而，是否所有事实都能被纳入表达事实因果关系的理论中？或是否所有事实之间都具有因果关系？如果不是，则可以说认识论的自由论也是可成立的。这样一来，认识论的因果决定论与自由论就不是那么对立，而是相容的了。认识论的自由论的确是可成立的吗？

第二节 个人的自由

在现实生活中确实存在道德现象、法律现象。生活在这一世界中的人们不仅遵守各种规范，也很自然地评判自己或他人的行为是否正确，他们通常承认诸如"'不要说谎'是道德规范""他遵纪守法"等是事实。许多人相信，在这些事实中，必定有一些事实与其他事实之间不存在因果关系，它们不能被纳入表达事实因果关系的理论中，它们不是被决定的。在这些人看来，认识论的自由论有充分的事实根据。在现实生活中，人们通常也接受诸如"他悔恨做了某事""那个人很高兴"之类的心理事实。对于这些事实，一些人同意，其中必定有某些事实与其他事实之间不存在因果关系，它们不能被纳入表达事实因果关系的理论中，因而认识论的自由论是有事实根据的。对于诸如此类的看法，批评者可能提出，尽管"'不要说谎'是道德规范""他遵纪守法"以及"他悔恨做了某事""那个人很高兴"等是事实，却不表明这类事实之间以及它们与其他事实之间没有因果关系，它们不能被纳入某一理论中。即便这些事实中的某些事实或所有事实在目前没有被纳入理论中，也不表明将来它们不能被纳入理论中。随着认识的深入，这一点似乎总是可能的。

也许自由论者是从自身的心理状态而感知存在自由，并由此断定那些有关道德、法律的事实或心理事实不能被纳入某一理论，从而确信这种自由论的。不过这种理由并不很充分。一方面，不同的人可能有不同的心理状态或感知，特定个人的心理状态或感知不一定具有普遍性。实际上，不是所有人都会感知到自己是自由的。另一方面，一个人即使感知到自己是自由的，这种感知也可能如同世上的其他事物一样，为某些原因所决定，因而不能由此断定那些有关道德、法律的事实或心理事实不能被纳入某一理论。更一般地说，基于心理状态或感知的看法可能只是一种本体论臆想，它难以为认识论的自由论提供充分的根据。

有人试图从自然科学中寻找这种自由论的根据，量子力学就是他们关注的重点。按照目前量子力学的看法，一个微观粒子的状态或有关它的某种事实不能完全由之前的状态或之前出现的相关事实决定，根据当前有关微观粒子的一些事实，人们不能完全预言未来某些有关微观粒子的事实。由于有关微观粒子的事实不能被纳入表达事实因果关系的理论中，因而认识论的自由论似乎是有根据的。有理由认为，断言量子力学支持这种自由论的看法是一厢情愿的。量子力学理论与其他自然科学理论一样，也表达了不同事实之间的因果关系，量子力学也要假定不同事实之间存在因果关系。当然，就现有的量子力学理论而言，它与其他一些自然科学理论确有不同。如它的某些预见不能表明一微观粒子出现某种状态是完全确定的，而只能表明这种出现是具有一定概率的。这正如人们不能预见随机抛出来的硬币落地时是正面朝上还是反面朝上，而只能预见它正面朝上或反面朝上的概率一样。由于概率理论依然可被看作一种表达因果关系的理论，因而人们难以由此断言认识论的自由论是有根据的。

尽管基于量子力学的这一特点，人们愿意设想微观粒子或世界中的事物是自由的，但这种本体论的设想并不能获得充分的根据。一方面，似乎与之相反的设想，如爱因斯坦的设想——微观粒子或世界中的事物是受因果决定论支配的——依然是可能的；另一方面，它也难以与那种获得广泛支持的玻尔设想相一致。按玻尔等人的看法，量子力学表明一事物（如微观粒子）特定状态的产生只是偶然或随机的产物，它不是其他事物或此事物之前状态决定的结果，也不是此事物自主决定或自主选择的结果。无论如何，从现有的量子力学出发，不仅难以为认识论的自由论找到可信的根据，甚至难以由此设想本体论的自由论。

无论是从有关道德现象或心理现象的事实中，还是从其他事实以及相关科学理论中，都难以直接获得支持这种自由论的根据，因为人们总是可以说，那些看上去难以被纳入某一理论的事实，却可能被纳入其他

第一章 自由的根据

理论中。即使它们不能被纳入目前的理论，将来也可能出现某些理论，它们可被纳入其中。康德就曾指出，"自由……首先不包含从经验中借来的任何东西，其次它的对象也不能在任何经验中被确定地给予"，正是由于它在因果关系或经验中"都不可能被弄清，理性就为自己设立了"这样一个概念。① 黑格尔也以他那时代的特有语言表达了类似的看法。他说："谈到意志自由，令人想起从前的认识方法，那就是把意志的表象作为前提，试图从这表象得出意志的定义并把它确定下来。然后依照以前经验心理学的方法，从寻常意识的种种感觉和现象，如忏悔、罪过等等，导出所谓证明，证实意志是自由的，并主张以上这些东西只有根据自由的意志才能说明。"他相信这样的方法不能取得成功，在他看来，"与其采用这种方法，还不如直截了当地把自由当作现成的意识事实而对它不能不相信，来得更方便些"②。

如果不能直接从事实以及相关的科学理论中找到这种自由论的根据，是否表明它根本难以成立？设想这种自由论是不成立的，如此一来，在人们所接受的所有事实之间都存在因果决定关系，也即这些事实能被纳入某一理论中。当然，这样的理论目前可能还没有出现，它只在逻辑上存在。如果设想这种自由论成立，那么在所有这些事实中，必定在逻辑上存在某些事实，它们不能由某一理论与其他事实演绎出来。如果的确存在这样的事实，那就有理由说，坚持认识论的自由论是有根据的，或认识论的自由论是能成立的。显然，如果能由此表明认识论的自由论是成立的，那么所确立的认识论的自由论尽管不能直接由事实推断而来，却依然可以说它间接由事实而来。认识论的自由论的确能成立吗？

谈到这里，有人可能会提出疑问。在所获得的各种事实中，如果出现如下情形，即有些事实被纳入某一理论，另一些事实被纳入另一理论，尽管所有这些事实的确都被纳入了某一理论，但它们并没有被纳入同一理论，而是被纳入了不同的理论，是否表明认识论的自由论是不成立的呢？对于特定认识者来说，他所接受的理论不能相互矛盾，否则其中必有一个不能成为理论，因而可把这两个理论的合取看作一种新的理论。

---

① 康德：《纯粹理性批判》，邓晓芒译，人民出版社，2004，第433页。
② 黑格尔：《法哲学原理》，范扬、张企泰译，商务印书馆，1995，第10~11页。

因而于他来说，如果一些事实的确被纳入了某一理论，另一些事实被纳入了另一理论，那么可说那些事实都可被纳入上述两个理论的合取，也即它们可被纳入同一理论。可见，如果所有事实都可被纳入某一理论，尽管它们被纳入的理论并不相同，也可说它们可被纳入同一理论。基于这一点，在考虑"认识论的自由论是否成立"的问题时，可以只考虑如下问题：是否在逻辑上可把所有事实纳入某个统一的理论中？或更直接地说，是否存在统一理论？如果回答是肯定的，那么认识论的自由论是不成立的；反之，人们就应当接受它。当然，这里所说的统一理论可能是一个包含诸多内容的庞大理论体系，也可能是不同理论或理论体系的合取。

显然，声称根本不存在这样的统一理论是武断的，因而对上述问题的一个更合适提法是：在人的认识中，能否获得统一理论？哥德尔曾严格地证明，包含算术在内的数学演绎系统，其中总可能存在一有意义的陈述，它既不能被系统中的公理和推理规则加以证明，也不能被否证，它是不可判定的。可更简明地说，不存在一个包含所有数学真理的数学演绎系统，数学系统是不完备的。尽管纯数学所描述的世界是一个理想的世界，但人们在认识世界的过程中所获得的事实与理论，都可以甚至都需要通过包含算术在内的数学系统来表达。因而哥德尔的证明实际也表明，即使人们获得了一个包含所有关于世界的事实的统一理论，也不能通过现有的数学系统把它表达出来。而经由现有数学系统表达出来的理论，都不是包含所有关于世界的事实的统一理论。果真如此，即使存在统一理论，人们在现有的数学系统中也不能表达出它来。在人的认识中，即使有人碰巧（如经由神灵的启示）获得了这样的理论，他也不能辨认出它来，也即在他的认识中，他不能获得统一理论。

有人对此提出异议，他们指出，即使哥德尔的证明是合理的，也不表明通过数学系统表达出来的理论不是统一理论，或者这样的理论是不完备的。卡斯蒂就说："在观察真实世界中，测量必须在一个有限集中取值。对于这类有限数字系统，不存在哥德尔式的不可判定性。类似地，对推理的非演绎模式（例如，归纳与不明推论）的运用，也将我们带出了哥德尔不可判定性的范围。如果我们将我们的数学形式限制在使用非演绎逻辑与/或有限数集的系统中，那么每一个数学问题都是可判定的，即是可解答的。因此，我们可以预计与这种数学问题相对应的被编码的真实世界对应体也是可解答的。"① 有理由表明，卡斯蒂的看法是成问题的。尽管人们在运用数学表达事实时只使用有限的数字系统，甚至这种有限数字系统也可不依赖于无限数字系统而被使用，但要表明有限数字系统的可靠性或合理性，通常从根本上要基于无限的数字系统。同时，人们尽管在认识过程中也使用非演绎模式来思考，但如果只是使用它，而不使用演绎模式，将难以进行深入认识。实际上，认识过程有不同的阶段，人们在某些阶段（如提出理论的阶段）可使用非演绎模式，但在另一些阶段（如检验阶段），他要尽可能使用演绎模式。如果一个人总是试图以所谓非演绎模式来判定一陈述的真假，那么他往往不能真正地判定它的真假，或者说这种判定是主观的，它不是一种真正的判定。

当然可以不用数学而用极为简单的方式来表达世界，而基于这种方式所获得的理论可能是完备的。然而，随着认识的深入，人们将会很快发现，这种简单化方式并不能细致、精确地表达世界，它忽略了世界的诸多复杂内容，使得对世界的认识失去了其应有的丰富性。反之，如果希望深入认识世界，获得对世界的丰富理解，由此获得的理论就很可能是不完备的。也即依赖这一理论，不能确切地解答其中的某些问题，不能判定表达世界的某些陈述是否为真。实际上，数学系统的不完备性归根结底基于人的认识，它表明人的认识能力是有局限的。如果人类的认识从根本上是有局限的，那也就意味着它从根本上不可能克服理论的完备性与认识的丰富性之间的矛盾。如果这样，在认识过程中，人类应当选择理论的完备性，还是选择认识的丰富性？为了应对生存困境，人类无疑应当选择后者。人类实际正是如此选择的。简略考察科学史，人们会发现，科学理论总是被不断地改写，科学家总是提出不同的新理论，这些新理论与之前的理论不一致，甚至相互矛盾。这一事实其实也暗示，在人的认识中不能获得或不存在统一理论。

在人的认识中是否存在统一理论？对此甚至可给出一个更为直接的说明。设想存在这样的统一理论，它能纳入所有有关世界的事实。这里

---

① 约翰·L. 卡斯蒂：《虚实世界》，王千祥、权利宁译，上海科技教育出版社，1999，第221页。

所说的能纳入所有事实不只指此统一理论能解释所有已知事实，也指它能根据已知事实预见未来可能出现的事实；不只指它能纳入所有有关世界中其他事物的事实，也指它能纳入所有关于认识者自身的事实。为了考察上述设想是否合理，可以进一步设想：认识者根据某一时刻之前的自身状态以及其他事物，获得有关事实，同时他根据此理论以及这些已知事实演绎出其他一些陈述，而这些陈述能被确认为事实。为了表述的方便，也为了符合一般的理解，这里不对事物以及表达它们的事实做严格的区分，如不把人自身的状态（如行为、思想等）与表达它们的事实做严格的区分。显然，作为统一理论，此理论能解释特定时刻前的所有已知事实，并且那些因它而演绎出来的陈述能通过认识者在此时刻之后的状态得到完全证实，因而它们也是事实。这里所谓的完全证实当然纯粹是逻辑上的，如它排除了认识者在通过观察、测量等方式而获取事实过程中所产生的主观影响。这种设想是否可能？如果回答是肯定的，当然表明在人的认识中可能存在统一理论。反之，则表明在人的认识中不存在统一理论，或者即使存在这样的理论，也不能从众多的理论中被辨认出来。

针对上述设想，人们发现，即使认识者可基于某一理论与在特定时刻之前所获得的相关已知事实而演绎出一些有关认识者未来状态的陈述，这些陈述常常难以由认识者的未来状态得到完全的证实，因而这样的理论并不是统一理论。即使可能找到某一理论，认识者根据它以及其他已知事实而演绎出各种关于他未来状态的陈述，并且它们获得了完全的证实，也依然存在某些有关他的事实处于此理论之外。也即这些事实不能为此理论所解释，也不出现在某预见中，它们不能被纳入此理论中。这样的事实包括那些描述认识者根据此理论进行演绎的有关事实、那些描述认识者把演绎出来的有关其未来状态的陈述与实际情形进行对照以判定它们是否正确的有关事实、那些运用此理论进行认识活动的其他有关事实。更一般地说，正如一个人不能完全认识正在进行认识的自己一样，一个理论也不能描述或预见正在运用它进行认识活动的相关事实。即使可根据这些事实来修正此理论，使得它能纳入这样的事实，这一被修正的理论依然存在盲点，依然难以纳入有关它（如运用它而进行的一些认识活动）的一些事实。由于这种"不能"是逻辑上的，因而可以说，在人的认识中不存在统一理论，或者即使他获得了这样的统一理论，他也无法清晰地或有充分根据地辨认出它来。

由于在人的认识中不存在统一理论，因而认识论的自由论是有根据的。如果认识论的自由论确实成立，是否表明认识论的因果决定论不成立呢？人们是否会在接受决定论与自由论的问题上陷入两难境地呢？显然，如果认识论的自由论成立，那种认定所有事实都可被纳入一个统一理论的极端的认识论的因果决定论将难以成立。不过，某种温和的认识论的因果决定论依然是可接受的。这种决定论相信，不是所有事实都可被纳入一个统一理论，由于不知道何种事实不能被纳入，因而可以认为它们都可被纳入理论中。当然，此理论不一定是某一特定的理论，而可能是不同的理论。或许有人会提出，如果所有事实都可被纳入不同的理论中，那么这些理论之间将会存在不一致性，这样一来，它们就并非都是可接受的。这种批评无疑是有道理的。不过，由于人类认识的局限性，这种不一致不总是能被及时地发现并被排除，于是，为着认识的目的，它们常常都被接受下来。不仅如此，由于这些理论在实践中能取得好的效果，因而即使它们在认识论上存在缺陷，在实践上依然有被接受的理由。正是如此，这种决定论可作为一种认识信念而存在。实际上，这种信念在某种程度上甚至成就了认识论的自由论。的确，如果没有表达因果关系的理论，认识论的自由论将难以获得根据。费希特似乎就清楚这一点，他说："当你设想你自己是自由的时候，你不得不在规律之下设想你的自由，当你设想这种规律的时候，你不得不设想你自己是自由的，因为在规律中就假定了你的自由，并且规律宣示其自身为一种自由的规律。"①

有必要指出的是，尽管认识论的自由论是有根据的，作为认识者，人们发现有关自身的事实不是被完全决定的，却不表明他没有可能获得某些理论，他依赖它们对自身做出粗略的、不完全的描述与预见。实际上，他总是能获得一些这样的理论，他依赖它们对自己的行为做些粗略的、不完全的预见。比如他能预见自己在什么时候上班，在什么时候进餐，以及根据自己的心理感觉来判断自己的健康状况，等等。现代的心

---

① 费希特：《伦理学体系》，梁志学、李理译，中国社会科学出版社，1995，第53页。

理学、神经生理学和遗传学上的一些成功甚至激励了许多人，使得他们相信，其自身的行为能通过理论来解释与预见，它们都是在物理上被设定好了或被因果决定了的。当然，尽管人们可以从不同的侧面、不同的角度来了解自身，但并不能为自身状态的出现找到充足的原因，也即认定人自身的行为可被完全解释或预见是言过其实的。

第三节　自由的基本特征

认识论的自由论不仅表明存在某些不能被纳入统一理论的事实，而且表明存在一些关于认识者自身的事实，它们不能被纳入统一理论中。为了使人更容易了解、接受这种自由论，也为了使它更好地启发人的认识、更有益于实践，需要借助某种模型把它直观化。有关这种模型的设想即是所谓的本体论的自由论。根据前面所谈到的认识论的自由论，可以设想世界中存在自由之物，甚至可直接地断言认识者自身是自由的。这种自由是认识者所具有的、不根据其他事物或他之前状态而产生其他状态（如行为或思想）的能力，是认识者自主选择行为或思想的能力。由于任何人都可能成为认识者，因而可以说，任何人都具有自由。根据这种（本体论的）自由论，如果一个人所做出的行为不是完全被决定的，那就可认为它是其自由的结果。显然，这种自由论提供了一个思考人类行为的直观模型，它甚至为人的认识本身以及实践提供了基础。

本体论的自由论与认识论的自由论有显著的区别，其中一个重要区别便是，它们所谈论的对象有明显的不同。认识论的自由论只论及事实与理论，只谈论它们之间的关系。本体论的自由论则不同，它不仅论及事实与理论，也论及事实所表达的事物，它要谈论事物的性质以及它们之间的关系。认识论的自由论只是表明关于认识者或人的一些事实不能被纳入统一理论中，只是对谈论事实与理论谨慎地给予某些限定，它不能确定特定的事实与自由有关，因而它甚至不打算对特定的事实或理论做出肯定性断言。本体论的自由论则不同，它不只打算断言某些事实不可能被纳入统一理论中，不只打算对谈论它们给予某些限定，它还试图做出肯定性断言。如它直率地断定人是自由的，断定人的某些状态的出现与自由有关，甚至基于自由。

虽然本体论的自由论做出诸如此类的断言看起来是必要的，但其实并没有充分的根据。实际上，严格而言，人们根据关于自身的事实不能被完全纳入统一理论，它们不是被完全决定的这一点，并不能断言自己是自由的，因为这些事实或它们所描绘的自身状态也可能是偶然或随机出现的。问题在于，为何人们愿意设想自身状态的出现是基于自由，而不是纯粹偶然或随机出现的；为何人们愿意接受"人是自由的"的信念。其中一个原因可能是人们了解到，他目前所呈现出的状态尽管不完全由其他事物或自身之前状态所决定，但显然地受他之前状态的影响。这使得他难以想象，它们是纯粹偶然或随机出现的。同时，他的确体会到，自己能按某种方式做出行为，能按某种方式来思想。这也使得他难以想象这些行为、思想是纯粹偶然或随机出现的。其实，当人们设想这些状态是其自身的时，他便已相信，它们的出现不是纯粹偶然或随机的。在纯粹偶然或随机的状态中不会出现"自身"或"我"的观念。

"人是自由的"的本体论信念还有诸多认识论上的根据。在从事实践科学研究时，人们通常会接受如下的推理：（1）某人 A 希望做某事 P；（2）如果 A 要做 P，那他就要做某事 Q；（3）因此 A 做了 Q。从严格的逻辑看，即使 A 希望做 P，他也可不做 Q，也即在"A 希望做 P"与"A 做了 Q"之间并没有必然的联系或严格的逻辑关系。A 之所以选择做 Q，并不是或至少不完全是基于逻辑上的理由，还有其他方面的原因，很大程度上是由于他能进行自主选择。正是如此，这种实践推理要基于"人是自由的"的信念。实际上，不仅基于实践推理的实践科学要基于这种信念，甚至任何科学研究都要基于这种信念。人们在进行科学研究时，如在选择研究对象、进行理论创造以至检验理论时，都需要预先设想人是自由的。

这种信念不仅有认识论上的根据，也有实践上的理由。尽管"人不具自由或是被决定的"是可想象的，但如果一个人一边遵守道德规范，一边想到这种遵守或他的其他行为只是被决定的，他命定如此，或他不过是神手中的提线木偶，可以想象，他的内心会是相当失望的。这种失望情绪无疑会产生其他实践困扰。此外，人立身于世界中，他终究会意识到他是基于自身而认识世界的。认识论上的这种地位往往也会促使他相信，与其他事物相比，他多少具有某些特异性，而"人是自由的"的信念恰恰体现了这种特异性。在实践中，人时刻不断地使用、改造其他事物，他自然期望，同时也意识到自己主宰其他事物，期望同时也意识到自身与其他事物有根本的不同。如果人是自由的，而其他事物不具有自由，这将使得人与其他事物从根本上分离开来。可见，这种信念从根本上满足了他的这一期望。

　　这种信念还有直觉上的理由。笛卡尔就曾提到，"我们意志的自由是自明的"①。尽管直觉不能为信念提供充分的根据，但它于人们对信念的接受依然是有益的。鉴于任何本体论信念都没有充分的根据，如果某种信念与直觉相吻合，那么相比于那些不与直觉相吻合的信念来说，它无疑更值得接受。当然，这种本体论的自由论之所以符合人的直觉，也许与人们长期抱有这样的信念有关，甚至就是其结果。总的来说，对特定个人（即认识者）而言，由于有关他的所有事实不能都被纳入某一理论，因而可说他是自由的。尽管"人是自由的"的信念并没有充分的根据，接受它却依然是有理由的。这种接受不仅可从认识论的自由论中获得根据，也可从直觉、实际的认识活动以及其他各种实践中获得支持。如果在科学研究或日常生活中，一个人必定得接受一些本体论信念，那么相比于其他与之不一致的信念，它无疑更可能获得人们的接受。现在的问题是，如果接受了这一信念，它所谈到的这种自由（即本体论自由）具有什么样的特征呢？

　　如果人是自由的，则可以说，之所以出现那些有关他的事实或出现那些事实所描述的状态（如某些行为、思想），可归因于他的自由。由于人可分为不同的部分，如果人是自由的，则自由基于人的哪个部分？或人的哪个部分是自由的？一般来说，如果人的某一部分是自由的，而他的不同部分之间存在紧密联系（如因果联系），则很显然，他整个人也是自由的。反过来，如果人是自由的，由于他的各个部分之间存在紧密联系，那么属于他的任何部分也都是自由的。如手是人的一部分，只要手与人的其他部分之间存在紧密联系，而人的其他部分是自由的，那么手的活动就不是完全被决定的，就可以说手是自由的。不过，如果手离开了人的其他部分，失去了与它们之间的紧密联系，这时它与其他自然事物就没有根本的不同了，有关它的事实就可能被纳入某一统一理论

---

① 笛卡尔：《哲学原理》，关文运译，商务印书馆，1959，第15页。

中。于是，就没有理由断定它是自由的了。断言自由属于整个人，而不是其中的任何部分是有理由的。认识论的自由论所谈到的事实是关于认识者整个人的所有事实，而不是关于他的某一部分的事实。由于本体论的自由论根据认识论的自由论而来，它是后者直观化的结果，因而它所设想的自由也必定属于整个人。

如果自由属于整个人，而一个人在不同情境中呈现出不同状态，这些不同状态都可能基于自由，那么它们所基于的自由是相同的，还是不同的呢？如果它们所基于的自由是不同的，则同一个人拥有不同的自由，如此一来，将如何区分这些不同的自由呢？人们之所以如上所述的那样，接受"人是自由的"的信念，很大程度上基于认识论的自由论，是不可能获知自身某些状态之所以出现的充分根据的结果，也即不可能把有关它们的事实纳入一个理论、不可能建立起这些事实与其他事实之间因果关系的结果。更进一步，人们之所以获知这种不可能性，并不是基于任何特定的事实，而是基于不确定的事实，是基于对自身认识能力或性质的了解。可以看到，在很大程度上，一个人设想"人是自由的"或接受这种信念是与事实相关的。不过，这种设想尽管基于事实，与事实相关，却不与任何特定事实相关。如果这样，即便一个人所具有的不同状态基于不同自由，他也并不能根据任何可信的标准来区分它们。也即从认识论上说，没有理由认为它们是不同的，而只能认为它们归根结底是同一自由。

由于自由不属于人的任何特定部分，人失去某些部分时依然可以说他具有自由。为了方便谈论自由的载体或具有自由的事物，通常称这种载体或事物为心灵，并称这种自由为心灵自由。人失去某一部分时，如果那一部分不具有认识能力，也不具有自由，那它也就不具有心灵。可把那些构成人，并且出现在空间中，却可以分割成不同部分的事物称为身体。在日常交流中，人们常常要谈及心灵与身体。尽管不同的人对心灵或身体有不同的理解，并赋予它们不同的特征，但这些理解依然具有相同之处。如人们通常认为，心灵是自由的；尽管心灵与身体不同，但它们总是结合在一起，人是心灵与身体的结合；尽管身体可区分为不同部分，完全分割开来的某部分身体并不具有心灵，但心灵一旦结合于身体，它便不属于身体的某一部分，而属于整个身体；等等。显然，这里所谈到的心灵、身体与人们在日常交流中的心灵、身体尽管不完全一致，却也是大致相同的。

　　与心灵结合的特定身体会呈现出不同的状态，如果它们基于自由，那就有必要认为它们基于同一自由。这实际是指，特定的身体在时空中存续时，其中所具有的心灵是同一的，或同一身体只有同一心灵。也即是说，心灵具有同一性。显然，如果心灵、自由只是人设想的结果，它只是一种本体论信念，那么心灵具有同一性也是这样一种信念。休谟无疑很清楚这一点，他说："当我亲切地体会到我所谓我自己时，我总是碰到这个或那个特殊的知觉……任何时候，我总不能抓住一个没有知觉的我自己"；"我们归之于人类心灵的那种同一性只是虚构的同一性，是与我们所归之于植物或动物体的那种同一性属于同样种类的"①。

　　尽管心灵具有同一性只是一种信念，但它的确有认识论上的根据。如果一个人在不同情境中呈现出的不同状态所基于的自由是同一自由，自然也有理由说，作为自由的载体，这些不同状态所基于的心灵也是同一的。一个人在某一时刻的记忆中出现了不同时刻的自身状态，如记忆中出现了此刻以前的行为、以前的思想，这些行为、思想有明显的关联，如它们都呈现于同一身体中，它们与此刻身体中所呈现的状态有时间上的接续关系、空间上的接受关系以及其他关系。所有这些容易使人认定，它们的出现是同一心灵的结果。这种设想也有实践上的根据。设想现在身体中的心灵与过去身体中的心灵、将来身体中的心灵不是同一的，那么过去身体中的心灵所做出的承诺，现在身体中的心灵就不必接受。这样一来，就难有理由要求人遵守承诺了，同时也难以对现在身体中的心灵提出要求。此外，这种要求往往面向将来，如果将来身体中的心灵与现在身体中的心灵是不同的，那么这种要求自然也就失去了意义。实际上，当人们认定一些现象是道德现象时，或认定一些行为是基于自由的行为时，也就假定了心灵的同一性。如果没有心灵的同一性，羞耻、自尊、荣誉、责任、惩罚、奖励等都将失去意义，而伦理学或实践科学也就没有了根据。

　　一般认为，即使人的身体不断发生变化，如人从婴儿成长为成年人，

---

① 休谟：《人性论》（上），关文运译，商务印书馆，1996，第282、289页。

其间身体出现了巨大的变化,只要这种变化是持续的,就有理由认定其中的心灵是同一的,也即同一身体具有同一心灵。尽管如此,有时也可能出现某些特殊情形。一个人身体受到相同的刺激,他有不同的反应。如他一时认定一片树叶是红的,一时认定它是绿的;对于同一行为,他一时认为它是好的,一时却认为它是坏的;等等。如果他不是有意为之,不是试图以此来欺骗他人,则可以说他是人格分裂的,他的行为基于两个不同的心灵。在生理学上,人的大脑可区分为左右两个半球,它们因神经而与身体的其他部分联系起来。如果切断某些联系的神经,使得左半脑控制右手,并看到右边的事物,而右半脑控制左手,并看到左边的事物,就可能出现如下的情形:如果一个大屏幕的左边是红色的,而右边是蓝色的,当要求他写下他所看到的颜色时,他可能用右手写下蓝色的字样,而用左手写下红色的字样。① 这时可以说,同一身体有两个不同的心灵。

同一身体通常只具有同一心灵,但心灵可与不同身体结合。这一结合体至少可基于身体而区分开来,也即由此可区分出不同的人。人分立地存在,他们因地位、财富、出身、容貌以至心理状态等而有所不同。由于存在这样的不同,可以说不同的人所具有的自由是不同的。然而,除此之外,不同人的自由还有何不同呢?在逻辑上,人们要么能把所有关于人的事实纳入一个理论中,要么不能。而认识论的自由论要么是有根据的,要么是无根据的。因而由此设想人是否具有自由时,要么设想人具有自由,要么设想人不具有自由。可见,如果设想人具有自由,由于这种设想不与特定事实有关,甚至不与特定个人有关,它是基于认识中的某种逻辑上的不可能性的结果,那么由此可以断言,不同人所拥有的自由的性质是相同的。如果这样,则只能说人的自由是"有"或"无",或者它具有某些特征,这些特征并不与特定的人相关,却不能说不同的人所拥有的自由有不同的特征,如可区分它们的大小。对此,康德就曾说,这种自由"不涉及一种作为量来看的对象,而只涉及对象的存在"②。这样一来,如果的确存在心灵自由,尽管人们因地位、财富、

---

① 德里克·帕菲特:《理与人》,王新生译,上海译文出版社,2005,第349~350页。
② 康德:《纯粹理性批判》,邓晓芒译,人民出版社,2004,第435页。

出身、容貌以至心理状态等而有所不同，却没有理由认为一个人所拥有的自由因此而有不同。不能说一个人的自由比另一个人的自由多，也不能说比另一个人的自由少，甚至于不能说不同人的自由是相等或平等的。当然，一般来说，一个人，只要他正常存在于世界中，他就具有自由。就具有自由这一点而言，任何人都是相同的。

总的来说，自由属于整个人，而不是人的一部分。同一个人所具有的自由是同一的，一个人只要具有自由，那么它将随其一生，永不会中途失去，自由与人的存在是同一的。鉴于这种自由论符合人的直觉，也是理解诸多实践的基础，因而诸如此类的看法不会是孤立的。的确，黑格尔就曾说："意志是自由的这一命题以及意志和自由的性质，只有在与整体的联系中才能演绎出来。"① 海德格尔则宣称："自由……如此原始地占有着人，以至于唯有自由才允诺给人类那种与作为存在者的存在者整体的关联，而这种关联才首先创建并标志着一切历史。"② 萨特也表达过类似的看法，在他看来，我的自由"不是一种外加品质或者我的本性的一种属性，它完完全全地是构成我的存在的材料"，它"表现为一种不可分析的整体：动机、动力和目的，就和人们用以把握动机、动力和目的的方式一样，统一地被组织在这种自由的范围内，并且应该从自由出发被理解"③。

第四节　他人的自由

严格而言，上面所谈到的自由只是认识者的自由。尽管任何人都可能成为认识者，他可以设想自己（或我）是自由的，但他是否可设想他人也是自由的呢？如果我确是自由的，他人是否自由当然于我而言是极为重要的。一方面，尽管自由为我遵守社会规范、追求正义、获得救赎等提供了基础，但如果只有我是自由的，那么这些行为就从根本上没有必要了；另一方面，在世界中，如果只有我是自由的，或我只认识到自

---

① 黑格尔：《法哲学原理》，范扬、张企泰译，商务印书馆，1995，第11页。
② 孙周兴选编《海德格尔选集》，上海三联书店，1996，第224页。
③ 萨特：《存在与虚无》，陈宣良等译，生活·读书·新知三联书店，1987，第564~581页。

己是自由的，其他人或其他事物都是被决定的，那么于我而言，不仅区分自由与不自由失去了意义，而且我也可能并不在乎自己是否自由，甚至根本不会意识到自己是自由的。实际上，正是由于我与他人相互关联，并且这种关联会时时提醒我，才使得我在意识到他人具有自由时，我也意识到自身的自由。也只有在此时，我才意识到自由的真实存在，并深切地认识到自由的意义。

他人自由的根据何在？如果不能从有关道德现象或心理现象的特定事实中，或从其他事实以及相关科学理论中获得认识者自身（或我）自由的根据，自然也难以由此断定他人自由的存在。一些人提出，既然确立了我的自由，也就可类比地得出他人自由的存在。如由于我是自由的，而他人拥有与我相似的身体，他人的行为在许多方面与我的行为相似，等等，因而可断定他人与我一样也是自由的。类比论证尽管有助于开启新的洞见，却难以说是可靠的。的确，如果它是可靠的，那么根据我身体与他人身体在某些特征上的相似性，就可推断我身体所具有的其他一些特征也必是他人身体所具有的。如设想我是色盲，那他人也必定是色盲。实际上，由于没有确立判定相似性的标准，类比论证可能给各种臆测、幻想开启大门。如根据类比论证，人们可断定任何那些他希望具有自由的事物都是自由的。

设想他人是自由的当然不能完全依赖猜测，它也有必要获得认识论上的根据。如果这样，则可根据前面类似的考虑，把"他人是否具有自由"的问题转换成另一个问题，即有关他人的所有事实是否都被完全决定，或在逻辑上是否存在一个理论，它能把有关他人的所有事实都纳入其中。显然，如果的确存在这样的理论，那就可断言，有关他人的所有事实都被决定的，或他人是不自由的。反之，断言他人自由就有认识论上的根据。存在这样的理论吗？

需要指出，到目前为止，实际的科学研究的确没有找到这样的理论。不过，这不能断定这样的理论不存在。在认识过程中，人们通常相信，在认识某些复杂的自然事物的过程中，尽管目前没有找到一个能把有关它们的所有事实都纳入其中的理论，但随着认识的深入，获得这样的理论总是可能的。正是基于此，一些人提出，之所以当前没有找到一个能把有关他人的所有事实都纳入其中的理论，也只是因为他人是复杂的。

尽管与自然事物相比，他人可能更为复杂，但二者并没有根本不同。于是，对他人的认识也如同对自然事物的认识一样，总是可能获得某一理论，它能把有关他的所有事实纳入其中。

　　上述看法其实是容易遇到批评的。批评者指出，尽管人与自然事物有相似之处，但它们有根本的不同，因而上述结论不一定是可靠的。具体而言，尽管自然事物是复杂的，但它们在我的眼中总是被动地存在，它们与我或许存在某些关联，却没有相互的交流。正是如此，虽然自然事物对我的认识有影响，它可能改变认识的内容，如增加新的事实、排除一些旧的事实等，但它通常不会改变我进行认识的形式条件。如它不会改变我确定事实的根据、判定真假的标准以及对认识结果的表达等。这样一来，随着认识的深入，我总是可能获得某一理论，此理论能把有关自然事物的各种事实纳入其中。他人却与此不同。我与他人之间不仅存在关联，而且存在相互的交流。这种交流对我的认识有影响，不仅可改变我进行认识的内容，还可改变我进行认识的形式。如它可影响我确定事实的根据，影响我判定真假的标准，甚至可影响我对认识结果的表达，等等。这样一来，我对他人的认识与对自然事物的认识就可能有根本的不同。当然，即使如此，这种影响也不一定会阻碍我获得能把有关他人的所有事实纳入其中的理论。

　　要回答上述问题，看起来首先要对人与人之间的交流做些基本了解。交流要借助某些媒介（如声音、文字等物理载体）才能进行。在交流过程中，人们通过这些媒介的特定形式（即符号）来传递他们希望交流的内容，这些内容即是符号的含义。含义即是符号所包含的、不同于其物理载体而能为它们所表现的东西，而一般称这些包含含义的符号为语言。在特定的语言表达中，一定的含义总是与一定的语言符号相联系，符号与含义总是粘在一起的。根据不同表达方式或不同交流媒介，可区分不同的语言形式，如肢体语言、有声语言、文字语言等。相对于人类漫长的历史，文字语言出现较晚，不过，它一经出现，便很快地在语言中占据了主要地位，其他形式的语言沦为它的一种辅助手段。也因此，在讨论人与人的交流以及其他活动而要关注语言时，常常只关注文字语言。这里所谈到的语言也主要是指文字语言。尽管如此，由此所获得的许多结论并不特别地与此有关。很容易表明，基于其他语言的讨论也可获得相似或相同的结论。

不仅人与人之间的交流要基于语言，人的思想、认识也要基于语言。如果不借助语言，人们不仅不能表达认识的结果，甚至不能进行认识。尽管语言在人类的各种活动中起着基础性作用，但此处只关注交流过程。设想两个人（即 A 与 B）进行交流，他们的交流过程通常以如下方式进行：一个人 A 在某一情形中做出某种语言表达，与他交流的另一人 B 也有相应语言表达的应对。如果这种交流能持续地进行，那么不仅 B 能对 A 的语言表达进行应对，A 也能对 B 的应对做出反应。随着这种交流的持续，这种应对可不断地相互回复，因而这是一个相互交流的过程。这一过程对人的认识有何影响？它是否会阻碍 A 获得能把有关 B 的所有事实纳入其中的理论呢？

为了解答上述问题，不仅要设想 A、B 能相互交流，并且能充分理解对方的语言，还要设想 A 认识到理论 a，a 能解释并预见有关 B 的事实。当然，此时 B 是否认识到 a 是无关紧要的。如果 A 观察并获得了在某一时刻之前有关 B 的事实 p，p 包括了描述 B 所处的外部环境、他的状态等事实，那么对 A 来说，通过 a，根据 p 能预见到将来出现的有关 B 的事实 q。显然，对 A 来说，有关 B 的事实 q 是必然出现的。上述情形的确是可以设想的吗？如果上述情形是可设想的，那就会出现如下的情形：由于 A、B 能相互交流，因而当说到 p 时，A、B 都能明白它的含义，并能用语言正确地表达它，否则只能说，或者 A，或者 B 没能真正理解 p。如果对 A 来说，在 B 那里，出现 p 时，q 是必然出现的，由于 A 与 B 具有相似性，那么在 A 自身那里也将如此。也即当 A 处于 B 的情境，并且他出现 p 所描述的状态时，他会必然地出现 q 所描述的状态。这是否可能？

由于 A 是自由的，这意味着 A 了解到：尽管在 B 那里，根据 a 与 p 必然地得出 q，但由于他有能力避开 q 所描述的状态，于是他会说，至少在他自身那里，q 的出现不是必然的，而可能出现 q_1 或 q_1 所描述的状态。如果这样，这时就可能出现如下情形。（1）B 能理解 A 所谓的 q_1。如果 B 能理解 q_1，那他就能理解 a 与 p 并不必然地得出 q，而可能出现 q_1。如果 B 能理解到这一点，那么在 B 那里，p 所描述的状态并不必然随之出现 q 所描述的状态，它也可能随之出现 q_1 所描述的状态。果真如此，A 断言能预见 B 就会失败。（2）为了保证达到预测目的，这时 A 要做到，当他说到 q_1 时，B 认为 A 是指 q，即在 B 的语言中，没有 q_1 的存在。然而，A 不能做到在与 B 相互交流时，语言表达 q 意味着 q，而在不与 B 交流时，语言表达 q 同时意味着 q 与 q_1。如果的确能做到这一点，也就意味着在 A 与 B 的交流中，A 能自由地定义语言表达 q 所表达的内容。当然，由于 A 是自由的，他的确有能力定义其语言所表达的内容。不过，如果 A 在与 B 的交流中，他总是自由地定义语言表达的内容，则可以说，A 与 B 之间尽管有语言表达的应对，却没有真正的交流。这实际也表明，A 与 B 并不拥有共同的语言系统。

假如 A 不是那种极端自负的人，相信自己有一套私人语言，他承认与 B 之间有相互的交流，则他势必承认，如果出现 p 时，q 所描述的状态在 B 中出现是必然的，那么在此情境中，这种状态在其自身中出现也是必然的。如果他承认，他是自由的，出现 p 时，q 所描述的状态在其自身中的出现不是必然的，那他也有必要承认，出现 p 时，q 所描述的状态在 B 中的出现也不是必然的，B 也是自由的；也即 A 如果不可能精确地预见自身，他也不能精确地预见 B。更一般地说，在能相互交流的人们中，如果一个人认定自己是自由的，那他就有必要认定，与他有相互交流的他人也是自由的。或者说，如果一个人设想自己是自由的，那么在他的认识中，将不存在这样的理论，根据它能完全预见那与他有相互交流的他人的行为，也即他需要设想与他有相互交流的其他人也是自由的。实际上，只有设想与他有实际相互交流的他人是自由的，他才可能与他人有真正的交流。需要指出的是，这里所说的相互交流并不是指实际的相互交流，而只是在逻辑上的相互交流。而一个人只要与其他人可能存在相互的交流，那他就有必要认定他人是自由的。

如果确实可以设想与我有相互交流的他人是自由的，这种设想有认识论上的根据，那么由此也可看到，他人的自由与我的自由是一起呈现出来的，离开我的自由而设想他人的自由只是一种臆想。当然，我的自由也离不开他人的自由。正是在与他人的交流中，我才能真实地了解到自己是自由的，这种自由才成了我的需要。设想他人是自由的不仅有认识论上的根据，其实也有实践上的理由。一个人只有设想他人是自由的，他才会感到自己有必要遵守道德规范，才会感到有必要确认自己的行为是合理的。人们不仅在实践活动中有必要设想他人是自由的，为了理解这些实践，也有必要设想他人是自由的。此外，认识论以及实践上的根据在人的直觉中产生了强有力的印象，它们又为人们接受这种信念提供了坚实的基础。

顺便要指出的是，语言交流不总是清晰的。一方面，存在多种类型的语言；另一方面，我与世界中的许多事物有相互的交流。正是如此，人们往往难以对"何物具有自由"给出一个明确的答案。一个人可以说，某些高等动物是自由的，可以说所有高等动物乃至一般的动物是自由的，也可以说所有生物，甚至整个自然界都是自由的。幸运的是，"何物具有自由"不是此处所要关心的问题，对我们来说，在认识论上确认我以及与我有相互交流的他人是自由的就已足够了。

第五节　不同类型的自由

在日常生活中，人们所谈到的自由不完全等同于心灵自由。为了更深入了解心灵自由，避免把它与其他自由相混淆，有必要对不同类型的自由做些简要的说明。在政治、法律领域，常常可听到诸如"言论自由""游行与集会自由""信仰自由"之类的说法。在这些说法中，自由是指一个国家的国民或社会中的人们在政治、法律领域所享有的权利，它是法律制度以一种可允许的方式保证人们有从事某种行为的能力。法律既可通过允许的方式来确立这种自由，也可通过禁止方式来确立它。一般称这种自由为政治自由，有时也称之为政治权利。

政治自由与心灵自由显然是相关的。一方面，人们所拥有的政治权利或政治自由理所当然要以心灵自由为前提。一个人如果没有心灵自由，他自然也就谈不上拥有政治自由。另一方面，心灵自由也需要通过政治自由之类的东西体现出来。当然，政治自由与心灵自由的区别也是明显的。不同人的心灵自由是相似的，甚至是相同的，没有不同类型的心灵自由。与之不同，有多种类型的政治自由。一个社会中有不同的法律制度，而不同的法律制度可能保证不同的政治自由。不仅不同人所拥有的政治自由是不同的，甚至同一个人也拥有不同类型的政治自由。此外，人只要生存于世，他便自然地具有心灵自由，它不可被剥夺。他虽身在缧绁，其心灵却是自由的。政治自由与此不同，它可被赋予或被剥夺。

在深夜的偏僻小径上，独行的人遇到了一个持枪的劫匪，劫匪威胁他把身上的钱交出来。此时此境，交钱给劫匪或许是被抢者唯一可以救命的方法，因而被抢者尽管并不情愿，但最终还是把钱交给了劫匪。一般认为被抢者的这一行为是受劫匪胁迫的结果，他是不自由的。一个被俘间谍被威胁说出其同伴的名字。他知道一旦说出，他的同伴马上会陷入危险之中，甚至因此而丢掉性命。许多人认为他的泄密行为并非不自由的，如他可选择宁死不屈。上述两种情境显然具有诸多的相似性，如被抢者与被俘间谍都被威胁做他们所不愿意做的事，他们不这样做时，都可能危及甚至丧失生命。然而，为何他们屈从并按威胁者的要求行事时，前者的行为被认为是不自由的，而后者的行为被认为是自由的呢？一个合理的解释是：在上述两种情境中所谈到的自由并不相同。那么，人们在此所谈到的自由是指什么呢？

在抢劫的情境中，被抢者至少可在两种行为中进行选择：一是把钱交出来；二是冒着被枪击的危险奋起反抗。当他选择交钱时，这种选择本身就表明他具有心灵自由。其实，劫匪威胁被抢者时，他早已认定被抢者是具有心灵自由的，因为从一个不自由的事物（如果树）中获取东西（如果实）是用不着威逼的。可见，当人们断言被劫匪胁迫的行为是不自由的时，他们所说的自由不是指心灵自由。在间谍泄密的情境中，问题可能会较为复杂一些。当断言间谍泄密行为是自由的时，这种自由可能是指心灵自由。不过，当人们把这一情境与前一情境相对照时，或把"被抢者的交钱行为是不自由的"与"间谍泄密行为是自由的"相对照时，他们很可能认为，这里所谈到的自由是不同于心灵自由的另一类自由。如果确是如此，这是一类什么样的自由呢？

如果一个人断言在"被抢者的交钱行为是不自由的"与"间谍泄密行为是自由的"中所谈到的自由是同一类自由，那么为何他会认为被劫匪胁迫的行为是不自由的，而间谍泄密行为是自由的呢？一般来说，这是由于他认为，在抢劫的情境中，被抢者不应当冒被枪击的危险，而应当把钱交出来。但在间谍泄密的情境中他并不如此认为，相反，他指望间谍即使在生命受到威胁时也不泄密。人们之所以认为一个人在被抢劫时不应当为一些财物而冒生命危险，也许是由于他们持有功利主义的看法，并且认为生命远比财物重要。同样，按功利主义的看法，间谍即使冒着生命危险也不应当泄密，因为泄密会导致更大的损害。当然，即使不按功利主义的说法，而根据其他伦理理论，也可能会得到类似的结论。这里不关注一个人得出诸如此类结论的根据，而只关心其中所谈到的自由具有何特特征。根据这里所谈到的，可以发现，一个人之所以断言"被抢者的交钱行为是不自由的"，是由于这种行为符合某种合理的规范，如符合"一个人不应当为财物而冒生命危险"的规范等。而他之所以断言"间谍泄密行为是自由的"，则是由于间谍泄密行为不符合诸如"即使个人生命受到威胁，也不应当损害国家利益或群体利益"之类的规范。如此一来，人们在断言"被抢者的交钱行为是不自由的"与"间谍泄密行为是自由的"时就有了相似之处，这种相似之处就是：这种断言是根据断言者所接受的某些社会规范（如道德规范、风俗、规章制度等）而做出的。

一个人本来可做某些行为，但道德规范、风俗、规章制度等社会规范要求或允许他不这样做。如果他遵守这些规范，那在一定程度上可以说，他的行为是受这些规范约束的结果，而不是出自他自主的选择。就此而言，他所做的这种行为是不自由的。相反，如果他不遵守这些规范，则表明他的行为没有受这些规范的约束，其行为是他自主选择的结果。这时可说其行为是自由的。如在抢劫的情境中，被抢者遵守"一个人不应当为财物而冒生命危险"的规范，则可以说，他的这种行为是不自由的。反之，在间谍泄密的情境中，如果被俘间谍不遵守"即使个人生命受到威胁，也不应当损害国家利益或群体利益"的规范，则表明他的行为是自由的。如果上述所谈到的自由的确具有这样的含义，则可以说，它从根本上是基于道德规范、风俗、规章制度等社会规范确立的。

按这种方式谈论的自由与心灵自由显然不同，而与政治自由有类似之处。在政治、法律领域，一个人本来可以想说什么就说什么，但专制社会的法律规定，有些东西（如有关国家领导人的负面消息或某些政治信念等）不能说，否则就有生命危险。如果一个人遵守这样的法律，抑制自己不谈论这些话题，那就可以说，他的这种行为是受法律约束的结果，而不是出自他自主的选择。此时可说他的这种行为是不自由的。反之，如果他勇敢地反抗专制，不遵守诸如此类的法律，则可说其行为是自由的。这种自由与按上述方式谈论的自由无疑是类似的。专制社会中的人们争取这种自由，这种争取往往体现在希望政府修改或制定新的法律，以保证他们谈论这些话题以及做出其他类似行为时不受法律惩罚。如果政府的确制定了这样的法律，那就可以说他们拥有了这种自由，而这种自由恰恰就是前面所提到的政治自由。显然，这种政治自由是与专制社会的法律紧密相关的，它甚至是基于后者所确立的。如果没有经历专制社会，没有渴求这种自由的深刻经历，人们可能不会意识到这种自由。

尽管如此，这两类自由还是有所不同。首先，确立它们的规范是不同的。如果基于法律规范而确立起来的自由是政治自由，那就可把基于道德规范、风俗、规章制度等非法律规范确立起来的自由看作另一类自由，这里称之为社会自由。在社会生活中，人们根据自己所接受的非法律规范，认为被抢劫者服从劫匪的行为是合理的，是被迫的，因而是不自由的。相反，人们根据自己所接受非法律规范而认为间谍泄密的行为是不合理的，是自由的。其次，尽管政治自由与社会自由因规范所确立，但确立它们的方式是不同的。前者往往是因法律的内容而得以确立的，由于有不同的法律，因而可确立出不同的自由，如言论自由、信仰自由、集会自由等。后者与之不同，它因对规范的遵守而确立。尽管有不同内容的规范，但对它们的遵守是相似或相同的。正是如此，难以对这种类型的自由做进一步的区分。

人们也可从对法律的遵守来谈论自由，如可认为，一个人对任何法律的遵守都会损害他的自由。不过，基于这种方式而谈到的自由明显不同于政治自由，而类似于社会自由。社会中存在各种非法律规范，不同的人可能接受不同的规范。不仅如此，同一个人所接受的非法律规范也是多种多样，它们甚至互不一致。可以想象，基于这些规范所确立的自由可能出现混乱，从而导致某些不确定性。如就特定个人而言，基于某一规范，可以说他的某一行为具有这种自由，而基于另一规范，却可说他的同一行为不具有这种自由。这里不打算对这种自由做更多的讨论，指出它的存在就足够了。顺便指出，由于社会自由与政治自由都源于规范，它们在性质上有类似性，这种类似性使得它们与心灵自由的关系也具有类似性。

一个喝醉了酒或注射了某种药物的人，由于酒精或药物的作用，不能做原本可以做的某些行为，于是就说他的行为多少有点不自由。一个身患某种疾病（如癫痫症或恐高症）的人，在某些情境中不能做正常人所能做的一些行为，这时就有人会说，他的行为多少有点不自由。与年轻人相比，老年人的行动不太灵便，这时可以说，老年人的行动是不自由的。一般而言，此处所说的不自由是指人的某种无能，而自由是指人具有克服这种无能或做出某种行为的能力。这种自由显然不同于前面所说的心灵自由，也不同于政治自由、社会自由。我们可称之为身体自由或物理自由。对于身体自由而言，断言一个人是不自由的是指，与正常人或正常情形的自己相比，目前的他没有能力做某种行为，或不具有某种能力。可见，这种自由是比较的结果，它有大小之分。实际也有多种方式来判定这种自由的大小，如可从一个人身体所受到的约束或从他在不同情境中所做的行为来判定他拥有自由的大小。不仅不同的人有不同的身体自由，同一个人在不同情境中也可能有不同的身体自由。

　　身体自由与心灵自由尽管有所不同，却也有明显的关联。由于身体自由是人做出某种行为的能力，这种行为是不能完全被决定的，而心灵自由是所有那些不能完全被决定的行为的原因，因而一个人只有具有心灵自由，才可能具有身体自由。如果没有心灵自由，不仅不能比较身体自由的大小，甚至谈论身体自由也没有了根据。在某种意义上，身体自由是心灵自由显现于外的结果。每个人都有心灵自由，但它要通过身体显现于外。不同人的身体条件各不相同，而同一个人在不同时刻也有不同的身体状态，正是如此，心灵自由会在不同人那里或在同一人所处的不同时刻显现出不同的身体自由。这就如一光源，由于被不同的事物（如透明玻璃、纱布、纸张等）遮盖，会散发出不同的光芒一样。

　　一个终于完成某项繁重工作的人，长吁一口气说："我自由了。"一个长于社交的人，在灯红酒绿的环境中感到自由自在。一个徜徉于秀山丽水的人也会感到某种自由。在这些情境中所谈到的自由，通常可不出现于政治生活中，甚至可不出现于社会生活中。它不同于政治自由与社会自由，也不同于身体自由。一个人尽管身有残疾，行动不灵便，活动受到束缚，不具有某种身体自由，却可能依然感到自己是自由自在的。实际上，无论是政治自由、社会自由，还是身体自由，人们在谈论它们时并不完全是主观的，而是基于某种确定的根据。正是依赖于这种根据，我们才能确定一个人是否拥有自由。这种类型的自由有所不同，它似乎全然是主观的，甚至只有拥有自由的人自身才能体会到，他人则难以了解到。一个人在灯红酒绿的环境中怡然自得，在同样环境中的另一个人却如坐针毡。两个从事同样工作的人，一个人在工作中没有发现丝毫的快乐，相反，他觉得时时受束缚，身心俱疲，没有自由。另一个人则相反，他在这种工作环境中非但没感受到束缚，反而感到非常惬意，自得其乐。

由于一个人是否拥有这种自由与其主观感受有关，与其心理状态有关，因而可称这种自由为心理自由，有时也可称之为情感自由。心理自由与心灵自由有明显的不同。一个人在此时刻感到的心理自由，在下一时刻可能就消失得无影无踪。心灵自由与此不同，它的存在并不完全基于个人的心理状态或直觉，它具有认识论上的根据，因而在某种意义上，它的存在是客观的。当然，它们之间无疑也有联系。一方面，心灵自由为心理自由提供了基础。一个人如果没有存在心灵自由的信念，他就不会有这样的自由心理或直觉。另一方面，心理自由也为心灵自由的存在提供了直觉根据。

斯宾诺莎相信，那只受情感支配的人是"奴隶"，只有受"理性指导的人"才是自由的。他说："自由人，亦即纯依理性的指导而生活的人。"[①] 康德也指出，人的理性为自己设立法则，只有遵循理性所设立的法则的人才是自由的。他说："自由和无条件的实践法则是交替地互相归结的。……一个无条件的法则只不过是一个纯粹实践理性的自我意识，而纯粹实践理性却和自由的积极概念完全一样。"[②] 即使斯宾诺莎与康德也认为，尽管人具有理性，但它也不会总是体现出来，人的行为有时会受情感等非理性因素的支配。可见，他们所谈到的这种自由不是存在于所有人心灵中的那种自由或是所有人都具有的自由，甚至也不是所有理性的人所具有的自由，而是为理性所支配的人才具有的自由。这种自由与心灵自由有明显的不同。我们可称之为理性自由。

---

① 斯宾诺莎：《伦理学》，贺麟译，商务印书馆，1997，第222页。
② 康德：《实践理性批判》，邓晓芒译，人民出版社，2003，第37~38页。

对于心灵自由来说，不仅受理性支配的行为是自由行为，其他行为（如不受理性支配的行为）也可能是自由行为。此外，就理性自由而言，它可能不像心灵自由那样没有大小之分。斯宾诺莎就提出，尽管都遵从理性的指导，但一个"遵从公共法令在国家中生活"的人，较之那些"只服从他自己，在孤独中生活"的人来说，会更自由。[①] 理性自由与心灵自由的这种区别也可在康德的著作中看到，如他在《纯粹理性批判》中所谈到的自由主要是心灵自由，而在《实践理性批判》中谈得更多的是理性自由。尽管如此，它们之间也有密切的联系。理性自由只有基于心灵自由才能存在，心灵自由则可依赖理性自由而呈现。在一些接受理性自由的人看来，尽管理性不同于心灵，它只是心灵的某一部分，心灵还包含诸如意志、情感之类的其他部分，不过，这些部分要么不具有自由的能力，要么就受理性指引或附属于理性。因而如果这些心灵的部分具有自由，它们与理性自由没有根本的不同。如此一来，甚至心灵自由与理性自由也没有太多的区别了。这也许是人们常常把上述两类自由混淆起来的重要原因。

上述的列举大致呈现了人们对自由的一些主要理解，当然还可区分出其他一些类型的自由，不过，就这里的目的而言，这些列举已然足够。在日常交流中，人们所谈到的自由常常包含不同的类型，由于没有对它们做出区分，结果使得有关它们的讨论变得模糊，甚至充满矛盾。如有人断言：人一旦进行选择，就表明他已有了自由。而另一些人则提出：一个人在选择做何种行为时，必定会受其他事物的干扰或抑制，因而他是不自由的。这些说法看似相互矛盾，但如果了解到他们所谈到的自由并不是同一类型的自由，这样的矛盾自然就会烟消云散。

尽管这些自由的区别是明显的，但在许多情形中，人们并没有对它们做出清晰的区分。之所以如此，可能存在多方面的原因，其中一个不可忽视的原因就是，这些自由本来就密切相关。正如前面所表明的，诸如政治自由、社会自由、身体自由、心理自由或理性自由等都基于心灵自由，人们在谈到它们时，往往包含或预设了心灵自由。不仅如此，政治自由、社会自由、身体自由、心理自由或理性自由等也密切相关。法

---

① 斯宾诺莎：《伦理学》，贺麟译，商务印书馆，1997，第226页。

律与其他社会规范有时无法作严格的区分。在特定的社会中，一些法律可能为政府所放弃，从而不再成为法律。尽管如此，它们依然出现在风俗、规章制度、道德规范等中。反过来，风俗、规章制度、道德规范等也可能为社会中众多人接受而成为法律。正是如此，社会自由与政治自由存在密切的关系。

如果一个人接受某些社会规范，这些规范就会对他的行为有所限制。药物、环境或生理状态也可能对一个人的行为产生某些限制。人们可根据这些限制来谈论人的自由。一般来说，在前一情境中谈到的是社会自由，而在后一情境中谈到的则是身体自由。由于这两类限制有类似之处，可以预见，由此谈到的自由也存在类似之处，甚至存在密切的联系。一个人（如身患癫痫症的人）无意识地、机械地做出了某一动作（如四肢抽搐），此动作完全是受因果关系决定的。由于此动作不受社会规范的约束，人们不认为做出此动作的人应当为此负责。一个患有盗窃癖的人，有时会不由自主地做出盗窃行为，但人们通常不认为他不能完全控制自己，相反，认为他要为其盗窃行为承担责任。可见，身患癫痫症的人有四肢抽搐的自由，但患有盗窃癖的人并没有盗窃的自由。人们在谈到自由时为何会有如此的不同？这很可能是由于人们认识到，患有盗窃癖的人在做出盗窃行为时，尽管受特定生理状态影响，不具有某些行为能力或具有不自由的成分，但其行为中依然存在自由的成分。莱布尼茨也曾认识到这一点。他说："一个喝醉酒的人的行为，和一个真正的、得到承认的梦游病者的行为之间，是有很大区别的。人们惩罚醉汉，因为他们是可以避免酗酒，并且甚至当酒醉时对刑罚痛苦也能有若干记忆的。但梦游病者就不是那么有能力来自禁夜梦中起来行走和做他们所做的那些事情。"[①] 不过，在实际的情形中，何种身体状态下所做出的行为不应当负责，何种行为应当负责，或者负责的比例有多大，它们并不总是清晰的。它们与人们所接受的社会规范相关，也与行为者的身体状态有关。这也表明，身体自由与社会自由存在紧密的联系，难以对它们做出严格的区分。

洛克曾提到如下的例子。一个人在一个房间里醒来，发现房间里有

---

① 莱布尼茨：《人类理智新论》（上），陈修斋译，商务印书馆，1996，第251页。

一些他所喜欢的朋友，他感到很高兴，甚至愿意留下来。他确信自己是出于自由而留下来的。然而，他所不知道的是，房间的门已经被锁上了，他当时并不能离开。设想他知道自己被锁在这一房间里，他还会感到自由吗？如果他知道自己被锁在房间里，知道自己至少失去了某些身体自由，如不能随意走出房间，那么身体的这种不自由通常也会影响其心理自由，如他会感到不高兴，会感到不自在。[1] 可见，身体自由与心理自由是有联系的。此外，政治自由、社会自由与特定规范相关，这种规范体现为对人的限制，它们可能使人不情愿。人们常把这种心理感受"不情愿"等同于"不自由"，而把心理感受"情愿"和"自由"等同起来。如果这样，就可以发现政治自由、社会自由也是与心理自由相关的。在那些坚持存在理性自由的人看来，如果一个人认识到某些理论或规范的合理性之后，感到做某种行为是理所当然的，而不做它则是不合理的，那么他会心甘情愿地接受它、遵守它，这时他会感到自由。如一个人从理性上得知自己不得不接受某些法律，一旦他认识到这一点，他在遵守它们时就不会感到这是一种限制，他反而会感到自由。这种自由似乎既可说是理性自由，也可说是心理自由。果真如此，理性自由与心理自由也存在密切的关联。

总的来说，不同类型的自由存在密切的联系，实际难以对它们做出清晰的区分。这也使人们在谈论自由时陷入了两难境地：如果不对自由做出清晰的区分，在谈到它们时难免会产生混乱，在认识它们时会产生各种误解；然而，人们实际又难以对它们做出清晰的区分。尽管如此，只要愿意，在特定的情境中，人们是可以对它们做出较为清晰的区分的。基于这些区分，人们在谈论自由时，可能消除有关它们的某些混乱与误解，而这些区分也为恰当地理解自由提供了良好的基础。

第六节　自由与伦理学

一个人如果认识到自己或他人存在心灵自由，而心灵自由是人们所做出的、不完全被决定的行为的根据或原因，那么对他来说，具有心灵

---

[1] 洛克：《人类理解论》（上），关文运译，商务印书馆，1997，第209页。

自由的人（包括他自己）至少在某些方面可以自主选择行为，可以遵守诸如风俗、法律、规章制度、道德规范等各种规范。当然，一个人所做出的行为并不都是不完全被决定的或是可自主选择的，也包含一些完全被决定的行为。对于那些完全被决定的行为，由于对它们的了解与对自然事物的了解没有根本的区别，因而它们通常是自然科学的研究对象，而不是伦理学或实践科学所关注的内容。伦理学或实践科学所谈到的行为往往是那些不完全被决定的行为。由于这样的行为基于心灵自由，因而接受"存在心灵自由"或"人是自由的"的看法也就成了研究它们的前提。考虑到这一点，除非特别说明，这里所谈到的行为是指那些不完全被决定的行为，有时我们也简单地称之为自由行为。

尽管"存在心灵自由"或"人是自由的"观念的确立使伦理学或实践科学有了基础，其意义却也不可夸大。一方面，对于伦理学来说，仅仅研究一般行为产生的条件（如心灵自由）是远远不够的。伦理学主要关心"何种行为是合理的"或"人在实践活动中应当做何种行为"之类的问题。无论是合理的行为还是不合理的行为，很可能都是不完全被决定的行为，都要以心灵自由为根据。然而，人们不能仅凭心灵自由而断定一行为是否合理，或断定人在实践活动中应当做何种行为。也正是如此，对伦理学来说，一旦确定了心灵自由的存在，了解到了它的有关性质，对它的主要讨论便已完成，就不能停留于此，而需要进入下一步的讨论中。西季威克是清楚这一点的，他说，意志自由的"伦理学意义可能被夸大"，"任何严肃而缜密地考察这一问题的人都将发现这种意义是极其有限的"[①]。

另一方面，那些不从事这方面研究的人，尽管没有对心灵自由的存在做出可靠的论证，但基于直觉，他们也能获得对心灵自由的一些了解，可以由此确定心灵自由的存在。实际上，他们在进行相关思考或日常判断时，常常设想存在心灵自由。正如物理学家没有对自然哲学做深入研究，他们直接接受一些本体论信念，并在此基础上进行物理学的探索，也可能获得伟大的物理学成就一样。那些没有对心灵自由做深入研究的

---

① 亨利·西季威克：《伦理学方法》，廖申白译，中国社会科学出版社，1993，第88~89页。

人，基于直接认定"存在心灵自由"的信念而进行伦理学探索，也能推进伦理学的发展，甚至可能获得伟大的成就。

遗憾的是，并不是所有人都意识到了这一点。一些人竭尽全力希望证实心灵自由的存在，明确所谓"自由与必然"的关系，并试图完全或主要基于心灵自由来建立伦理学。可以预见，这些做法要么没有太大的意义，要么困难重重。就基于心灵自由的伦理学而言，它尽管比较花哨，但其内容往往是贫乏的。之所以如此，与它面临如下的两难有关，即伦理学家如果严格坚持这种自由的含义，断言人是自由的，那么他就会发现，这种自由能为任何可能的行为提供根据；然而，他一旦要基于这种自由构建伦理学，就有必要告诉人们，何种行为是合理的，何种行为是不合理的，就要给出判定合理与不合理的标准。当他试图给出这样的标准，试图为实践提供任何有效的指导时，他就必定要冲破这种关于自由的设想。这时的伦理学要么不完全或不主要基于心灵自由，要么其中的自由就将包含一些其他的含义，以致人们在理解自由时将难以避免地出现诸多混乱与歧义。

这种混乱与歧义可一再地在康德的著作中发现。康德没有把心灵自由与理性自由区分开，因而当他把自由当作他的伦理学的"拱顶石"时，他的"拱顶石"其实是一堆混凝土。西季威克就曾指出，康德及其追随者没有分清两种类型的自由。他说："如果我们说就一个人是在合理地行动而言，他是一个'自由的'主体，那么当他在不合理地行动时，我们显然不能在同一意义上说他是根据自己的'自由的'选择而不合理地行动的。"① 萨特也试图基于自由建立起他的伦理学。他强调，人是自由的是指他可以自主地进行选择和行动，也即一个人要成为什么样的人，要具有怎样的规定性，完全由他自己决定。他是完全自由地造就他自己，并创造出他自身来的。因而他提出，人的本质并不是先定的，而是由人自身创造出来的，即所谓"存在先于本质"。到此为止，萨特所谈的自由与心灵自由没有太多的区别。但当他试图从这种自由观引出某种伦理观念时，就越出了这种含义，以致出现了混乱。在萨特看来，人具有自由表明除了要对自己负责外，还必须承担对他人、对社会的责任。他提

---

① 亨利·西季威克：《伦理学方法》，廖申白译，中国社会科学出版社，1993，第81页。

出:"人,由于命定是自由,把整个世界的重量担在肩上:他对作为存在方式的世界和他本身是有责任的。"① 人的自由尽管表明他可负责,却不能告知他要担负何种责任。萨特似乎没有注意到这一点,而直接以一个道德家的方式来说话。他说,"当我们说人对自己负责时,我们并不是指他仅仅对自己的个性负责,而是对所有的人负责",一个人在选择时,"不但为自己的将来作了抉择,而且通过这一行动同时成了为全人类作出抉择的立法者"②,等等。

这里不准备表明不可基于自由观念来构建伦理学。不过,如果不加区分地把各种自由含义混合在一起,并希望由此来构建伦理学,那么将会发现,这种伦理学尽管辞藻华丽,语句晦涩,但难以掩盖其中的言辞混乱、思想矛盾。试图从事这种工作的伦理学家当然也可能区分心灵自由与其他自由,或者基于某些特定的含义来使用"自由"一词。不过,由于这种伦理学并不常见,同时也由于其自由的含义不太符合日常的用法,基于它的伦理学常常难以运用于生活实际,因而这里不打算关注它。我们之所以在此讨论自由问题,主要是为后面的讨论提供基础,以便可以放心地谈论后面的问题。当然,它也使后面的讨论尽可能少地受那些基于自由的伦理学的干扰。鉴于不同自由观念之间存在密切的关联,难以对它们进行清晰的区分,为使后面的讨论更为清晰,在谈到除心灵自由之外的其他类型的自由(如政治自由、身体自由、情感自由等)时,将使用诸如规范、身体阻碍、行为等语词来表达或替代,而一般不使用"自由"一词。除非特别说明,我们将用"自由"一词特别地指心灵自由。

---

① 萨特:《存在与虚无》,陈宣良等译,生活·读书·新知三联书店,1987,第708页。
② 萨特:《存在主义是一种人道主义》,周煦良、汤永宽译,上海译文出版社,1988,第6~8页。

第二章 伦理学方法

第一节 伦理学中的心理主义

对心灵、自由及其特征的了解不仅为伦理学研究提供了前提，也启示了它的研究方法。尽管伦理学谈论的是人的行为以及行为所遵守的道德规范，不过，由于心灵是引发行为的重要原因，道德规范的接受与遵守同心灵的状态或过程也即心理经验相关，因而许多人相信，伦理学要基于对心理经验的了解。心理学以心理经验为研究对象，如此一来，伦理学问题便可归结为心理学问题了。可把这种认为伦理学要基于对心理经验的了解的看法称为心理主义。持这种看法者并不少见，如石里克就强调，伦理学的核心问题"纯粹是一个心理学问题。因为毫无疑问，发现任何一种行为的动机和规律，因而也就是发现道德行为的动机和规律，完全只是心理学的任务"[1]。随意翻开当前流行的伦理学著作，大多可看到心理主义的踪影。那些流行的伦理学观念，如快乐主义、利己主义、某些类型的功利主义以及基于义务感或动机等的义务论都或明或暗地包含了心理主义。实际上，心理主义是伦理学中一个影响深远的传统，它显明地体现在柏拉图、亚里士多德、斯宾诺莎、休谟、康德以及胡塞尔等人的著作中。

心理主义不只出现在伦理学领域，它也出现在诸如认识论或知识论、美学、政治学等领域。[2] 近代认识论就带有浓厚的心理主义色彩。这种认识论认为，知识的获取离不开人的心灵，在探讨认识论之前，考察心灵的性质、了解其认识能力与限度是第一要务，而对知识现象的合理解

---

[1] 石里克：《伦理学问题》，张国珍、赵又春译，商务印书馆，1997，第34页。
[2] 由于伦理学也要追求知识，因而伦理学领域与认识论或知识论领域并不是能完全分开的。不过，伦理学与认识论或知识论在研究对象以及研究的重点等方面还是有明显的不同。这里正是因此而把它们区分开。

释也要基于对心理经验的省察。其实，无论是近代经验主义者还是理性主义者，都相信获得知识的过程是一个心理过程，也仅仅是一个心理过程，只要对心理经验有足够多的了解，就能明了知识的形成过程，从而为人类获取知识的事业提供保障。

当然，这里所谈到的心理主义是存在歧义的，如至少可从中区分出两种类型的心理主义。其中一种认为，伦理学要基于对实际心理经验的了解，也即要基于对"任何一种行为的动机和规律"的发现。另一种则认为，伦理学要基于心理学，也即伦理学问题是"心理学问题"。这两种心理主义无疑有密切关联，也正是如此，在不那么细致的研究者看来，它们之间并没有根本的区别。不过，任何较为严谨的考察都会发现，它们之间的区别其实是不小的。这里先从前一种心理主义谈起。

尽管一般的认识活动可从已有的认识基础开始，但在基础性研究中，人们总是希望从最为基础处开始。那些从事基础性伦理学研究的人就抱有这样的想法。由于流行看法相信，在认识活动中，心理经验是所有知识的基础，而它们并不以其他事物为基础，因而这些伦理学家强调，伦理学要基于对实际心理经验的了解。这种流行思想看似是合理的，其实困难重重。由于一个人无论如何都不可能完全认识到他自身或与之有交流的人的行为是如何产生的，于是便设想它的产生有一自由的原因，而具有自由的事物即是心灵。同时，由于心灵只是设想的结果，因而尽管它的存在有认识论上或直觉上的根据，这种根据却并不充分。如果这样，那种基于对实际心理经验的了解来进行伦理学研究的做法就不是值得倡导的了，因为它根本是缺乏根基的。

也许有人相信，心灵或心理经验不只是一种设想，它们真实存在。不过，即使他们也会同意，心灵或心理经验处于身体内部，任何人都无法直接观察他人的心灵或其心理经验，他只能根据其身体所呈现出来的状态或过程（如行为、身体特征、语言等）来了解它。不仅如此，如果不根据它们，一个人甚至难以知道自己拥有诸如此类的心理经验。其实，即使希望对自身心理经验有所了解，人们也要通过语言才能做到。一个人对语言的运用与他平时学习、使用它们是有关的。由于这些学习、使用需要借助对他人心理经验的了解，也即要借助其身体所呈现出来的那些状态或过程，因此，如果没有观察到他人身体所呈现出来的一些状态或过程，一个人可能不仅不知道他人是否有诸如痛苦、快乐等心理经验，甚至不知道使用"痛苦""快乐"等心理语词。如果一个人不知道使用这些心理语词，那么他不仅难以知道自己过去所拥有的心理经验是什么，难以知道他过去的心理经验与现在的心理经验是否相同，甚至不知道自己现在所拥有的心理经验是什么。由于对心理经验的了解需要基于身体所呈现出来的状态或过程，因而从认识论上来说，心理经验不是最为基础的事物。可见，如果一个人试图从心理经验开始从事基础性研究，那他很可能找错了地方。

即使伦理学家不打算从最为基础处开始，他基于心理经验来从事研究也是充满危险的。要对心理经验有所了解，就需要区分不同的心理经验，而要做出这种区分，则要依赖于对身体所呈现出来的各种状态或过程的了解。由于心灵是自由的，它作用于身体时，总是可能呈现出新的状态或过程。于是人们会发现，在特定时刻，当他试图根据之前的那些状态或过程来区分心理经验时，这种区分是不完全适当的。由于未来可能呈现出新的状态或过程，这种区分或者会变得模糊不清，或者会因出现不一致而需要做新的区分。此外，由于对心理经验的了解要依赖于对身体所呈现出来的各种状态或过程的了解，因而尽管这种区分或基于它的其他知识具有客观性，但与有关身体状态或过程的知识相比，它们所具有的客观性会更低，会带有浓郁的主观色彩。这是容易理解的。实际上，根据有关身体状态或过程的知识，人们可对心理经验做出不同的区分，可提出有关心理经验的不同知识。

古往今来，人们对心理经验实际做出了许多不同的区分。除了前面所提到的有关情感、理性与意志的区分之外，人们还做出过其他形式的区分，如区分了感觉、知觉、表象，区分了意识、意志、意向等。不仅如此，人们常常进一步区分出了不同的感觉、不同的知觉、不同的理性、不同的意识等，甚至还在此基础上做出了更为复杂的区分。实际上，不仅不同的人对此可做出不同的区分，甚至同一个人在不同的地方也可能做出不同的区分。出现这种情形显然与这种区分本身所具有的主观性是分不开的。如果一种研究以极具模糊性以及主观性的事实或知识为基础，尽管它也可能推进认识的深化，但毕竟难以令人放心。随着认识的深入，它迟早会被轻视、忽略，甚至抛弃。

传统伦理学家提出，一个人在做出特定行为时需要具有动机，动机是促使他做出行为的理由。脱离动机不仅难以理解行为，也难以理解许多伦理术语的含义以及它们之间的关系，甚至无法判定伦理语句的真假。显然，这种动机论是一种典型的心理主义，它自然也会包含心理主义的一般缺陷。的确，动机论者通常承认，行为者做出的特定行为可能基于不同的动机。如一个人应约与他人去球馆打球，可能基于如下的动机：他不想违背承诺、他想锻炼身体、他想去看看那个球馆或想见那些打球的朋友等。如何区分这些动机？它们分别是如何促使特定行为出现的？对这些问题显然难以给出清晰的回答，所给出的回答常常充满了主观臆想。正因如此，威廉姆斯（一译威廉斯）称动机是"主观动机"，促使特定行为出现的众多动机是"主观动机集合"。① 此外，由于动机实际难以观察到，要确定它是什么，往往只能通过它表现于外的身体状态或过程来推测。然而，当一个人试图根据动机来确定行为的理由时，他就将不可避免地陷入循环论证。

其实，在伦理学中采用动机论或心理主义还存在一个特别的困难。伦理学尽管关注行为出现的理由，但它更愿意关注合理行为出现的理由，而希望把追问一般行为出现的理由的工作交给心理学或生理学。因而对伦理学来说，如果动机是人们做出某行为的理由，那么这种理由并不是最为重要的，因为它不足以说明特定行为何以是合理的。考虑到这一点，可以认为伦理学所关心的不是一般的动机，而是促使人们做出合理行为或道德行为的动机，即好动机或道德动机。如果这样，一个人如何能确定一动机是好的或是道德的呢？或如何把好动机或道德动机与其他动机区分开来呢？一般认为，对有关好动机或道德动机的了解属于价值领域，而对身体状态或过程的了解以及对一般动机的了解等属于事实领域，它们之间存在一个巨大的逻辑鸿沟。如果接受这一点，那就有理由说：即使伦理学家获得了对身体状态或过程的了解，从而可能对动机或有关心理经验有了解，也难以确定一动机是好的或是道德的，也难以把它与其他动机区分开。或许有人会提出，伦理学家可通过对合理行为或道德行为的了解来认识好动机或道德动机。然而，由于这样的了解早已超出了心理领域，它甚至超出了事

---

① 伯纳德·威廉斯：《道德运气》，徐向东译，上海译文出版社，2007，第157页。

实领域,因而它不太可能是完全基于心理主义的。

动机论看上去也不那么合乎生活实际。在动机论者看来,基于不好动机的行为是不合理的,合理的行为必定基于好动机。遗憾的是,实际生活中的人们通常不抱如此看法。在他们看来,尽管一个人基于不好的动机做出了某一行为,但它也可能是合理行为。一个抱着私心(如希图他人报恩或获得奖励等)而救起溺水者的人,尽管他基于不好动机做出了救人的行为,这一行为却不因其基于不好的动机而不合理。不仅基于不好动机的行为可能是合理的,基于好动机的行为也可能是不合理的。一个人为了及时将一位病危者送到医院,结果造成数人死亡的车祸。尽管他的动机是好的,却难以说其行为是合理的。实际上,在生活中,人们可能因多种原因而判定一行为是合理的,如他可能因行为的后果判定它是合理的,也可能因它符合某种规范而判定它是合理的,而此规范的合理性则归根结底基于神的旨意、理性或其他无动机的事物等。显然,所有这些都可能与动机论不一致。

近代以来,伦理学家基于心理主义对诸多伦理论题做了诸多精致的探究,如他们不仅区分了不同类型的动机,也探讨了动机与道德之间各种关系,等等。这些探究引起了各种争论。如一些人相信,"动机独立于道德判断。一个人做出一个道德判断时,它并不促使他根据此道德判断而行为";另一些人则提出,"在道德判断与动机之间存在必然的联系"[1]。按心理主义或动机论的一般看法,一个人做出某一行为时不只缘于内部因素,也与他所处的环境有关,与外部因素有关。尽管动机是一个人做出某行为的理由,但似乎不是其最终的基础,行为的产生还有更进一步的原因。这些原因有些是基于行为者自身的"内在条件",有些则是"外部诱因"。因而对于这些探究所形成的各种看法,人们其实是容易找到各种例外的。由于没有区分事实与事物,没有充分意识到道德现象本身的复杂性,同时也忽视了心理主义所面临的困境,因而考察这些分析与争论,会发现它们带给人们的教益是有限的。可以预见,随着伦理学研究的深入,心理主义及其相关的论题,很可能会如同出现于中

---

[1] Jesse Prinz, "Ethics and Psychology", in *The Routledge Companion to Ethics*, John Skorupski (ed.), Routledge, 2010, p. 385.

世纪的众多经院哲学论题一样，将悄无声息地湮没于历史的尘埃中。

对心理主义的不满其实不是从伦理学开始的。弗雷格、胡塞尔等人首先在逻辑学以及认识论领域对它作过深入的批评。他们的批评对于人们了解心理主义所面临的困境当然是富有启发的，而人们也很容易把它们推广到其他领域，如伦理学领域。在伦理学中也的确可看到对心理主义的不满，如受摩尔影响的现代元伦理学家通常就不对心理主义抱有好感。尽管心理主义存在各种问题，但正如宗教神学或自然哲学在人类的早期文明中对认识有所贡献一样，心理主义对认识论或伦理学的发展无疑也起过作用。不过，如果可为伦理学找到更为合适的基础，那么正如现代物理学家在研究中不必求助于宗教神学或古老的自然哲学一样，伦理学家也不必求助于心理主义。在现代，为伦理学找到一种比心理主义所给出的更为合理的研究基础看起来确是可能的。当霍布斯、罗尔斯等试图从契约论来为道德规范提供基础时，当哈贝马斯试图从人与人的相互交往中寻找行为合理性的根据时，这些伦理学家或多或少展现出了希望不基于心理主义来研究伦理学的努力。现代元伦理学家则更为明确地揭示了这样一种新的伦理学研究基础。

第二节　语言分析方法的意义

如果不能为伦理学或认识论找到真正的基础，人们尽管不满意心理主义，在研究过程中最终也难免遭受它的侵扰。只要看看胡塞尔就会明白这一点。相比于胡塞尔，弗雷格对心理主义的批评更具建设性。弗雷格明确指出，在了解认识活动以及进行科学研究时，要将"心理的东西"和"思想的东西"（如知识）加以区分。在他看来，尽管知识的形成过程与思想者的心理经验相关，但思想的东西要通过语言表达出来。心理经验是纯粹主观的，它存在于特定的时间与空间中，同时它也无所谓真与假。而语言所表达的思想或思想的东西与此不同，它不只具有非个人性、客观性的特点，也不只存在于特定的时间与空间中，它还有真假之分。因而心理的东西与思想的东西有根本的区别。[①]

[①] 弗雷格：《算术基础》，王路译，商务印书馆，2001，第1~10页。

第二章 伦理学方法

由于表达知识的语言是一类语句，因而通常所说的知识基础也只能是一类语句。在认识活动中，认识者似乎只要获得了相关的知识基础，并由此获得知识，那就达到了认识目标。尽管从事具体科学的研究者可能会满足于此，但对喜欢穷根究底的哲学家来说，它还不能令人满意。在他们看来，如果不深究语言表达的基础，这种研究依然是没有根基的。他们相信，一个人说出一个语句或断定一语句为真与其心理、生理的状态或过程有关，要穷究知识的根据，理所当然要追溯说出语句或断定语句真假的相关心理经验。

可以预计，这种穷究将是困难重重的。正如前面所表明的，这种基于心理主义的追溯超出了人的认识能力，它面临种种困境。不仅如此，按照这种思路，要了解这些语句或构成这些语句的语词——语言，仅仅追溯它的心理经验是不够的。语言与产生它的心灵有关，与它所表达的事物有关，也与产生它的情境有关，它是所有这些因素的共同呈现。要追溯所有这些事物的根据，追问它们是如何产生语言的，是极为复杂而难以深入的。实际上，由于语言具有一种不同于所有这些因素而由这些因素凸显出来的性质，如所有这些事物都不能被断言为真，却可断言某一语句为真，因而这种穷究终归难以达到目的。总之，尽管心理经验是语言的基础，但它还有更进一步的基础，因而这种追溯没有理由在心理经验处打住。如此一来，这种追溯就可能陷入无穷后退的窘境。

有理由表明，人的认识在逻辑上并不能穷根究底，它总要在某些地方打住。这正如维特根斯坦所表明的，"在有充分理由根据的信念的基础那里存在着没有理由根据的信念"，因而"我们必须学会懂得某些事情是基础"[①]。在追溯人的认识活动的过程中，那必须打住之处，知识基础也会在此显示。由此显示的或许不是知识的本体论基础，却很可能是它的认识论基础。由于一切研究都要通过语言表达出来，一切思考都要呈现在语言地基上，因而人们在追溯知识基础时于语言处打住是合适的。如此一来，语言很可能成为知识的认识论基础。

在认识活动中，尽管不能追溯一个人是如何做出某一语言表达的，

---

① 涂纪亮主编《维特根斯坦全集》第10卷，涂纪亮、张金言译，河北教育出版社，2003，第234、267页。

但这种表达一经做出，语言一旦公开呈现，它们就如同自然事物一样具有客观性。也正因如此，人们可能清晰地区分它们，可以对它们做出较为清晰或具有较高客观性的认识。喜欢穷根究底的哲学家尽管无法穷究呈现出这些语言的心理经验，却可以对这些语言进行分析，如他可分析构成语言表达的基本单位——语词的含义、不同语词之间的关系以及由语词所构成的语句之间的关系等。这些分析相对于直接基于知识基础来获取知识的认识活动来说，显然是更为根本性的，是一种前提性的研究。由于知识以及知识基础都是语句，因而在认识活动中从事这种前提性研究是极有意义的。如果一个研究者的确从事了这样的研究，或自觉地基于这种研究来从事其他认识活动，就可认为他采用了一种特殊的研究方法，即语言分析方法。

作为一种研究方法，语言分析方法与上述心理主义存在明显的对立。语言分析方法其实不单纯是一种研究方法，它还包含了一些有关世界或知识的基本看法。如它告诫人们：语言是进入思想、了解世界的重要甚至唯一途径，任何讨论都要通过语言呈现出来。即使存在心理经验，一旦谈到它们，它们就要出现在语言中，而表达它们的语言与它们本身就很可能具有了不同的特征。心理主义者没有注意到这一点，相反，他们通常把语言的意义与其所描述的事物，或把语言所描述的事物与实在对象混为一谈。正是如此，基于心理主义的研究出现了各种混乱。可以预见，语言分析方法可能避免诸如此类的混乱。

由于知识终究要基于语言呈现出来，因而难以想象不运用语言分析方法的科学研究。实际上，在科学研究中，研究者往往会远离心理主义而采用语言分析方法，尽管他有时没有意识到这一点。如爱因斯坦在研究物理学时，并不会追溯自身或他人的心理经验，而只是分析那些表达力学理论、电磁学理论等所使用的一些语词（如"惯性质量""引力""场"等）的含义以及它们之间的关系，分析表达这些理论的不同语句之间的关系，等等。在某种意义上，心理主义只是一些不从事也不太了解实际科学研究的人文学者的虚构。要排除这些似是而非的虚构，把注意力集中到实际的科学研究中，最好的方式是关注认识活动的语言基础。而一旦做到这一点，将可能使科学家更为自觉地运用他们早已得心应手的研究方法，而不受那些虚假思想图像的干扰。

由于研究各种具体知识的科学家不太关注研究的最终基础，而只关注如何获取各种个别的实际知识，并把它们运用于生活实践中，因而他们在研究中几乎自然地获得了一种针对上述虚假思想图像的解毒剂。哲学研究有所不同。哲学家的研究往往不是针对一些具体的事物，他们关注个别知识的基础，希望能穷究事物的本原，因而更可能受虚假思想图像的影响。正是如此，相比而言，在哲学研究中强调语言分析方法是更有意义的。实际上，一些人相信，哲学的首要任务不是提出新知识或新思想，而是研究语言的意义、特性以及它们之间的相互关系，以便澄清已有知识或思想的各种混乱，消除那些虚假思想图像的干扰，为知识的探求打下坚实的基础。

语言分析方法不仅为当代哲学领域中的逻辑学家、知识论者所注意，也为许多伦理学家（如摩尔、黑尔等）所关注。在摩尔、黑尔等人看来，伦理学研究的重点不在于追溯接受或遵守道德规范的心理过程，不在于探究人们判定行为是否合理时的心理状态，甚至不在于搜寻人们实际接受或遵守的道德规范以及它们的根据，而是探究那些特别地用于伦理学的理论术语（即伦理术语，如"好""正当""应当"等）的含义、那些包含这些语词的语句（即伦理语句）的含义、那些语句之间以及它们与其他语句之间的关系等。他们相信，运用这种方法不仅能解决传统伦理学所面临的种种难题，推动研究的深入，甚至能开创伦理学研究的新局面。

支持语言分析方法的人们相信，传统伦理学中所描绘的许多困难不是真正的困难，而是语言对人的思想产生不幸影响的结果。由于传统伦理学家没有真正理解伦理术语的含义，他们在思考伦理问题时，常常不自觉地把它们的不同含义混淆在一起，以致产生了各种混乱与歧义。不仅如此，他们常常基于某些伦理术语，设想一些虚假的伦理实体，并构想出一些空洞、玄妙的看法。这些看法尽管只是无稽之谈，但它们不时地混迹于庄严的知识中，扰乱思想，误导实践。传统伦理学不只对伦理术语有误解，也可能对包含它们的语句之间的关系有误解，因而它往往会被不由自主地引向一些虚假的类比与推论，被引诱提出一些没有根据的思想。通过语言分析方法，人们不仅可澄清伦理术语的含义，消除使用它们时所产生的种种混乱与歧义，使伦理思想变得更为清晰而严密，同时，它还可帮助人们辨认出那些混在思想领域中的无稽之谈，纠正思想谬误。

许多传统伦理学家由于没有反思其理论基础，而是基于一些未加证明的前提，因而其研究常常是没有根基的。有些传统伦理学家尽管对其研究前提进行了反思，不过，由于研究基于诸如心理主义之类的臆想而常常陷入无穷后退或循环论证，结果难以真正推进。语言分析方法对伦理学的理论基础进行了反思，并为它提供了坚实的认识基础。不仅如此，它还可能清晰了解伦理陈述之间不同类型的关系，拓展伦理学的研究范围。自觉运用语言分析方法的人们通常承认，语言表达是人们相互交流的结果，它在社会中呈现，不存在只为个人理解的所谓私人语言。具体而言，由于快乐要通过"快乐"一词表达，如果不存在私人语言，那么对快乐的理解或确定快乐的标准就不是完全私人的，而是具有公共性。果真如此，这将使得那种充满主观性的快乐主义变得难以成立了。更进一步，如果不存在私人语言，任何伦理术语都不能完全基于心理经验而得到理解，人们所提出的价值标准或行为合理性的标准也不可能完全是私人的，它具有公共性、客观性。这样一来，基于这种方法的伦理学将可能从根本上克服传统伦理学中的那种相对主义、怀疑论，从而推动伦理学研究的深入。

对这种方法有一种流行的批评，即认为语言只是呈现思想的工具或形式。如果一种研究只关注语言，只分析语言之间的关系，而不关心语言与世界以及与实践之间的关系，不重视为行为或道德规范的合理性寻找根据，只讲形式，不谈内容，那它将脱离具体的社会历史传统，脱离实践，由此所获得的结果不仅可能与客观世界无关，也难以真正指引实践，它只是一种抽象、空洞而无实际价值的东西。这种研究结果从根本上违背了伦理学的初衷，偏离了伦理学研究的主流。威廉姆斯在谈到这种方法时，就曾指出，它"是卖弄学问的、无价值的和枯燥的"，因而"语言哲学由于卖弄学问而特别的坏，至少总体上是这样"[①]。对于这种批评，首先需要指出的是，尽管伦理学与实践相关，它试图为行为或道德规范的合理性提供充分的根据，却不一定能达到目的。正如后面将表

---

① 转引自麦基编《思想家》，周穗明、翁寒松译，三联书店，1987，第170页。

明的，那些试图为行为或道德规范的合理性提供充分根据的伦理学都难以说是可信的，它们通常只是某种意识形态、政治权力或特定传统观念的附庸。如果伦理学的目的不是或主要不在于此，上述批评显然是不完全合适的。

尽管受语言分析方法影响的伦理学家试图澄清伦理学中某些术语的含义，努力明晰它们之间以及包含它们的伦理语句之间的关系，而不打算为行为或道德规范的合理性提供充分的根据，但运用这种方法的人们通常不认为不可在此基础上对伦理学做进一步的研究。由于语言与世界相关，与人的实践相关，一个人即使只打算澄清语词的含义，明晰语句之间的关系，他也不可避免地要关注语言与世界以及与实践之间的关系。可见，语言分析方法不只关注语言，也将与世界相关，将与实践相关，运用它会不可避免地产生与世界或实践密切相关的思想。当然，由此会获得一个自然的结果，即语言分析方法不排斥其他研究方法。实际上，只有结合其他方法，其作用才能得到更为充分的发挥。不过，运用这种方法的人们会发现，传统伦理学的某些研究的确对伦理学提出了过高的要求，如试图为行为或道德规范的合理性提供绝对的标准，或为人类复杂的实践活动提供一套完整的价值系统，这种过高的要求实际使传统伦理学家面临困境。揭露这种夸夸其谈的要求，使伦理学研究回到更为现实的目的上来，恰恰是这种方法的重要任务之一。

第三节 基于认识共同体的语言分析方法

大约从弗雷格开始，人们就自觉地认识到语言分析方法的优越性，但对如何具体运用它依然有较大的分歧。那些较早便自觉运用这种方法的学者相信，在日常交流或科学研究中，人们所使用的语词存在模糊之处，对它们也有诸多的误用。同时，由语词联结而成的语句并不都是有意义的，无意义的语句不仅出现在日常语言中，也出现在科学研究中。语句之间一些似是而非的关系也常常引起误解，甚至导致谬误。为了恰当地运用语言表达世界，获得知识，就有必要消除语言中的各种含混与误用现象，清晰地区分有意义的语句与无意义的语句，明确语句之间的关系。

如何做到这一点？在他们看来，人们平常所使用的语言中存在某种逻辑结构，它规定了语词与世界之间的关系，规定了不同语词之间的关系以及不同语句之间的关系。不过，这些关系不仅常常是表面的，而且也不都是正确的，它们可能误导人。他们相信，在这些表面关系的背后，隐含着一种深层的逻辑结构，它不仅与实在世界同构，是所有语言表达共有的逻辑结构，也是一种正确的逻辑结构。依据它，人们不仅能澄清语言中的混乱、模糊与令人费解之处，也可由此判定所使用的语言表达是否有意义，从而为合理地使用语言，获取知识提供条件。在他们看来，自身清晰而无歧义，并且具有确定意义，能清晰地显示这种深层逻辑结构的只能是一种人造的语言，即人工语言。人工语言是一种合乎逻辑的理想语言系统，它不仅能净化日常语言，揭示传统哲学所给出的各种虚假图像，也能为科学研究提供坚实的基础。

　　如果的确能构造出这样一种人工语言，一劳永逸地奠定科学研究的基础，那无疑是极有意义的。不过，这种看法很快遭到了打击。卡尔纳普等人自称构造出了这样的人工语言，但人们发现，他们所提出的人工语言与实在世界的联系并不是清晰的，而且它们自身也存在诸多模糊之处。按照这种人工语言，人们不仅可能把某些通常被认为有意义的语句当作无意义的，而且在认识活动中，也可能把许多真理排除在知识领域之外。更进一步，人们发现，语言具有异乎寻常的复杂性与多样性，即使认定它们共有某种深层逻辑结构，也很难从复杂多样的语言表达中归结或辨认出它们来。不仅如此，即使有人相信可构造这种语言，并实际给出了呈现那种深层逻辑结构的人工语言，人们依然有理由怀疑：有何理由断定它与实在世界同构呢？有何理由保证其中包含了复杂多样的语言表达所共有的深层逻辑结构呢？

　　正因如此，许多人提出，这种基于人工语言的分析方法是不现实的，甚至根本是错误的。在他们看来，澄清语言的含混与歧义，清晰地区分无意义语句与有意义语句，为认识活动奠定基础，并不需要寻找语言背后的深层逻辑结构，不需要假想这种逻辑结构与实在世界同构。要达到上述目的，只需要了解日常生活中那些极为丰富和复杂多样的语言使用，回到日常语言（它常常指人们日常交流所使用的语言，也可能指实际科学研究所使用的语言）便可。日常语言自有其价值，语言分析方法要以它们为基础。基于人工语言来进行分析的方法是不必要的,甚至是应当努力避免的。当然,尽管他们主张回到日常语言,却并不坚持人们所使用的日常语言是完全正确的。他们相信,日常语言也存在诸多模糊之处,其中的一些语言表达也可能没有意义。不过,只要充分考虑到日常语言的复杂性与多样性,基于语言在特定情境中的使用来进行耐心的澄清、区分,以使人们注意到这些语言表达在使用中存在的各种问题,就可能使他们回到语言的正确用法上来,从而消除这样的模糊、歧义以及误解。在他们看来,只要做到这一点,那些无意义的语句将不会被提出,那些饱受争议的哲学问题则会自行消失,而人们也可能在此基础上获得真理。

如何做到这一点?据说它不依赖于解释,而只依赖于单纯的如实描述。坚持这种看法的人提出,在解释一事物时,需要根据一些具有普遍性的断言。这些断言的得出不只依赖于对日常语言的描述,也要进行理论构造,如要从日常语言中抽象出具有普遍性的理论。由于这种构造或抽象可能是错误的,因而不如直接从对日常语言的实际使用中来理解此事物。正是如此,基于日常语言的分析方法不打算解答具体的科学或哲学问题,不打算提出有关世界的具体理论,而只希望以自然的、直接而不借助其他中介的方式来如实描述语言的各种实际用法,以便找出人们在语言使用过程中产生歧义与误解的根源,从而消除问题,达到认识或理解的目的。这正如维特根斯坦所说:"我们必须抛弃一切说明,而仅仅代之以描述。这种描述是从哲学问题中得到光明,也就是说,得到它的目的。"[①]

相比于基于人工语言的分析方法,基于日常语言的分析方法的确具有诸多显而易见的优点。它不仅不需要依赖于一些无根据的哲学构想,也因贴近生活实际而切实可行。不过,这种方法也不是没有问题。首先,如何才能算是如实的描述并不是明确的。一群人集聚在市政府前,一些人由此断言"这里发生了游行",一些人断言"这里发生了动乱",一些人断言"这里有人集聚"。对于这些断言,何者是如实描述?如实描述的标准为何?这些问题常常是极富争议的。只有对语词的含义有共同的理解,对一语句是否有意义有共同的评价,人们才能进行交流。对日常

---

① 维特根斯坦:《哲学研究》,李步楼译,商务印书馆,1996,第71页。

语言进行细致与琐碎的描述尽管能显示一个人是如何使用某语词或语句的，但它可能难以显示他与其他人对这一语词或语句是否有共同的理解，难以显示他们对语句的意义有共同的评价。即使能显示这一点，它也难以表明这种理解是否正确，难以表明这种评价是否合理。要表明人们对语言的理解是否正确，评价是否合理，就要给出判定语言用法以及意义的标准，而这势必超出单纯的如实描述。实际上，理解语言往往是为了有益于今后的交流，要达到这一点，就难免要给出某些具有普遍性的东西，而不能依赖于单纯的如实描述。同时，人们使用这种方法还可能陷入两难境地：人们在使用某种语言时，必定要遵守一些规范，这些规范不只适用于此种情景，也将适用于其他情景。如果不谈及这类规范，那就难以说是对它的单纯描述。而一旦谈及这类规范，则难以说它只是单纯的如实描述了。

　　由于语言的日常使用多种多样，甚至无限地多，因而它似乎有多种多样以至无限的意义。如果这样，尽管它的某些意义可通过描述其实际使用而得以显示，但难以通过它们得到完全的显示。实际上，由于这种描述可能是无限的，任何特定个人都无法完全展示出它们来，他只能根据自己的主观任意而选择做出某些描述，因而由此获得的语言的意义难以是全面的，甚至具有主观性。同时，由于这种意义只适用于特定情境，在其他情境中，语言可能有不同的用法，因而具有不同的意义。于是，这种方法几乎难以避免地导致相对主义。人们在运用语言分析方法时，主要目的不在于了解语言本身，而是要对实际的认识活动有所帮助。如果一个人在运用基于日常语言的分析方法时，猎奇式地搜罗语言的各种用法，举出各种古怪的表达，以显示语词以及语句的那些不常用的意义、关系，以至于自以为是地相信，他在做到这一点时就达到了分析的目的，那只能说，他对语言分析方法的理解是极为狭隘的，他没有真正了解使用该方法的目的。总之，基于这种零敲碎打式的描述，人们在运用这种方法时尽管能体现研究者一丝不苟的职业精神，使学术研究从根本上摆脱迂阔与浮夸的论说风格，显得更为专业，却也面临严重的困难。

　　无论是基于人工语言的分析方法还是基于日常语言的分析方法，它们看起来都存在问题。在认识过程中如何运用语言分析方法？在回答这一问题之前，有必要对语言的实际使用做些了解。一个人在表达世界中的各种事物时，形成了各种语言。当他运用它们与他人相互交流时，他与他人对其中的某些语言其实有共同理解。如他们共同确认语词具有某些特定含义；共同认为一些形式的语句是有意义的，而另一些则没有意义；共同认定一些有意义的语句为真；共同接受语句之间存在的某些特定关系；等等。可把这些为他们共同接受的东西称为共识。他与他人在这些共识的基础上进行交流，相互理解，并通过这些共识来了解语言自身以及世界。

这些共识在认识论上的地位不完全是相同的。有些以其他共识为基础，有些则不是。可称那些不以其他共识为基础，而自身却是其他共识的基础的共识为基础共识。基础共识多种多样，它包含表达语词基本含义的定义、表达语句之间基本关系的逻辑形式以及表达世界的真语句（即事实）等。显然，基础共识不是学术权威或意识形态规定的结果，不是根据某些绝对的前提演绎出来的结果，甚至不是反映实在世界的结果，它们是处于特定生活情境中的人们因相互交流而不得不接受的结果。基础共识在本体论上或许不是知识的最终基础，它们可能根源于其他一些事物。不过，由于人们不能在此进行可靠的追溯，因而可以说，它们在认识论上是知识的最终基础。

显然，共识只存在于一个能相互交流的人群之中，在特定的个人身上不存在共识。可把那些接受相同共识的人群特别地称为共同体。共同体接受某些特定的共识，其中的成员依赖它们进行相互交流与认识活动，并在此基础上获取知识。可以说，共同体是认识的基本单元，是认识的真正主体，因而我们也可称之为认识共同体。人们并不总是与同一个人交流，与之交流的人是不断变化的，由此而形成的共同体也是如此。可见，难以一般地断定认识共同体包含哪些成员以及如何构成，它流变不居。尽管如此，认识共同体会在特定的语言实践中出现，只要愿意，人们是可辨识出它来的。

如果回到语言的实际使用中，人们会发现，使用语言分析方法的真正目的是获得对世界的清晰认识，可靠地获得知识。如此一来，人们会意识到，漫无边际地搜罗语言的各种用法是不必要的，只要分析认识者所在认识共同体中的语言实践便可达到目的。尽管任何语词或语句可能有多种多样的用法，有多种多样的意义，但在特定情境的认识共同体中，其用法通常是确定的，认识共同体成员对此有共识。实际上，在认识过程中，人们可在特定情境或自己所属的认识共同体中确定他实际所使用的语词的含义、语句的真假以及语句之间的关系。而他们一旦辨认出了这些基础共识，便可根据它们来确定其他语词的含义、其他语句的真假以及语句之间的关系，并由此获得知识。如果人的实际认识活动要基于认识共同体的语言实践，要基于认识共同体的日常语言，那么基于认识共同体的日常语言使用以获得认识所需要的基础方法便是可行的。这里特别地称这种方法为基于认识共同体的日常语言分析方法。

显然，在运用这种基于认识共同体的日常语言分析方法时，并不需要基于脱离语言实践而抽象出来的语言（如人工语言），因而与基于人工语言的分析方法相比，它更符合实际，更具有适用于真实生活场景的能力。实际上，由于这种方法基于认识共同体的日常语言，因而它根本是一种基于日常语言的分析方法。不过，这种方法不基于那种漫无目的的、混杂不同情境的日常语言，而是基于认识共同体的日常语言，因而它不同于传统的日常语言分析方法。最为明显的不同是，它不只是限于单纯的如实描述，它不排除普遍性的断言，而试图获得普遍性知识，并根据它来做出解释。实际上，不仅作为其分析前提的那些基础共识包含普遍性断言，它也不排斥从众多个别性断言中抽象出普遍性的知识，而基础共识中那些逻辑关系以及判定真假的标准等恰恰为此提供了基础。此外，由于在特定情境中，日常语言有确定的意义，人们能借此确定语句的真假，并可获得各种具有客观性的知识，因而这种方法不同于传统的日常语言分析方法，它能有效地排除后者中的相对主义。正是如此，可以期望这种方法克服传统语言分析方法所引起的问题，为科学探索开辟一条新的路径。下面所提到的语言分析方法即是指这种基于认识共同体的日常语言分析方法。

第四节　系统方法

认识活动的主要目的是确定真陈述，获取知识。人们所获取的知识不只是一些个别性的知识，还包括各种普遍性知识。知识的普遍性有大小之分，人们通常称那些具有较大普遍性的知识为理论。不过，由于较大普遍性与较小普遍性之间没有严格的分界，因而也可一般地把那些具有普遍性的知识称为理论。理论是认识共同体中的成员基于他们所拥有的各种共识，综合诸多个别性知识的结果。理论对世界或它所综合的那些个别性知识提供了比较系统的理解，获得理论的过程也即理论化或系统化过程，因而可称那些试图获得理论的方法为系统方法或理论化方法。当然，由于获得那些只具较小普遍性的理论比较平凡，故而一般只把那些试图获得具有较大普遍性理论的方法称为系统方法。需要说明的是，这里所谈到的系统方法不是指把研究对象当作一个所谓系统或整体看待，并以此来研究其结构和功能的方法，而是指以某种方式获得特定研究结果的方法。

在认识过程中，不同的人对同一事物可能有不同的认识。由于被认识事物极为复杂，也由于其他一些原因（如人的认识能力、认识的外部条件等原因），人们实际难以获得能适用于整个世界的、具有绝对普遍性的理论，于是，那种试图获得具有绝对普遍性理论的看法就成了不切实际的空谈。在哲学领域，这样的看法因黑格尔而广受诟病。现代哲学家通常不打算甚至厌恶构建宏大的理论体系，他们相信，构建宏大哲学体系的时代已然过去，哲学家只能够也只需要针对个别问题进行研究。这样的看法在其他领域也不少见。许多人提出，不仅不可能获得那种适用于整个世界的无所不包的理论，甚至在特定领域也难以获得适用于所有情境的理论，如经济学难以获得适用于所有经济现象的理论，而社会学难以获得适用于所有社会现象的理论。上述看法在伦理学领域也不乏响应者。赫斯特豪斯就说："我们不应该指望从科学中去寻找我们道德知识的模式。伦理学中我们的'直觉'在系统地确切表达道德知识方面，和我们的'观察'在系统地确切表达科学知识方面所起的作用是不一样的。许多对科学的知识而言的恰当目标——普遍性、一致性、完全性、简单性——对道德的知识而言却是不恰当的。"①

从逻辑上说，在研究中不能获得具有绝对普遍性的理论可能表明系统方法存在某些局限，却不表明它全然没有根据，不表明它根本不具合理性。如果一种研究要求获得具有较大普遍性的理论，依然需要采用系

---

① 罗莎琳德·赫斯特豪斯：《规范美德伦理学》，《求是学刊》2004年第2期，第12页。

统方法。然而，那些相信不能获得具有绝对普遍性理论的人也可能走向另一极端。他们提出，任何理论都没有充分的根据，不仅如此，理论对认识根本是不利的，因为它掩盖了真实的世界，掩盖了世界复杂而多样的特征。在他们看来，只有从特定领域或特定个人出发，通过对世界的细致描述，才能更好地认识世界。如此一来，系统方法不仅是不必要的，也是不可能的。这种反系统方法、反理论化的倾向实际以多样的形式存在于不同领域，在伦理学中表现得也很明显。

在一些伦理学家看来，伦理理论不同于自然科学理论，它关注的不是自然对象，而是人，是人所构成的社会。人是自由的个体，有关他的事实不能完全被纳入理论中，因而对于特定个人来说，任何理论都不能完全准确地说明他。如果任何理论都不能完全准确地说明特定个人，那它也不能完全准确地说明由众多个人所构成的社会。实际上，由于人是自由的，相对于其他人，任何个人都是独特的，他也因此是复杂的。相比而言，社会甚至更为复杂。由于任何理论都难以完全表现这种独特性与复杂性，因而运用系统化方法来获得伦理理论，以便来说明道德现象，来指引人的实践时，可以说它从根本上是对人自由的否定，是对个人独特性与复杂性的忽视，它注定是失败的。

由于根据系统化方法所获得的理论不符合生活实际，不反映真实世界，它反而使得人们对道德现象产生简单而狭隘的理解，因而它不仅难以指引实践，甚至对实践根本是有害的。威廉姆斯曾指出，由于伦理理论不反映真实的生活，不能帮助人们理解生活，因而"道德哲学并不需要一个是它自己的理论"，它也不可能有这样一个理论，而不受伦理理论干扰的生活或没有伦理理论的世界会更好。① 卡普托也提出，"伦理生活就是一连串如此的突发事故和意外事件，伦理理论对这些意外则几乎无法提供任何担保。至少在生活变得活泼有趣之时，它不能担保什么"②。在卡普托等人看来，如果要更好地认识道德现象，为实践提供指引，伦理学家不必努力构建理论，甚至只要尽可能真实而细致地描述实际的道德现象就可以了。

---

① 伯纳德·威廉斯：《道德运气》，徐向东译，上海译文出版社，2007，第2页。
② 约翰·D. 卡普托：《伦理学的终点》，载休·拉福莱特主编《伦理学理论》，龚群主译，中国人民大学出版社，2008，第129页。

上述看法当然是可疑的。即使人是自由的，也不表明不能获得关于人的理论，不能依据这样的理论来认识人本身。尽管依据这样的理论不能完全认识人，但有理由表明，不依据它将更难以深入地认识人。不同的人有不同的生理特征，有不同的生活经历，甚至同一个人在生命的不同时期也有不同的生活，因而人与人之间存在显著的差异。也正是这些多样的差异，才成就了独特的个人。不过，个人的独特性不是纯粹的，他与其他人总是存在共同之处。其实，一旦进入认识领域，个人的独特性被表达于语言中，也就不那么独特了。尽管王浩是一个独特的个体，只要人们希望认识他，把他表达于语言中时，如说"王浩是人"时，他就不那么具有独特性了，因为人们已把王浩这一事物归属于人这一具有普遍性的类中了。实际上，如果没有这样的普遍性，任何个别事物都无法被表达，甚至无法被思考。过于强调人及其生活的独特性，把它神秘化，把它看作处于认识之外，这样的看法不仅没有根据，也不合乎认识的实际情形。

　　当然，要求伦理理论完全符合个人的实际生活的确是困难的，甚至是不可能的。即使如此，依然难以据此来反对系统方法。人的认识要通过语言表达出来，因而从认识论上说，人们所了解到的世界只是通过语言所表达出来的世界，所谓"真实世界"只存在于想象之中。如此一来，在某种意义上，任何语言都不能完全准确地反映"真实世界"。确实，不同的人对真实世界是什么有不同的看法，他们完全可能对它给出不同的描绘。尽管语言不能完全准确地反映"真实世界"，不同的人所看到的世界不完全相同，却不表明不能把世界表达出来，并构造出有关它的理论，也不表明不需要理论。根据语言所表达出来的世界，人们能确认众多事实，并根据其他一些共识，构造理论。当然，所构造出来的理论与语言所表达出来的世界或事实之间可能存在某些不一致，而这种不一致恰恰是推动人类认识发展的不竭动力。可见，正如不可由于不能获得绝对的真理而放弃对自然科学的探索一样，即使伦理理论不能完全解释道德现象，没有表达出所谓的"真实世界"，也不表明它是不值得追求的。

　　伦理学不同于自然科学，不是或不只是描述人类真实的生活，它更为重要的目的是指引人的实践。如果伦理理论能做到这一点，而在此没有其他东西比它做得更好，甚至只有它能做到这一点，即使它存在其他方面的问题，它也依然是值得追求的。不过，反理论者相信，在伦理学中，确实不只有理论才能指引实践。如果伦理学描述了一些道德典范或榜样，那么社会中的人们将可借助他们的行事方式做出道德判断，从中获得如何行事的启示。如在中国，关羽通常被描述成忠义的典范，而苏武则是爱国的榜样。一般的中国人可从这些道德典范或榜样的行事方式中学到如何忠义、如何爱国，从关羽与苏武做事的方式来判定自己或他人的行为是否忠义或是否爱国，等等。可以看到，人们在根据这些道德典范或榜样的行事方式做出道德判断时，或根据它们来从事实践时，并不需要借助伦理理论。品德高尚的人不一定是掌握了伦理理论或了解自己所遵守规范根据的人，甚至不一定是知道自己遵守了何种规范的人。因而在伦理学中，追求理论确实不是必要的。

在伦理学或道德实践中，道德典范与榜样无疑有不可忽视的作用。他们的行为体现了社会中的人们对道德判断的某些共识，也将对未来的道德认识与实践产生影响，有利于社会凝聚道德共识，形成道德传统。尽管如此，它们不能完全取代伦理理论的作用。一方面，人们在根据它们来进行道德判断或实践时，如果没有理论的支持，那么只要稍作反思，就可能会发现自己的认识与实践并没有充分的根据。而一旦如此，人们就可能对自己的认识产生怀疑，在实践中出现犹豫。另一方面，对同一事例，不同的人可能有不同甚至相互矛盾的理解，根据道德典范或榜样的行事方式来做出道德判断或进行实践时也可能如此。如果仅仅根据它们来进行道德判断或实践，也就暗示，人们可能根据自己的兴趣、需要等来接受他所希望的道德判断，选择他所满意的行为。于是，反理论者的这种方式便可能成为某种类型的"诡辩术"了。[1] 即使反理论者的这种方式没有成为"诡辩术"，即使人们也可基于它做出道德判断，从而影响实践，如果不借助于伦理理论，可以预料，人们从中所获得的教益是有限的。

也许有人提出，上述批评是不完全公允的。反理论者通常也不介意使用"好""美德""正当""公平"等普遍性语词，不介意接受某些普

---

[1] 程炼：《伦理学导论》，北京大学出版社，2008，第134页。

遍性断言，不一味地反对理论。他只反对诸如此类的看法，这种看法强调：存在一套判定行为及其目的是否合理的标准，它适用于所有人、所有生活情境，所有人应当接受某种或某些特定的人生目的与行为规范。伦理学的目的就在于给出这样的理论，它不仅为这样的标准奠定基础，并且确定这样的人生目的与行为规范。在反理论者看来，如果伦理理论只是试图确定伦理术语的含义，了解不同伦理术语之间的关系以及伦理语句与其他语句之间的关系，或者只是试图回答"人们是否能获得伦理知识""如何确认这些知识""伦理知识是否具有客观性"等问题，那么它们并非不可接受的。威廉姆斯把这两类理论区分开，称前者是"积极的伦理理论"，而后者是"消极的伦理理论"[①]。他不认为"积极的伦理理论"是合理的，却相信"消极的伦理理论"是可接受的。

　　如果反理论者只是反对接受"积极的伦理理论"，而不反对"消极的伦理理论"，他在获取"消极的伦理理论"时依然要使用系统方法，那么他就并不是极端的，其看法也不与系统方法相对。其实，在认识活动中，人们试图获取理论、使用系统方法是理所当然的。在了解世界的过程中，人们获得了大量事实。为了把握这些事实，更深入地了解它们，就不得不对它们进行整理，把它们包含于一些普遍性的理论中。如果没有理论，事实或个别性真理就只能肤浅地呈现，它们不仅杂乱，甚至可能包含诸多不一致。实际上，系统方法是获取更丰富、更深入、更一致的知识的必要手段。人们在认识过程中，所获得的事实可能来源于道听途说、来源于观察、来源于实验等。由于来源杂乱，它们之间可能存在不一致。排除这些不一致是获得知识的重要环节。这些不一致以多种多样的方式表现出来，其中一些不能被直接了解到，只有把它们综合到一个理论之中才能被发现。如果不获取理论，不使用系统方法，显然就难以排除这种不一致。在认识过程中所获得的众多理论也可能存在不一致，这种不一致常常需要通过获得更为普遍的理论才能被发现，在此过程中也需要使用系统方法。

　　系统方法不仅是认识事物所要求的，也是实践所要求的。在语言实践中，特别在相互交流中，人们所交流的东西不能因特定个人而改变，

[①] Bernard Williams, *Ethics and the Limits of Philosophy*, Fontana Press, 1985, p. 72.

它们要具有客观性。这些具有客观性的事物是人们相互交流的基础,是语言实践的基础。理论把诸多个别事实或真理综合起来,建立起了它们之间的联系。它超出了特定认识共同体,超出了特定的情境,因而相比于事实或个别性真理,往往具有更大的客观性。就此而言,相比于事实或个别性真理,理论有时的确更可能成为人们相互交流的基础。在实践中,人们总是希望自己所做出的行为是合理的。只有给出确定的标准,才能判定一行为是否合理。由于这样的标准不只适用于特定情境,不只为某特定个人所接受,也适用于其他情境,也能为他人所接受,因而常常只有理论才能给出。在实践中,人们确实离不开伦理理论。伦理理论可解决人们在选择做何种行为时所面临的冲突,提供确定的实践决策。同时,它所提供的标准超越特定个人与情境,人们根据它而做出的实践决策或道德决定具有稳定性,而基于这种稳定性,人们甚至可以树立起强有力的信念。正是基于相关伦理理论而树立起来的特定信念,关羽可以千里走单骑,苏武可以十年持汉节。

第五节　三种类型的伦理学

　　语言分析方法与系统方法显然是不同的。语言分析方法更关注认识的前提,它强调在认识之前或在认识过程中,要分析不同语词的含义、语句的意义以及它们之间的关系,以便为进一步的认识提供基础。系统方法与之不同,它更关注认识的结果。它试图获得具有某种特征的认识成果,即获得具有较大普遍性的理论。尽管对系统方法的运用不以运用语言分析方法为前提,在运用语言分析方法时也不要求同时运用系统方法,但它们不是相互排斥的。相反,要深入认识事物,往往需要把这两种方法结合起来。由于语言分析方法可以避免因语词含义模糊而引起的争论,可以明确语句之间的关系而排除无根据的论证,甚至可以从根本上清除某些虚假思想图像的影响,因而基于它可获得坚实的研究基础。如果系统方法不希望把理论建立在沙滩之上,它便要与语言分析方法结合起来。当然,由于基于语言分析方法所获得的认识结果往往是零散而杂乱的,要深入认识事物,研究者还需要对它们做进一步的整理,或者基于它们整理其他事实与知识,以获得具有较大普遍性的理论。就此而言，语言分析方法只是为认识确立了基础与条件，只有与系统方法相结合，才能推进认识的深入。

在伦理学中综合运用语言分析方法与系统方法不仅能推进认识的深入，甚至能为伦理学带来某些根本性的进展。自觉运用语言分析方法的人们将会意识到，几乎不存在为所有人或人类共同接受的共识，共识总是相对于特定认识共同体。基于这些共识，运用系统方法将会获得某些伦理理论。由于这样的理论不基于因个人主观任意而确立的事实，也不基于所有人共同接受的事实，因而运用这种方法的伦理学与其他伦理学有所不同。可把这种伦理学称为基于认识共同体的伦理学。一般来说，运用语言分析方法的人们几乎会理所当然地接受这种伦理学。当然，接受这种伦理学的人并不限于此，不接受语言分析方法的人也可能接受它。根据这种方式，可把那种以个人的主观任意来确立事实并以此为基础而建立起来的伦理学称为基于个人的伦理学。同样，可把那种以所有人也即人类共同接受的事实为基础而建立起来的伦理学称为基于人类的伦理学。

基于个人的伦理学相信，伦理学研究所基于的事实只是个人接受的结果。在这种伦理学中，由于事实不一定为他人所接受，因而由此所获得的伦理理论以及其他结论可能只为个人所接受，而不一定为他人所接受。显然，这种伦理学归根结底是相对主义、主观主义的。在古代的普罗泰戈拉主义或当代的后现代主义中，人们可发现这种类型的伦理学。基于人类的伦理学相信，存在为所有人都接受的事实，这些事实无疑具有客观性，其客观性甚至是绝对的。由于基于这类事实而获得的理论不只为个人所接受，也不只为某些人所接受，而可能为所有人或人类所接受，因而它具有极高的客观性。这种伦理学在提出判定行为及其目的合理性的根据时，或者在为人的实践给出基本框架时，它相信，这些根据与框架不与特定认识者相关，它们不相对于特定个人或某些人。如果它们为真，则将为所有人接受。这种伦理学摆脱了相对主义、主观主义的困扰，为实践提供了最为可靠的指引，因而它往往是伦理学研究的最高憧憬。近代康德的伦理学或功利主义大致是这类伦理学的代表。

在实际研究中，伦理学家所构造的理论通常难以解释复杂的道德现象，难以为人的实践提供可靠的指引，因而也难以获得所有人的接受，甚至难以获得多数人的接受。不仅如此，随着认识的深入，人们越来越发现，人类不是作为一个统一的认识共同体而存在，为所有人接受的事实只是一种虚构。同时，实践繁杂多样，道德现象也异常复杂。所有这些都使人们越来越相信，伦理理论不太可能获得充分的根据，根本难以获得所有人的接受。随着认识的深入，人们对基于人类的伦理学产生了越来越大的怀疑，基于个人的伦理学又因其中浓郁的相对主义、主观主义气息而难以为人接受，于是，基于认识共同体的伦理学便成了一种当然的选择。

基于认识共同体的伦理学与其他两种伦理学的确有所不同。坚持这种伦理学的人相信，由于伦理学研究基于特定认识共同体的共识，这些共识无疑具有客观性，因而基于它们而获得的伦理理论也自然具有客观性。这样一来，可把它与基于个人的伦理学区分开来，可以期望它摆脱相对主义、主观主义。由于他相信，不存在为所有人都接受的共识，其中的理论只适用于特定的认识共同体，不一定为所有人接受，其客观性不是绝对的，因而它与基于人类的伦理学也有明显的不同。由于认识共同体流变不居，人们只能在具体的情境中才能确定它，而其共识也与之相关，因而这种伦理学所给出的理论不适用于所有情境，它所推荐的指引实践的方案也不是绝对的。当然，也唯其如此，相比于其他伦理学，它才更具适用性。

坚持基于认识共同体的伦理学的人自觉地意识到，不能获得为所有人都接受的理论，也不试图获取这样的理论。就此而言，这种伦理学是明智的。不仅如此，他也意识到，尽管自己所获得的伦理理论不为所有人接受，甚至因此可说它是有局限的，但他并不为此而懊恼。因为他知道，根本没有为所有人都接受的理论，而自己所获得的理论也不是全然没有合理性的。接受那些只为认识共同体接受的共识，并在此基础上构建理论是研究的必由之路，相比于其他的研究（如基于个人的伦理学或基于人类的伦理学的研究），这种研究的基础更可靠，所获得的结果更可信。尽管他所获得的理论有局限，不适用于所有情境，不具有绝对的客观性，但其他理论无论是在研究基础还是研究结论以及其他方面，都不绝对地优越于它，因而他有理由坚持它。可见，这是一种自信的伦理学。坚持这种伦理学的人还会意识到，其他人所获得的伦理理论也为人所接受，也具有合理性。由于自己所获得的伦理理论存在局限，并不绝对地优越于其他伦理理论，因而在面对其他伦理理论时，他不会趾高气扬，不会轻视它。相反，他对它往往会有一种宽容、尊重甚至敬畏的态度。可以说，这是一种谦逊的伦理学。

与其他研究者一样，坚持这种伦理学的人总是希望，他所提出的理论不仅要为自己所接受，也能为他人接受，他甚至尽可能地为他人接受它而努力。要试图让他人接受它，他知道不能期望通过独断地宣称自己所提出的理论绝对地优越于其他伦理理论、是绝对的真理而达到，也不能期望通过政治权力或认识活动之外的其他因素而达到，他要展示理论自身的力量，从而使人心悦诚服地接受它。为此，他不能把研究基础封闭于特定的心理经验（如理性、情感等）、政治权威或传统经典等中，而要面向实践。他要在广泛的实践中，努力获得为更多人接受的共识，通过不断增加诸如此类的共识来替换、修正、扩大其原有的基础，并以此形成新的理论。如果他能做到这一点，那么他所获得的理论将可能获得更多人的接受。鉴于基于认识共同体的伦理学的特点，要做到这一点显然不是困难的。

当然，即使他发现难以获得为更多人接受的共识，难以获得为更多人接受的理论，他也不因此而气馁，因为他知道，原本就不可能获得为所有人都接受的共识与理论。他甚至可能感到欣慰，因为他所接受的共识与理论依然能获得一些人的接受。当然，如果他发现，相比于自己所接受的共识以及基于它们的理论，其他共识或理论能获得更多人的接受，并且它们能对各种道德现象提供更为合适的解释，能更有效地指引实践，同时，它们也的确是可接受的，那么他也可能改弦更张，放弃自己曾经接受的那些共识与理论，转而接受它们。由于在伦理学研究中，他对接受共识与理论始终抱一种开放的态度，而这种态度恰恰是这种伦理学本身所要求的，因而可以说，这是一种开放的伦理学。

坚持基于个人的伦理学的人，往往会把自己封闭于个人的主观世界中，他在此确认事实、获得理论。他很可能因此而独断、傲慢，缺乏宽容与谦逊。可以说，他所接受的是一种封闭的伦理学。坚持基于人类的伦理学的人相信，存在一种伦理理论，不仅能对所有道德现象提供合适的解释，也能为所有人接受。即使目前没有获得这样的理论，它也总是可能获得的。在他看来，根本只有一种正确的伦理理论，其他与之不同的伦理理论归根结底是错的。可见，这种伦理学不是宽容、谦逊的。由于这种伦理理论通常没有充分的根据，其研究之所以能持续，是研究者倔强地坚持一些特定信念的结果，因而这种伦理学也不是明智的。在丰富多彩的现实世界中，这种伦理学显然难以达到其理论目的，为了消除理论与现实之间的不一致，使理论获得尽可能充分的根据，坚持这种伦理学的人，在认识过程中会把自己封闭于特定的领域，而不能或不敢真正面对现实世界。于是，正如基于个人的伦理学一样，它也根本是一种封闭的伦理学。实际上，由于坚持这种伦理学的人往往倔强地坚持一些特定信念，独断、傲慢，因而这种伦理学与基于个人的伦理学共有诸多极为类似的特征。这种类似性使得它们可能易于相互转化，这或许是传统伦理学总是在基于人类的伦理学与基于个人的伦理学之间摇摆的重要原因。

第六节　伦理学中的心理语词

在日常语言以及伦理学中，人们常常使用诸如"想象""快乐""喜欢"以及"感觉""理解""理性"等语词。由于这些语词指称心灵的状态、过程等心理经验，或者与之密切相关，因而称为心理语词。心理语词的语义似乎是含混的，不同语词之间的区别也比较模糊，容易引起歧义。一种疑问于是就出现了：是否可以不使用心理语词？或使用心理语词根本就是不合理的？如果断言一个语词只有其所指事物是实在对象以及它们之间的关系，或是直接由它们所构成的类，使用它才是合理的，而心灵或心理经验根本只是一种虚构，那么使用心理语词无疑是不合理的。然而，心理语词在日常语言中被广泛使用，它们甚至构成了语言实践的不可缺少的部分，对它们的使用似乎自然地具有合理性。是否的确如此？如果对它们的使用果真具有合理性，那么要么这种判定语词使用是否合理的标准并不合理，要么心灵或心理经验就不只是一种虚构。

一般认为，使用那些所指事物不是实在对象以及它们之间的关系，同时也不是直接由它们所构成的类的语词是具有合理性的。人们看到落在树林中的枯枝烂叶时，看到房间中四处散落的书籍时，或看到河湾中漂浮的各种塑料瓶、木块等杂物时，他认识到这些现象具有类似性，于是把它们归为一类，并用"杂乱无章"来表达它们。在这种情形中，人们通常不认为它表达了一个叫"杂乱无章"的对象，也不认为它表达了一些直接由实在对象或它们之间的关系所构成的类，而认为它表达了如下的类：树林中枯枝烂叶之间具有某种关系，这些关系形成一类；四处散落的书籍之间也具有某种关系，它们形成一类；等等。这些类之间又具有类似性，它们形成了一种新的类，而"杂乱无章"恰恰表达了这种类。可见，"杂乱无章"所表达的事物并不直接与实在对象有关，它们只是间接地与实在对象有关。在日常生活中，这样的语词还有很多，"1""2""3"等数词就是这样的语词。

这样的语词在认识过程中实际起着不可替代甚至至关重要的作用。物理学家在构想物理理论时，并不一定认为其中的理论术语表达了实在对象以及它们之间的关系，也不一定认为它们直接表达了实在对象所构成的类，而认为它们类似于"杂乱无章"或"1""2"等数词，它们只是间接地表达了实在对象以及它们之间的关系。当然，为了有益于直观地理解物理理论，人们有时也把这些理论术语（如"熵""力""场"等）所表达的事物看作某种实在对象。不过，它们或许根本只是理解自然对象或物理现象的构想物，只是一种虚构。如果人们相信，物理学家使用理论术语是合理的，那么上述那种判定语词使用是否合理的标准也就难以说是合理的。

当然，即使上述那种判定语词使用是否合理的标准不合理，也不表明对心理语词的使用就必定合理。一般来说，断言对心理语词的使用具有合理性还有其他方面的原因。正如"熵""力""场"等理论术语在物理学中有重要作用一样，心理语词在日常交流以及伦理学中也有重要作用。实际上，如果不是所有，至少大多数心理语词，都是人们在观察人的行为或其他身体状态与过程时，发现它们具有类似性，从而用以描述这种类似性的结果。由于这些心理语词体现了行为与身体特征之间的联系，因而基于它们可指引实践。如果确是如此，那么这些语词的使用就不仅体现了人们在认识上的深入，也将为人带来实践上的便利。显然，心理语词的这些作用为它们使用的合理性提供了根据。

尽管如此，要断言在伦理学中使用心理语词是合理的，还要表明其含义不只是一种主观的认定,而是可以客观地确定的。幸运的是,这的确是可做到的。尽管人们难以观察到人的内部状态或过程,但是由于人的各部分是相互联系的,人的内部状态或过程会影响其他部分,而这种影响会通过呈现于人身体之外的事物(如行为、身体特征等)表现出来,因而可通过可观察的行为或身体特征来了解心理语词,以客观地确定其含义。当然,这并不表明不存在直接描述心理经验或心灵的事实,也不表明不可通过这些事实来了解心理经验以及心灵。不过,尽管那些直接描述心理经验的语句(如"他今天很高兴""人是一具有理性的动物"等)可能成为事实,但相比于那些关于可观察的行为或身体特征的事实(如"他今天的血压升高了""他在读书"等),它们更难以获得广泛的接受,而由此所获得的知识(如心理语词的含义)也更难以获得广泛的接受。可见,即使认为心理语词是对实在心灵或实际存在的心理经验的描述,要了解它们,也不必基于实际的心灵或心理经验。要使这种了解获得广泛的接受,人们甚至不必局限于那些直接描述心灵或心理经验的事实,只需尽可能基于那些描述客观行为或身体特征的事实。

根据行为或身体特征来了解心理语词,这很容易使人认为它是一种行为主义。把这种看法当作某种类型的行为主义或许是合理的,不过,它明显不同于传统的行为主义。传统行为主义相信,所有心灵状态或过程都能被还原为行为或身体特征,而所有心理语词都能用表达行为或身体特征的语句来解释,表达心理语词的语句都能被还原为表达行为或身体特征的语句。按照这种看法,尽管使用心理语词可带来某些方便,但完全不使用它们也是可能的,因为这些心理语词或包含这些语词的语句都可用表达行为或身体特征的语句来解释或替代。有理由表明,不是所有心理语词或包含心理语词的语句都能做这样的还原。当人们断言有关行为或身体特征的事实不能被完全纳入一个统一的理论时,实际也就表明,不能指望这种还原是完全可行的。如果这样,那么在日常语言以及伦理学或其他实践科学中,排除心理语词的使用不仅是不必要的,甚至也是不可能的。

的确,要认识人,就要认识人的行为或身体特征。由于有关它们的事实不能被完全纳入一个统一理论,至少某些行为或身体特征与心灵有关,或是基于心灵而出现的,因而要较为准确地认识行为或身体特征,就不能不使用某些心理语词。具体来说，可以设想基于一个人的行为或身体特征，人们做出了诸如此类的断言："他是快乐的""他喜欢做手工"等。这些断言通常不只描述了他的行为或身体特征，还意味着其他的内容。如它们不仅表明了行为与身体特征产生的某些根源，也暗示了人类认识的限度，也即表明了这些行为或身体特征的出现与心灵有关，人们不能完全了解它们与其他事物之间的因果关系，等等。就此而言，这些断言比仅仅描述他的行为或身体特征的语句更为准确。显然，如果没有心理语词，这样的描述将无法做出，而使用心理语词不仅是有益的，甚至也是不可避免的。总的来说，随着认识的深入，极端的因果决定论终将破灭，人们会认识到，认识论的自由论是有根据的。而一旦认识到这一点，他们就会发现，使用心理语词几乎不可避免。不过，正如物理学不一定要基于设想存在熵、场、夸克等实体的唯物主义一样，伦理学也不必基于设想存在心灵实体的心理主义。

尽管心理语词的使用具有合理性，不过，由于心理语词所指事物的特殊性，在实际使用过程中，与存在于其他领域中的语词相比，它们具有一些新特征。如由于人们对心理经验的理解比对其他事物的理解更模糊，与使用其他语词相比，使用它们时带有更为浓厚的主观色彩，因而人们实际使用了更为丰富的心理语词。同时，由于心理语词所描述的事物与心灵相关，于是，不仅不同的心理语词之间存在密切的相关性，而且与其他语词相比，它们的含义常常相互重叠，具有更为复杂的联系。如此一来，在严谨的学术研究中，如果人们希望获得一套被广泛接受的心理语词系统，那将是极为困难的。学者们也因此极容易"创造"出新的心理语词。考虑到这一点，尽管不能在日常交流或认识过程中排斥使用心理语词，但在学术研究（如伦理学研究）中，还是有必要对它们的使用做出某些限制。

在使用心理语词的过程中，人们往往不自觉地认为，心理语词所指事物实际存在，它们直接指称了实在事物的状态或过程。正如前面所表明的，这样的做法导致了心理主义。这无疑激起人们对心理语词使用的排斥情绪。这种排斥显然也与它们的含义模糊、使用具有较大主观随意性有关。在研究过程中，尽管有必要尽量少使用心理语词，但完全不使用它们却难以可能。显然，出于认识的目的，如果不得已使用某些心理语词，则有必要尽可能使用具有清晰含义的语词，同时也有必要尽力明晰不同心理语词之间以及它们与其他语词之间的关系。如那些在特定语境中被使用的心理语词，它们要么能用其他心理语词来解释，要么可用表达行为或身体特征的语句或用直指定义来解释，以呈现它们的含义以及它们之间的各种关系。如果不能做到这一点，对它们的使用就需要谨慎。

一般而言，为较多人接受的心理语词，其含义往往比较明确，或至少其核心含义比较明确。不过，也可能出现诸如此类的情形：学者们出于认识的目的或个人的兴致（如他的创新冲动），使用了某些不为较多人接受或只为少数人接受的心理语词，甚至使用了那些只是他有意创造出来的心理语词。他在使用它们时当然不是随意的。他不仅对它们做了明确的定义，也规定了它们之间以及它们与其他语词之间的关系。或许在其他学术领域，做出这种创新或使用这样的心理语词是值得鼓励的，但伦理学并不如此。伦理学不是单纯的文字游戏，不是一种纯粹的学术研究，它希望获得更多的人接受，以便对实践进行有效的指引。正因如此，伦理学要尽可能使用那些被广泛接受，同时具有比较清晰含义的心理语词，不太鼓励那些脱离生活实际的创新。考虑到这一点，这里将不会引入诸多新的心理语词，甚至不会使用那些不太为较多人接受的心理语词。当然这里并不排斥使用心理语词，只是它所使用的心理语词是极为平凡的、常见的，人们能较容易地清晰了解到或知晓其含义。

一旦使用某些心理语词，往往还可对其所指事物做进一步的区分。如就快乐而言，可区分出诸如感官快乐、理性快乐、精神快乐等不同的快乐。就理性而言，可区分出所谓的理论理性、实践理性以及工具理性、价值理性等不同的理性。对于这些被区分出来的事物，甚至还可做进一步的区分。由于心理语词具有模糊性，因此可以预料，这些区分是难以清晰地做出的，而对这些被区分出来的事物所做的进一步区分，将是更为模糊的。正因如此，尽管这些区分可能解决一些理论上的难题，但它所产生的问题往往比它所能解决的问题更多。基于此，这里将尽可能避免对心理语词做出过多的区分。

由于包含心理语词的语句描述了心理经验，这些语句可能成为事实或知识，因而它们可成为心理学、伦理学或其他科学研究的基础与成果。对于伦理学家来说，如果使用心理语词以及接受包含心理语词的事实是必要的，那么即使他不认定心理语词是对心灵实体或实际心理经验的描述，他也无须排斥心理语词，无须排斥心理学。可见，那种认为伦理学要基于心理学的心理主义在某种程度上是合理的。然而，把这种类型的心理主义推向极端也会导向荒谬。图尔闵曾说，由于目前的心理学不太完善，因此伦理学与心理学才需要独立发展。将来如果心理学完善了，伦理学也就将会成为心理学的一章了。在图尔闵等人看来，心理学是伦理学研究的基础学科，只有基于心理学才能进行研究，甚至认为伦理学可还原为心理学。从根本上说，伦理学是一种"应用心理学"。① 这样的看法因言过其实而难以为人接受。尽管伦理学与心理学相关，甚至要基于心理学，却不表明心理学是其研究的基础学科。伦理学需要研究"人应当如何做"的问题，而不只是研究"人实际如何做"的问题，仅从这一点来说，也表明这种还原是不可能的。此外，这种还原论也在一定程度上忽视了伦理学相对于心理学的自主性。

伦理学研究人。人不仅是一个心理的、生理的对象，也是一个社会的、历史的对象。人的爱好、欲望以及他所生存的环境不仅是自然的，也是历史的、社会的。因而对伦理学来说，一切有关人的科学，如生物学、心理学、生理学、社会学、人类学、历史学等，都可能与之有关，都可能成为它的基础。实际上，尽管伦理学与心理学有关，却也与其他科学（如生理学、生物学等）有关，它们对伦理学也有极为重要的作用。正如生理学、生物学等对伦理学有重要作用而不能认为伦理学可还原为这些自然科学一样，认定伦理学可还原为心理学也是缺乏见识的表现。在所有这些科学中，或许其中某一科学（如心理学）比其他科学更为重要，但难以有充分的理由表明，与其他科学对伦理学的影响相比，这一科学对伦理学的影响有根本的不同。维特根斯坦曾说："心理学不比任何其他自然科学更为接近哲学。"② 如果这样，则也可以说，心理学不比任何其他自然科学更为接近伦理学，甚至可进一步说，心理学不比任何其他科学更为接近伦理学。

---

① 图尔闵：《理性在伦理学中的地位审察》，载万俊人主编《20世纪西方伦理学经典》（Ⅰ），中国人民大学出版社，2004，第426页。
② 维特根斯坦：《逻辑哲学论》，贺绍甲译，商务印书馆，1996，第48页。

第三章 人生目的

第一节 目的链条

一个人所做的行为往往包含着目的，它体现了行为者的意图、希望或渴求等，因而也称为目的性行为。行为者在做出一目的性行为时，无论是在做此行为前，还是在做此行为后，他都可能没有仔细思考自己为何要接受这些目的，便接受了它们，有时甚至没有意识到它们的存在。不过这并不妨碍它是一目的性行为。并非所有行为都是目的性行为。一个人在睡眠中翻身，在极度高兴时手舞足蹈，以及行走时总是摇摆左手，等等，都可被认为不是目的性行为。当然，一行为是否包含目的或是否具有目的性可能存在争议。一些行为看上去不包含目的，但其实是隐藏着目的的。由于行为者在特定情境中经常有意地做某一行为（如经常做某种击球动作），结果他在类似情境中总是习惯性地做此行为，而此行为在他那里也就成了一种非目的性行为。很显然，即使不把这种行为看作目的性行为，通常也可把它看作基于目的性行为的结果。尽管在一些具体情境中，目的性行为与非目的性行为的区分并不明晰，但在日常生活中，常常还是可对它们做出较为清晰的区分的。那些不包含目的的行为或非目的性行为，由于不是行为者有意选择的结果，而很可能只是行为者的生理反应或本能的动作，它们尽管可成为生物学、生理学等研究的对象，却一般不是伦理学研究的对象。这里将只谈及目的性行为。为了方便，也简单地称之为行为。

生存于世的人由于受其能力的限制，并不能做他想做的所有行为，如他不能"挟泰山以超北海"、不能"点石成金"。他通常也不能同时做多种行为，如不能同时既游泳又爬山、不能同时既跳绳又踢球等。尽管如此，在力所能及的范围内，他可做多种行为。如果一个人在某种情境中可做多种行为，那他在决定做一行为之前就需要做出选择，以确定他应当做何种行为。这种选择当然要基于他自己的思考。一般而言，他首先要思考的是，在力所能及的范围内，他要达到什么目的？一旦确定了行为的目的，他很可能发现，依然有多种可供选择的行为能达到此目的。这时他接下来就要思考如下的问题：应当选择何种行为？或在所有这些（可达到此目的的）行为中，何种行为是最合理的？这两类问题密切相关，但又有显著不同，人们有时简单地把它们表述成"人为何而活"以及"人如何而活"的问题。

即使是一个简单的日常行为，也可能不只包含一个目的，有可能包含多个目的。如果一行为包含多个目的，它们之间必定具有某些关系。这是些什么样的关系呢？首先，它们之间可能存在并列关系。就一个人去超市的行为而言，可以看到它可能包含诸如买菜、了解超市是否出现新鲜菜品、追踪近期菜价的变化等目的。尽管买菜与了解超市是否出现新鲜菜品都是去超市的目的，但它们之间没有必然的相关性，也即此行为包含其中一个目的（如买菜）时，它不一定同时包含另一目的（如了解超市是否出现新鲜菜品）。一个人可单纯为了买菜而去超市，也可单纯为了了解超市是否出现新鲜菜品而去超市。他在打算去超市时，即使不选择其中任一目的，此行为也可能做出。他去超市的行为之所以包含上述两个目的，只是由于他恰恰选择了它们，他选择这两个目的是完全基于他的主观任意。由于此行为之所以包含这两个目的纯粹是偶然的，是完全基于行为者的主观任意，因而可把它们看作并列的。

去超市的行为也可能包含如下目的：买菜、做菜、吃菜、身体健康、生存等。仔细考察它们就会发现，这些目的之间的关系与上述目的之间的关系有所不同。一个人要想做菜，手上就必定要有菜，因而在此行为中，买菜与做菜的出现就不纯粹是偶然的，不是或不完全是因行为者的主观任意而出现在行为中的，它们之间存在某种相关性。这种相关性最为明显的特征就是，其中一个目的（买菜）的达到是达到另一个目的（做菜）的条件。或简单地说，其中一个目的是另一个目的的条件，如买菜是做菜的条件。由于这种相关性不完全是行为者主观选择的结果，它的出现具有某种客观性，因而可称之为客观相关性，有时也称之为必然相关性。如果说两个具有并列关系的目的之间也具有相关性，则可类似地称之为主观相关性或偶然相关性。

具有客观相关性的两个目的，如果其中一个目的（的达到）是（达到）另一个目的的条件，反过来则不如此，那就说相比于前一目的，后一目的更为基本。因为在某种意义上，前一目的根本是因后一目的而成为目的的。如去超市买菜是为了做菜，即买菜是做菜的条件，这时就说，相比于买菜，做菜更为基本，或者说买菜根本是因做菜而成为目的的。一个目的常常为许多行为所包含，或有多种行为可达到它。就买菜而言，一个人可以去超市买菜，可以去菜市场买菜，也可以在街头流动商贩那里买菜，也即去超市、去菜市场、去街头等多种行为都包含买菜的目的。同样，也有多种行为包含做菜的目的，如洗菜、切菜、开炉火等都包含做菜的目的。显然，所有这些行为不是无关的。就包含买菜目的的行为而言，它们至少都包含做菜的目的。不过，那些包含做菜目的的行为却不一定包含买菜的目的，如洗菜的行为就不包含买菜的目的。由此可以一般地说，两个具有客观相关性的目的，如果其中一个目的是另一个目的的条件，则那包含前一目的的行为同时也包含后一目的，而包含后一目的的行为却不一定包含前一目的。进一步说，更为基本的目的为更多行为所包含，而即使那些包含不那么基本目的的行为，也往往包含较为基本的目的。

有时也可能难以断言具有客观相关性的两个目的何者是更基本的。设想两个目的，其中一个是另一个的条件，但它不是一般的条件，而是充分必要条件。也即如果前一目的不达到，后一目的就不能达到；如果前一目的达到，则后一目的也能达到。设想一个人把汽车开进加油站的行为，至少包含两个目的，即给汽车加油与使汽车行驶。这两个目的之间无疑存在客观的相关性，因为给汽车加油是使汽车行驶的条件。不过，更进一步考察会发现，这种相关性具有某些特殊性：尽管给汽车加油是使汽车行驶的条件，但它不是一般的条件，而是一个必要条件。因为如果不给汽车加油，它就无法行驶，要使汽车行驶，就必定要给它加油。不仅如此，在特定的情境中，给汽车加油是使汽车行驶的充分条件。因为如果达到了给汽车加油的目的，使汽车行驶的目的也就达到了。在这种情形中，由于任何包含前一目的的行为都包含了后一目的，而任何包含后一目的的行为也包含了前一目的，于是就难以说这两个目的何者更为基本了。这时就说它们是同等基本的。有人可能会提出，根据其他一些方式来看待这两个目的时，其中一个并不是另一个的充分必要条件。这样的看法当然是有理由的，不过，即使如此也不能否认的确存在这样的情形：具有客观相关性的两个目的，其中一个是另一个的充分必要条件。

如果一行为包含不止两个目的，根据上述的考虑，则可对它们之间的关系做出一种较为系统的清理。这种清理不仅可以更为清晰而系统地了解它们之间的关系，如了解它们何者更为基本，何者更不基本，同时也是考虑其他目的问题或实践问题的基础。为了进行有效的清理，先不考虑那些相互间只存在主观相关性的目的，而只考虑那些相互间具有客观相关性的目的。在所有这些具有客观相关性的目的中，何者是更为基本的？先考虑任意两个具有客观相关性的目的。根据上述的标准，显然可以确定它们何者是基本的，何者不是基本的。依此标准，同样可以比较其中一个目的与其他目的何者更为基本。这样一来，就可把所有这些目的排列为一条目的链条，出现在链条最前面的是那最不基本的目的，出现在最后面的则是那最基本的目的。其他目的则按一定次序排在它们之间，而那些同等基本的目的则排列在一起。就去超市行为所包含的各种具有客观相关性的目的（如买菜、做菜、吃菜、身体健康、生存等）而言，由于买菜是为了做菜、做菜是为了吃菜、吃菜是为了身体健康、身体健康是为了生存等，于是可以在它们之间清理出如下的目的链条：买菜→做菜→吃菜→身体健康→生存。由于这些目的构成了一条目的链条，有时也可说它们之间具有一种链式关系。

在一行为所包含的目的中，有些与其他目的只有主观相关性，而不具有客观相关性。不过，相互之间只有主观相关性的目的可能分别与其他目的存在客观相关性。如果确是这样，它们各自与其他目的就会形成一条目的链条。这时是否可以说，在此行为中出现了两条或多条不同的目的链条？答案常常是否定的。对比出现在这些不同链条中的目的，可以发现，尽管出现在链条某段（如起始段）的那些目的是不同的，但出现在其他段的目的会存在相同之处。这样一来，这些链条中的某段就会是相同的，它们可结合在一起，以至于可把它们看作同一条链条。如去超市的行为中包含了买菜、了解超市是否出现新鲜菜品、追踪近期菜价的变化等并列目的，也包含了其他目的。买菜与其他目的之间存在客观相关性，可形成一条目的链条。追踪近期菜价的变化与其他目的之间也存在客观相关性，也可形成一条目的链条。尽管出现在这两条目的链条起始段的目的是不同的，但它们中的其他许多目的是相同的。如买菜是为了做菜、吃菜，为了身体健康、生存。而追踪近期菜价的变化也是为了买菜，或是为公司进行调研。即便是为公司进行调研，也是为了获得酬金，而获得酬金是为了身体健康、生存，等等。于是可以看到，尽管去超市的行为包含诸多只有主观相关性的目的，它们与其他目的会形成不同的目的链条，但由于出现在链条后面的目的是相同的，因而可把它们结合起来，看作同一条目的链条。正是如此，可以一般地说，尽管一行为包含多种目的，在系统地清理它们之后，可获得有关它们的不同目的链条，但可以把它们结合起来，看作同一条目的链条。由于这些具有主观相关性的目的通常出现在链条的起始段，因而一行为的目的链条往往如在上游有不同的支流汇入的大河一样，它在起始段有不同的分支，但这些分支最终会合并在一起，形成一条完整的目的链条。

第二节　人生目的及其问题

　　观察一行为的目的链条，会认识到出现在链条后面的目的以出现在链条前面的目的为条件，它们通常更基本。同时也会认识到，那些包含出现在链条前面的目的的行为往往包含出现在链条后面的目的，而反过来则不一定。除此之外，还可能认识到，尽管出现在链条后面的目的（如身体健康）包含在一行为（如去超市）中，但它不一定仅仅由此而达到，它还要基于其他行为。正是如此，可说此目的不是此行为的直接目的，而是其间接目的。相比而言，出现在链条前面的目的是直接的、具体的，而出现在链条后面的目的则是不直接的、抽象的。由于出现在链条前面的目的往往只为少数行为所达到，只是个别行为的目的，而出现在链条后面的目的则可能包含于许多行为中，是许多行为的目的，因而可以说前者是个别性的目的，而后者是普遍性的目的。就在去超市的行为所包含的目的来说，买菜是它的一个直接的、具体的目的，也是其个别性的目的。由于还要基于诸如买菜、吃食物、体育锻炼、工作等其他行为才能达到身体健康的目的，因而就去超市的行为而言，尽管身体健康是其目的，却不是直接的、具体的，它也不是个别性目的，而是抽象的、普遍性的目的。由于出现在链条后面的目的还要基于其他行为才能达到，这样的目的指示了行为的深远方向，因而相比于其他目的，它们更能体现行为者的深谋远虑。

不同行为所包含的目的显然不完全相同，但它们往往也包含一些相同的目的。不仅同一个人所做的不同行为明显包含一些相同的目的，不同人所做的行为也包含一些相同的目的。看起来，不同行为的目的的链条会包含一些相同部分。这些相同部分出现在链条的何处？一般来说，它可能出现在链条的末段，可能出现在链条的中间段，甚至可能出现在链条的起始段。不过，这些相同部分常常出现在链条的末段。就去超市行为的目的链条而言，其起始目的是买菜。就开车进加油站的行为的目的链条而言，其起始目的是加油。这两条目的链条的起始目的明显不同。不过，开车进加油站的行为是为了使汽车行驶，使汽车行驶则是为了工作，而工作是为了获得酬金，获得酬金是为了身体健康，身体健康是为了生存，等等。比较去超市行为的目的，会发现上述两个行为包含一些相同的目的，而行为目的链条的相同部分出现在链条的末段。

更为仔细地考察会发现，对特定个人来说，有一些目的是其众多行为或几乎是其所有行为的目的，生存、身体健康、快乐、友谊、财富等就是这样的目的。一般称这样的目的为人生目的。由于人生目的为众多行为或几乎所有行为所包含，因而它通常出现在行为目的链条的末段。也正因如此，相比于其他目的，人生目的是不直接的，它们比较基本、比较抽象，是一些普遍性的目的。

对行为目的做了一些大致了解之后，我们就可以来考虑诸如"在实践中要接受何种目的""为何要接受某种目的"之类的问题了。在具体情境中，人们所做的行为不仅包含了一些直接的、个别性的目的，也包含了一些不直接的、普遍性的目的，如人生目的。于是，人们在考虑上述问题时，就不仅要考虑"为何要接受那些直接的、个别性的目的"之类的问题，也要考虑"为何要接受那些人生目的"之类的问题。对前一类问题的回答显然与特定情境有关。在不同情境中，人们对它们的回答是不同的，而这种回答往往也不具普适性。对后一类问题的回答则不同。由于这些目的包含于不同情境的行为中，对它们的回答可适用于不同的情境，因而这些回答具有普适性。伦理学显然更为关注后一类问题。这类问题是有关人生目的的问题，因而也称为人生目的问题。

  人们之所以选择做某一行为，是由于他希望达到某一目的。如果一行为包含多种目的，而它们都可能是他选择做此行为的原因，那么在所有这些目的中，何者对他选择做此行为是更为重要的呢？当然是难以对这样的问题做出较为可靠的回答的。因为尽管一行为所包含的人生目的对他选择做此行为有影响，但那些直接的、具体的目的有时甚至有更为重要的影响。对一个生活在当下的人来说，当前饮酒的目的与更为基本的人生目的——身体健康相比，对其行为的选择可能有更为重要的影响。不过，由于人生目的对许多行为有影响，而这些直接的、具体的目的只对少数行为有影响，因而就对人的所有行为而言，人生目的的影响比其他目的的影响常常更为重要，甚至远为重要。这也是伦理学更为关注人生目的问题的重要原因。

  人生目的问题不是指一个问题，而是指一类问题。要对这类问题做出较为清晰的回答，有必要区分两种类型的人生目的问题，即"人实际接受何种人生目的"的问题与"人应当接受何种人生目的"的问题。这两种问题有明显的不同。对"人实际接受何种人生目的"的回答可能会告诉人们，一个人过去或现在接受了何种人生目的。与之不同，如果对"人应当接受何种人生目的"做了回答，便能告诉人们应当接受何种人生目的或何种人生目的是合理的，便可引导人未来的行为，能指引实践。很显然，就对人的实践而言，后一问题更为重要。其实，如何对这两种问题做出回答也是不同的。考察行为者的实际行为以及其他情况，通常可比较确切地回答"人实际接受何种人生目的"的问题。不过，一个人即使回答了此问题，也不表明他就能由此确定行为者应当接受何种人生目的。相比于前一问题，对后一问题的回答要复杂得多。

  上述两种问题当然有密切的联系。尽管人们不能从"昨天或今天太阳实际从东边升起"就可断定"明天太阳必定会从东边升起"，但如果昨天或今天太阳实际从东边升起，或太阳实际总是从东边升起，并且没有发现过相反的情形，那么他无疑有理由相信：太阳明天也会从东边升起。同样，尽管人们并不因知道"一个人实际接受了何种人生目的"而对"他应当接受何种人生目的"做出肯定回答，但如果了解到，一个人实际接受了某种人生目的，并且他没有感到有何不妥，那么不仅有理由认为这种接受至少于他来说是有合理性的，甚至有理由怀疑那种断言"他应当接受与之不一致的其他人生目的"的看法是否合理。就此而言，人们在思考"人应当接受何种人生目的"时往往也要思考"人实际接受何种人生目的"，对前一问题的回答甚至要基于对后一问题的思考。实际上，伦理学家如果不仔细思考"人实际接受何种人生目的"，而轻率地提出一个人应当接受何种人生目的，那么他的思考不仅难以指引实践，甚至会扭曲生活的真实性，使伦理学步入歧途。

顺便要指出的是，在伦理学中，不仅对人生目的问题如此，对其他问题也是如此。如伦理学不仅要谈论"人实际如何行为"，也要谈论"人应当如何行为"。不仅如此，在伦理学中，"人应当如何行为"的问题往往比"人实际如何行为"的问题更为重要。当然，尽管在伦理学中谈论"人应当如何行为"更为重要，但这种谈论往往要基于对"人实际如何行为"的了解。这正如包尔生所言，尽管根据常识，人们把伦理学的职能看作制定规范，实际其"首要目的并不是规定人们应当做什么和人们应当根据什么原则来判断，而是描述和理解人们实际上的行为和生活方式"[①]。正因如此，针对康德努力基于抽象的理性而不打算基于偶然的实践来确立道德规范或其他伦理思想的看法，叔本华指责说："谁告诉你，存在着我们行为应该遵守的法则？谁告诉你，那应当发生但事实上从未发生的事情？你有什么理由一开始就提出这一假设，并且以后把一个用立法命令词语表述的，作为唯一可能的道德学体系，强加给我们。"叔本华的这种指责尽管具有合理性，但当他进一步提出"研读伦理学的学生和一般哲学家完全一样，必须以此为满足：即阐明与解释那给定之物，换句话说，那实在是或发生的事物，以便获得对它的一种理解"时[②]，就言过其实了。

第三节 实际接受的人生目的

人实际接受了何种人生目的？谈到这一点，有必要提及如下事实：

[①] 弗里德里希·包尔生：《伦理学体系》，何怀宏、廖申白译，中国社会科学出版社，1988，第20页。

[②] 叔本华：《伦理学的两个基本问题》，任立、孟庆时译，商务印书馆，1999，第142页。

在现实生活中,不仅同一社会中的人们实际接受了大致相同的人生目的,甚至不同社会中的人们也是如此。如他们都希望生存与长寿,追求身体健康,寻取权力与社会地位,渴望友谊或爱情,努力增进家庭、家族或国家利益,等等。这种情形的出现显然与人们具有相似的生理结构是相关的。任何人都是血肉之躯,都有生老病死。他们通常认识到,一个人如果不能生存于世,则接受任何目的就没有了意义,因而他们渴望生存、惧怕死亡、追求健康与长寿。一个人在受到某些外部刺激之后,身体会出现某些生理反应。如他摄入某些食物、听到动人的语言时会有快乐的感受,遭受到某些刺激时则会感到痛苦或不快,等等,而其生理特征决定他总是趋乐避苦。由于人与人之间有相似的生理结构,许多外部事物刺激他们而产生的快乐与痛苦也是相似的,因而他们往往会接受相似甚至相同的人生目的。

生存于世的人不是孤立的存在者,他与其他人在世界中共同生活,构成一个社会。生活在同一社会中的人们相互交流,一起协作,从事各种实践活动。人们相互之间的交流与协作是以他们接受大致相同的目的为前提的。如果没有接受大致相同的目的,尽管人们生活在同一世界,通常也不会有相互的协作,甚至不存在交流。即使存在交流与协作,它们也不会持续而深入地出现。社会中人们的交流与协作不仅以他们接受大致相同的目的为前提,它们也是人们接受大致相同的目的的原因。生活在同一社会中的人们会相互影响,如果其中一些人接受了某一人生目的,那么其他人也可能接受类似的人生目的。如果社会中大多数人接受了某一人生目的,则会对其他人产生强有力的影响,使得他们也接受大致相同的人生目的。设想一个社会,其中大多数人把拥有巨额财富当作成功的重要甚至唯一的标志。这样一来,在这一社会中,那些原本不太爱囤聚巨额财富的人也可能改变自己对人生目的的看法,接受一些与他人类似的人生目的。心理学上的从众心理就特别地指出了这一点。

在社会中,那些被大多数人甚至所有人当作人生目的而追求的事物往往是稀缺的,它不能完全满足所有人的欲望,这时如果允许人们不择手段地追求它,将会使许多其他人不能达到目的。设想一个社会允许人们不择手段地追求财富,并且其中一些人实际获得了巨额财富,那么其他社会成员就难以达到同样的目的。为了协调社会成员之间的关系,维

第三章 人生目的

持他们之间的交流与协作，社会中出现了各种规范。这些规范一方面对人们追求某些目的的行为进行限制，另一方面则鼓励那些不追求这些目的的行为，或鼓励那些能提供更多被当作人生目的而追求的事物的行为。出现在社会中的这些规范相互关联，形成了一个复杂而有序的结构，即规范系统。可以说，正是由于人们接受了大致相同的人生目的，社会才形成了复杂而有序的规范系统。反过来，社会所存在的那些复杂而有序的规范系统恰恰表明人们接受了大致相同的人生目的。

甚至可进一步说，社会中复杂而有序的规范系统保障了人们接受大致相同的人生目的。社会中的许多规范（如政治制度、法律规范、风俗、规章制度等）并不因其中某些社会成员不接受而失效，它们具有客观性、强制性。由于这些具有客观性、强制性的规范能对那些试图不接受它们的社会成员进行惩罚，因而人们常常会发现，即使一社会成员试图接受与其他人不同的目的，他也可能难以做到。设想一个人由于接受某些人生目的做出了叛国的行为，或做出了抢夺他人财物、伤害他人的行为，这些行为由于不为社会中那些具有客观性、强制性的规范所允许，社会将会根据它们对他给予惩罚，以表明这些人生目的是不可接受的。

其实，对特定个人来说，接受某种人生目的毕竟是其自身做出的，与其所处的环境、自身的生理条件、所接受的思想观念等是相关的。生活在同一社会中的人，由于所处环境相似，具有相似的生理条件，并接受了诸多相似的思想观念，因而他们接受相似或相同的人生目的是容易理解的。实际上，即使不生活在同一社会中的人们，由于他们所生活的环境（如自然环境）大致相似，具有相似的生理条件，甚至接受了诸多相似的思想观念，因而可以预料，他们会接受诸多相似或相同的人生目的。不过，人是自由的，他在接受人生目的时可超越自身所接受的某些思想观念的影响，也可超越某些外部环境的影响，甚至可超越自身的某些生理条件的影响。正因如此，尽管一个人接受何种人生目的与所有这些因素相关，却并不受其决定。即使人们生活在同一社会，他们也可能接受不同的人生目的。

的确，即使只做些简单的观察，也会发现人们实际所接受的人生目的有较大的不同。一些人追求长寿、惧怕死亡，但在柏拉图看来，死亡能让人彻底通达智慧，使灵魂摆脱肉体的枷锁，因而它是人生的一件幸事。一些人把获得崇高的社会名望当作人生目的，而庄子相信，社会名望恰恰是一种累赘，是人生需要极力摆脱的束缚。斯多葛学派把心灵的宁静当作人生目的，在尼采看来，激动人心的生活却更值得向往。平常人把生存、爱情等当作人生目的，但在诗人看来，"生命诚可贵，爱情价更高。若为自由故，二者皆可抛"。可以看到，社会中人们接受人生目的的情形与一所大学的学生在食堂选择食物的情形是类似的。成千上万的学生在食堂就餐时，由于食堂所提供的食物品种毕竟有限，因而就整体而言，他们所选择的食物大致是相同的。但具体到任何特定的学生，会发现他们所选择的食物并不完全相同，甚至存在较大的差异。

尽管社会中的人们实际接受了大致相同的人生目的，但他们实际所接受的人生目的是多样的。就社会中的特定个人而言，他所接受的人生目的也是多样的。人生目的的这两类多样性并不完全相同。就上述大学食堂的例子来说，食堂中的食物与个别学生餐盘中的食物尽管都是多样的，但它们之间还是有所区别。由于学生餐盘中的食物来自食堂，因而食堂中的食物显然比个别学生餐盘中的食物更为多样。同样，尽管特定个人实际所接受的人生目的与社会中人们实际所接受的人生目的都是多样的，但由于前者包含于后者，因而后者比前者更为多样。

由于不同个人实际所接受的人生目的不完全相同，因而如果希望分别了解社会中所有人或多数人实际所接受的人生目的，那将是一个不可能完成的任务。正因如此，了解特定个人实际所接受的人生目的通常不是伦理学的任务，伦理学一般只打算了解整个人类实际所接受的人生目的。当然，即使只打算做到这一点，也是极为困难的。考虑到伦理学的目的以及其实现的可行性，可把它所了解的范围限定于特定社会。当然，这里也会偶尔谈到特定个人所接受的人生目的。不过，这种谈论或只是一种个别的列举，或是把特定社会中人们所接受的人生目的抽象化的结果。特定社会中的人们实际所接受的人生目的是什么？人们可列举许多这样的人生目的，它们既包含生存、长寿、身体健康、快乐、财富等，也包含诸如爱情、友谊、社会地位、权力、名望、家庭或家族利益、国家利益等。这里所列举的人生目的显然不一定为社会中特定个人实际所接受，但它可能为社会中的人实际所接受，甚至为社会中的多数人所接受，因而可把它当作社会中人们实际所接受的人生目的。

这些人生目的之间有何关系呢？要回答这一问题，首先有必要对它们进行分类。心理学家马斯洛曾把人的需要区分为生理需要、安全需要、情感和归属需要、尊重需要、自我实现需要五种。人的需要是行为的驱动力，他对目的的追求根本因它们而产生，因而可据此区分出五种不同的人生目的，即因生理需要而追求的人生目的、因安全需要而追求的人生目的、因情感和归属需要而追求的人生目的、因尊重需要而追求的人生目的、因自我实现需要而追求的人生目的。也可简单地称之为生理目的、安全目的、情感和归属目的、尊重目的与自我实现目的。具体来说，可把身体健康、生存看作生理目的，可把爱情、友谊等看作情感和归属目的，社会地位、权力、名望、国家利益等则是自我实现目的，等等。

对一事物往往可做出多种类型的区分，人生目的也不例外。在某些情境下，一个人选择并达到一目的时，其行为将影响他人，会使他人不能达到此目的。如一个人在获取了某食物或其他物品时，其他人就不能获得它。另一些目的则与此不同，即使一个人选择并达到了它，也并不会影响他人的选择，他人同样也能达到此目的。如一个人在选择生存、长寿、身体健康等人生目的时，通常不会影响其他人也选择它们。根据这一特点，可把人生目的区分为稀缺性目的与非稀缺性目的。一般来说，财富、权力、名望等是稀缺性目的，而生存、长寿、身体健康以及精神的快乐等是非稀缺性目的。

一个不生活于社会中的人，也可选择某些人生目的，生存、身体健康、长寿等就是即使不生活于社会中的人也会接受的人生目的。不过，不生活于社会中的人是不会接受爱情、友谊、社会地位、权力、名望、家族利益或国家利益等目的的，这些目的只有生活于社会中的人才可能接受。根据这一点，可把人生目的区分为非社会性目的与社会性目的。社会性目的是只有生活于社会中的人才会接受的目的，不生活于社会中的人则不会接受它。非社会性目的则是这样的目的，它尽管为生活于社会中的人们所接受，但不生活于社会中的人们也会接受它。显然，尽管不生活于社会中的人们不会选择社会性目的，生活于社会中的人们却会选择非社会性目的。对人生目的当然还可做出其他的区分，如可区分为生理性目的与非生理性目的或精神性目的等。不过，这里对此已无暇细述。

马斯洛对五种需要的区分其实是存在问题的。它常为人诟病的是，难以对不同类型的需要做出清晰的区分。如他所谓的安全需要与情感和归属需要、自我实现需要与尊重需要就难以得到清晰的区分。如果确是如此，根据这种方式来区分人生目的也自然难以说是清晰的。事实上，其他对人生目的的区分方式也存在类似问题。如在特定情境中，一些非稀缺性目的可能成为稀缺性目的，一些稀缺性目的也同样可能成为非稀缺性目的。一般而言，身体健康是非稀缺性目的，却不总是如此。一个为了追求身体健康而去医院就诊的病人，他的这一选择会影响其他人就诊，因此他的这种选择并不是稀缺的。在此情境中，身体健康就可能是一种稀缺性目的。在一个社会中，物质生产极为丰富，其中的社会成员甚至可以各取所需。于是，原本是稀缺性目的的财富就成了非稀缺性的了。对社会性目的与非社会性目的的区分显然与人们对不生活于社会中的人的某些设想有关。由于实际不存在不生活于社会中的人，这种设想带有虚构性，不同人可能做出不同的设想。这样一来，这种区分就难以避免地带有模糊性、主观性了。由于人生目的相互之间存在密切的联系，其中一些人生目的的达到是实现另一些人生目的的条件，难以对它们做出清晰区分是容易理解的。不过，在特定情境中，人们往往能对它们做出较为清晰的区分，并能由此对它们有一大致的了解。当然，有时即使没有清晰地区分它们，也不太会影响后面的讨论。

对于一行为的目的链条来说，它总有一个终点，可称处于终点的目的为最终目的或终极目的。尽管不是所有的人生目的都是终极目的，但终极目的无疑是人生目的。由于终极目的处于目的链条的终点，因而相比于其他人生目的，它更不直接、更抽象，也更为普遍。正因如此，通常认为有关它的问题比其他人生目的问题更值得研究。不过，尽管一行为所包含的目的中有一终极目的，却不表明所有行为所包含的终极目的都是相同的。容易看到，不同人所做的行为，其终极目的往往不同，实际没有一个为所有人都接受的终极目的。一些人把生存当作终极目的。另一些人则提出，为了家庭、家族或国家的利益，甚至可以放弃生命。在一些神学家看来，任何世俗的目的都难以被当作终极目的，人生的终极目的是信仰神，等等。不仅不同人所做的行为包含的终极目的是不同的，甚至同一个人所做的不同行为包含的终极目的也可能不同。一个世俗的人认识到，生命是一切需要的前提，他把生存当作人生的终极目的。当他改变信仰，成了一个宗教信徒时，他很可能会接受其他的人生终极目的。实际上，在一个人思想观念发生重大变化，改变了自己的信仰时，他所接受的人生终极目的通常也会发生改变。

如果不存在为所有人都接受的终极目的，甚至不存在始终为同一个人所接受的终极目的，一个人实际所接受的众多人生目的有何关系呢？一般来说，在特定行为所包含的众多人生目的中，它们有些是并列的，有些则不是。其中一些无疑存在客观相关性，也即其中一个是另一个的条件。如身体健康是生存的条件，财富是友谊的条件，等等。如果这样，则可在其中清理出一段目的链条。尽管它只是此行为目的链条中的一段，但可把它独立出来考虑，可称为人生目的链条。不同行为都包含众多的人生目的，也可在其中清理出一段人生目的链条。不同行为中的人生目的链条是否相同呢？

马斯洛曾指出，需要有层次之分，五种需要的层次由低至高，逐层上升，形成阶梯状。只有低层次的需要满足了，人才会追求高层次的需要，较高层次的需要只在较低层次的需要出现甚至满足后才可能出现。马斯洛的这一看法实际在暗示我们，在众多人生目的之间，可以清理出一段人生目的链条。它不仅出现在同一个人的不同行为中，甚至出现在不同人的行为中。不过他也看到，这段人生目的链条呈现出来的链式关系并不是严格的。当低层次需要获得基本满足以后，人就可能追求高层次的需要，但人不一定是在低层次需要得到完全满足后才产生高层次需要。特定个人不仅可能同时存在多种不同层次的需要，而且不同层次的需要相互作用，每一层次需要的内容和满足程度都会影响到其他层次的需要，同时又受其他层次需要的影响。不仅如此，在不同的时期，一个人对满足不同层次需要的迫切程度不同。马斯洛明确指出："我们把这个层次集团说成仿佛是一个等级固定的集团，然而实际上它并不完全像我们可能表达的那样刻板。的确，我们研究的大多数人的这些基本需要似乎都是按照已经说明过的等级排列的，但是也一直有许多例外。"① 实际上，由于同一个人不一定接受相同的终极目的，可以预见，出现在一个

---

① 马斯洛：《动机与人格》，许金声等译，华夏出版社，1987，第59页。

人某行为中的人生目的链条，不一定出现在他的其他行为中。如此一来，在不同人所做出的行为中就更不太可能出现相同的人生目的链条了。

第四节 应当接受的人生目的

一个人应当接受何种人生目的？古往今来，人们给出了各种不同答案。亚里士多德相信，一个人应当接受的人生目的是获得幸福，伊壁鸠鲁则认为是追求快乐。普罗提诺提出，摆脱肉体的束缚，与"太一"融于一体是人生的终极目的。功利主义者则告诫人们，行为唯一合理的目的是增进社会的整体幸福。中国思想家对此也做出了自己的回答。在孔子看来，成为"仁人"是一个人应当追求的人生目的。墨子相信，人生应当追求的不是自私的仁爱，而是兼爱。杨朱提出，"全性保真，不以物累形"才是人应当接受的人生目的。只要对伦理学史做些简单考察就会发现，尽管人们对"人应当接受何种人生目的"给出了各种不同答案，但至今没有一种获得过公认。的确，亚里士多德的看法难以为普罗提诺所认可，而孔子、墨子的思想也难以为杨朱所接受。

亚里士多德、孔子等人所提供的答案虽然没有获得公认，它们相互之间存在明显的不一致，但似乎也难以断定它们中的任何一个必定是错的。尽管如此，这些答案确实或多或少存在局限。在所给出的这些答案中，其中一些所提到的人生目的太过高远，现实生活中的人难以达到，因而它们显得不切实际。如由于受生理条件的限制，道家所谈到的长生不老、修仙成道等人生目的就难以达到。由于受到心理因素的影响，或者受社会现实条件的限制，人们甚至难以做到大公无私或完全的平等博爱。同时，这些答案所给出的人生目的由于比较抽象而含混不清，从而难以真正指引实践。当人们把某种心理经验（如忘物我、天人合一或人神合一、快乐、心灵宁静等）看作一个人应当接受的人生目的时，就可能如此。不仅依赖那些神秘而难以企及的心理经验（如忘物我、天人合一或人神合一等）难以指引实践，依赖其他一些似乎可真实拥有的心理经验（如快乐、心灵宁静等）也难以指引实践。如对伊壁鸠鲁之类的快乐主义者来说，一个人可拥有不同类型的快乐，他可拥有感官的快乐与理性的快乐，或可拥有物质的快乐与精神的快乐，等等。这些快乐如何区分？不同快乐的大小如何比较？不回答这些问题，将很难指望快乐主义能真正地指引实践。然而，对上述问题给出令人信服的回答往往又困难重重。

有人提出，上述的各种答案有一个共同之处，即人应当接受的人生目的是单一的，它甚至是某个终极目的。由于人们实际所接受的人生目的是多样的，因而人们应当接受的人生目的也是如此。如果这样，上述所提到的那些看法就显得不可靠了。如果人应当接受的人生目的不是单一的，而是多样的，则可对上述问题做出可信的回答。"腰缠十万贯，骑鹤下扬州"就体现了这样的想法。不过，这一想法也不能完全摆脱困难。在诸多现实情境中，行为者并不能既得鱼，又得熊掌；不能既获得财富，又得享长寿；不能既占据高位，手握重权，却又希望获得轰轰烈烈的爱情；等等。在现实生活中，一个人在同时追求这些人生目的时可能会出现冲突。如果出现了冲突，他就不得不考虑如何在诸多应当接受的人生目的之间进行取舍的问题。如果不能对此做出回答，或者不能对诸多应当接受的人生目的给出一个优先次序，即确定人生目的的链条，最终难免被批评。而一旦给出这样的回答或优先次序，它与前一类回答就没有根本的不同了。

尽管一个人应当接受的人生目的不同于他实际所接受的人生目的，但正如前面所谈到的，伦理学家在考虑上述问题时不能不注意人们实际所接受的人生目的。由于人们实际所接受的人生目的是多样的，他们实际没有接受相同的终极目的，没有接受确定的人生目的的链条，因而那种认为人们应当接受某种终极人生目的，或者应当接受多样的人生目的，并且可在它们之中清理出一段确定的人生目的的链条的看法是不切实际的，这只是十足的空想。从另一方面也可看到这一点。对"人应当接受何种人生目的"给出一个答案是容易的，要表明一个人为何应当或为何只能接受这样的人生目的却是困难的。因为任何回答上述问题、告知人们应当接受何种人生目的的尝试都将遇到如下的追问：你的根据是什么？这样的根据确实难以给出，因为一旦给出，人们便可进一步追问：这一根据的根据何在？这种追问不同于对知识根据的追问。在认识过程中，如果不接受一些共识，人们就无法交流与理解，因此对知识根据的追问总有一个终点。对人生目的的追问与此不同，人们可以不基于他人而接受人生目的，甚至不生活在社会中的人也可追问人生目的问题。实际上，一个作为行为目的的事物，只有人们把它当作追求的对象时，它才能成为目的。由于行为目的体现了行为者的主观意图、希望与渴求，它根本上是行为者主观接受的结果，因而人们可基于个人的主观任意而接受人生目的。在某种意义上，一个人接受了一人生目的没有任何借口，他也不需要任何借口。

如果不能为"人应当接受何种人生目的"给出一个有充分根据的确切回答，而对特定个人而言，此问题又无可回避，那么伦理学在此有何作用呢？一般来说，尽管不能期望伦理学对此问题给出一个为所有人都接受的确切答案，但它依然可给出某些提示，它甚至可为人们思考此问题提供某些一般性的建议。由于受自身能力以及周围环境的限制，即便一个人追求某一目的，他也不一定能达到。由于明智的人所接受的人生目的往往是他可能达到的，因而伦理学家在确定人们应当接受何种人生目的时往往提出，一个人应当接受的只能是他可能达到的人生目的。这即是所谓的可行性要求。按照这种要求，如果一个人把长生不老、成仙得道当作人生目的，他的这种接受很可能由于不具可行性而变成自寻烦恼。

可行性要求不仅指一个人应当接受的人生目的在生理上或身体条件上有实现的可能性，也指它能在现实环境中实现。对于社会性目的而言，它的实现通常受诸多社会条件的限制，因而要求不生活于社会中的人（如生活在荒岛上的鲁滨逊）把权力、社会地位、友谊、爱情等当作人生目的是荒谬的。同时，生活于社会中的人也不能把所有的社会性目的当作自己应当接受的人生目的。在社会中，获得无上权力、享尽人间荣华通常难有实现的可能，因而它们往往不应当是人或至少是多数人所接受的人生目的。明智的人通常对这种限制是清楚的。如彼得拉克就说："我不想变成上帝，或者居住在永恒中，或者把天地抱在怀抱里。属于人的那种光荣对我就够了。这是我祈求的一切，我自己是凡人，我只要求凡人的幸福。"①

---

① 彼特拉克：《爱情和荣誉作为人生理想》，载《从文艺复兴到十九世纪资产阶级文学家艺术家有关人道主义人性论议论选辑》，北京大学西语系资料组，商务印书馆，1973，第11页。

一个人应当接受的人生目的常常有多种，这些目的显然不能相互冲突，要具有一致性。可称这种要求为一致性要求。一致性要求其实也是一种可行性要求。人生目的之间的冲突往往不是一种逻辑冲突，而是现实的冲突，即它们不可能同时达到。如果一个人所接受的两个人生目的由于某些现实条件而不能同时达到，它们之间存在冲突，那么他把它们都当作自己应当接受的人生目的就不具可行性了。同时，如果一个人所接受的人生目的与社会中那些具有强制性的规范所蕴含的目的不一致，此时它自然也难以达到。如此一来，他把它当作应当接受的人生目的也就可能不具可行性了。当然，社会中的一些规范并不总是明确的，它们之间也可能存在不一致，或者由于各种原因，它们难以做出有力的强制。于是，即使他所接受的人生目的为这些规范所反对，他依然可把它当作应当接受的人生目的。

显然，对于人生目的问题，伦理学不限于提供诸如此类的建议，它还可做得更多。它可区分不同类型的目的，了解不同人生目的之间的关系，告诉人们，如果他接受某种人生目的可能会导致哪些后果，等等。它所做的这些当然可以帮助人们确定哪些人生目的存在冲突，帮助人们认识到何种人生目的是可行的，何种是不可行的，为人们接受人生目的提供根据。一个信仰某些宗教的人或具有某些知识背景的人，可能认为一个人可以长生不老、成仙得道，并且相信人可通过一些特殊的方式（如信仰神、经常做某种行为或炼丹服药等）达到。对他来说，接受这样的人生目的是可理解的。如果伦理学根据当前知识，使他认识到这种人生目的难以达到，那么尽管不向他推荐某种特定的人生目的，这对他来说依然是有益的。墨子希望通过"均贫富，等贵贱"等来除天下之害，如果他认识到这恰恰可能成为天下之大害，那他就可能不会把它当作应当接受的人生目的了。实际上，对于宗教信徒或墨子之类的人来说，也许重要的不是回答"一个人应当接受何种人生目的"的问题，而是回答某些知识论以及具体科学的问题。伦理学的一项重要任务恰恰是向人们提供这样的知识，回答诸如此类的问题。

第四章　伦理学中的规范

第一节　目的与规范

尽管前面已简单地谈到了目的与规范的关系，但还是有必要做出更为明晰的说明。如果一个人为自己选定了或接受了某一目的，那他就可考虑如何来达到目的了。一般来说，在特定情境中，可达到目的的行为有多种，这时他要在其中做出选择。无论他做何选择，至少在他自身看来，他所选择的行为是所有这些行为中最好的或最合理的。设想一个人希望获得长在高大树梢上的野果，尽管在此情境中，他可采取多种行为来达到目的，但他认为找一长杆来击落野果是最好的或最合理的行为，也即他认为应当找一长杆来击落野果。可以说，"找一长杆来击落野果"便是他认为要选择的行为，或是此情境中他心灵所发出的指示。显然，将来他还可能遇到相似的情形。在相似的情形中，为了达到同一目的，他心灵会发出相同的指示，指示他"找一长杆来击落野果"。这时就说，"应当找一长杆来击落野果"是他所接受的规范。

一个人接受规范当然与其心灵有关，但他接受规范又是一件客观的事情。实际上，生存于世的人们接受各种规范是一个被广泛接受的事实。人们为何会接受各种规范并以此来指引自己的行为？这与人们不愿花费更多时间与精力来反思"要做何行为"以及"如何行为"等问题有关。如果一个人接受了某规范，由于它适用于各种相似情形，那么在相似情形中，他便不必每次都考虑再三，而可直接根据它来选择行为。接受规范也能给人带来其他实践上的好处。如果没有规范的指引，一个人在生活中面临各种可供选择的行为时，他就要进行反复比较、仔细揣摩。这样一来，就可能使得他在选择行为时出现拖延，从而对实践产生不利的影响。这种拖延有时甚至使他的选择失去意义。如果一个人时常遵守某规范，且该规范在其心中培植良久、根深蒂固，那么他在面对特定情境时，甚至可以不做思考而自然而然地据此选择合适的行为。而一旦如此，他就能对复杂多变的现实生活快速地做出反应。

一个人希望获得野果时，他可采取多种行为，但他认识到，找一长杆来击落野果是最好的或最合理的行为。当他做出这样的选择时，实际也就选择了"应当找一长杆来击落野果"的规范。在许多情形中，一个人在选择行为或在确定何种行为是合理的时，也是在选择规范。实际上，当人们谈到应当选择何种行为的问题时，或谈到如何确定一行为是否合理的时，常常是谈论应当选择何种规范的问题或如何确定一规范是否合理的问题。鉴于规范在这类问题中的核心位置，因而对它的了解便变得格外重要了。规范通常要通过语言呈现出来，可把那些表达规范的语句称为规范语句。由于"应当找一长杆来击落野果""应当按时到""必须信守承诺""此处禁止吸烟"等语句表达了规范，因而称之为规范语句。由于规范要通过语言呈现出来，因而需要或只有通过对规范语句的了解才能认识规范。正因如此，为方便，这里不对规范和规范语句做出明确区别。

认识规范要基于对规范语句的了解，那么规范语句有何特点呢？从形式上说，规范语句通常包含诸如"应当""应该""必须""禁止"之类的联结词。不过，一些不包含或没有直接包含上述联结词的语句，由于与那些包含上述联结词的规范语句同义或相似，因而也把它们看作规范语句。如"不要在房间内吸烟""把那张桌子移过来"等祈使句，尽管没有包含上述联结词，但由于它们与"不应当在房间内吸烟""你必须把那张桌子移过来"等规范语句同义或相似，因而它们也是规范语句。其他诸如"尊老爱幼""爱护公物"之类的语句也是如此。鉴于这些联结词在规范语句中的地位，可称之为规范词。

一个人只有选定了目的，才能选择做何种行为，才能选择接受何种规范，因而目的与规范之间存在紧密的联系。它们之间的这种联系甚至体现在对规范的表达中。前面所谈到的规范，如"应当按时到""必须信守承诺""此处禁止吸烟"等，往往以单个语句的形式出现。但并非所有规范都是如此。规范"你要赶上这一趟飞机，就应当十点出发""如果要拧开这颗钉子，就要使用扳手""如果希望快乐，就要有一颗宽容的心"等就不是以单个语句的形式出现，它们是由多个语句所组成的复合句。这样的复合句往往是一个条件句，它以"如果 A，那么 B"的形式出现。这些以条件句形式表达的规范具有如下特征。语句 A 表达了一个目的。要达到这一目的，有多种可供选择的行为。B 则表明，在所有这些可供选择的行为中，B 所指示的行为是应当的。很明显，这一形式的条件句显示了目的与规范之间的紧密联系，它表明，只有在目的确定了的情况下，才能告诉人们怎样行动才是合理的，或采取怎样的行动才是实现既定目的的合理手段。

那些不以条件句形式出现的规范通常也可用条件句来表达。如"应当找一长杆来击落野果"实际是指"如果希望获得长在高大树梢上的野果，那么应当找一长杆来击落野果"；"应当按时到"实际是指"如果你想赶上飞机，那么应当按时到"；"必须信守承诺"实际是指"如果你希望获得他人的信任，那么必须信守承诺"；等等。人们之所以在表达这些规范时不使用条件句，常常不是因其他缘故，纯粹只是为了表达方便。的确，在一些现实情境中，或在人们的通常理解中，规范所包含的目的很明显，它无须明确说出。实际上，如果只有选定了目的，才可能选择做何种行为，那么这种行为所遵守的规范就通常可用条件句来表达。甚至可以说，只有使用条件句才能精确地表达规范。

是否有不可转化为条件句的规范或存在不包含任何目的的规范呢？康德似乎对此会做肯定回答。在他看来，存在所谓的绝对命令，它是无条件的规范，如"不要说谎""借钱要还"等就是这样的规范。他相信只有这样的规范才是道德规范。不过，一般认为这些规范也包含着目的。如人们通常认为，如果一个人希望获得他人的信赖，或希望他人对他也说真话，那他就不要说谎。如果一个人希望下次能借到钱，那他就要接受规范"借钱要还"。可见，康德所提到的那些绝对命令其实也是包含着目的的。其实，康德很可能也认为上述规范不是完全无条件的。康德指出，人既然有理性，就不能只把它当作满足感性需要（如谋划和实现幸福）的工具，而要用它来履行更高使命，如确定诸如"不要说谎""借钱要还"等道德规范。他说："全部道德概念都先天地坐落在理性之中，并且导源于理性。"① 尽管一个人具有理性，但他不一定总是打算做

---

① 康德：《道德形而上学原理》，苗力田译，上海人民出版社，2005，第 29 页。

一个具有理性的人,他也可能乐意依据感性的要求来行事。只有一个不仅具有理性,并且希望按理性要求来行事的人,才可能接受道德规范。就此而言,康德所谈到的那些道德规范也是包含目的的,也需要用条件句来表达。

尽管一个人只有选定了目的才能考虑接受何种规范,但他也可强制要求他人接受此规范。在这种情形中,如果他人没有接受他所接受的目的,或根本不知道他接受此规范的目的是什么,那对他人来说,此规范就可能是无条件的。如父亲要求儿子接受自己所接受的某些规范。由于儿子没有接受父亲所接受的目的,甚至不知道父亲接受此规范的目的是什么,这时对于儿子来说,此规范是无条件的。神要求人接受某规范,于神而言,此规范可能是有目的的,但人并不知道,人只是由于神的命令而接受它。于是对人来说,这些规范是无条件的。当然,对于这种类型的规范,尽管从这种角度来说它是无条件的,但从另一角度而言,它依然是有条件的。如对父亲来说,他不仅要求儿子所接受的规范是有目的的,甚至要求儿子接受此规范时也是有目的的,因而于他而言,此规范不是无条件的。对于儿子来说,即便他没有接受父亲所接受的目的,也不知道父亲接受此规范的目的是什么,但他接受此规范也是有目的的,其中一个就是讨父亲的欢心。神所要求的规范也同样如此。

总的来说,尽管有时为了方便,人们不用条件句来表达规范,但难以说存在不包含任何目的的规范或规范不可用条件句来表达。这一点其实也表明了目的与规范之间的紧密联系。这种联系不仅表现在一个人只有选定了目的才能考虑接受何种规范上,表现在对目的的选择是对规范选择的前提上,也表现在对目的的选择直接或间接地影响了对规范的选择标准上。如当功利主义把获得社会的最大幸福作为选择规范的标准时,或当快乐主义把获得快乐作为选择规范的标准时,人们就能显著地看到,对目的的选择深刻地影响了选择规范的标准。目的与规范之间的这种联系还表现在,一个人在选择何种目的时,他往往预先假定了规范的存在。如人们选择某一人生目的时并不是随心所欲的,他要考虑这一目的与现实中的社会规范是否相冲突。

伦理学家关注行为所包含的人生目的时,可以说他关注的主要是"人为何而活"的问题。当他关注那些达到人生目的的规范时,他关注的主要是"人如何而活"的问题。由于目的与规范紧密相关，因而这两类问题总是不可避免地纠缠在一起。实际上，如果没有研究前一问题，讨论后一问题就是盲目的。如果不讨论后一问题，则谈论前一问题就显得不切实际。尽管如此，在具体的研究过程中，伦理学家对此还是有所侧重。如关注"人为何而活"的问题时，他对规范就可能没有进行细致的讨论。而谈论"人如何而活"的问题时，他重点关注的是规范，对人生目的就没有给予过多的考虑。正因如此，伦理学时而被看作对人生目的或终极目的的研究，时而被看作对如何确定合理规范的研究。伦理学研究的这种特征是容易在伦理学史中发现证据的。简略考察伦理学史就会发现，近代以前或早期的伦理学研究主要关注前一问题，即关注人所追求的目的或人生目的的问题。近代以来的伦理学（如康德的伦理学与功利主义伦理学）则主要以规范为谈论对象。这种情形的出现当然有多方面的原因，而上述两类问题的一些相关认识特征则是其中重要的原因。

第二节 伦理学中的事实

为了深入了解规范，有必要对与之相关的其他语句作些了解。这里特别要谈到的是诸如"王浩是人""金属是导电的"之类的语句。由于这类语句并不直接或间接地包含"应当""应该""必须""禁止"等联结词，它们不与那些包含这些联结词的语句同义，因而通常不认为它们是规范。实际上，它们与规范语句有明显的区别。在上述两个语句中，"王浩是人"中的"人"表达了某些事物所构成的类，"王浩"则指示了某一事物——王浩，而它表达了如下的意思：王浩属于"人"所表达的类或包含于"人"所表达的类。"金属是导电的"中的"金属"或"导电的"分别表达了一些事物所构成的类，而它则表达了如下的意思："金属"所表达的类属于"导电的"所表达的类或包含于"导电的"所表达的类。在上述两个语句中，"王浩""人""金属""导电的"等语词表达了存在于世界中的事物或由它们所构成的类，语句本身则表达了它们之间的关系。这些语句所表达的关系当然可能与人的主观任意相关，不过这些关系一旦出现，便不依赖于人的主观任意而客观存在，而这些语句便是对这些关系的陈述或描述。当然，这样的关系不一定现实地存在，它们可能只是将来或虚拟的存在，如"明天将下雨"所表达的关系出现在明天。一般称"王浩是人""金属是导电的"之类的语句为陈述句。

不管陈述句所表达的内容是什么，它一旦出现，就不依赖于特定个人的主观任意，其内容就具有了客观性。正是这种客观性才使得人们对它有共同的理解。除此之外，陈述句还具有另一种客观性。处于同一语言系统的人们，尽管对"桌子是方的""车子里有人"之类的陈述句有某些共同的理解，但他们对语句的内容可能抱有不同的看法，如一些人认定它为真，另一些人则认定它为假。果真如此，就可说他们对语句有不同的断定。对于那些认定某陈述句为真或为假的人来说，它之为真或为假不依赖于任何特定个人的主观任意，因而它具有客观性。显然，这是与前一种客观性不同的另一种客观性。几乎所有语句都具有前一种客观性，但不是所有语句都具有后一种客观性。如一些人便认为，只有陈述句才具有后一种客观性，疑问句、祈使句等不具有这种客观性。一般称前一种客观性为内容的客观性，而称后一种客观性为断定的客观性。当然，这两种客观性密切相关。就陈述句而言，只有具有前一种客观性，它才可能具有后一种客观性。

这里谈到陈述句不只是为了显示存在两种不同的客观性，还因为它与伦理学中必定要谈到的另一事物——事实有密切的相关性。在日常语言或一些学术文献中，人们通常谈到事实，并把它看作知识的基础。尽管事实为人所熟知，但被问到"什么是事实"时，人们给出的答案并不相同。一种流行的回答是：事实指外在于人的事物、事件及其过程，甚至指不依赖于人主观意识的客观存在状态。[①] 这种看法如果仅仅主张事实是某种独立自存的东西，那么它不仅可能把事实与本体论中的对象或事物混同起来，也可能会把事实神秘化。在日常语言中，通常有如下的说法："'这张桌子是方的''月亮是圆的'是事实。"从这些简单的断语中当然难以准确地显示事实是什么，但人们也能从中获得一些了解。如它至少表明，事实与语言相关。确实，如果任何事物只有出现在语言中

---

① 孙伟平：《事实与价值：休谟问题及其解决尝试》，中国社会科学出版社，2000，第75～77页。

才能为人所把握或为他所思想，反之便无从讨论它，无从把它与其他事物区分开来，那么事实与语言（包括语词、语句等）相关便是理所当然的事。

如果事实与语言相关，那么它们是如何相关的呢？单纯从逻辑上考虑，"事实"一词有多种可能的所指，如可指语言所表达之物，可指语言的内容或意义，甚至可指语言本身。它们之间尽管存在联系，却不完全相同。语言所表达之物显然不同于语言本身，如尽管"月亮"一词指称实在对象月亮，但它不等于月亮。当然，语言所表达之物也不一定是实在对象，它也可能是心理意象、思想观念或幻想之类的虚构之物。考虑到语言是特定物理记号或符号与意义的结合，因而很明显，语言的意义也不同于语言本身。如"月亮"的意义不同于"月亮"一词。另外，尽管任何语言都有意义，并且它与所表达之物密切相关，但它们还是存在显著的区别。如一般而言，"月亮"的意义不同于实在对象月亮。

语言实践表明，即使有的语言是事实，却并非所有的语言都是事实，因而难以说事实即是语言本身。考虑到这一点，同时也注意到，任何语言都有意义，因而不能把事实当作语言的意义。如果这样，事实是否指某种类型的意义？这种看法尽管是可能的，却也并不常见。的确，如果事实是语言的意义或某种类型的意义，则在没有出现语言的地方，就没有所谓事实。这不符合人们对事实的通常理解。由于人们大多相信，在没有使用语言的场合也存在事实，因而断言事实是可为语言所表达之物将会获得更多人的接受。

如果事实是可为语言所表达之物，那在没有语言出现的地方，也有事实存在，正如没有"太阳"一词时，也有太阳存在一样。不过，正是由于有了"太阳"，太阳与其他事物才能被确切地区分开来，并得以出现在人的思考中。故而也可以说，正是由于有了"事实"或各种表达事实的语言，事实才能与其他事物确切地分离开来，并得以出现在人的思考中。甚至可以说，只有出现在特定的语言中，不同的事实才能被确切地区分开来，它们才得以出现在人的思考中。可见，尽管如下两个看法，即"事实是可为语言所表达之物"与"事实是语言所表达之物"存在区别，但这种区别并不如人们所想象的那么大。为了方便，这里直接地把事实当作语言所表达之物。

由于语言所表达之物可通过语言表达出来，不仅如此，人们往往也要通过那些表达它们的语言来了解它们，因而事实与表达它们的那些语言实际是难以区分开来的。正是基于这一点，甚至可把它们看作同一的。表达事实的是一些什么样的语言呢？由于通常把事实看作知识的基础，而知识是一些真的语句，它们甚至是一些真的陈述句，因而事实似乎理所当然的也是一些真的陈述句。当然，如果确实把事实看作一类真的陈述句，那么尽管真的陈述句表达了事实，但它们很可能并不是事实本身。不过，由于需要通过陈述句才能了解事实，为了方便，人们常常不对事实与表达它的真的陈述句（即真陈述）做严格区分。

在认识论或知识论中，人们把事实看作知识的基础。在他们看来，那些建立在事实基础上的知识尽管是真的，却不是事实。不过，在伦理学或实践科学中，人们有时没有做出如此精细的区分，而把事实以及以事实为基础的知识都看作事实。如既把"这张桌子是方的""月亮是圆的"等当作事实，也把"所有金属都导电""所有行星都绕太阳作椭圆运动"等基于前一类事实的知识当作事实。当然，对大多数伦理学家来说，这样做只是为了讨论的方便。如果需要，他们显然也可把事实以及基于事实的其他真陈述或知识区分开来。即使他们没有做出这样的区分，也不意味着他们主张所有真陈述或真陈述所表达之物都是事实。在他们看来，尽管"$5+7=12$""太阳是太阳"等是真的，但一般不可把它们当作事实。他们只把那些其为真与外部世界相关，或者要依赖于人们对外部世界了解的真陈述当作事实。

总的来说，在伦理学或实践科学中，人们所谈到的事实最有可能具有如此的特征，或只有具有如此的特征，才能比较切合他们对事实的通常理解。首先，事实是语言所表达之物，它们可以且也需要通过语言呈现出来。其次，不是所有语言所表达之物都是事实，只有真陈述所表达之物才是事实。同时，不是所有真陈述所指之物都是事实，只有那些其为真与外部世界相关，要依赖于人们对外部世界了解的真陈述才是事实。可称那些表达事实的陈述为事实语句，有时也简单地称之为事实。语词构成语句，而陈述句中必定包含一些表达外部事物的性质以及它们之间关系的语词，一般称它们为描述词。"金属是导电的"所包含的语词，如"金属""导电的"等便是描述词。描述词所表达的东西当然不是事实，但事实显然与之有密切的相关性。

在伦理学中，还有必要提及一类特殊的事实。规范语句一旦出现，它所包含的内容或它本身也就成了一种不因人的主观任意而改变的事物，构成了人所处世界的一部分，而它以及它与其他事物之间的关系就可能为一些陈述句所表达。如"不要说谎"是规范语句，它一旦出现，就成了一具有客观性的事物。显然，包含它的一些语句，如"他遵守'不要说谎'""此行为符合'不要说谎'的规范"等，就是某种类型的陈述句。如果这些陈述句为真，则也可认为它们是事实，或它们表达了事实。由于这些陈述句包含了规范，因而相比于其他陈述句，它们具有某些特殊性。如果诸如此类的陈述句是事实，则可把它们与其他事实区分开。为此，可称之为规范事实。

第三节 规范的基本特征

尽管规范事实也包含规范词，但它是一个复合的陈述句，把包含规范词的规范作为一个从句包含于其中。作为从句的规范与其他规范有根本的不同。从整体上看，它并不起语句的作用，而更类似于一个语词，指称某一事物。基于此，在谈论规范的性质时，通常不考虑这种情形。如果这样，则可以说，规范直接或间接地包含规范词，而陈述句通常不包含它，因而规范与事实或陈述句存在明显的不同。规范"你应当按时到"与陈述句"你按时到"在含义上有明显的不同，但从其所包含的语词来看，它们只是在联结词上有所不同，其中一个包含规范词"应当"，另一个则不包含它，因而这两个语句之所以存在区别，极有可能与规范词有关。正因如此，可从规范词来了解规范与陈述句之间的不同以及规范的其他一些特征。当然，反过来也可从规范与陈述句之间的不同以及规范的一般特性来了解这些规范词的含义。

在语言实践中，人们发现，由规范词联结起来的规范在影响行为的力量与方式上并不完全相同。如包含"必须""应当""应该"等的规范是一类强制性的规范，而包含"允许""可以""准予""容许"等的规范是一类不带强制性的规范。尽管如此，它们的含义也有共同之处，即都对某种行为做出肯定。不是所有规范词都具有这样的特征，"禁止"

"不得""不准"等规范词就与之不同，它们通常对某行为做出否定。基于此，按规范影响行为的力量与方式，可把它们大致分为三类，即所谓应当类、允许类及禁止类。如果规范直接或间接地包含规范词"必须""应当""应该"等，则把它归为应当类。如果规范直接或间接地包含规范词"允许""可以""准予""容许"等，则把它归为允许类。如果规范直接或间接地包含规范词"禁止""不得""不准"等，则把它归为禁止类。对规范的上述分类是根据它们所包含的规范词而得出的，因而也可相应地把这些规范词分为上述三类。

由于这种分类根据规范影响行为的力量与方式而做出，它或多或少与心理感受相关，因而这种分类可能并不完全清晰。尽管如此，对规范或规范词的大致区分依然是可以做出的，而基于这种区分是可获得一些富有洞察力的见解的。实际上，义务逻辑学在此做了丰富而卓有成效的研究。尽管不同规范词在语义上存在区分，但它们不仅在语法方面存在相似性，而且在语义方面也有相关性。义务逻辑学家就给出了它们之间的一些语义关系。如他们认为，"应当不"即"不允许"或"禁止"，而"不应当"为"允许不"或"不禁止不"，等等。① 由于这一点，也为了简便，这里只讨论那些属于应当类的规范词，并且主要关注规范词"应当"或"应该"。基于规范词在语法上的类似性以及语义上的相关性，有理由设想，有关它的一些讨论能推广到其他规范词。

就规范"你应当按时到"与陈述句"你按时到"而言，"你应当按时到"当然表达了你与按时到之间的关系，不过，此种关系与"你按时到"所表达的你与按时到之间的关系不同。说"你应当按时到"的人通常认为，他说话的对象即你，将来可能按时到，也可能不按时到。他不能预见你将来必定做出何种行为，因为你是一个自由的行为者，你可以自由地决定你的行为。也正因如此，他对你发出一种命令，做出一种要求或提出一种希望，命令、要求或希望你将来能按时到，等等。可见，"你应当按时到"不同于"你按时到"。"你按时到"所表达的是你与按时到之间的某种客观关系，并断定这种关系。而在"你应当按时到"中，尽管说话者可能意识到，你与按时到之间具有某种客观关系，但他

---

① 夏素敏：《道义悖论研究初探》，中国社会科学出版社，2012，第5页。

其实并不关心这一点,不打算断定这种关系。这一规范对你将来的行为发出命令、做出要求、提出希望等,也即对你将来的行为做出一种指引,它明确表达了说话者的某些主观愿望。

可以更为一般地说,规范具有与陈述句不一样的特征,尽管它与陈述句一样,表达了事物之间的某些客观关系,而它的其他一些意义甚至也要以这些关系为基础,但它并不断定这种关系。相反,它或明或暗地假定了一个自由行为者并对自由行为者做出指引。抱有这一看法的人并不鲜见,它甚至是一流行的共识。康德就说:"一切命令式都用应该这个词来表示,它表示理性客观规律和意志的关系,就主观状况而言,意志并不要由此而必然地被决定,是一种强制。"① 在康德那里,意志是自由行为者,它是不可预见行为的根据,而命令式(即规范)则对此自由行为者提出要求,并试图根据所谓的"理性客观规律"来指引其行为。当胡塞尔断言"原初意义上的'应当'和某种愿望或意愿、某种要求和命令有关"时②,或当黑尔提出,规范的基本功能"不是去提供信息,而是去规定、建议或指导;而这种功能在它不传达任何信息的时候也能履行"时③,他们大致都抱有类似的看法。

从规范或"应当"的这一含义,一些人还引申出进一步的看法,如提出所谓"应当意味能够"。"应当意味能够"表明,"你应当"意味着"你能够自由地做出行为",它显示与说话者交流的对象(即你)是一个自由行为者,能够自由地做出行为。西季威克就似乎抱有类似的看法,他说:"按照'应当'一词的最严格的用法,我'应当'去做的事始终'在我的能力之内',这就是说:只要我不缺乏做此事的动机,我做此事就不会有障碍。"④ 尽管这种看法似乎是自然的,但也可能引起一些误解。如一个人认为"你应当做某行为"意味着"你能够做某行为"时,或表明"你应当做的行为在你的能力之内"时,就可能引起歧义。的确,当说话者断言一个人应当做某事时,尽管在他看来,行为者是能够

---

① 康德:《道德形而上学原理》,苗力田译,上海人民出版社,2005,第31页。
② 埃德蒙德·胡塞尔:《逻辑研究》(第一卷),倪梁康译,上海译文出版社,1994,第33页。
③ 理查德·麦尔文·黑尔:《道德语言》,万俊人译,商务印书馆,1999,第152页。
④ 亨利·西季威克:《伦理学方法》,廖申白译,中国社会科学出版社,1993,第100页。

做某事的，但行为者实际可能没有能力做此事。如我认为你应当跳 20 米远，但你确实不能做到。在此情形中，"应当"显然并不意味着"能够"。布劳德也隐约地指出了这一点。他说："当我们说我们在某种处境中应当或不应当以某种方式行为时，当我们说在某种处境中应当或不应当感觉到某种情感时，'应当'的意义就有所不同。前一个'应当'的意义暗示着'能够'，第二个'应当'并没有这种暗示。"①

规范中不得不关涉的自由行为者是谁？在"你应当按时到"中，自由行为者是很明显的，即语句中所说的你。不是所有规范都明确指出了其所关涉的自由行为者，"不得偷盗""不应当在会议室吸烟"等就没有明确指出。不过，即使一规范没有明确指出其所关涉的自由行为者是谁，通常也暗示了他。一般来说，自由行为者可能是某一确定的个人，也可能只是某些不太确定的个人，有时甚至是由某些人组成的群体。"学校应当爱护学生""公司应当合法经营"等规范所关涉的自由行为者就是由人所组成的群体。

有种看法认为，有些语句尽管包含"应当"，但不与特定的自由行为者相关。如"宇宙中应当有其他生命""抽屉里应当有一本书""今天应当会下雨"等就是如此。对于这种情形，我们可以说，由于不把宇宙、抽屉等当作自由行为者，因而这类语句并不试图对行为提供指引，而只是描述某种事实。因此，一般不把它们看作规范。当然，如果把宇宙、抽屉当作自由行为者，或许也可勉强把上述语句当作规范。只是这种理解如此罕见，以至于几乎不值得在此多加考虑。如果诸如"宇宙中应当有其他生命""抽屉里应当有一本书"之类的语句描述的是事实，则会发现，这些语句中的"应当"其实具有"很可能"的意思。如"宇宙中应当有其他生命"是指"宇宙中很可能有其他生命"，"抽屉里应当有一本书"是指"抽屉里很可能有一本书"，等等。如果确是如此，则似乎反过来也可以说，如果一个包含"应当"的语句，其中的"应当"是指"很可能"的意思，那么它只是对外部世界做出某种断定，它从根本上不是规范，而是一个陈述句。

规范对行为者提供指引，这种指引显示规范具有某种力量，而这种

---

① C. D. 布劳德：《五种伦理学理论》，田永胜译，中国社会科学出版社，2002，第 223 页。

力量表明规范对行为者或具体行为产生某种影响。它显然不是一种因果影响。实际上，一个人对你说"你应当按时到"，并不表明你就不会迟到了。这种影响也不一定真实地发生，它可能只是一种潜在的影响。要使一规范对行为者产生真实的影响，往往要行为者相信它，或认识到它具有合理性，从而接受它。有时，即使行为者接受一规范，它也可能不会使他实际做出某行为。如尽管你对一个人说"你应当按时到"，而他也回答说"好的"，但他可能始终不肯付诸行动。总的来说，规范对行为者或具体行为所产生的影响是复杂的，由于行为者是自由的，人们甚至不能指望可完全了解"这种影响是如何产生的""由哪些因素促成""到底有多大"等问题。不过，对于我们来说，知道存在这种作用就已足够了。

断言规范具有某种力量，促使人们做出某种行为，这往往也隐含着规范的另一种作用，即它能对行为做出评价。人们在接受一规范时，实际就已赞同它来指引自己的行为，或相信依据它来选择的行为是合理的。就此而言，规范提供了一种评价标准。人们一般也是如此来理解"应当"一词的。一种行为是应当的，通常是指它是好的，"你应当按时到"即是指"你按时到"的行为是好的。其实，在语义上人们常常把"你应当按时到"与"你按时到是应当的"看作等值的，它们都等同于"你按时到是好的"。如果这样，那么规范就不只指引行为，显然也可对行为给予评价。

规范的这种指引作用与评价作用无疑是密切联系的，它们甚至是一个硬币的两面，因而任何只注意其中一方面的看法都是不合适的。从规范的评价作用可看到，它针对的不一定是将来的行为，也可能针对现在或过去的行为。为了清晰地表达规范所针对行为的时间特征，可特别地在规范中加入标记时间特征的语词，如可说"你本应当按时到""你过去不应当说谎"等。就"你本应当按时到"而言，它表明你过去迟到了，此语句针对的是过去的情形，对你过去的行为做出评价。尽管如此，不应当忘记的是，规范根本是面向将来的。那些针对现在或过去行为的规范，也可能指向将来。如"你本应当按时到"就不同于"你是迟到的""你已迟到了"等语句，它甚至也指向将来。它表明，如果将来出现类似情形，你也应当按时到。

规范与陈述句之间显而易见的区别不应当掩盖它们之间的相似性，它们之间的相似性其实也是明显的。首先可注意的是，作为语句，它们包含诸多相似的语词。就规范"你应当按时到""不应当在会议室吸烟"等而言，其中的"你""会议室""烟""按时到""吸烟"等实词也常常出现在陈述句中。这些实词要么表达存在于世界中的事物，要么表达这些事物之间的关系，因而它们与陈述句一样，也与世界或存在于其中的事物相关。通常认为，出现在规范中的实词如果也出现在陈述句中，那么实词在这两种语言表达中的含义几乎完全相同，它们不因语句中是否出现规范词而有所不同。这种相似性也显示，规范与陈述句有紧密的联系。实际上，不仅人们在理解规范时要基于一些定义实词的陈述句，而且在依据规范提供指引或做出评价时也要基于一些事实，甚至可以说，规范所涉及的事实是它提供指引或做出评价的条件。

有种看法提出，规范不仅与陈述句相似，甚至根本就是一种陈述句。持这种看法的人相信，规范可还原为陈述句。具体而言，规范可还原或就是一种表达说话者心理经验的陈述句，即"应当做A"或"A是应当的"是指"我赞同A"。如"应当关上门"就是指，"我赞同关上门"。这种看法的问题是，"尽管我赞同关上门，但关上门不一定是应当的"并不是自相矛盾的。如果认定应当关上门是由于我的赞同，那么关上门的行为是否应当就源于我的赞同。但一般认为，关上门的行为并不因我的赞同而是应当的，也即这种看法不符合对"应当"一词的日常用法。

也许人们会提出，"应当做A"的确不同于"我赞同A"，但它等同于"我们赞同A"。这种情形尽管比上述情形更为复杂，但还是可以说，"我们赞同A"与"应当做A"是不同的。一方面，看上去如下的表达"我们赞同A，而A不一定是应当的"并不自相矛盾；另一方面，赞同只是一种心理经验，一般来说，不可能为任何心理经验的出现找到充分的根据，人们甚至完全排斥寻找这样的根据。因此，如果行为是否应当只是因人们是否赞同，那就意味着不必费心为行为的合理性寻找根据了。然而，在日常用法或科学研究中，人们常常要求为"应当做A"提供理由。不仅如此，通常认为，"你应当关上门"是说话者要求你关上门，它并不只是对说话者自身心理经验的描述，也不是对某些人心理经验的描述，它对行为提供指引，要求某人做某事。很明显，上述看法与"应当"一词的日常用法是不太符合的。其实，这种看法很可能是一种狭隘的自然主义或实证主义的结果。在这种自然主义或实证主义看来，只有陈述句才可能是无可怀疑的。一语句如果是不可疑的，那么它要么是陈述句，要么能还原为陈述句。如果规范是不可疑的，是有根据的，那么它要么是陈述句，要么能还原为陈述句。如果它根本是一种陈述句，自然也有可靠的根据了。

  也有人提出，尽管难以说规范就是一类陈述句，但它们的确存在许多相似性，这种相似性使得要对它们做出明确的区分变得难以可能。他们指出，一些陈述句在特定的语境中可成为一个规范。如在通常情况下，"下课铃响了"是一陈述句。不过，一个教师对他的学生说这句话时，往往意味着学生们可以走出教室了，因而它隐含了规范的作用，或甚至就是"允许出教室了"的意思。另外，一些规范也可成为陈述句，而没有规范的作用。在特定的语境中，规范"你应当拥有那本书"是指，你拥有那本书，不过你忘记自己有那本书了。

  对于这种意见，我们要说的是，日常语言异常丰富，一个语句在日常使用中能表现出多种功能。一个形式上的规范的确有时可用来表达说话者的信念或心理经验，它类似于陈述句，或与陈述句同义。一些陈述句也有规范的作用。细心的哲学家或逻辑学家可举出许多异常例子来表明这样或那样区分不够清晰、存在诸多模糊之处。尽管如此，还是需要对它们做出一些区分，把它们主要的含义标记出来，即使这样的区分只是大致的。一方面，对于世界中的事物，人们甚至根本难以做出完全清晰的区分；另一方面，如果没有这样的区分，讨论将难以持续，思考将由于没有基础而无法推进。考虑到这一点，这里将坚持如下的看法：陈述句与规范存在区别。陈述句对世界有所断定，它可告诉人们某些事实。规范则与自由行为者相关，它指引某人去做某事，并对其行为做出评价。陈述句尽管可能指导人的行为，但它的这种作用并不是主要的。如果一陈述句主要用于指引人的行为或对行为做出评价，那么即使它没有包含规范词，也可认为它实际隐含规范词，它是一规范。同时，一语句尽管在形式上是规范，但如果它与陈述句同义，则只把它当作陈述句，而不把它看作规范。

第四节　规范的类型

尽管可根据规范词对规范做出区分，但还可从其他方面对规范做出区分，其中一个就是有关个别与普遍的区分。从语言形式上看，陈述句有个别与普遍之分，鉴于陈述句与规范之间的相似性，似乎对规范也可做出类似的区分。不过，与对陈述句的这种区分相比，对规范的这种区分可能会更为复杂。一个人看到长在高大树梢上的野果，他意识到有多种可能的方式来获取。如果他认为，在此情境中找一长杆来击落野果是最合理的方式，那就可说他接受了如下的规范：此时此境，应当找一长杆来击落野果。如果他在相似的情境中采用同样的方式，则表明他实际接受了规范：应当找一长杆来击落野果。规范"应当找一长杆来击落野果"不只适用于此时此境，也适用于其他类似的情境，甚至适用于所有类似的情境。显然，上述两个规范并不完全相同，一般认为，相比于后一规范，前一规范是个别的，而后一规范是普遍的。

尽管一个人接受了规范"应当找一长杆来击落野果"，但对其他人或旁观者来说，它其实只是指"他应当找一长杆来击落野果"。如果规范"应当找一长杆来击落野果"不只为他所接受，也为其他人所接受，那么它就比规范"他应当找一长杆来击落野果"具有更大的普遍性。为了表达这种差异，可把接受者表达于规范中，如可说"他应当找一长杆来击落野果""他们应当找一长杆来击落野果"等。显然，相比而言，规范"他们应当找一长杆来击落野果"具有普遍性，而规范"他应当找一长杆来击落野果"不具普遍性，而是个别的。

可见，有必要对规范区分出两种类型的个别性或普遍性。就规范"应当找一长杆来击落野果"而言，如果它只适用于特定情境，如只适用于此时此境，那么它是个别规范。如果它适用于许多或所有相似情境，而不局限于特定情境，那么它就是普遍规范。同样，如果它只为特定个人所接受，则可说它是个别规范。如果它为许多人所接受，甚至为所有人接受，那么它是普遍规范。规范的这两种普遍性显然不同。如果一规范具有前一种普遍性，则称它具有适用的普遍性。如果它具有后一种普遍性，则称它具有接受的普遍性。霍尔斯特曾说："一条道德规范从以下两个方面来观察都应该能够被当作是具有普遍性的规范：1. 这条规范在内容上不涉及专有名称。2. 这条规范代表的是被几乎所有的人都赞同的主张。"① 尽管他的表达并不清晰，但他显然注意到了这种区分。做出这种区分是重要的，在后面的讨论中将有机会显示这一点。

为了更好地面对复杂的现实生活以及不确定的未来，人们通常会从自己以及他人过去的经历中寻找理由。他们发现，自己或他人在类似的情境中总是做同样的行为。他们意识到，自己接受了某种规范，他人似乎也同样如此。由于人总希望以简单而有效的方式来应对世界，因而他会尝试把过去成功的方式运用于其现在或将来的实践中，而这也常常会取得成功。于是，这不仅表明他接受了各种规范，也表明他需要接受各种规范。由于他已接受或曾接受的规范不仅适用于过去的情境，也可能适用于现在与将来，因而它们具有适用的普遍性。规范具有这种普遍性无疑是重要的，它甚至是规范之所以为规范的基础。在某种意义上，不具有适用普遍性的规范并无存在的必要，甚至难以被称为规范。

规范具有这种普遍性理所当然，它会在人心中形成一种牢固的信念。这种信念甚至会因人们自然而然地接受各种规范而根深蒂固。这种信念一旦形成，实际就成了人们日常交流、思考以及理论推理不可或缺的基础。在日常交流中，人们理所当然地相信，如果一个人在特定情境中要接受某一规范，那么他在类似情境中也要接受它，否则就可能认为他是不可理喻的或自相矛盾的。当然，这里所说的自相矛盾不是逻辑上的，而是实践上的。它不是一种逻辑上的不可能，而是一种实践上的悖谬。

规范具有接受的普遍性也不令人奇怪。社会成员为了相互协作，达到某些共同的目的，需要长期持续地接受一些规范。为了保证社会成员接受它们，社会将对那些不接受它们的人给予强制。显然，如果一社会不存在具有强制性的规范，其中的社会成员往往难以相互协作，达到他们所共同追求的目的。为了更好地强制社会成员接受某些规范，社会将会要求他们共同接受某些规范，也即规范要具有接受的普遍性。或许有人会提出，为达到目的，强制要求社会成员接受某些规范是可理解的，

---

① 〔德〕霍尔斯特：《何为道德：一本哲学导论》，董璐译，北京大学出版社，2014，第8~9页。

却不一定要求他们共同接受某些规范,也即规范不一定要具有接受的普遍性。在他看来,只要社会成员长期持续地接受一些规范,不同社会成员接受不同规范也是可行的。至于不同社会成员接受何种规范,则可由社会中的政府或其他权威者等来规定。

这样的想法尽管在逻辑上是可行的,但实际难以行得通。许多目的需要相互协作的众多人长期持续的实践才能达到,从事此类实践的人员可能不断变化,如不断有新成员加入,也不断有成员离开。如果不同人所接受的规范不同,面对人数众多并且不断变化的社会成员,要确定何人接受何种规范将是极为困难的。同时,在社会中,如果一个人意识到,与之协作的他人根本不接受他所接受的规范,而他所接受这些规范将给自己带为不利,那他也可能不会接受它。如他发现,其他社会成员很少或都不接受诸如"借钱要还""不要迟到"等规范,那他也可能不会接受它们。尽管社会可通过强制来要求他接受,但会面临巨大的阻力,以致这种强制难以有效。此外,为了达到目的,相互协作的人们在协作过程中,需要了解与之协作的他人所接受的规范,需要了解这些规范是否有利于协作以及它们在协作过程中起何作用,等等。如果社会成员在相互协作过程中分别接受了不同的规范,那他们就需要花费大量的时间与精力来获得上述了解。如此一来,完成这种协作就需要付出高昂的成本,以至于这种协作变得难以可能。总的来说,在社会中,也许不同的社会成员会接受一些不同的规范,接受不同规范的人们也可能相互协作,但为了相互协作以达到共同目的,社会成员所接受的规范通常也为他人所接受。这些规范具有接受的普遍性。

规范只有具有接受的普遍性,才适合指引实践,才可能成为社会生活的基础。就此而言,规范具有这种普遍性不是一种理论要求,而是社会生活的自然结果,是人们相互协作以及希望相互协作的结果。具有这种特征的规范实际也成了实践的基础。在现实生活中,它既是教育的基础,奖励与惩罚的基础,也是形成法律或社会政策的基础。实际上,规范具有接受普遍性的信念已牢固地嵌入了社会生活中。规范的这种特征也是人们日常交流的基础。如人们通常认为,如果一个人认为他人在特定情境中要接受某一规范,那他自己也要在同样的情境中接受它。此外,规范具有接受的普遍性不仅是反对相对主义的重要根据,甚至也是伦理推理的重要基础。当伦理学家断言一个人在某种情境中应当做什么事时，他通常是指，在这种情境中他人也应当做这样的事。他甚至相信，在这种情境中，所有人都应当做这样的事。当雷查尔斯说"几乎每一重要的道德理论都包含不偏不倚的观念。这一基本观念是，从道德的观点看，每个人的利益都同等重要"① 时，其看法就包含这样的观念。

尽管规范具有适用的普遍性，也通常具有接受的普遍性，但不同规范的普遍性并不完全相同。一方面，一规范不一定适用于所有情境，几乎任何规范都有例外；另一方面，由于人是自由的，特定规范也不一定为所有人接受，甚至不存在为所有人都接受的规范。由于不同规范在普遍性方面存在这样的不同，因而可以说，规范的普遍性有大小之分。人们试图基于规范的普遍性（既包括适用的普遍性，也包括接受的普遍性）来进行理论推理时，可称这种推理规则为普遍性原则。考虑到规范的普遍性存在大小之分，有必要指出，运用这一原则时不能太机械。当伦理学家断言一个人在某种情境中应当做什么事时，根据普遍性原则，他最易于推出的结论或许是：那人在任何相似的情境中都应当做这样的事，或所有人在相似的情境中都应当做这样的事。不过，做出这样的推论往往是武断的，也是危险的。考虑到规范不一定适用于所有情境，也不一定为所有人接受，成熟的伦理学家会尽可能考察普遍性原则的适用范围。如他会指出，"尽管一般情况下，人们不应当说谎，但在某些特定情境中，如在保护他人健康或维护国家利益等时，他应当说谎话"，"站在穷人的角度，失业救济是合理的"，等等。布劳德就曾意识到了这一点，他说："我不得不判断对我自己来说，在我和另一个人的区别中，哪些与这种处境中的这种行为在伦理学上具有相关性，哪些在伦理学上不具有相关性。超过某一点，这些区别是否与伦理学相关的问题就不属于普遍准则的范围。"②

规范的普遍性在大小方面的分别早已为人所认识，一些人甚至希望依此对规范进行分类。他们提出，可把那些具有较大普遍性的规范称为原则，而把那些不具较大普遍性的规范称为规则。③ 规则是相对具体的、

---

① James Rachels, *The Elements of Moral Philosophy*, McGraw-Hill Companies, 2002, p. 13.
② C. D. 布劳德：《五种伦理学理论》，田永胜译，中国社会科学出版社，2002，第 108 页。
③ 徐梦秋等：《规范通论》，商务印书馆，2011，第 43 页。

不具有较大普遍性的规范，原则却是不具体的、具有较大普遍性的规范。相比于规则，原则适用的情境更广，或为更多人接受。当然，要对原则与规范做出清晰的区分是困难的。一方面，不同规范的普遍性的大小往往是相对的，它们只有程度的区别。如果规范"应当找一长杆来击落野果"适用于那些在野外长得高大的树，那么与只适用当前那棵树的类似规范而言，它具有更大的普遍性。然而，如果一类似的规范适用于野外的所有树，那么相比而言，它便具有更大的普遍性。同样的，如果这一规范为一群人所接受，则与只为特定个人接受的类似规范相比，它具有更大的普遍性。但如果一类似的规范为所有人接受，这时与之相比，它自然具有更大的普遍性。另一方面，难以比较具有不同内容的规范的普遍性，对于适用的普遍性来说尤其如此，如难以比较"应当按时到"与"应当找一长杆来击落野果"的普遍性。正因如此，为了讨论的方便，这里不打算在原则与规则之间做出区分，而统称为规范。

不仅可根据普遍性的大小来对规范做出区分，还可根据其他方式来做出区分。规范存在于不同领域，根据它所存在的领域可区分出不同的规范。如可把存在于道德领域的规范称为道德规范，把存在于法律领域的规范称为法律规范，把存在于政治领域的规范称为政治规范。同样的，可把存在于医疗领域的规范称为医疗规范，把存在于语言实践领域的规范称为语言规范，把存在于认识领域的规范称为认知规范，等等。这种区分当然不是完全清晰的。一方面，对这些领域的区分本身并不完全确定，它可能因人认识与实践的变化而发生改变；另一方面，这些领域相互关联、渗透、包含，以致难以对存在于它们中的那些规范做出清晰的区分。如在法律领域存在道德规范；人们在医疗活动中必定要使用语言，因而在此领域也存在语言规范；研究政治学的学者不只关注政治规范，他也要接受认知规范；等等。当然，尽管人们在谈到诸如道德规范、法律规范、政治规范或语言规范等时，可能存在不清晰之处，但通常还是可以大致地区分它们的，而基于它们可对社会现象做出富有成效的认识。

一个人选定了某一目的时，他可能会发现，有多种可供选择的行为可以达到此目的。在不同情境中，达到目的的行为的数量是不同的。在一种情境中可能存在很多可达目的的行为，在另一种情境中则只有少数可达目的的行为，有时甚至只有一种可达目的的行为。如果一个人选定了某一目的，而只有通过一种行为可达到，则相对于此目的来说，他做出此行为就具有必然性。由于在类似情境中，他也要做出此行为，因而可以说，他接受了某规范。同时也可以说，他在做出此行为时，就受到了此规范的指引。可以看到，相比于其他规范，此规范具有特殊性，即它所指引的行为与目的之间存在必然关系。一般称这样的规范为技术规范。一个人身体出现了某种疾病，如果他希望消除疾病，获得健康，则必定要服用一些特定的药物。根据化学知识，一个人如果希望提高某种液体的 pH 值，就需要在液体中加入碱性溶液。在诸如此类的情境中，一个人要达到特定目的（如治好特定的疾病或提高某种液体的 pH 值），就要做某种或某些行为。此时他接受了诸如"想要治好病，就应当吃下这些药""要提高液体中的 pH 值，就应当在其中加入碱性溶液"之类的规范。由于这些规范所指引的行为与目的之间存在必然关系，因而它们是技术规范。反之，如果一规范所指引的行为与人们接受它所要达到的目的之间不存在必然关系，在选定一目的之后，人们可以选择其他与之不同的行为来达到此目的，那么这样的规范就不是技术规范，而是非技术规范。很明显，"不要说谎""借钱要还"等就是非技术规范。

  技术规范与非技术规范的区分是明显的。正如前面所表明的，具体的目的往往只有少数或特定行为可达到，因而技术规范所包含的目的一般是具体的。非技术规范所包含的目的则不那么具体，相比而言，它更为抽象，更具普遍性，甚至是权力、财富、身体健康、生存等人生目的。由于技术规范所指引的行为与目的之间具有一种必然关系，一个人一旦接受了某一目的，就只能接受此规范，他几乎没有自由选择的空间。同时，由于在此情境中，技术规范所指引的行为是必然的，因而也难以说它对行为做出了评价。与之不同，由于非技术规范所指引的行为与目的之间不具有必然关系，有多种可能的行为达到此目的，因而如果要达到此目的，行为者也可以选择其他的行为，也即他可以不接受此规范，可以根据具体情境来调整、修改规范。由于有多种行为可达到此目的，而此规范表明，在所有这些行为中，某种行为是好的，因而它对行为做出了评价。为了区分它们，一些人把技术规范称为规则，而称非技术规范为规范。如赫勒就指出，"规则的应用不允许有操作的空间，或者即使有，这种空间也会非常小"，而规范是"一个人以不同程度依照规定、指令行事"①。

　　尽管技术规范与其他规范或非技术规范有重大的区别，但由于它与人的认识、特定情境等相关，因而这种区别也不是完全清晰的。古代人没有把社会与自然严格地区分开，在他们眼中，社会中的规范（如某日不能出行、不能吃猫肉、不能被人踩到自己的影子等）以一种必然的方式出现，它们类似于自然规律或就是自然规律，因而它们是技术规范。"自然法"的说法就体现了这一点。随着认识的深入，现代人把它们区分开来了。在他们眼中，这些规范不再是技术规范。在古代，近亲结婚或不结婚都是可选择的行为，因而"近亲不能结婚"不是技术规范。随着科学技术的发展，人们认识到，近亲结婚会导致遗传病高发、人种退化。为了避免出现这样的情形，社会规定"近亲不能结婚"。可以看到，在现代人看来，"近亲不能结婚"如果不是技术规范，它也是近似于技术规范的。技术规范与非技术规范的区分有时也与特定情境有关。在特定情境中，一个人只有说谎才能救全城人的生命，为救全城人的生命，这时"要说谎"就成技术规范了。尽管难以对技术规范与非技术规范做出绝对的、完全清晰的区分，但在特定情境中，对它们做出较为清晰的区分依然是可期望的。伦理学或实践科学所讨论的目的往往比较抽象，它们甚至是人生目的。由于这些目的与特定行为之间常常没有必然联系，人们可选择多种行为达到它们，因而伦理学或实践科学主要关注的是非技术规范。正是如此，除非特别说明，后面谈到的规范主要是指非技术规范。

---

① Agnes Heller, *General Ethics*, Basil Blackwell Ltd., 1988, pp. 32 – 33.

第五章 美德伦理学与规范伦理学

第一节 美德伦理学及其局限

一旦确定了人生目的，就可来回答应当选择何种行为的问题了。如果按通常的考虑，可以并且需要根据行为是否符合规范来进行选择，那自然就有必要考虑诸如"规范是什么""如何确定评价行为的规范""那些能评价行为的诸规范有何关系"之类的问题。如此一来，有关规范的问题就成了伦理学研究中极为重要的问题了。尽管不同伦理学家对上述问题的回答可能各有不同，但如果他们相信，从根本上要根据某些规范才能判定一行为是否合理，对伦理学的思考要围绕规范而展开，并且有关规范的问题是伦理学研究的中心，那就可把他们所接受的这种伦理学称为规范伦理学。

上述看法可能招致包括美德伦理学家在内的一些人的反对。古往今来，美德伦理学并不少见。苏格拉底、柏拉图、亚里士多德以及伊壁鸠鲁等古希腊思想家在讨论伦理学时，美德就占据了他们思想的中心。尽管美德伦理学历史悠久，但不同美德伦理学家的观点并不完全相同，甚至至今也没有形成太多的共识。较为激进的美德伦理学家提出，相比于规范，美德是更为基础的评价行为的标准。一行为是否合理，归根结底不是看它是否符合某一规范，而是看它是否为具有某种美德的人做出。如果行为由具有诚实或者勇敢等美德的人做出，那它就很可能是诚实的或者勇敢的，因而也是合理的。这就如亚里士多德所说，"人们须具有某种品质，使每一由此来的行为成为善良的"，而"德性造成了选择的正确性"[①]。较为温和的美德伦理学家则更具有折中精神，他们不完全否认规范的评价作用，甚至认为它们有时也能从根本上确定一行为是否合理，

---

① 苗力田主编《亚里士多德全集》第八卷，中国人民大学出版社，1994，第135页。

但他们强调，至少有些美德是评价行为的更为基础的标准。

在较为激进的美德伦理学家看来，温和的美德伦理学包含了一些非美德伦理学的内容，它的折中性恰恰体现了其理论的不彻底性、不一致性，因而难以被称为美德伦理学，或至少不是纯正的美德伦理学。为了更为明确地谈论美德伦理学，这里主要考虑较为激进或纯正的美德伦理学。尽管不同美德伦理学家的思想各有不同，但他们也有一些共同之处，如他们的研究往往围绕美德而展开，美德是伦理学研究的中心。在他们看来，对行为的评价根本要基于美德，"一个人应当成为什么样的人或具有何种美德"以及"如何具有美德"等问题是伦理学的基本问题。

弗兰克纳曾把伦理学区分为描述伦理学、规范伦理学与元伦理学。他所说的描述伦理学旨在描述或说明道德现象，是"人类学家、历史学家、心理学家和社会学家所从事的工作"。规范伦理学讨论"什么是正当、善和责任"，并提出或捍卫某些规范或价值判断。而元伦理学则研究"'正当'或'善'的意义和用处是什么""怎样才能提出道德判断或怎样证明它们是正当的"等问题。① 按弗兰克纳的区分，由于美德伦理学既不是描述伦理学，也不属于元伦理学，因而它将包含在规范伦理学之内。由于这里所谈到的规范伦理学与美德伦理学相对立，因而它显然不同于弗兰克纳所说的规范伦理学。相比于弗兰克纳所谈到的规范伦理学，这里谈论的是一种狭义的规范伦理学。

通常不说一个人符合某规范，而只说一行为符合某规范，因而一般认为规范伦理学是"以行为为中心"的伦理学。由于通常说一个人具有某种美德，而较少说一行为具有某种美德，由此人们断言美德伦理学是"以行为者为中心"的伦理学。② 美德伦理学的这一特点与它的某些思想或研究方式是分不开的。行为由心理经验引起，但特定的心理经验并不属于特定的行为，只有特定个人才拥有某一心理经验，因而美德伦理学"以行为者为中心"是并不令人奇怪的。不过，由于任何行为都是人的行为，人在时空中展现为一系列的行为，因而即使可大致断言规范伦理学以行为为中心，美德伦理学以行为者为中心，严格而言，并不是完全

---

① 弗兰克纳：《伦理学》，关键译，三联书店，1987，第7~9页。
② 罗莎琳德·赫斯特豪斯：《美德伦理学》，李义天译，译林出版社，2016，第27页。

适当的。实际上，只有行为者接受并遵守规范，它才能产生作用，因而不只美德伦理学要关注行为者，规范伦理学也是如此。同样，不只规范伦理学关注规范、关注行为，美德伦理学也是如此。的确，一个人的美德往往也体现为他对某些规范的接受与遵守。

要理解美德伦理学，首要的是了解它的核心术语——美德。由于美德与整个人或人的整个生存过程、生活经历相联系，因而美德的德目是极为丰富的，仁慈、诚实、公正、节制、勇敢等便是一些常见的德目。可以预计，对"美德是什么""它包含哪些内容""不同德目之间有何关系"等问题，不同人会有不同的回答。实际上，不仅不同时代的美德伦理学家对上述问题做出了不同的回答，甚至同一时代的美德伦理学家所做的回答也有显著的差异。尽管如此，现代美德伦理学家通常对美德有较为一致的理解，如他们倾向基于动机、情感等心理经验来理解美德。富特就曾提出，"一个人的美德可通过他最深的欲望和他的意图来判断"[1]。威廉姆斯则认为美德是"关于行为、欲求和感受的内在气质。它是一种才智气质"[2]。还有一些人则相信，人们在特定情境中做出某种行为时要具有某种敏感性，这是"一种感知能力"，美德恰恰是一种敏感性。一个人的敏感性构成了对其美德行为的"完整的解释"[3]。一般来说，现代美德伦理学家眼中的美德是诸如个人的内在气质、动机、情感或其他心灵能力等心理经验，或是以它们为基础显示出来的东西。

现代美德伦理学家之所以如此理解美德，与他们所抱有的一些基本思想观念是分不开的。在美德伦理学家看来，要判断一个人的行为是否合理，就不仅要了解它是否遵守了某些规范，也要审视他遵守规范的动机。如果一个人不具有特定的美德或心理经验，则无论什么样的合理规范他都不可能遵守。不仅如此，即使他遵守这样的规范，也不表明其行为就是合理的。相反，一个人只要具备美德或相关的心理经验，他就会知道在特定环境下如何做是对的，如何做是错的。即使他没有遵守某些

---

[1] Philppa Foot, "Virtues and Vices", in *Virtue Ethics*, Roger Crisp and Michael Slote (eds.), Oxford University Press, 1997, p. 166.

[2] Bernard Williams, *Ethics and the Limits of Philosophy*, Routledge, 2006, p. 36.

[3] 约翰·麦克道威尔：《美德与理性》，载徐向东编《美德伦理与道德要求》，江苏人民出版社，2007，第116页。

通常被认为合理的规范，他所做的行为也是合理的。这正如麦金太尔所说："德性与法律还有另一种非常关键的联系，因为只有那些具有正义德性的人才有可能知道怎样运用法律。"① 实际上，美德伦理学家常常指责规范伦理学，认为它不关心行为者的真实心理，忽视了对动机的研究，或他们自诩不仅关注行为，更关注行为背后的情感、性格等，也显示了他们对美德的这种理解。

不过，当美德伦理学基于"意图""内在气质""感知能力"等心理经验来理解美德，强调心理经验在确定行为合理性上将起关键作用时，这很可能给它带来困难。正如前面所谈到的，如果认定这种用来理解美德的心理经验是实际的存在物或实际存在物的状态与过程，这种看法不仅没有充分的根据，也将为进一步的探讨带来困扰。即使美德伦理学家只是把这种心理经验看作一种虚构，在根据它来理解美德以及谈论伦理问题时，也将不可避免地带来模糊性、主观性。黑格尔对此曾表达过类似意见，他说"关于德的言论，容易迹近空话，因为这种言论尽是讲些抽象的和没有规定性的东西，并且这种言论中的论据和阐明都是对着作为一种任性或主观偏好的个人而提出的"②。实际上，美德伦理学常为人所诟病的是：它不仅谈到美德时是含混不清的，而且对一些具体的美德，诸如仁慈、诚实、公正等德目也难以给出清晰的解释。

尽管美德伦理学家认定美德是指某种心理经验或是以它们为基础显示出来的事物，并且相信可根据它们来评价行为，但他们通常没有仔细考虑如何确实地做到这一点。他们没有这样做或许是有苦衷的，因为当他们试图完全基于心理经验或基于以它们为基础显示出来的事物来评价行为，来回答诸如"人们应当做什么行为或应当成为怎样的人"之类的问题时，会发现自己面临许多困境。如他们不仅会面临后面将提到的事实与价值的鸿沟而导致的逻辑困境，也可能遇到如下的循环论证：尽管一行为是否合理要基于美德来确定，但对美德的了解往往只能诉诸它所导致的行为。达斯就明确地提到过这一循环论证。他说："如果行动的正确性是由行动者的道德品质所决定的，以行动者

---

① A. 麦金太尔：《德性之后》，龚群、戴扬毅等译，中国社会科学出版社，1995，第192页。
② 黑格尔：《法哲学原理》，范扬、张企泰译，商务印书馆，1995，第168~169页。

为焦点的和行动者优先的观点就面对着如下的问题：道德品质是怎样决定的？如果答案必须提到正确的行动（这看起来似乎有些道理），那么我们就有了一个循环。"①

如果美德伦理学家相信可基于某种心理经验来判定一行为是否合理，那么他很可能会倾向于反理论。由于这种心理经验或是某种直觉，或是某些虚幻不实、漂浮不定的动机与情感，因而一个人在做出上述的判定时，似乎既不需要严谨的论证，也不需要对行为所处的情境与后果作权衡。如此一来，理论在他那里就会变得不重要，甚至理论的存在也是不太必要的。在美德伦理学家那里发现反理论倾向的确不是一件困难的事。由于美德伦理学家不愿意建构伦理学理论，认为理解美德或进行道德教育不需要提供具有普遍性的规范，伦理学不需要了解不同规范之间的一般联系，不需要严谨的论证，因而他们常常被发现，要么在直觉、想象、情感等心理经验中，要么在历史传统、文化形象等中，要么在生活实际中寻求美德思想，进行伦理的思考。努斯鲍姆就提出，"道德关注和道德洞察力的概念在小说中得到其最合适的表达"，"伦理学家不应去构建系统化的道德理论，而应当紧密关注文学和心理学，大约以一种各个击破的方式，直面生活中的艰难问题"②。不过，这种看法即使在美德伦理学内部也不乏反对者。斯洛特等人就相信，思想的一致性和系统性是伦理学的当然要求，"只要我们打算获得某种不受悖论所困的理解，我们就真的需要在伦理学中确立某种理论，并且必须抛弃某些直觉"③。

可以预料，带有浓厚心理主义色彩的美德伦理学，由于其关键术语的模糊性、主观性，将难以应用于实践。其实，从其他方面也可获知这一点。不同的人具有不同的美德，而同一个人也具有不同的美德。在特定情境中，因不同美德而被判定为合理的行为并不是相同的，它们甚至相互冲突，于是，至少在此情境中就难以根据美德来指引实践了。如为了避免朋友的痛苦，一个仁慈的人相信不把朋友身患绝症的真实情况告

---

① 拉蒙·达斯：《美德伦理学和正确的行动》，《求是学刊》2004年第2期，第16页。
② 玛莎·努斯鲍姆：《悲剧与正义——纪念伯纳德·威廉姆斯》，《世界哲学》2007年第4期。
③ Michael Slote, Marcia Baron, Philip Pettit, *Three Methods of Ethics: A Debate*, Malden, Mass: Blackwell, 1997, p. 183.

诉他是合理的，而一个诚实的人则认定不说谎是合理的。如果这样，一个仁慈而诚实的人去看望自己身患绝症的朋友时，他应当如何做呢？尽管美德伦理学家会告诉人们：要做一个仁慈的人！要做一个诚实的人！但这些空洞、抽象的说教在具体情境中很可能会变得苍白无力。或许人们会提出，美德伦理学本来就不关注何种行为是合理的，它只关注一个人应当成为什么样的人，因而上述批评不是合理的。然而，如果不能确定具体行为是否合理，那么要求一个人应当成为什么样的人就只是空中楼阁，这样的伦理学也根本失去了存在的理由。

一些美德伦理学家提出，尽管美德伦理学关注诸如"一个人应当成为什么样的人"或"一个人应当具有何种美德"之类的问题，但它的确能对具体行为做出确定的评价，能告诉人们在具体的情境中应当做什么，也能帮助人们选择公共政策或其他规范。① 不过，当美德伦理学家谈到这些时，他很可能又面临新的问题。如当他试图告诉那仁慈而诚实的人应当如何做时，就要进一步说明什么是仁慈与诚实。要解答这些问题很可能要引入一些规范。引入规范当然难以成为批评美德伦理学的一个理由，因为美德伦理学家会提出，美德伦理学并不拒斥规范，它只是不把它当作评价行为的基础标准，只是认为要把接受下来的规范内化为行为者的心理经验或行为习惯，等等。不过，正如前面所表明的，在某种情境中，仁慈行为与诚实行为的确存在冲突，一个人只能选择做其中的某种行为。如果这样，美德伦理学家就有必要考虑如下的问题：在此情境中，人应当如何做？如果不只依赖行为者的情感，看起来需要提供一些超出美德伦理学所能提供的更为一般的指引，以解决诸如此类冲突。② 然而，美德伦理学家一旦如此考虑，其想法就很可能超出美德伦理学了。由于美德往往与规范相联系，美德伦理学家在回答上述问题时，就可能需要指出，在这两个或两类规范中，为何其中一个或一类规范是更为合理的。他试图做出这样的回答时，他的做法就不仅会超出美德伦理学，甚至与他所反对的规范伦理学没有根本区别了。

美德伦理学家所面临的困境其实早已为人所认识，亚里士多德就曾

---

① 罗莎琳德·赫斯特豪斯：《规范美德伦理学》，《求是学刊》2004年第2期，第12页。
② James Rachels, *The Elements of Moral Philosophy*, McGraw-Hill Companies, 2002, p. 189.

注意到了这一点。作为一个美德伦理学家，亚里士多德认识到，如果一行为是由有美德（如勇敢）的人做出的，那它就是好的。但他又注意到，一个有美德的人能够在特定情况下看到或察觉什么行为是合理的。他说："一个勇敢的人，怕他所应该怕的，坚持或害怕他所应该的，以应该的方式，在应该的时间。一个勇敢的人，要把握有利的时机，按照理性的指令而承受，而行动。"① 这似乎意味着：有美德的人所做的行为之所以是合理的，并不是或至少不完全是因为它是由具有美德的人所做的，却是因其他原因而是合理的。否则，有美德的人就无须根据所谓"理性的指令"来行动，也无须考虑"应该的方式""应该的时间"等了。他所做的自然就是合理的。现代美德伦理学家通常推崇亚里士多德，他们甚至相信现代美德伦理学就是亚里士多德主义的复兴。然而，如果亚里士多德的确认为，一行为是合理的并不是因为它是由某类行为者（如具有某种美德的人）所做出的，它在某种程度上是独立于行为者的，那他很可能会指出，在回答有关行为评价的问题上，仅仅依赖美德伦理学是不够的，它提供的解答甚至也不是基础性的。

对于美德伦理学所面临的问题，当然还可罗列许多。对这些问题，美德伦理学家自然可能有多种的应对方式，如一些较为温和的美德伦理学就能避免其中的某些问题。不过，由于其中一些问题与其基本前提以及基本思路有关，要完全克服它们看起来是难以可能的。这里不准备对这些问题以及相关辩护做更为细致的讨论，而只是指出：到目前为止，还没有发现任何一种美德伦理学能避免这里所谈到的所有问题，甚至也难以期待将来存在这样的美德伦理学。一些人希望在现代复兴美德伦理学，这或许只是他们的一种乌托邦式的幻想。

第二节 什么是品质

尽管美德伦理学存在诸多困难，却不表明伦理学不需要谈论美德问题，不需要使用"美德"或诸如"诚实""勇敢""仁慈""节制"等其他语词。在伦理学中，不仅谈论美德问题是重要的，而且正如需要使用

---

① 苗力田主编《亚里士多德全集》第八卷，中国人民大学出版社，1997，第59页。

心理语词一样，使用"美德"以及相关语词也具有合理性，甚至不可避免。不过，要恰当地使用这些语词，要对美德问题进行可信的讨论，就有必要对它们的含义以及与之相关的问题有更清晰的了解。

人们意识到所观察到的事物具有相似性，于是就用诸如"玫瑰""晚霞""血液"等语词来表达这种相似性。有时也说这些语词表达了事物或一类事物，玫瑰、晚霞、血液等就是不同类型的事物。不同类型的事物之间又具有相似性，也需要借助于一些语词来表达它们。如玫瑰、晚霞、血液等就具有相似性，而语词"红"则可表达这种相似性。同样，当人们看到不同行为之间存在相似性时，也可使用一些语词（如"说谎""读书""借钱"等）来表达它们时，此时也可说这些语词表达了不同类型的行为。这些不同类型的行为又可能存在相似性，为了表达这种相似性，也需要使用其他一些语词，"诚实""勇敢""借东西"等就是这样的语词。显然，语词"玫瑰""晚霞""血液"等所表达的相似性不同于"红"所表达的相似性，而语词"说谎""读书""借钱"等所表达的相似性与"诚实""勇敢""借东西"等所表达的相似性也是不同的。仔细观察上述两组例子会发现，从认识的先后来说，前一种相似性是先于后一种相似性而出现的，有时甚至只有基于前者才能谈论后者。正是如此，从认识论上说，一些相似性更为基础，它是谈论另一些相似性的前提。

一个人所做出的众多行为具有不同的类型，如果这些不同类型的行为具有某种相似性，则可把表达它们的某些语词（如"诚实""勇敢"等）或这些语词所表达的事物称为品质。此时也可说，做出这些行为的人具有某品质。同样，如果一行为具有这样的相似性，并且它或表达它的语词是品质，则可说，此行为具有某品质。如可说一行为是诚实的或是勇敢的。为了方便，这里不把品质与表达品质的语词区分开。需要指出的是，品质与其他表达行为相似性的语词（如"说谎""读书"等）是有区别的。如果一个人只是做某行为，尽管他总是做这一行为（如他常说谎、常读书、常散步等），却一般不说他具有某种品质。因为断言他总是做某行为时，就已把这些行为之间的关系表达清晰了。如果再断言他具有某种品质，这种断言就会显得多余、累赘，就不符合思维的简单性原则了。就此而言，如果一语词表达了品质，那么它表达的就不是同一类型的行为之间的相似性，而是不同类型的行为之间的相似性。

不是所有表达不同类型行为的相似性的语词或这些语词所表达的事物都可称为品质。一个人经常做出某些不同类型的非目的性行为（如在睡眠中翻身或行走时总是只摆左手等）时，尽管这些行为具有相似性，但一般不把表达这种相似性的语词称为品质。断言一个人具有某种品质，是指他在可自由（或有意识地）选择的情形中所做出的不同类型的行为（不同类型的目的性行为）具有某种相似性。人们也不把所有不同类型的目的性行为所具有的相似性都称为品质。借钱是一类目的性行为，借书、借汽车等也是目的性行为。这些类型的行为是不同的，而它们之间又具有相似性，这种相似性可用"借"来表达。人们发现，"不说谎""信守承诺""尊重他人"等行为之间具有某种相似性，为了表达这种相似性，就用"诚实"来表达。一个人与敌人打仗时总是冲在队伍的前面；当发现他人有不良的行为时，他总是站出来予以纠正；在他人面对权威而沉默时，他会发表与权威不一致的意见。人们发现这些行为具有相似性，并用"勇敢"来表达它。一般认为，"诚实""勇敢"表达了品质，而不认为"借"表达了品质。如果这样，"借"所表达的行为的相似性与"诚实""勇敢"所表达的行为的相似性有何不同呢？

它们之间的不同其实是比较明显的。尽管任何行为都与心灵相关，但行为一旦出现，它就客观地存在，在一定程度上就与其他客观事物没有根本的不同了。如果不同类型的行为之间具有相似性，那么这种相似性往往能直接通过某些客观事物体现出来，如体现为相似的身体动作、相似的身体特征，等等。"借"便可直接通过这样的客观事物体现出来，而其含义也由此可获得确定。如可说借即是把某种东西从别人那里拿来为自己所拥有或使用的行为。不是所有的相似性都可通过这种方式来确定。就"诚实"而言，它表达了不说谎、信守承诺、尊重他人等行为之间的相似性。尽管这些类型的行为具有相似性，但很难从这些行为看到相似的身体动作或相似的身体特征，这种相似性很难直接通过某些客观事物完全体现出来。这时也可以说，难以直接通过一些相似的身体动作、相似的身体特征等来完全定义"诚实"，或试图通过呈现于外的客观事物来确定"诚实"时总是存在不确定性。对于"勇敢"来说也是如此。由于心理语词不只描述了行为呈现于外的客观特征，它还意味着其他内容，因而可以说，这种相似性与特定的心理经验有关，而"诚实""勇敢"是心理语词。其实，人们在日常语言中通常就直接地把诸如"诚实""勇敢"之类的品质语词当作心理语词了。如人们常说，"他有一颗诚实的心""他心地诚实"等，但一般不会如此来谈论"借"。

当然，不可夸大品质与其他表达不同类型行为相似性的语词之间的不同。一方面，由于任何行为都与心灵有关，要准确了解行为之间的相似性，往往要涉及心理经验。如只有涉及心理经验，才能准确地了解"读书""借"等。另一方面，尽管与其他表达行为相似性的语词（如"读书""借"等）相比，品质表达了行为之间更为广泛而复杂的关系，它难以由具体的行为特征或身体特征来确定，但对它的了解也要基于呈现于外的客观事物。如了解一个人所具有的品质，通常要基于他所遵守的一些规范以及相关的行为（包括语言行为）。或许人们会提出，基于这种方式来了解品质时存在不确定性，但他又似乎难以找到其他更为合适的方式来了解它。

为了认识自然世界，了解各种自然事物之间的关系（一种类型的相似性），人们需要用语词把自然事物以及它们之间的关系表达出来。随着认识的深入，人们认识到的关系越来越复杂，这时就需要使用那些能表达广泛而复杂关系的语词。一般称这样的语词为理论术语，而自然科学中的"力""场""基因"等即是这样的术语。自然科学理论常常包含这样的术语，而自然科学家则可根据这样的理论来解释自然现象并做出预见。由于品质表达了行为之间更为广泛而复杂的关系，人们在有关人的科学（如心理学、生理学或伦理学等）中，不仅可根据那些包含品质的理论来解释与人相关的各种事实，解释人的行为或身体特征，也可根据它来做出预见。如可预见一个具有某种品质的人在具体情境中会做出何种行为，或会呈现出何种身体特征，等等。因而可以说，品质类似于自然科学中的理论术语，而基于品质来认识人的过程也可与基于自然科学中的理论术语来认识自然世界的过程相比拟。如果这样，由于要深入认识人，对这类语词的使用就变得必要起来了。

断言品质与自然科学中的理论术语类似是有根据的。在自然科学研究中，理论术语从根本上只是一种表达事物间复杂关系的语词。虽然为了直观地理解理论或理论术语，可以设想其中的理论术语表达了某一事物，但人们并不必假定这样的事物实际存在。此外，自然科学中的理论术语只是表达事物之间广泛而复杂的关系，它从根本上只能由那些所表达的关系不那么广泛、不那么复杂的语词来定义，它体现了这些语词之间的关系。如在力学中，力可通过诸如物体的质量与运动的加速度（$F=ma$）或不同物体的距离与质量（$F=km_1m_2/r^2$）等的关系来了解它。同样，人们在认识人自身的过程中，品质也只是他对各种行为或身体特征了解之后用来表达它们之间关系的一个记号。尽管有时为了直观地理解品质，为了更深入地了解品质之间的关系以及其他相关问题，可将品质看作做出某种行为的能力或动机、情感等心理经验，但这种心理经验不一定是实际存在的，它根本只是一种设想。与对自然科学理论术语的了解一样，对一个人品质的了解也只能通过他表现于外的客观行为或身体特征来获得。不管一个人自己是否意识到了这一点，如果他所做出的行为具有相似性，如总是遵守某些规范，则可说他具有某种品质。

自然科学中存在许多术语，而理论术语与其他术语并没有绝对的区别。之所以认定一个语词是理论术语，而不是其他术语，与人们所接受的特定理论背景有关，与其认识能力有关。正因如此，在某些情形中，一些理论术语可转化为非理论术语，非理论术语也可转化为理论术语。当然，这并不表明可以完全否认它们之间的区别。在特定的认识共同体中，这种区分是可清晰地做出的。品质与非品质的区分实际也具有类似的特征。正如前面所表明的，品质与其他心理语词以及表达行为相似性的其他语词并没有根本的区别。尽管如此，在特定的文化传统或知识背景中，对于哪些语词是品质或表达了品质，哪些语词不是品质或没有表达品质，人们还是可以做出比较确定的回答的。

近代以来，许多人指出，自然科学理论及其相关理论术语根本只是人们为理解自然现象，为人的实践提供帮助的结果，它们是"人为自然立法"的结果。鉴于品质以及包含它们的理论与自然科学理论术语以及理论之间的类似性，也可以说，品质以及包含它们的理论也只是人们为了理解自身并为其实践提供帮助的结果，它们根本上是"人为心理立法"的结果。当然，自然科学中的理论术语与品质也不是完全相同的。人们通过力学原理能准确地预见抛到水中的木块会浮起来，甚至能精确地预见木块可负载多重而不会下沉。根据品质以及包含它们的理论却难以做出这样的预见。尽管人们能预见一个诚实的人会做出某一行为，但难以精确地预见他会如何做出这种行为。不仅如此，这种预见也不总是准确的。如一个诚实的人可能做出不诚实的行为，一个勇敢的人可能做出不勇敢的行为。考虑到人是自由的，品质以及包含品质的理论具有这样的特点当然是不会令人感到奇怪的。

由于品质表达不同类型的行为之间的相似性，因而人们当然可根据一个人所做的行为来确定他是否具有某种品质。当一个人做了某种类型的行为时，就可说他遵守了某种规范，因而可根据他所遵守的规范来确定他具有何种品质。由于品质表达的不是同一类型的行为之间的相似性，而是不同类型的行为之间的相似性，因而断言一个人具有某种品质时，往往不能只根据他总是遵守了某规范，也要根据他总是遵守其他一些规范。如人们断言一个人是诚实的时，不能只根据那人总是遵守规范"不说谎"，或总是遵守规范"信守承诺"，或总是遵守规范"量力而行""尊重他人"等来判定，而要根据那人总是同时遵守它们来判定。尽管说一个人具有某种品质是基于他遵守了多种规范，但他到底要遵守哪些规范才具有此品质，不同的人可能有不同的意见。就诚实而言，一些人可能认为，一个人只要不说谎、信守承诺，他就是诚实的。另一些人则可能提出，只要一个人做事量力而行、尊重他人，那他就是诚实的。

一个人是否具有某种品质不仅与他所遵守的规范有关，也与他遵守规范的频率有关。他即使不总是遵守某规范，或不总是遵守某些规范，人们也可能会断言他具有某品质。如一个人尽管偶尔会说谎，偶尔不信守承诺，那些认定遵守规范"不说谎""信守承诺"才是诚实的人也可能依然会认为他是诚实的。一个人遵守规范的频率要多高才可判定他具有某品质？这如"一个人要遵守哪些规范才可判定他具有某种品质"一样，看起来也是难以给出一个明确答案的。正是由于诸如此类的原因，难以对品质的判定给出一个绝对的标准。尽管如此，有理由表明，在特定情境中还是可能给出一个相对客观的标准的，根据它，人们可确定一个人具有何种品质。由于这种标准只有在特定情境中获得认可，因而它具有浓厚的时代性、地域性。

对于品质，还有一个需要在此说明的问题，即如何区分不同类型的品质。由于规范是了解品质的基础，甚至只有基于它才能了解品质，因而可根据规范来区分品质。伦理学尽管主要谈论非技术规范，但它更为关注道德规范等社会规范。道德规范是一类重要的非技术规范，它有时甚至被认为从根本上确定了其他非技术规范的合理性。如果一个人总是遵守或违背某些道德规范，他自然因此而具有某些品质，可称这样的品质为道德品质，通常又称之为品德。于是，可称其他品质为非道德品质。一般认为，乐观、聪明、细致等是非道德品质。品德有好坏之分，这里把好的、符合人们期望的品德称为美德，而把不好的或坏的品德称为恶德。如果一个人总是遵守一些道德规范，他因此而具有的品德则是美德。反之，如果他总是不遵守或违背一些道德规范，他因此而具有的品德则是恶德。节制、公正、同情、勇敢、慷慨等通常就是所谓的美德，而放纵、不公正、妒忌、懦弱、吝啬等则是恶德。

这种区分当然不是很明确。如要区分道德品质与非道德品质，就先要了解什么是道德或道德规范。正如后面将表明的，道德规范与非道德规范难以得到清晰的区分。不仅如此，由于一个人只有遵守多种规范才能断定他具有何品质，而断定一个人具有某种品德时，他所需要遵守的规范可能不总是道德规范，其中一些是非道德规范。如果这样，至少在某些情境中难以表明一种品质是道德品质还是非道德品质。实际上，对于同一种品质，有的人可能认为它是品德，另一些人则认为它是非道德品质。品德也与之类似。对于同一品德，有时可以说它是美德，有时则说它是恶德。在一般情况下，诚实是一种美德。一个人心无城府，言谈轻率，把朋友的知心话随意告知他人，甚至把国家机密透露给了敌人。对于这样的人，尽管可以说他是诚实的，却通常不把这种诚实看作美德。为了与其他诚实相区分，有时也用"他太诚实了"来表达这一点。

第三节　对规范伦理学的批评

如果美德伦理学存在难以克服的缺陷，对美德的了解要基于对规范的了解，那么规范伦理学是否可成为一种有希望的伦理学研究纲领呢？在回答这一问题之前，有必要了解现代美德伦理学家对规范伦理学提出的诸多指责。现代美德伦理学尽管看上去是对古代美德伦理学的复兴，其实它在许多方面并不同于后者，它在很大程度上源于对规范伦理学的反对。美德伦理学家指责规范伦理学企图给出判定行为合理性的普适标准。在他们看来，这种企图不仅从未实现，而且也不可能实现，甚至在实践上产生了诸多不良影响。美德伦理学的这种指责并非空穴来风。的确，那些试图为行为合理性给出普适标准的康德伦理学、功利主义等规范伦理学不仅相互冲突，其内部也困难重重。不过，尽管规范伦理学把规范当作研究的中心，但它并不必定要给出判定行为的普适标准。因而即便特定的规范伦理学（如康德伦理学、功利主义等）没有能够做到这一点，也不表明作为研究纲领的规范伦理学全然不可行。

美德伦理学家提出，按规范伦理学的理论，不同类型行为的合理性需要通过不同的规范来判定，甚至同一类行为的合理性，在不同情境中也需要根据不同规范来判定。可见，规范伦理学所给出的评价是零散的，缺乏统一性，因而它也是有缺陷的。他们相信，美德伦理学能避免这一缺陷。尽管也可说一行为是诚实的，但人们在断言一行为是诚实的时，在很多情形中是由于它是诚实的人做出的。诚实或一般的美德，是针对作为整体的、能做出众多行为的人的评价，因而美德伦理学所做出的评价具有统一性，它克服了规范伦理学在评价过程中的那种零散性缺点。美德伦理学家还注意到，断定一行为是否诚实并不完全基于它是否由诚实的人所做出，诚实的人能做出不诚实行为，而不诚实的人也能做出诚实行为。不过，由于人们并不因一个人做了某诚实行为而称他是诚实的人，也不因一个人做了某不诚实行为而称之为不诚实的人。实际上，仅仅由于一个人的某一行为而断定他是否诚实，这对他来说是不公平的。这种判定不仅是不全面的，而且其中对"诚实"一词的使用也不太符合其日常用法。由于美德伦理学家根据美德来对人或其行为做出评价，因而他往往自诩，相比于规范伦理学，美德伦理学所给出的评价更为全面。

规范伦理学家很可能对此不以为然。在他看来，一个人拥有不同的美德（如仁慈、诚实、勇敢、节制、大方等），美德伦理学家也的确可以基于它们对行为给出不同的评价。不过，基于这些美德所给出的评价不仅不完全相同，它们之间甚至也存在不一致。如一个人在战斗中表现勇敢，但他可能是不仁慈的；一个大方的人也可能并不节制。由于这一点以及其他方面的一些理由，美德伦理学家有必要考虑这些不同美德之间的关系以及它们之间的统一性。遗憾的是，他们通常并没有仔细考虑这一点。就此而言，美德伦理学所提供的评价是零散的，缺乏统一性。美德伦理学所给出的评价也并不全面。如果美德伦理学家承认，一个勇敢的人可能做出不勇敢的行为，或一个诚实的人可能做出不诚实的行为，那具有勇敢或诚实品质的人做出不勇敢或不诚实的行为是否合理呢？人们任何断定此类行为合理或不合理的看法都充满争议，都似乎只是他们基于某一角度而做出评价的结果，因而这种评价是不全面的。这种情形的存在甚至表明，在美德伦理学内部存在深刻的不一致。

规范伦理学家相信，相比于美德伦理学，规范伦理学所做出的评价不仅更为统一，也更为全面。尽管规范伦理学根据规范对个别行为做出评价，在评价不同行为时要求依据不同的规范，但这种评价并不必定是零散的。就一个人所做的行为而言，由于这些行为是同一人所做，而要求一个人接受不一致的规范是不合理的，因而规范伦理学在根据规范来评价其行为时，就不能只是个别地考虑它们，还要考虑这些规范之间的关系，使得它们变得协调、一致起来。实际上，许多规范伦理学家恰恰考虑到了这一点。如果确是如此，美德伦理学指责规范伦理学缺乏统一性是成问题的。由于人由行为构成，对行为的评价在某种意义上也就是对人的评价，如此一来，如果美德伦理学所做出的评价是全面的，则规范伦理学也是。考虑到对一个作为整体而出现的人的评价，往往要基于对他所做出的行为进行的评价，因而对行为的评价比单纯对人的评价更为基础、更为细致，也更为全面。

美德伦理学家相信，规范伦理学只关心规范或道德规范，只关心个别的行为，把人分割成个别的行为而单独对它们进行评价，这是违背直觉的。不仅如此，他们还指责规范伦理学不关心如何教人为善，不关心如何教人做一个好人，忽视了人。基于诸如此类的原因，规范伦理学在实践上也是不能令人满意的。规范伦理学家当然不会同意这样的批评。在他们看来，尽管人是一个整体，可以把人作为一个整体来进行评价，但对人的个别行为进行评价也并非不符合直觉。按美德伦理学的看法，如果一个人拥有某种美德，那么无论他实际做了什么，他所做的行为都自动地具有这种美德，其行为自动地是合理的，也即任何具有美德的人在其行为过程中都不会受到任何价值约束。这显然不符合人们的直觉。一些人在直觉上相信，即便是具有美德的人所做的行为，如果导致了不良的后果，它也是不合理的。而具有恶德的人所做的行为，如果结果良好，它也可能具有合理性。美德伦理学显然不符合这样的直觉。

规范伦理学相信，抽象地谈论"好人""美德"以及"诚实""勇敢"等常常会是含混不清的，这样的谈论其实没有太多的意义。一个人的美德需要通过规范体现出来。如果一个人总是遵守各种道德规范，那他就会自然地具有某种美德。要使一个人具有特定美德，就要对他提出要求，要求他遵守某些规范。可见，没有规范，品质、美德就成为空洞无物的东西，对它们的谈论就没有了根据。许多人相信，仅仅基于这一点就难以断言美德伦理学优于规范伦理学。实际上，由于规范伦理学依赖可客观辨认的规范，而不依赖于模糊的直觉或其他心理经验来指引实践，它在实践中可为人提供明确的指引，可以预期它在实践上将更优于美德伦理学。

在美德伦理学家看来，现代社会存在诸多问题，它们要么是规范伦理学导致的结果，要么是其无能的表现。他们相信，要解决这些问题，唯一的希望是复兴美德伦理学。要评论这种看法，自然要先了解现代社会具有何特征以及存在何种问题。然而，即使在美德伦理学家内部，对此也存在诸多不同的看法，因而在此罗列它们是不现实的。这里只准备就其中某种典型看法来做些简要考察。在考察之前，首先需要说明的是，存在于思想中的现代社会与非现代社会是相比较而言的，不仅如此，它们不是某种特定的社会，而是一种社会类型。作为一种社会类型，它们分别包含多种不同但具有相似性的社会。如现代社会是指当前的社会以及与之相似的社会。非现代社会则是其他的社会，有时也称之为传统社会。一般认为，现代社会与传统社会或许在时间上没有截然的区隔，但它们在社会特征上存在明显的不同。

一种流行看法认为，现代社会具有如下的特征。随着市场化、工业化等的深入发展，社会在物质文明上取得了巨大的成就。社会中多数个人获得了经济上的独立，经济独立的个人在很大程度上可不依赖于他人而自由地迁徙，自由地选择工作与社会角色。于是，社会中特定个人所生存的社会环境时常变换，他常常面对不太熟悉的他人，而他人也同样不太熟悉他。这样一来，人们就始终处于一个由陌生人所构成的社会中。可称此社会为陌生人社会。传统社会与之不同。在传统社会中，由于生产力不够发达，人们在经济上不太独立，他们为了生存而需要彼此依赖。在这样的社会中，一个人离开他所熟悉的环境和所依赖的他人时，将面临巨大的生存风险，这使得生存于其中的多数人终身生活在同一地方。正是由于人们长期生活在一起，彼此熟悉，结果相互构成了一个熟人社会。

在传统社会中，一个人只有经常获得他人的协助，才能克服他在生存过程中所面临的各种困境，才能过上幸福的生活。如果他只是短暂或不稳定地遵守规范，这无疑不利于他与他人的协作。正因如此，在传统社会中，人们的生存依赖于他们相互之间长期持续而稳定的协作。为了保证协作的成功，相比于现代社会，传统社会中的人们更关注他人对规范持续而稳定的遵守，更关注人的品质。由于人与人之间相互熟悉，人们很容易了解他人的行为方式，了解他人的品质，因而在传统社会中，强调人的品质不仅是重要的，也是可行的。正因如此，为了应对传统社会中的问题，伦理学家往往更倾向于提供美德伦理学，而这种伦理学也更易于为此社会中的人们所接受。

现代社会中的人由于在生活上有较大的独立性、自主性，他不一定事事都要与人协作，相比于传统社会中的人，他在生活中不一定需要对他人（包括他人所具有的品质）有较为深入的了解。不仅如此，现代社会中的人由于与他人之间相对比较陌生，因而也不太容易了解他人的品质。由于相比于确定一个人是否具有某种品质，人们更易于确定一个人是否遵守某规范，为了与他人更好地协作，他便退而求其次，力图了解他人是否遵守某规范。当然，这种了解往往是能做到的。基于此，现代社会中的伦理学家更倾向于提出规范伦理学，而其中的人们也更易于接受它。其实，在一个人数众多、存在丰富交流与交往的现代社会，人们要进行有效的管理，就有必要制定合适的公共政策，提出明确而简单易行的规范。如何制定以及制定哪些公共政策，提出哪些适应当前社会情境的规范，一般也只有基于规范伦理学才能做出切实的解答。

相比于传统社会，现代社会中的人尽管更独立、自主，但他们似乎缺乏同情、仁慈、友爱等美德，其中的社会成员相互陌生、关系疏远、情感冷漠甚至紧张。现代人在品德上的这些缺陷引发了诸多的社会问题，如存在各种社会冲突、社会凝聚力弱、不同社会群体之间互不信任等。

在美德伦理学家看来，规范伦理学只关注人所需要遵守的基本规范，这些规范往往只是某些禁止性规范，如"不要偷盗""不可奸淫""不要说谎"等。这些规范尽管确立了人们在社会中生活的一些基本要求，强调了某些基本的义务或责任，却没有树立较高的社会目标，没有对人具有何种美德提出要求，如它们不要求一个人具有同情、仁慈、友爱等美德。可以看到，这种伦理学把对美德的培养排除在生活领域之外了。① 不仅如此，美德伦理学家相信，由于规范伦理学只通过规范来要求他人，它可能使得一个人在与他人协作的过程中产生诸如此类错觉：只要遵守了某些规范就已足够，余事皆与己无关。于是，不仅人与人难以彼此熟悉，而且可能互不信任、关系紧张、情感淡漠。在美德伦理学家看来，尽管现代社会更易于接受规范伦理学，但现代人在品德上的这些缺陷以及相关社会问题与规范伦理学是有明显关联的，它们甚至根本由其导致。要避免这些缺陷，解答这些问题，当然不能依赖规范伦理学，从根本上只能仰仗美德伦理学。

在认识过程中，人们要根据某种标准来区分认识对象。为了有利于认识，最初的区分是简单的，它会忽视认识对象中的某些复杂性。这种忽视当然不是要阻碍认识的深入，它恰是认识深入的阶梯。随着认识的深入，人们会发现，这种简单化的区分是不合适的，有必要对它们做出更为复杂而细致的区分。这里所谈到的传统社会、现代社会即是人们在认识社会的过程中对它的一种简单化区分。人们在使用"传统社会""熟人社会"或"现代社会""陌生人社会"等来描绘社会时，它们不是完全贴切的，它们所指事物与实际存在的社会多少有出入。随着认识的深入，这种简单化的区分在多大程度上依然合理是可疑的。实际上，在一个幅员辽阔的传统社会（如一个大的国家），其中存在诸多因种族、地理环境等分割开来的不同社会区域，生活于其中的人们接受了不同文化、信仰以及各种风俗。尽管属于同一社会区域中的人们彼此熟悉，分属于不同社会区域的人们却可能相互陌生。在一个大型的现代社会，其中包含着众多由不同社会成员所组成的群体（如家庭、家族、公司等），

---

① 迈克尔·斯托克：《现代伦理理论的精神分裂症》，载徐向东编《美德伦理与道德要求》，江苏人民出版社，2007，第64页。

这些群体在特定的时间与空间内实际构成了一个小型的社会。这一社会中的人们彼此熟悉，他们构成了一个熟人社会，或至少类似于一个熟人社会。可见，把传统社会与现代社会截然区分是不合适的，也是不现实的。不仅如此，尽管人们通常把古代社会看作熟人社会，而把现代社会看作陌生人社会，然而，由于古代社会与现代社会是按时间来区分的，对熟人社会与陌生人社会的区分则是根据社会特征而做出的，因而古代社会不一定是熟人社会，而现代社会也不一定是陌生人社会。总的来说，尽管把不同时期或地域所存在的社会简单地区分为陌生人社会与熟人社会可能帮助人们粗略地认识社会，但它通常也只能如此，随着认识的深入，人们会很快发现这种区分的局限性。

美德伦理家认为规范伦理学只对社会成员施加某些基本的、禁止性约束也不完全合理。规范伦理学尽管要求人们遵守一些基本规范，这些规范对生活于社会中的人们提出了某些基本要求，但也可提出某些较高的要求。实际上，尽管在某种情境中遵守这些规范是容易的，但总是遵守它们也并不容易。相比而言，尽管做一个诚实的人比较难，但由于一个偶尔说谎的人或偶尔不信守承诺的人也可能是诚实的，因而相比于总是遵守某些规范，一个人甚至更易于培养某种美德。规范伦理学显然不只提供禁止性规范，它也可提供一些非禁止性规范，如它可要求人们"宽厚待人""乐善好施""救助他人"等。不仅如此，那种认定规范伦理学不要求一个人具有同情、仁慈、友爱等美德，或相信规范伦理学把义务、责任与培养诸如仁慈、友爱等美德分离开，把对美德的培养排除在生活领域之外的看法也是不切实际的。实际上，如果一个人坚守某些道德规范，他将会自然地具有某些品质或美德。

一个人要培养某种美德，就不得不遵守某些道德规范，而他遵守一些道德规范时，也就自然地具有了某种美德。就此而言，规范与美德密不可分。果真如此，断言现代人的品德缺陷以及相关社会问题来源于规范伦理学而非美德伦理学就变得可疑了。其实，断言现代人的品德缺陷以及相关社会问题是某种伦理学的结果，或是其无能的体现，这常常是没有充分根据的，是武断的结果。一方面，现代社会所存在的这些问题是否只存在于现代社会本身就是可疑的；另一方面，即使现代社会的确存在某些问题，即使它们与特定的伦理学有关，也不只与它有关，它们还与政治、经济、社会制度等有关。相比而言，它们与后者的关系比与伦理学的关系更密切，伦理学甚至不是它们产生的主要根源。于是，不仅断言一些社会问题的产生以及对它们的解答只与伦理学有关是没有根据的，希望仅仅求助于某种伦理学（如美德伦理学）来解答现代社会所存在的问题更是不切实际的空谈。

还需要指出的一点是，尽管古代社会（不一定是所谓的熟人社会）中的人可能更易于接受美德伦理学，而现代社会（不一定是陌生人社会）中的人更易于接受规范伦理学，但古代社会中的人可能接受规范伦理学，现代社会中的人也可能接受美德伦理学。人的认识与多方面因素相关，如与人的智力成熟水平有关，与认识者所处的自然环境与社会环境有关，与其他学科的发展有关等，它不是特定社会的必然产物。稍做考察就会发现，当人们根据某些社会特征来为特定伦理学做辩护时，无论是断言某种伦理学是一特定社会的必然结果，还是断言某种伦理学必定不适用于某一社会，都是极为冒险的事。这样的看法不仅不合乎历史事实，也存在逻辑上的困境。

第四节　以规范为基础的研究

那么，规范伦理学是否可成为一种有希望的研究纲领呢？一般来说，即使规范伦理学难以为行为的合理性提供可靠的、具有普遍适用性的标准，难以完全满足一些人对伦理学的期望，人们依然可以在那里找到希望的曙光。美德与心理经验纠缠不清，甚至只有基于心理经验才能较为完整地理解它，因而基于它的研究更易于陷入心理主义。尽管规范不是自然对象，它与人的心理经验相关，与具有自由的人相关，但它依然是一客观的存在物。只要给予适当的注意，基于规范的研究不仅可以避免心理主义，而且可能拥有较为客观的基础。更进一步，由于规范伦理学不依赖于易变的直觉或其他主观的心理经验来指引实践，它提出了各种应当遵守的规范，如它明确告知人们不要说谎、不要偷盗等，因而相比于美德伦理学，它在实践上更具有可应用性。当然，规范伦理学并不总是能做到这一点，它在试图做到这一点时也可能面临各种困境，但它的确能在指引实践方面提供帮助。实际上，规范伦理学在试图给出判定行为合理性的标准时，往往要比较不同标准的优劣，分析不同规范之间的关系，了解影响人们遵守规范的各种因素，等等。而它一旦做到这一点，也就能使人比较清楚地分析实际生活中所遇到的问题，并根据具体的情境而选择做何行为。总的来说，有理由认为，相比于美德伦理学，当人们要求指出何种行为是合理的时，规范伦理学更能胜任这一任务。

刚认识一事物时，人们往往只会对它做出一种宏观的、整体的，同时也是大致的了解。随着认识的深入，人们会进一步认识构成此事物的那些部分以及不同部分之间的关系。不仅如此，人们还可因此更为深入地理解那些有关事物的宏观的、整体的知识，有时甚至可把它们还原为那些关于它各部分的知识。作为一个人整体所显现出来的特征，在断定一个人具有某种美德时，它的确提供了一种对人的宏观的、整体的了解。实际上，即使断定一个人的行为具有某种美德，由于难以断言任何单个行为具有美德，因而这种断言归根结底也是这一行为由具有某种美德的人所做而得出的结果。可见，谈到美德时，人们在此获得的通常是有关人的宏观的、整体的知识。与此不同，人由行为构成，而规范能个别地判定某行为是否合理，因而基于规范以及遵守规范等可获得对某人更为细致的、深入的了解。一般来说，相比于美德伦理学，规范伦理学能提供对人更为细致而深入的认识，甚至以美德为基础的美德伦理学可因有关具体行为的知识或规范伦理学而得到更为深入的理解。

在古代，由于认识水平比较低，认识不够深入，伦理学自然会从比较简单、比较宏观的方面开始了解道德现象。不过，随着认识的发展，伦理学会逐渐深入，会逐渐讨论一些更为细致的问题。这大约是古代伦理学主要关注"美德""品质""应该做什么样的人"等话题，而近代以来的伦理学越来越愿意讨论"规范""应该做什么行为"等话题的重要缘由。当然，这里无意认定，伦理学研究之所以出现这样的转变，全然是这种认识上的原因。实际上，出现这种转变的原因是复杂的，它并不由任何单一原因所引起，如它可能基于诸如宗教、政治、经济等方面的原因。[①] 这里不想关注这些原因，而只关注如下的问题：在现代社会，

---

① 安斯康姆：《现代道德哲学》，载邓安庆主编《当代哲学经典》（伦理学卷），北京师范大学出版社，2014，第134~135页。

美德伦理学是否有意义？或在伦理学中谈论美德是否有意义？

由于可基于规范来了解美德，于是一些人提出，不仅对美德的认识要基于规范，而且只需要基于规范，也即对美德的认识根本上可从对规范的认识中引申出来，或可还原为规范。美德还原为规范是指，只需要基于规范便可认识美德；人们之所以使用它，纯粹是为了表达的方便，实际上，在使用"美德"一词的地方，往往可用"遵守规范"或其他一些包含规范的语词来替代。在他们看来，"规则嵌入或者具体化在具有美德的生活中……例示这些美德也就是遵循这些规则，就像说好一种语言也就是遵循它的语法规则一样。做一个具有美德的人也就是做一个遵守规则的人"①。如果这种还原论是可行的，那么美德伦理学就并不是一种独立的伦理学，它根本是类似于功利主义或义务论之类的规范伦理学，或只是它们的一种补充。

这种还原论的困难其实是明显的。人们通常认识到，一个人具有某种美德，并不表明他总是遵守某种或某些规范，如果他偶尔不遵守它，甚至违背它，依然可认为他具有某种美德。如果这样，尽管在某些情境中谈到"一个人具有某种美德"时可用"一个人总是遵守了某些规范"等来代替，但认定所有有关美德的谈论都能做这样的替代是可疑的。人们在接受一规范之前，往往先要接受某种目的，正是由于接受了此目的，才会接受此规范。不过，对于同一规范，人们可能因不同的目的而接受它，而基于同一目的，人们也可能接受不同的规范。因而目的与规范并不完全相同，特定的目的与特定的规范不存在必然的相关性。与之不同，美德与目的密切相关，它不只隐含目的，甚至就是目的本身。在亚里士多德看来，美德是一种卓越的品质，这种美德的获得最终与实现个人的目的是相关的。在他那里，美德不仅是使幸福得以实现的必要条件，甚至是幸福的构成性要素。现代美德伦理学家往往也强调，要求一个人具有某种美德时，就不仅给出了他做出某行为的目的，也提出了他达到此目的的手段。如果这样，当人们试图把美德还原为规范时，很可能将忽视美德所隐含的目的。

---

① 罗伯茨：《美德与规则》，载邓安庆主编《当代哲学经典》（伦理学卷），北京师范大学出版社，2014，第391页。

一般来说，规范只是一种指引人做出某行为的方式，遵守规范则根本是一类行为。而美德则是人们长期遵守规范而呈现出来的某些特征，它是遵守规范的结果或行为的结果。尽管一行为与其后果之间有紧密的联系，但它们之间还是有明显的不同，它们甚至是处于不同层次上的事物，这种不同是根本上的。同样，尽管规范或对规范的遵守与美德之间有紧密联系，但它们无疑也存在区别，这种区别甚至是根本性的。如果规范或对规范的遵守与美德的确存在这样的区别，那么它们之间不能完全还原就是理所当然的了。

其实，即使从美德是心理语词这一点就可断言上述的还原难以可能。心理语词在科学研究中，特别在伦理学等实践科学中必不可少，因而在伦理学等科学研究中谈论美德是理所当然的。正如对心理语词的认识不能不依赖于行为，却不能完全还原于行为一样，对美德的认识也不能不依赖规范或遵守规范的行为，却又不能完全还原于它们。这一点与人们对美德的通常理解是一致的。人们强调，要了解一个人所具有的美德，就不仅要了解他所遵守的规范，也要了解有关他的其他方面，如要了解他遵守规范的动机、情感等。同时也强调，只有具有美德的人，才知道如何遵守规范，不具有某种特定心理经验或美德的人，则最好的规范也不可能真正遵守。如果确是如此，上述的还原显然难以成功。此外，从日常语言中也能体会到美德与规范之间的不同，也能显示出这种还原论的困难。如通常可说"一个人接受或遵守某一规范"，而不说"一个人具有某种规范"；通常可说"一个人具有某种美德"，而不说"一个人接受了某美德"；等等。

如果这种还原论不成立，那么在语言实践中或伦理学中谈论美德便是必要的，甚至是极为重要的。断言一个人具有某种美德时，通常不仅表明他接受了某些规范，并且遵守了它们，甚至表明他长期地遵守了它们。由于一个人易于接受规范而难以遵守它，同时，一个人可通过某种方式轻易地掩饰自己对事物的真实看法，却难以掩饰自己的行为，因而一个人具有某种美德比他只是接受或遵守某些道德规范更难能可贵，更值得尊敬。就此而言，相比于断言一个人接受或遵守某些道德规范，断言他具有某种美德所给出的评价更高，有时甚至也更准确。在生活实践以及伦理学研究中，谈论美德有时不仅有利于认识人以及道德现象，有利于准确地评价人,也有利于实践。如在规范彼此冲突的情境中,对美德的思考可能帮助人们做出合理的选择。规范伦理学无疑能适合现代社会的某些要求,能对实践做出有益的指引,但的确如一些人所指出的,它难以对丰富多样的道德现象做出完全合理的解释,对实践的指引也不总是有效。如果基于美德的思考不能被完全还原为规范伦理学,它甚至能弥补规范伦理学的某些缺陷,则可以期望它在规范伦理学不起作用或难以起作用的场合发挥独特的作用。

尽管在某些场合,谈论美德能弥补规范伦理学的某些缺陷,能推动伦理学研究的深入,却不能由此断言,美德比规范更为根本,或美德伦理学优于规范伦理学,甚至难以断言存在某种类型的美德伦理学。越来越多的伦理学家注意到,把规范伦理学与美德伦理学对立起来是不合适的。不仅对美德的讨论需要关注规范,对规范的讨论也需要关注美德。这一点其实是明显的。行为总是由人所做出的,人在时空中展现为一系列的行为。离开行为无从了解人,而只谈论行为又不能完全理解人。如果这样,要如何开始伦理学研究呢?

一个人只有在选择了特定目的之后才能确定做何种行为,因而有关目的的问题是伦理学首先所要关注的。不过,伦理学主要关注的不是具体的、个别性的目的,而是那些基本的、普遍性目的,即人生目的。正如前面所表明的,人们通常会选择某些共同的人生目的。即使人们选择了不同的人生目的,他们之所以如此选择,也往往没有充分的客观理由,这种选择带有浓厚的主观性。一旦意识到这一点,伦理学家就不会在有关人生目的或"人为何而活"的问题上花费更多精力,而会尽快来关注"人应当做何行为"或"人如何而活"的问题。由于"人应当做何行为"的问题实际也就是"人应当接受或遵守何种规范"的问题,因而伦理学看起来有必要以规范为基础来开展研究。

这样的伦理学的确是有意义的。对特定个人来说,由于他所选择的人生目的比较稳定,他更为关注对具体行为的选择,于是对他来说,探讨"人应当接受或遵守何种规范"便具有更大的意义。人们生活在一个社会中,为进行持续的协作,需要接受一些共同的规范。即使不同社会成员接受了不同的人生目的,只要他们能遵守相同的规范,其协作依然能够持续。于是,对整个社会而言,探讨"人应当接受或遵守何种规范"也具有重要的意义。在现代社会,人与人之间的交流、交往不仅越来越紧密,而且超越特定地域(如国界),因而相比于古代社会,对上述问题的探讨在现代社会中的意义似乎更为重大。正因如此,关注现实生活的现代伦理学以规范为基础开展其研究是合适的。当然,在讨论行为或规范时,将不可避免地涉及美德。如果一定要问由此形成的伦理学到底是规范伦理学还是美德伦理学,这里给出的简单回答是:这要看你所理解的规范伦理学与美德伦理学是什么。

第六章 评价词

第一节 伦理语词与自然主义谬误

不仅规范具有评价作用，其他一些语言表达也有。一个人谈到"这是一种勇敢行为""他是诚实的""大屠杀是一种恶行""你是一个好人"等时，他其实运用这类语句对行为或人等事物作了评价。尽管上述语句具有评价作用，但它们与规范还是有明显的不同。从语言形式上说，它们是一类陈述句。规范则不同于陈述句，它通常表现为祈使句。不过，这类语句与一般的陈述句也不尽相同，最为明显的当然在于它们能做出评价。它们之所以具有这样的特征，与它们所包含的一些语词，即"勇敢""诚实""恶""好"等是密切相关的。"勇敢""诚实""恶""好"等语词不同于通常所说的描述词，要了解这类语句，要了解它们是如何对事物做出评价的，或要更进一步研究伦理学，无疑先要了解这些语词的含义。

仔细观察"勇敢""诚实""恶""好"等语词，会发现它们之间存在区别。尽管有时难以完全基于一个人所遵守的规范来确定他是否勇敢、诚实，但要确定他是否勇敢、诚实，却不能忽视他所遵守的规范。实际上，断言一个人是勇敢、诚实的时，往往表明他遵守了某些特定的规范。然而，断言一个人是好人或他做了某桩恶行时，它可能不与特定的规范或对规范的遵守相关。不仅如此，如果离开特定的语言环境，不对这些断言（诸如"他是一个好人""这是一桩恶行"）做进一步的说明，其中的"好""恶"就没有明确的所指，或其所指是极为抽象的。基于这一点，可以说"好""恶"表达的是一些抽象的事物，它们是抽象语词。在不同情境中，人们可对它们做出不同的理解。与之不同，"勇敢""诚实"等表达的是一些更为具体的事物，即使离开特定的语言环境，它们也有某些所指。相比而言，它们所表达的事物更为具体，它们是一些不太抽象的语词。对于伦理学中所使用的这些语词之间的不同,威廉姆斯做了区分。他把诸如"好""恶"之类的语词称为"薄的伦理概念",而称"勇敢""诚实"之类的语词为"厚的伦理概念"。① 显然,"正当""应当""义务"等也是"薄的伦理概念"。

如果仅仅要求一个人成为好人,由于好的抽象性,他可能是无所适从的。不过,如果要求一个人成为勇敢的人,那他很可能知道在具体的情境中如何做。就此而言,"薄的伦理概念"难以直接指引实践,而"厚的伦理概念"则与之不同。正因如此,在威廉姆斯看来,在伦理学中要排斥"薄的伦理概念",主要关注"厚的伦理概念",应当把"厚的伦理概念"确立为伦理学研究的核心。这种看法当然是存在问题的。一方面,"厚的伦理概念"与"薄的伦理概念"并没有绝对的区别,它们往往只是程度的不同。在特定情境中说一个人是好人时,实际是指他具有某些特征,遵守了一些具体的规范,这些特征或规范是比较明确的。一个人要遵守何种规范、要以何种方式遵守才是勇敢的,通常也不是完全明确的。另一方面,在认识过程中,由于"薄的概念"相比而言更抽象,根据它们人们能对更大范围的事物有所了解,能更为全面而系统地了解一类现象,如道德现象。如在力学研究中,"力""场"之类的"薄的概念"比"太阳的运动""雪花的飘落""水流"等"厚的概念"抽象。如果只了解太阳、雪之类的事物,也许没有必要使用"力""场"等"薄的概念",但要获得对更大范围的事物(如自然事物)的了解,要对物理现象有更全面而系统的认识,则不能单纯依赖那些"厚的概念",而要借助于"薄的概念"。

一般而言,认识要从一些具体的语词开始,要从了解一些"厚的概念"开始。不仅如此,如果要使认识的结果能运用于具体的实践,能在现实生活中起作用,最终也不得不仰仗这些"厚的概念"。不过,这并不能忽视"薄的概念"的作用,往往只有基于它们,才能获得全面而深入的认识,才能形成系统化的理论。实际上,存在于一个学科中的"薄的概念",通常是这一学科的基本理论术语,它们在特定学科中占有基础性的地位。轻率地反对使用这样的概念,通常只能表明反对者对实际的

---

① Bernard Williams, *Ethics and the Limits of Philosophy*, Routledge, 2006, p. 140.

科学研究还不够了解。在许多情况下，伦理学研究中的"薄的伦理概念"比那些所谓的"厚的伦理概念"更具研究价值。如果要深入掌握伦理理论，对"薄的伦理概念"的了解是必不可少的。

为了更有效地了解诸如"好""正当""应当""义务"之类的"薄的伦理概念"，可先从其中一个典型语词开始。这里先来关注"好"。中文语词"好"与"善"都是对英文"good"的翻译。在中文中，通常认为"好"既可用于道德语境，也可用于非道德语境，而"善"则只可用于道德语境，甚至可以说"善是具有道德性的好"。不过，这里不准备对"好"与"善"做出严格的区分。其中一个理由在于，人们在中文中有区别地使用"好"与"善"时，他们通常不表明它们的含义或用法有根本的区别。实际上，在中文中，"善"有时也可用于非道德语境，"善于理财"中的"善"便是如此。如果这样，上述的区分就很可能只是某种语言使用习惯的结果。另外，在英文中，尽管"good"可用于道德语境与非道德语境，却不表明在这两种情境中"good"的含义有根本不同。黑尔就曾表明，尽管"好"在这两种情境中的含义有区别，但其基本含义并没有不同。[①]

不打算对"好"与"善"做出严格区分的另一理由就是，实际难以区分"好"在道德语境中的含义与它在非道德语境中的含义。如果"好"与"善"有根本的区别，并且这种区别的确能清晰地给出，则先要能区分道德与非道德。然而，对道德与非道德的区分往往要基于对"好"或"善"的理解。这样一来，这种严格的区分就可能陷入逻辑循环。另外，即便对"好"与"善"能做出严格的区分，由于一般认为"善"是一种"好"，要基于"好"才能恰当地理解"善"，"好"比"善"更为基本，因而为了认识的方便，可先对"好"做些基础性的了解。对"善"的认识则可基于这种了解。显然，如果只是试图对"好"做些基础性的了解，那就不必要做出这样的区分。在此还要说明的一点是，由于在关注"好"时并没有限定它所使用的语境，因而可期望在此获得的结果既可适用于道德语境，也可适用于非道德语境。

什么是好？基于"好"在伦理学中的重要地位，许多伦理学家对此

[①] 理查德·麦尔文·黑尔：《道德语言》，万俊人译，商务印书馆，1999，第133页。

做过深入思考。不过，在回答上述问题时，首先要把"好"与"好的事物"区分开来。当人们说"好是目的"或"有两种类型的好，即作为目的的好与作为手段的好"时，他很可能是把"好的事物"，而不是把"好"本身当作目的了。快乐主义者断言"快乐是好的"时，或进化论者声称"进化的方向就是好的方向"时，他们也可能犯了类似的错误。在谈到对"好"的理解时，有必要提到摩尔。在摩尔看来，怎样给"好"下定义是"全部伦理学中最根本的问题"，而他对此也作了富有启发的讨论。摩尔指出，尽管人们对"好"有各种定义，如把它定义为"快乐的""可想望的"，但都存在问题。他相信"好"是不可定义的。他为此提供的一个主要理由是所谓的"未决问题论证"。

摩尔的"未决问题论证"可以如此表述：如果把"好"定义为"如此这般的"，那么对具有如此这般性质的事物，人们总是可以问：它是好的吗？如果上述定义是正确的，那么这种追问就没有意义，因为它是好的就是指它具有如此这般的性质。如果这种追问有意义，那就意味着，"好"不完全等同于"如此这般的"。举例来说，如果把"好"定义为"我们所想望的"，则说"某事物是好的"时就等于说"某事物是我们所想望的"。如此一来，人们便可有意义地问：此事物是我们所想望的，但它的确是好的吗？如果这个定义是正确的，那么这样的问题就没有意义。而如果这样的问题有意义，那上述定义就是成问题的，也即不能断定"好"就是"我们所想望的"。① 推而广之，不管一个人打算如何定义"好"，都可以用上述论证来反驳他，因而"好"不可定义，任何定义"好"的企图都是不成功的。在摩尔看来，任何试图定义"好"的做法都是基于某种错误的结果，这种错误与自然主义密切相关，故而可称为"自然主义谬误"。

摩尔对"自然主义谬误"的指责其实不完全或不主要是针对"自然主义"，而主要针对的是定义，也即他所谓的"自然主义谬误"其实是一种定义谬误。这种定义谬误即是"把两种属性相混淆或相等同，把一个属性定义为另一个属性，或用一个属性代替另一个属性的做法"②。弗

---

① 摩尔：《伦理学原理》，长河译，商务印书馆，1983，第 21～22 页。
② Frankena, "The Naturalistic Fallacy", in Philippa Foot (ed.), *Theories of Ethics*, 1967, p. 57.

兰克纳相信，如果摩尔是对的，那么这种定义谬误就不只存在于对"好"的定义中，它也存在于对其他语词的定义中，甚至存在于对任何语词的定义中。因为对任何一个语词来说，如果把它定义为"如此这般的"，人们都可以有意义地问：它的确是如此这般的吗？按摩尔的看法，如果这一定义是正确的，那么这样的问题是没有意义的；而如果这样的问题是有意义的，则此定义是可疑的。于是，按摩尔的理解，几乎任何定义都是不可能的，甚至谈论定义也是没有必要的。

有理由认为，摩尔的这种看法是成问题的。如果的确可能有定义，并且实际人们能做出定义，那么摩尔对定义的理解无疑存在缺陷。其实，任何一个语词，只要出现在语言系统中，就可能被教给试图使用它的人。为了教会一个人使用某语词，可通过其他语词来解说它，说明其使用范围、使用条件以及在不同条件下的含义，等等。一般而言，可把这种解说大致看作定义。果真如此，则几乎任何语词都有定义。摩尔对定义的理解之所以不符合实际，很大程度上是由于他对定义的做出给予了严格的限制。如他要求在定义中，定义项的含义与被定义项的含义完全等同。然而，尽管在一门科学中，一些理论术语有严格的定义，也即定义项的含义与被定义项的含义几乎完全等同，但总有一些语词不能得到严格的定义。不仅如此，出现在语言（无论是日常语言还是学术语言）中的定义并不都要求定义项的含义与被定义项的含义完全等同。实际上有些定义只要求定义项的含义与被定义项的含义在某方面等同便是可行的。

摩尔为了证明"好"是不可定义的，他提出，对于任何试图对它下定义的方式（如把它定义为某种自然性质的方式），人们总是可以问它是不是好的，如可以问"快乐是好的吗""我们所想望的是好的吗"等。由于不能这样有意义地问，因而上述看法就得到了证明。然而，当人们追问摩尔为什么不能这样有意义地问时，他的回答很可能要诉诸自己论证的结论——因为"好"是不可定义的或是不能用自然性质来定义的。这样一来，摩尔就陷入了循环论证。沃诺克曾对此提出过类似的批评。她说，摩尔的论证是"一种乞取前提的诡辩。因为它业已假定要证明的是什么，即证明善是单纯的和不可分析的……只是因为穆尔已经确信，'善'是一种单纯性质的名称，所以他才认为，有意义的换位之可能，使这定义不可能是正确的"①。沃诺克的意思很明确,如果摩尔不是事先认为"好"是不可定义的,而承认它是可定义的,或可通过自然主义的方式来定义,那么其论证便不会成立。

尽管摩尔的论证存在问题,其结论具有某些神秘性,难以获得清晰的解释,却不表明它必定是错误的。实际上,当他断言"好"与其他描述词有根本的不同时,或断言其他描述词不能完全定义它时,他的这些看法对"好"的认识依然是极具启发的。不仅如此,摩尔相信,在对伦理学作深入研究之前,研究者要尽可能排除那些预先接受的独断看法,要预先对其中的理论术语进行反思,弄清它们的含义以及它们之间的相互关系,等等。他相信,研究者在做这些反思时,不能从预先设想的本体论开始,而要基于语言的实际使用,要基于语言的日常用法。他相信,唯有如此才能获得与现实生活密切相关并能适用于它的伦理学。他的这些思想对伦理学研究依然具有重要意义。

第二节　"好"的含义

独断地规定"好"的含义,确定包含"好"的伦理陈述的真假等可能是容易的,但由此确立的伦理学能否真正指引实践则是可疑的。要了解"好",有必要对"好"在语言表达中的各种日常使用做些必要的考察。如果伦理学中"好"的含义与日常语言中"好"的含义是不同的,甚至有根本的不一致,无疑难以把由此确立起来的伦理观念应用于日常实践,它们可能只是一些不切实际的臆想。反之,如果伦理学中"好"的含义可从其日常使用中绅引出来,基于这种"好"而确立的伦理学将更可能贴近实际,并指引实践。其实,从某种意义上说,一切科学中所使用的语词都要基于日常的使用。尽管如此,相比于自然科学,诸如伦理学之类的实践科学更需要如此。这或许是许多人提出,在伦理学等实践科学中,更需要从参与者的角度,而不是从观察者的角度来进行思考的重要原因。当然,这两种角度的思考也不完全是绝对对立并可截然区分开来的。

---

① 沃诺克:《一九〇〇年以来的伦理学》,陆晓禾译,商务印书馆,1987,第12页。

在日常生活中，人们首先会注意到，"好"的各种用法有语法上的差异。如它在"好苹果""好人"等表达中被用作定语，以修饰其他语词，而在"这个苹果是好的""他是好的"等表达中则被用作表语，等等。不过，"好"在这些用法中的不同并没有通常所想象的大。"好"在用作表语时，可把它看作省略了某些成分的结果，如果补足这些成分，"好"实际也是用作定语的。如"这个苹果是好的"就省略了某些成分，如果补足它们，其实是"这个苹果是好苹果"。此时"好"依然用作定语。实际上，尽管"好"在不同使用中具有不同的语法特征，它们却可能有相同的语义，至少都把"好"当作一实词。的确，在"好"的这些使用中，"好"的含义与所表达的事物相关，而不只与其语法特征相关，也即它被当作实词。存在多种多样的实词，我们可以根据不同方式对它们做出区分。如可根据它们的语法功能而区分为名词、形容词、动词以及代词、数词等，也可根据它们与世界的相关方式而区分为专名与通名，等等。语言学家可能更关注实词在语法上的区别，其他研究者（如伦理学家）则可能会更关注实词在表达世界上的不同。如果这样，"好"是一个什么样的实词呢？显然，"好"不同于"长城""太阳"之类的专名，它是通名。

作为通名，"好"与"红""桌子"之类的通名不同。尽管世界中存在各种红的事物或桌子，却也存在各种非红的事物或非桌子的事物，因而"红""桌子"等不能表达所有事物。正是如此，对于可修饰名词的形容词"红"来说，"红"不能修饰所有表达世界事物的名词，如不能说"红思想""红方程"。与之不同，几乎世界中的所有事物都可被纳入好的一类，作为形容词的"好"可修饰所有表达世界事物的名词，如可以说"好苹果""好铁锤""好人""好行为""好思想"等。亚里士多德以不同的方式表达了类似的看法，他声称："善出现在一切范畴中：在实体中，性质中，数量中，时间中，关系中，以及一般的所有范畴中。"[①] 一般而言，由于"红"可以用于描述朝霞、血液、苹果等，人们通常把它看作对这些事物共同特征的表达。如果有"好苹果""好铁锤""好人""好行为""好思想"之类的说法，似乎"好"也是对苹果、铁

---

① 苗力田主编《亚里士多德全集》第八卷，中国人民大学出版社，1997，第245页。

锤、人、行为、思想等事物共同特征的表达。然而，由于"好"可能表达几乎所有世界事物，要从这些特征迥异甚至相互对立的事物中寻找出共同特征是不太可能的。就此而言，"好"与"红"之类的通名是不同的。如何解释"好"与"红"等通名之间的这种不同？"好"是一类什么样的通名呢？

在特定情境中，相互交流的人们，一般不能一些人断言某苹果是红的，另一些人断言它不是红的。如果确实出现了这种情况，则意味着他们对交流中所使用的语言没有共同的理解，甚至意味着他们没有真正的交流。此时也可以说，苹果之所以是红的，只与苹果本身有关，而不与其他事物有关。在日常语言中却可能出现如下情境：相互交流的人们，有些人断言某苹果是好的，而另一些人则断言它不是好的。此情境的出现不表明他们对交流中所使用的语言没有共同的理解，不表明他们没有真正的交流。它通常意味着，此苹果是不是好的，不仅与它本身有关，也与其他事物有关。或更一般地说，一事物是否好，不仅与此事物有关，也与其他事物有关。"好"的这一特征表明，它与"红""桌子"之类的通名不同，似乎只有把它当作关系词才能较为合适地说明这种不同。

其实，在通名中，关系词并不少见。如果不相对于某一事物，另一事物无所谓上或下；不相对于某个人，一个人不能被称为"兄弟"或"教师"。因而，"上""下""兄弟""教师"等都是关系词。尽管"好"是一关系词，但它不同于一般的关系词，如它与上述这些关系词就有所不同。相互交流的人们，有些人断言某苹果是好的，有些人则断言它不是好的。这表明一苹果是否好，与做出这一判断的人有关。相对于不同的人，同一事物可能是好的，也可能是不好的。可见，在"好"所表达的关系中，其中一个关系项是人。正是基于这一点，它与"上""下"之类的关系词区分开来。尽管在"兄弟""教师"等所表达的关系中，关系项也是人，但"好"依然与之不同。在"兄弟""教师"等关系词所表达的关系中，作为关系项的人是以单纯的客观事物而存在的，他与世界中的其他事物没有根本的不同。在"好"所表达的关系中，那作为关系项的人不是以单纯的客观事物而存在，而是以具有某种心理经验的自由物而存在。甚至可更一般地说，这一关系项是一具有主观任意或认识能力的行为者。由于人具有这样的特征，他才能出现"好"所表达的关系，才能成为"好"的一个关系项。

　　对"好"的这种看法其实是平常的。康德曾说，"凡是我们要称之为善的，必须在每个有理性的人的判断中都是一个欲求能力的对象"①。在康德看来，一个事物之所以是好的，不仅因为此事物本身，也因那一具有"欲求能力"的对象。尽管康德没有明确指出，但他很可能同意，一方面，"好"表达的不是特定事物，而是特定事物之间的关系，也即"好"是一个关系词；另一方面，在"好"所表达的关系中，其中一关系项是自由或具有欲求能力的对象。当诺维尔－斯密斯宣称，断言某一事物是好的，"不是去做出一个关于它的陈述或去描述它，而是去表达一种对它的欲求、去表达赞同它"② 时，他大致也是同意上述看法的。不仅如此，当布劳德相信"X 是好的"能被定义为"在任何对 X 的非伦理特性有一种恰当的观点的心灵看来，X 都是这一心灵适宜的欲求对象"③ 时，或当孟子提出"可欲之谓善"时，他们大概也拥有类似的看法。

　　总的来说，"好"不同于"红""桌子"等通名，而与"上""下""兄弟""教师"等通名相同，它是一个关系词。但"好"不是一个普通的关系词，而是一个特殊的关系词。在它所表达的关系中，其中一关系项是一特殊事物，即是具有自由的事物（如人）。就人而言，具有自由的人能欲求、想望某一事物，在他看来，此事物是好的。正是如此，才可以说"好"表达了一种特定的关系，此关系即是一具有欲求能力或想望能力的人与某一事物之间的关系。自由的人具有欲求的能力，他可欲求此事物，也可欲求其他事物，可此时欲求此事物，而在彼时欲求其他事物，因而这种关系与人的主观任意有密切的关联。这样一来，严格而言不能说"好苹果"，或单纯说"好苹果"没有意义，只有相对于人才可说"好苹果"。

　　从"好"的诸多日常用法来看，上述看法无疑具有合理性。相对于不同的人，同一事物可以是好的或是不好的。一个不被欲求的事物通常不说它是否好，如一般不说好恒星、好原子，也不说好喷嚏、好垃圾。只有可为具有欲求能力的事物（如人）所欲求之物，即可欲之物才能用

---

① 康德：《实践理性批判》，邓晓芒译，人民出版社，2003，第 83 页。
② Nowell-Smith, *Ethics*, Oxford: Basil Blackwell, 1957, p. 85.
③ C. D. 布劳德：《五种伦理学理论》，田永胜译，中国社会科学出版社，2002，第 227 页。

"好"来表达。由于实际存在的许多事物不在它的欲求之列,因而相对于它来说,它们无所谓好与不好。尽管如此,由于几乎任何事物都可被欲求,因而几乎任何事物都可为"好"所表达。值得注意的是,"好"所关涉的欲求或形成好关系的欲求不一定是实际欲求。当某人说"这是好的毒药"时,他不一定实际欲求毒药,而只是表明,他可能根据当下情境判定:如果希望借助毒药达到某种目的,此毒药是可欲求的。麦凯就曾指出,可一般地把"好的事物"定义为"凡是可以满足所探讨的那类需要(等等)的东西",而在此使用"凡是可以满足"而不是"满足"的原因就在于,"一把好餐刀即使从没有被使用过,甚至从来没有被需要过,它也依然是一把好刀。或许它依然可以说是满足了'需要',不过这些需要自身只是抽象的需要,脱离了与需求行为的任何具体关系"①。

在"好"所表达的关系中,那成为一关系项的具有欲求能力的事物是什么?一般来说,在特定情境中,它有具体的所指。当一个人说"这是一个好苹果"时,这苹果的好显然是相对于说话者而言的,因而此时的说话者便是那具有欲求能力的事物。具有欲求能力的事物不一定是说话者,也可能是其他事物。当一个人说"父母总认为自己的孩子是好的"时,此陈述所表明的是,某个孩子的好是相对于其父母而言的,却不是相对于说话者而言的。此时说话者不是那具有欲求能力的事物。那具有欲求能力的事物有时甚至不是明确的。"在公共场合吸烟是不好的"往往表明,在公共场合吸烟的不好不是相对于某一确定的个人,而是相对于不确定的人。总的来说,具有欲求能力的事物可以是特定个人或群体,也可以是不特定的个人或群体,有时甚至可能是其他事物,如是神或理性等。尽管如此,由于在语言实践中他常常已被暗示出来,为了简便的缘故,人们在包含"好"的语句中并不特别地提及他。

如果断言一事物是否好相对于人,这也意味着此断言带有主观性。不过这不表明不可客观地理解"好"。人们一旦使用某语词来表达一事物,即便此事物与个人的主观任意相关,甚至由个人的主观任意所决定,表达此事物的语词也不一定是主观的,它具有能为他人所理解的性质,

---

① 约翰·L. 麦凯:《伦理学:发明对与错》,丁三东译,上海译文出版社,2007,第47页。

即可理解性。这种可理解性其实就是语言含义的客观性。"好"自然也具有可理解性。"好"的可理解性体现在何处？当一个人说"这个苹果是好的"时，他人可能问："你说'这个苹果是好的'是何意思？"他可能不愿意回答，不过，只要他能与他人进行交流，与他人拥有共同的语言，那他便有能力选择某些他人能理解的语言来回答此问题。如他可能说：之所以说这个苹果是好的，是因为它是多汁的、香甜的、大的等，也即这个苹果具有某些客观特征。在他那里，苹果的这些客观特征不与个人的主观任意直接相关，却可成为判定它是否好的标准。当然，他人可能不同意这一标准。在他看来，苹果之所以是好的，是因为它是大的、红的、香脆的，或是红的、多汁的、香脆的，等等。显然，尽管他人不同意他所接受的判定苹果是否好的标准，但通常会同意，他所使用的"好"不是一个私人记号，它具有可理解性。这时他人可能会说：好吧！尽管我们判定苹果是否好的标准不同，但你对"好"的使用与我对它的使用在某些方面是相同的，即它的含义具有客观性，它表达了某些客观特征，具有可理解性，因而我们能一起玩关于"好"的语言游戏。

设想一个人声称：这个苹果之所以是好的，并不因为它具有任何特定的客观特征，如不因它是多汁的、香甜的，或是大的、红的，等等，但它的确是好的。如果一定要他给出他之所以如此声称的理由，则他会说，他是基于直觉获知这一点的。果真如此，那么他人显然无法理解他声称"这个苹果是好的"时意味着什么。此时，尽管他所使用的语词"好"与他人所使用的语词相同，但他人并不能确定它们是否有相同的含义，甚至不能确定他所使用的"好"的含义是什么。如此一来，他人就不能和他一起玩关于"好"的语言游戏了。实际上，在这种情境中，面对众多苹果或其他事物，他甚至自己也没有把握确定其中一个苹果是好的，另一个是不好的，他无法确定自己在不同情境中是否以相同的方式使用了"好"。

一语词具有可理解性，并不表明在判定一事物是否具有此语词所表达的特征时有客观的判定标准。如尽管我无法确定你所说的"我的头在痛"是否为真，但我可能相信你所说的"痛"具有可理解性，即其含义具有客观性。同样，"好"的可理解性或其含义的客观性与判定某事物是否好的标准的客观性也不完全相同。实际上，不仅相对于不同的人，判定一事物是否好的标准是不同的，即使相对于不同事物，这种标准也有差异。如果有人问"为何你认为这苹果是好的"，你可能回答：因为它是多汁的、香甜的等。而如果有人问"为何你认为这把小刀是好的"，你可能回答：因为它是锋利的、不锈的等。此时"多汁的""香甜的"或"锋利的""不锈的"等语词分别表达了事物的某些客观特征，基于这些特征，人们在特定情境中给出了判定它们是否好的不同标准。正是如此，可以说判定事物是否好的标准是可因人因事而异的，它可能是主观的。然而，如果一个人能基于某种标准来判定某事物是否好，不管这种标准是否为他人所接受，至少他人会同意，它是可理解的。这也意味着，他所使用的"好"具有可理解性。

尽管在特定情境中，"一事物是好的"指此事物具有某种或某些特征，而此特征可能用某个或某些描述词"大的""红的""香脆的"等来表达，却不表明"好"等同于这些描述词。它只是表明，在此情境中可通过这些描述词或它们所表达的特征来判定此事物是否好。之所以如此，不仅是因为在不同使用情境中的"好"可能具有不同的含义，它们可由不同的描述词来表达，而且在特定情境中，甚至任何描述词也不能完全表达"好"的含义，它们只是提供了使用"好"的标准。如果在特定情境中，某个或某些描述词表达了"好"的全部含义，那就可能出现如下情形：由于在其他完全不同的情境中也可使用"好"，此时"好"的含义可能由其他一些完全不同的描述词来表达，这也意味着，在上述两种情境中的"好"具有完全不同的含义。如此一来，在这两种情境中，人们尽管使用了同一语词，它们其实可用完全不同的语词来替代，也即"好"在这两种表达中甚至没有共同的含义。这显然与人们对"好"的通常理解是不符的。基于此，可以一般地说，根据任何特定描述词来定义"好"都是不适当的，"好"不同于任何特定的描述词，它不能完全由后者所蕴含。

"好"的这一特征其实还可从另一方面显示出来。当一个人说"这是一个好苹果"时，在他看来，此苹果具有某些特征，即它具有多汁的、香甜的等特征。不仅如此，这一语句还包含另外的含义，它表明说话者喜欢苹果或苹果是其欲求的事物，显示了说话者的主观态度。这种主观态度看起来不能完全由描述词来表达。如果这样，则可以说，"好"具有这些描述词所不包含的含义。如果"好"的确具有这样的含义，则可称之为评价含义。也正是如此，一般称"好"为评价词，而当人用"好"来表达某一事物时，就认为它表达了他对此事物的评价。的确，当断言"好"表达了一种特定的关系，其中一关系项是一具有欲求能力的事物，正是由于其欲求某事物，才使得"好"能表达他与此事物之间的关系时，实际已暗示，"好"是评价词。当然，反过来，当人们说一语词是评价词时，实际已暗示，它是一个关系词，甚至是一个特殊的关系词，它表达的关系所涉及的一个关系项是具有自由的事物。

对于"好"的这一特征，许多研究者表达了类似的看法。斯蒂文森指出，"这是好的"包含这样的意思，即"我赞成它，你也赞成吧"[①]。黑尔从不同角度同样说明了这一点。他说，如果"某一幅画是好的"是有意义的，那么说话者必定要基于一组客观特征来判定某幅画是否好，这显示"好"具有描述含义。尽管如此，却不能因此说"某一幅画是好的"等同于"某一幅画具有一组特性"。把"某一幅画是好的"等同于"某一幅画具有一组特性"将使"我们无法说某种我们在日常谈话中能有意义地谈论的事情"。在他看来，这表明"好"不能由这些描述词蕴含，它具有这些描述词所不包含的含义，也即具有所谓的"评价性意义"。[②] 黑尔坚信，尽管"好"的描述含义与评价含义不可分离地结合在一起，但其评价含义不能由任何描述词蕴含。

第三节　评价词的基本特征

评价词不只有"好"，还有其他语词，通常认为"恶""坏""正当""应当""勇敢""诚实"等也是评价词。这些评价词是否类似于"好"？要了解这一点，需要对它们分别作些考察。"恶"或"坏"与"好"在词义上相反，它们在这些特征上与"好"类似是理所当然的。这里有必要提到的一个评价词是"正当"。尽管摩尔认为"好"是伦理学中最基本的语词，但在罗斯等人看来，至少"正当"也是基本语词之一。中文词"正当"是对英文"right"的翻译，不过有时"right"也可

---

① 查尔斯·L. 斯蒂文森：《伦理学与语言》，姚新中、秦志华等译，中国社会科学出版社，1991，第27页。

② 理查德·麦尔文·黑尔：《道德语言》，万俊人译，商务印书馆，1999，第82~83页。

译为"对""正确"。在中文中,"正当"与"对"是有区别的,如可以说"正当的行为",而一般不说"正当的方法",但既可说"对的行为",也可说"对的方法"。即便可用"对"与"正当"来形容行为,如可说"对的行为"与"正当的行为",这两种说法也有所不同。"对的行为"似乎是指可达到某种目的的行为,因而任何行为都可以是对的行为。与之不同,尽管"正当"可表达行为,但不表达所有行为,如不说"你用左手拿筷子是不正当的"。正是如此,我国一些学者强调,这种译名的不同并不只是用语上的差异。① 在他们看来,与"good"一样,"right"既可用于道德语境,也可用于非道德语境,并且可区分其中的道德含义与非道德含义。当用"正当"与"对"来翻译"right"时,恰恰表达了其中的不同含义。为了做出这种区分,在中文语境中可把具有道德含义的"right"称为"正当",也即"正当是在道德意义上述说一种行为",而把没有道德含义的"right"称为"对"或"正确"。不过,由于在准确给出道德的含义之前,难以区分一个语词(如"right")的道德含义与非道德含义,因而这里不准备严格区分"正当"与"对"。尽管如此,按通常的用法,这里把在伦理学或实践科学中所谈论的"right"称为"正当"。

　　正当是什么?罗斯相信,正当是"一种最终的和不可还原的观念",它是自明之物,只可直接由心智领会到②,因而"正当"是一个不可分析或不可定义的词,人们不能用其他描述词或评价词来准确地解释它。这样的看法虽然具有启发性,却也是可疑的。一般来说,正如"好"一样,人们也可从它的一些日常用法以及它与其他语词的关联中了解其基本含义。在使用"正当"一词时,人们通常认为,其含义与存在于世界中的一些事物相关,而不只与它的语法特征相关,因而它不是虚词,而是一个实词。不仅如此,从它的各种用法中可以看到,"正当"与"好"一样,它不是专名,而是通名。作为一个通名,"正当"与其他通名(如"红""桌子"等)有所不同,而与"好"类似。一方面,它与"好"一样,可表达众多不同类型的事物,如可说"正当的行为""正当的方法""正当的道路"等;另一方面,在使用"正当"一词时,可能

---

① 廖申白:《伦理学概论》,北京师范大学出版社,2009,第80页。
② 戴维·罗斯:《正当与善》,林南译,上海译文出版社,2008,第67页。

出现如下情境：对同一事物来说，相互交流的人们，有些人可能断言它是正当的，有些人则断言它是不正当的。此种情境的出现当然不表明，人们对交流中所使用的语言没有共同的理解，但的确有必要认为，断言一事物是否正当，不仅与其特征有关，也与做出这种断言的人有关。如果这样，则可以说，"正当"与"红""桌子"之类的通名不同，只有把它当作关系词，才能较为合适地说明这种不同。

与"好"一样，"正当"也不是一个普通的关系词，它具有某些特殊性。其特殊性首先表现在它所表达的关系中，其中一个关系项是某种特殊的事物。此一事物不是单纯作为客观事物而存在的，它是自由的或具有欲求能力。正如在"好"所表达的关系中所看到的那样，在"正当"所表达的关系中，那具有自由或欲求能力的事物可以是特定个人或群体，也可以是不确定的个人或群体，有时甚至可能是其他事物。在语言实践中，尽管有时没有特别地提及它，但常常可以清楚它是谁。其次，人们也可发现，"正当"所表达的关系可因关系项中那具有自由能力的事物的主观任意而改变，一般关系词所表达的关系却并不如此。不过，对任何个人来说，他断言某事物（如一行为）是否正当时，却不是完全任意的，他要基于某些客观的标准。就他断言一行为是正当的而言，他可根据行为所符合的规范、所产生的结果、对人产生的某种影响等来判定它是否正当。这其实表明，"正当"具有可理解性。当然，"正当"的可理解性与判定某事物是否正当的标准的客观性是不同的。对于任何个人来说，尽管他判定某事物是否正当时要基于某些标准，但不同的人可有不同的判定，有些人可能断言它是正当的，另一些人则断言它是不正当的，也即人们可能基于不同的标准来对它进行判定。于是可以说，判定事物是否正当的标准可能因人因事而异，这种标准不一定具有客观性，它可能是主观的。

在特定情境中，尽管人们可根据规范或行为的后果等客观因素来确定一行为是否正当，但"正当"不能根据它们来定义或"正当"不等同于表达这些客观事物的描述词。这一方面是由于，在不同使用情境中，"正当"可能具有不同的含义，它们可由不同的描述词来表达；另一方面则由于，在特定情境中，任何特定的描述词都不能完全表达"正当"的含义，它们只是提供了使用"正当"的标准。的确，如果在特定情境中，某个或某些描述词表达了"正当"的全部含义，而在其他完全不同的情境中也可使用"正当"，此时它的含义可由其他描述词表达，如此一来，在上述两种情境中的"正当"就可能具有了完全不同的含义。显然，这与人们对"正当"的通常理解是不符的。正是如此，可以说，根据任何特定描述词来定义"正当"都是不适当的，"正当"不同于任何特定的描述词，它不能完全由后者所蕴含。如果"正当"不能完全由特定描述词来定义，它具有这些描述词所不包含的含义，那么人们断言"某事物是正当的"时，与断言"某事物是好的"一样，也表达了他对此事物的某种态度，认为它是值得欲求的。于是，可称"正当"中所具有的特定描述词所不包含的含义为评价含义。"正当"是一个评价词，它具有与"好"类似的特征。当人们"正当"来表达某一事物时，实际表达了他们对此事物的评价。

自柏拉图以来，人们就对"美是什么"做过很多讨论，并对此提出过诸多答案，如断言美是适宜、美是关系、美是快感、美是理念的感性显现、美是生活、美是客观化了的快感等。然而，至今没有一个答案获得广泛的同意。尽管如此，还是可从"美"的各种日常用法中发现它的一些基本特征。观察"美"的各种日常用法，会发现其含义与存在于世界中的事物相关，它是一个实词。作为实词，"美"显然不是专名，而是通名。但"美"与"红""桌子"等通名有所不同，而与"好""正当"类似。由于"美"可修饰各种表达事物的名词，如可说"美的人""美的山水""美的诗""美的公式"等，它甚至可以来表达世界中的所有事物，因而它看起来不是一个表达某一事物或某类特征的词。这一点也可从其他方面看到。一般认为，不是所有事物都是美的，如不是所有花都是美的，不是所有建筑都是美的。一事物之所以是美的，一方面在于它本身具有某些特征，另一方面则与做出此断言的人相关，即在于它被人看作美的。这就如柳宗元所说，"夫美不自美，因人而彰"[①]。如果断言一事物是美的不仅与此事物本身有关，也与断言它的人有关，则可以说，"美"表达了做出如此断言的人与此事物之间的某种关系，它是

---

① 柳宗元：《邕州柳中丞作马退山茅亭记》，载《柳宗元散文全集》，今日中国出版社，1996，第 86 页。

一个关系词。

由于在"美"所表达的关系中，其中一关系项是一特殊事物，即人，因而"美"不同于一般的关系词。实际上，在"美"所表达的关系中，作为关系项的人不是单纯作为客观事物而存在的，他是一个具有自由的人，具有做出诸如"这朵花是美的""这一公式是美的"等断言的能力。正如在"好"所表达的关系中所看到的那样，那具有自由的人可以是特定个人或群体，也可以是不确定的个人或群体，有时甚至可能是其他事物。在语言实践中，尽管有时没有特别地提及它，但常常可以清楚它是谁。对于一事物，有些人可能断言它是美的，另一些人则可断言它是不美的，也即"美"所表达的关系可因人的主观任意而改变。一般关系词所表达的关系并不如此。尽管如此，断言某事物是否美不是完全任意的，"美"与其他语词一样，也具有可理解性。当然，"美"的可理解性与判定某事物是否美的标准的客观性是不同的。尽管对于任何个人来说，他判定某事物是否美时要基于某些标准，但对于一事物是否美，不同的人可基于不同的标准来做出判定，也即此标准不一定是客观的。

在特定情境中，人们可根据事物的某些特征（如其形状、颜色、大小以及各部分的关系等）来确定它是否美，这些特征可用描述词来表达，但"美"并不能根据它们来定义，它不等同于这些描述词。这不仅由于在不同的使用情境中，"美"可能具有不同的含义，它们可由不同的描述词来表达，而且由于在特定情境中，任何特定的描述词也不能完全表达"美"的含义。尽管在特定情境中，人们可根据一些客观特征来断言一事物是美的，但它们只是判定美的标准，"美"并不等同于它们。或"美"不等同于这些描述词，它们只是提供了使用"美"的标准。如果在特定情境中，某个或某些描述词表达了"美"的全部含义，而在其他完全不同的情境中也可使用"美"，此时它的含义可由其他描述词表达，那么这将意味着，在上述两种情境中的"美"可能具有完全不同的含义。如果这样，此时人们尽管使用了同一语词来表达美，但其实是可用完全不同的语词来表达它的。这与人们对"美"的通常理解是不符的。正是如此，可以说，根据任何特定描述词来定义"美"都是不适当的，"美"不同于任何特定的描述词，它不能完全由后者所蕴含。如果"美"

不能完全由特定描述词来定义，它具有这些描述词所不包含的含义，则也可称"美"中所具有的特定描述词所不包含的含义为评价含义，而"美"是一个评价词。人们断言"某事物是美的"时，它表达了人们对此事物的评价。

　　对于"应当"来说，它的用法似乎比"正当""美"等词的用法要更为复杂一些。很明显，在"你不迟到是应当的"中，"应当"是实词。从语言形式上看，"你应当不迟到"中的"应当"与"你是一个好人"中"是"似乎类似，由于"是"不是实词，因而"应当"看起来也不是实词。尽管如此，由于"你应当不迟到"与"你不迟到是应当的"同义，因而即使上述两个语句中的"应当"具有不同的语法特征，也有理由认为它们在含义上是相似的。如果在"你不迟到是应当的"中的"应当"是实词，那也有必要把"你应当不迟到"中的"应当"看作实词。作为实词，"应当"显然不是专名，而是通名，表达了一类事物的共同特征。

　　"应当"所表达的事物是什么？当一个人断言"你不迟到是应当的"时，他显然不认为所有行为都是应当的。在他看来，一行为之所以是应当的，在于它具有某些特征。尽管一个人要根据行为的某些特征（如特定规范、行为的后果等）来判定它是否应当，但他并不完全依赖于此。对于同一行为，尽管一个人断言它是应当的，但另一个人则可能断言它是不应当的。这其实表明，一行为是否应当，不只与行为本身的一些特征相关，也与特定个人有关。正是如此，可以说"应当"是一个关系词。显然，与"好"或"正当"一样，"应当"也不是一般的关系词，它所表达关系的一个关系项不是一般的事物，而是具有自由或欲求能力的事物，如是一个有能力做出诸如"某行为是应当的"这种断言的人。

　　在某些语言情境中，"应当"与"好"或"正当"同义，因而在使用"应当"的地方，可用"好"或"正当"等来替代。如"你不迟到是应当的"中的"应当"可用"好"或"正当"来替代，替代后形成的语句"你不迟到行为是好的"或"你不迟到是正当的"与"你不迟到是应当的"是相似的，甚至是等同的。即使在不完全同义的地方，它们也存在诸多相似之处。正是如此，可以看到，"应当"与"好""正当"一样也具有可理解性，"应当"的可理解性与判定一行为是否应当的标准的客观性是不同的。判定一行为是否应当的标准不一定具有客观性，它可能是主观的。同样，如果"好""正当"不同于特定的描述词，不能完全由特定描述词蕴含，"应当"也是如此，也即"应当"具有特定描述词所不包含的含义，它具有评价含义。它如同"好""正当"一样，也是一个评价词。在特定情境中，人们可根据由一些描述词所表达的特征（如特定规范、行为的后果等）来判定一行为是否应当。而当人们在断定一行为是应当的时，它显示了说话者的主观态度，表达了他对此行为的评价。

当然，不能表明在所有的语言情境中，"应当"都是评价词。如在"你要赶上这一趟飞机，就应当十点出发"中，"应当"可用"必定"或"必然"等来替代，这时它似乎就没有太多的评价含义。存在于其他一些技术性规范中的"应当"也可能不是评价词。这并不令人奇怪。前面就曾指出，在"宇宙中应当有其他生命""抽屉里应当有一本书"之类的语句中，"应当"也不具有评价含义，它具有"很可能"的意思。即使某些语言情境中的"应当"不是评价词，但在伦理学、政治学等实践科学中出现的"应当"通常具有相似或相同的含义，它们应当被当作评价词。这正如麦凯所说，"应当"这一语词"在这些不同的使用中其含义并没有根本的改变，它们只是不同的使用方式"[①]。在他的心目中，它们是评价词表达了它们之间所存在的基本相似性。顺便指出，由于其他规范词（如"禁止""允许""必须"等）具有与"应当"类似的特征，因而如果"应当"是评价词，那么它们也是评价词，也具有与"好""正当"等语词类似的特征。果真如此，尽管诸如"好""正当"之类的评价词与"应当""禁止""允许"之类的规范词在语法上存在区别，但在与世界相关的方式上，它们之间没有根本的不同。

[①] 约翰·L. 麦凯：《伦理学：发明对与错》，丁三东译，上海译文出版社，2007，第68页。

第七章 价值与价值语句

第一节 什么是价值

如果"好"、"正当"、"美"或"应当"等是评价词,那么它们所表达的事物就必定具有某些共同性,也即"好""正当""美""应当"等表达的事物具有共同性质。可把它们看作同一类事物。这是一类什么样的事物?一般认为它是价值。价值常为人所谈及,它出现在日常语言中或伦理学、政治学、经济学等学科中,如有"人生的价值""你来这里是有价值的""商品价值"等说法。这里所指的价值与人们平时所谈到的价值是否相同或有密切的相关性?如果它们之间存在密切的相关性,这种相关性体现在何处?要回答这类问题,自然要了解人们所谈到的价值是什么。

对"价值是什么"的问题,不同人可能有不同的回答。其中一种典型的回答是:价值是某种客观事物或客观事物的某种性质。李凯尔特就提出,"价值是文化对象所固有的",文化具有"固有的价值"[1]。一些人甚至相信,不仅文化有固有价值,自然物也有固有价值,即有所谓的自然价值。如罗尔斯顿认为:"生态价值……是独立于此时此地的人而存在在那里的。……地球生态系统的主要价值在人类出现以前早已各就其位。大自然是一个客观的价值承载者。"[2] 可称这种看法为客观价值论。另一种回答指出:价值是完全基于个人心灵而产生的东西,它不依赖于任何外部事物,是个人的某种心灵状态(如兴趣、情感、欲望等),或是这种状态的某种特征。如麦基说:"价值不是客观的,它不是世界结构的一

---

[1] H. 李凯尔特:《文化科学和自然科学》,涂纪亮译,商务印书馆,1996,第21页。
[2] 霍尔姆斯·罗尔斯顿:《环境伦理学》,杨通进译,中国社会科学出版社,2000,第4页。

部分，而是人们主观结构的一个部分。"① 一般可把这种看法称为主观价值论。

在有关价值的看法中，还有一种流传较广的看法，即所谓的关系价值论。这种看法提出，价值不是客观事物的某种性质，也不单纯是个人主观的东西。但它也离不开二者，它是做出价值判断的人与事物之间的关系。如袁贵仁就说："所谓价值，这里也就可以理解为客体对于主体所具有的意义。"② 当然还可能找到有关对"价值是什么"问题的其他回答，不过在此没有必要一一罗列它们。对于这些回答，拉蒙特曾总结说，我们谈一事物有价值时，"我们是在谈这事物本身（不管它与别的事物或欣赏主体处于什么样的关系）所具有的某种性质、属性或特征呢？还是在谈据说是这事物只有处于与他事物的关系中或处于与欣赏主体的关系中或处于二者兼备的关系中时才具有的特征？最后，还是在谈欣赏主体的一种心灵状态呢？对这个问题的回答可依次从极端的客观主义者排到极端的主观主义者"③。

无论是客观价值论、主观价值论，还是关系价值论，它们其实都存在某些问题。客观价值论面临的一个困境是，对同一客观事物，不同的人可能做出不同的价值判断，或对"某事物是否具有价值以及具有何种价值"的问题，不同的人可能有不同的回答。如果这样，那么价值似乎与心灵有关，与做出价值判断的人有关。任何人的价值判断不是凭空产生的，如果不依赖于外部事物，这种判断显然是难以做出的，因而主观价值论也面临困境。尽管关系价值论获得了较为广泛的支持，但做出价值判断的人与判断所关注的事物之间可能存在不同类型的关系，价值是一种什么样的关系呢？关系论者在此给出了众多互不一致的答案。一些人提出，这种价值关系是所谓客体对主体的有用性。另一些人则相信，这种关系是所谓客体对主体的作用等。无论如何，在目前看来，对于"价值是什么"的问题，人们依然没有找到一个足够清晰的而又能得到较广泛接受的答案。

---

① J. L. Mackie, "The Subjectivity of Values", in *Contemporary Ethics*, J. P. Sterba (ed.), Prentice-Hall, 1989, p. 265.
② 袁贵仁：《价值概念的语义分析》，《社会科学辑刊》1991年第5期，第61页。
③ W. D. 拉蒙特：《价值判断》，马俊峰译，中国人民大学出版社，1992，第7页。

这里不打算对上述看法分别做细致的分析，而直接面对人们通常所谈到的价值本身。其实，不管人们希望如何思考价值问题，有一点是确定的，即它要通过语言表达出来。也只有如此，它才能进入思考中。即使一个人不同意价值是客观之物，或不同意它是主观之物以及其他看法，他至少会同意，它是可为语言所表达之物。尽管价值不一定为语言所表达，但只要为人所思考，它就要出现在语言中。也正是如此，在人类的思考活动中，大体可以说"价值是可为语言所表达之物"与"价值是语言所表达之物"没有根本的不同。为了讨论的方便，这里把价值当作语言所表达之物。

显然，不是所有的语言都表达了价值，表达价值的语言有何种特征？人们常常把事实与价值对立，如果事实是指一类语句或语句所表达之物，那么把价值看作另一类型的语句或它们所表达之物无疑具有合理性。确实有人把事实看作一种类型的陈述，而把价值看作另一种类型的陈述。①如果"价值"是指一类语句，而不是指语词或其他，则可称这类语句为价值语句。价值语句有何特征？在日常语言中，人们通常把"这是一个好苹果""你不应当迟到"等称为价值语句，而不把"这是一个苹果""你迟到了"当作价值语句。如果接受这样的看法，则即便做些简单观察也会发现，"这是一个好苹果""你不应当迟到"之所以是价值语句，与它们包含的诸如"好""应当"等评价词是密切相关的，甚至根本由之决定。

如果这样，则可以说，尽管人们对价值问题有诸多不同的看法，但无论这些看法是什么，他们似乎都隐晦地接受了如下的思想，即价值是价值语句所表达的事物或就是价值语句本身，而价值语句是包含评价词的语句。如果一语句之为价值语句只是由于它包含了评价词，那就有理由认为，评价词即使不是表达了价值，至少也表达了与价值相关的事物。反过来，如果评价词表达了价值或与价值相关的事物，那么那些包含评价词的语句也就表达了价值。于是，通常人们有关价值的看法与这里所提出的看法——评价词所表达的事物是价值——就没有根本的不同了，即使它们不完全相同，也存在密切的相关性。

---

① George J. Stack, "Discussion Value and Facts", *The Journal of Value Inquiry*, 1969, No. 3, pp. 205 – 216.

第七章 价值与价值语句

有种看法提出，只有"这是好的""他是一个诚实的人"等才是价值语句，而"不应当说谎""禁止吸烟"等不是价值语句，它们是义务语句。① 按这种看法，评价词所表达的事物不一定是价值，如规范词"应当""禁止"等所表达的事物就不一定是价值。这种看法可能是他们没有看到"好""诚实"等语词与"应当""禁止"等规范词存在密切相关性的结果。这种看法也与人们对价值的流行看法不太一致。的确，当人们坚称在科学研究中要保持价值中立，也即希望学术研究不受意识形态、传统道德规范、政治法律制度等的影响时，人们显然同意，规范（如法律规范、道德规范、风俗习惯等）表达了价值。

一般来说，把评价词所表达的事物看作价值，相信包含评价词是一个语句成为价值语句的必要条件，这看起来是一种较为流行的看法。不过，这一看法可能引起如下疑问：包含评价词的语句即价值语句表达了价值，而评价词也表达了价值，这两类价值有何不同呢？这一疑问其实是没有对评价词与包含评价词的语句所表达的事物作严格区分的结果。为了做出这样的区分，可先了解其他通名与包含它的语句所表达的事物之间的不同。"红"表达了一些事物（如血液、晚霞、玫瑰等）所构成的类，它所表达的类尽管可通过一些具体的事物（如血液、晚霞、玫瑰等）体现出来，却不只由这些事物体现，它也可由其他事物体现。就此而言，它是抽象的。"玫瑰是红的"与之不同，它具体地断定了红的事物与世界中的其他事物——玫瑰的相关性，它使得抽象的红变得具体起来。这时可以说它表达了某种具体的红。同样的，也可以说评价词"好""正当""美""应当"等只是抽象地表达了事物所构成的类，此类所包含的事物是价值，它是抽象的。当人们说"这件衣服是好的""你的行为是正当的""不应当说谎"等时，这些（价值）语句具体地断定了此类事物与其他事物的相关性，它们使得"好""正当""美""应当"等所表达的抽象价值具体起来了。此时也可以说，它们表达了某种具体的价值。

如果接受上述看法，则可说各种评价词都表达了价值，不过它们所表达的只是抽象价值。不同评价词所表达的价值无疑是不同的，由此可区分出不同的价值，如可区分出好、正当、美等价值。当然还可做出其

---

① 弗兰克纳：《伦理学》，关键译，三联书店，1987，第19页。

他的区分,如根据这些评价词所使用的领域,可区分出道德价值、美学价值、政治价值等。根据这些评价词的作用,可区分出肯定价值与否定价值。"好""美"等表达肯定价值,而"坏""丑"等表达否定价值。对价值的进一步区分不是此处所要关注的。如果认为评价词只是表达了抽象价值,而价值语句则可在世界中具体地把它显示出来,那么表达价值的语言形式是语句还是语词呢?对此,可基于具体的语境来做出回答。一般而言,当人们把价值与事实对立,并且事实是指某种语句所表达的事物时,他就倾向于认为表达价值的语言形式是语句。当人们把评价词称为价值词,或断言"好""美"等表达肯定价值,而"坏""丑"等表达否定价值时,他就倾向于认为表达价值的语言形式是语词。

如果排除那些有关价值的迂阔而空洞的本体论想象,希望在清晰可见的语言实践中来了解它,那就可对"价值是什么"作一大致回答了。对此问题,首先要指出的是,价值是语言所表达之物,它们可以并且也需要通过语言呈现出来,表达价值的语言形式通常是评价词以及包含评价词的语句,即价值语句。如果评价词表达了价值,价值语句所表达的价值也归根到底由它来确定,那么可根据评价词的特征来了解价值的特征。根据评价词的特征,可以说价值不是客观事物的特征,也不是人的心灵特征,它是不同事物之间的某种关系。然而,不是所有关系都是价值,只有那些具有自由的事物(在此主要是指人)在对其他事物做出评价时,才会出现价值。就此而言,价值存在于人对事物的评价中,它与人的自由有关。

这种看法在文献中当然是容易找到依据的。文德尔班就说,"价值(无论是肯定方面或否定方面)决不能作为对象本身的特性,它是相对于一个估价的心灵而言"的东西。[①] 韦伯实际也有类似的看法,如他说,价值判断是"根据道德的、文化的或其他的观点,对社会事实是否合乎需要做出实际的评价"[②]。那些决意不接受上述看法的人当然也可能找到与之不一致的文献依据。如一些人文学者在提出人的尊严在于他创造价值时,经济学家在提出商品存在某种确定的价值(即商品价值)时,他

[①] 文德尔班:《哲学概论》,转引自刘放桐等编著《现代西方哲学》,人民出版社,1991,第143页。

[②] 马克斯·韦伯:《社会科学方法论》,杨富斌译,华夏出版社,1999,第109页。

们所谈到的价值就可能不同于这里所理解的价值。这些不同的看法可能由于没有提供对价值的合适理解，或由于一些不合适的本体论，或由于一些混淆与误解，因而不是那么合理。不过，即使它们存在合理之处，也难以阻碍人们接受上述看法。如果基于日常语言使用的上述看法获得了较多人的接受，其合理性自然不可忽视。尽管如此，如同任何看法都可能找到反例一样，它也不太可能获得所有人的接受，也难以包含人们对价值理解的所有憧憬。

第二节　内在价值

在有关价值的论题中，有必要谈到一种广为流传的看法，这种看法相信存在所谓的内在价值。在文献中可找到表达内在价值的其他各种说法，如"固有价值""由于自身而具有的价值""如其所是的价值"等。不仅对内在价值有各种不同的表达，实际也存在不同类型的内在价值。显然，如果评价词表达了价值，并且的确存在内在价值，则可以说，由于存在多种评价词，因而也将存在多种类型的内在价值，如存在内在好、内在美等。正是如此，即使一个人没有使用"内在价值"一词，如果他使用了其他相关的词，如"内在好""内在美""好自身""好本身""美自身"等，并相信存在诸如内在好、内在美之类的事物，则也可以说他实际抱有这样的看法。这里把认为存在内在价值或存在内在好、内在美等的看法称为内在主义。

不同内在主义者谈到"内在价值"或"内在好""内在美"等时，他们所指的含义并不完全相同，甚至完全不同。就"内在好"而言，它就可能有如下的含义。其中一种含义表明，好是一类事物，这类事物甚至实际存在，即内在好。或者有不同的好事物，而其中一种即是内在好。这种看法并不少见。当苏格拉底、柏拉图把好看作创造万物的根本动力或万物追求的目的时，在他们的思想中无疑可找到这样的看法。当亚里士多德宣称有"一个善自身存在着"，它是众多其他善"作为善而存在的原因"时[1]，其思想也包含了这样的看法。上述看法可能源于一种实

---

[1]　苗力田主编《亚里士多德全集》第八卷，中国人民大学出版社，1997，第6页。

在论。这种实在论相信,"红"表达了红或红本身,它是实在的,一事物正是由于分有了红或沾染了红,它才是红的。相似地,"好"表达了好或好本身,它是实在的,其他事物由于分有了好才是好的。那为"好"所表达的好本身就是内在好。不过,这样的本体论观念现在已不时兴了。人们更愿意说,好或内在好表达的是众多事物所构成的类,而不是实在对象好。正如只有红的事物(如红苹果、红太阳等)是实在的,红本身并不实在一样,也只有好苹果、好人等是实在的,却没有一个实在的好或内在好。

另一种含义表明,"好"这一语词有多种含义,其中一种含义是内在的。如果"好"这一语词能区分出多种含义,并且其中一种含义是内在的,则这样的看法很可能暗示好是一类实在对象,它能区分内与外。因为如果不存在实在对象好,断言存在这种含义的内在好是难以理解的。果真如此,那么这种含义的内在好与第一种看法中的内在好就没有根本不同了。还有一种含义表明,内在好不是指好本身,而是指具有内在好的事物。根据这种看法,世界中存在多种好的事物,在所有这些事物中,其中一些具有独特性,它们是内在好的。

如果不特别地设想好是实在的,"好"如"红"一样,只是指某种特征,那么所谓"存在内在好"其实不过是指"存在具有内在好的事物"。考察一些学术文献,会发现人们谈到存在内在好时,他的确是指存在具有内在好的事物。不过,"具有内在好的事物"的含义也不是完全清晰的。如一些人把内在好看作与手段好相对的东西,即它是目的的好。他们似乎认定,如果一事物是行为的目的,那么它就拥有内在好或是具有内在好的事物。另一些人则把内在好看作事物仅仅因其具有所谓内在属性而具有的好。还有人则分得更为细致,他们提出,一事物之所以具有内在好,或是由于"它因其自身而被追求或因自身作为一个目的而被欲求";或是由于"其自身本性而不是其他事物的结果或它与其他事物的关系";或是由于这种好属于它的"一非自然的、客观的性质";或是由于这种好"不是被导出的";等等。① 这些看法尽管存在明显的不同,

---

① Paul W. Taylor, *Principles of Ethics*: *An Introduction*, Belmont, California: Wadsworth Publishing Company, 1975, p. 115.

甚至互不一致,但还是有一些共同之处。如抱有此类看法的人通常不认为内在好存在于事物的内部,难以为人认识,尽管它们往往会给人这样的印象。同时他们同意,具有内在好的事物之所以具有内在好,并不与看待的人相关,也不与其他事物相关,而是它本身所固有的,它客观地存在于此事物中。就此而言,这种类型的内在主义属于前面所谈到的客观价值论。当然,客观价值论并不一定是内在主义的。

这种内在主义其实源远流长。无论是在苏格拉底、亚里士多德等古希腊思想家那里,还是在中世纪的基督教思想中,都可发现它。当康德断言善良意志是一种无条件的好的东西时,他无疑也有类似看法。许多当代思想者也抱有类似的看法,它甚至是所谓生态伦理学或环境伦理学的基础。如罗尔斯顿就相信,自然界存在内在价值,它甚至是其环境伦理学的基础。在一些人看来,不管是否承认存在内在价值,讨论价值问题的人都不得不关注它,因为关于价值的"最基本的问题是理解内在价值的本质。……它的一些其他问题都与此相关,是其所产生、所结果、所包含,它的核心问题、它的结论就在于此"①。尽管这种内在主义获得了较为广泛的支持,但它是否合理呢?

显然,如果"好"表达人与某事物之间的关系,一事物是否好与人相关,那就不能说某事物因其自身而具有好,也即根本不可能存在内在好的事物。这一点罗斯说得很明确,他说:"任何将善作为善的事物与其他事物之间关系的看法,都否认事物是内在地善的,因为当我们说某种事物内在地善时,我们指的是即便没有任何别的事物存在,它也是善的。"② 对于这种内在主义,还有一个更为直接的批评,即对什么事物具有内在好存在不同看法。一些人坚持快乐具有内在好,其他事物只是由于可达到它才具有好。另一些人则坚持幸福具有内在好,其他事物只是由于可达到它而具有好。有些人甚至给出了众多具有内在好的事物,如把幸福、自我实现、生命、健康、知识、友谊、自由、安全等中的一种或几种看作这样的事物。梯利就明确表达了这一点,在他看来,内在好是"那由于自身的缘故而被人类普遍追求的东西,它具有绝对的价值,

---

① A. J. 巴姆:《论四种内在价值》,《哲学译丛》1996 年第 Z1 期,第 108 页。
② 戴维·罗斯:《正当与善》,林南译,上海译文出版社,2008,第 134 页。

依赖于不同的内外条件，因民族和时代的不同而互异"，因而不可能对它给出一个详细的描述。① 当然，存在对"内在好"的不同理解以及对"何物具有内在好"有不同看法并不表明内在主义不合理，但这的确会引起人们对它的质疑，同时也将损害基于它的其他思想。如奥尼尔说："'内在价值'一词具有多种含义，而环境伦理学的许多论争就因为这些不同含义的混同而深受其害。"②

或许人们会有疑问：如果这种内在主义存在问题，为何会有那么多人来坚持它呢？这当然是有原因的。那些受苏格拉底或柏拉图思想影响的人，由于接受了第一种类型的内在主义，他们很可能因此而接受这种内在主义。就此而言，这种内在主义可能源于一些不合适的本体论信念。这种内在主义也可能基于对语言使用的某些误解。当人们说"红桌子"时，通常认为红是桌子本身所固有的性质。由于"好"与"红"类似，如也可以说"好桌子"，于是人们认为好也是桌子所固有的性质。不仅如此，在平常的言语中，人们常常说"人的价值"或"文化的价值"甚至"杯子的价值"等。这些说法也可能使人们误以为，人、文化或杯子本身具有价值。

人们接受这种内在主义也可能与他所期望的某些目的相关。一些人相信，合格的伦理理论要能为行为或行为规范提供绝对的、不受人主观任意影响的根据，以便为人的实践提供指引。由于内在主义暗示了一种不因时间、环境甚至人的主观任意而改变的客观的好或好事物，它提供了行为或行为规范的客观基础，因而它看起来能满足这种要求。如生态伦理学家之所以认为自然事物（如环境、动物等）拥有内在价值，就在于他们相信，承认这一点将"使得我们在道德上有了把环境当做目的物来保护的可能"③。这样的看法当然是可疑的。经过长期的思考，人们发现，没有理由要求伦理理论一定要有绝对的根据，实际上，是否存在这样的根据也是可疑的。不仅如此，人们发现，不接受这种内在主义，伦

---

① 弗兰克·梯利：《伦理学导论》，何意译，广西师范大学出版社，2002，第185页。
② 约翰·奥尼尔：《内在价值的多重含义》，《伦理学与公共事务》2007年第00期，第56页。
③ 刘晓华：《论内在价值论在环境伦理学中的必然性》，《哲学动态》2008年第9期，第55页。

理理论也可能给出行为的根据。尽管生态伦理学的目的是保护自然,但越来越多的人注意到,即使不坚持这种内在主义,这种目的也是可能达到的。其实,如果内在主义的确存在问题,它可能使生态伦理学在理论上面临窘境,最终也未必有益于环保事业。

这种内在主义还可能源于思想上的其他混乱。一些内在主义者常常把快乐视为内在好的。其原因在于,其他一些事物之所以是好的,是因为它们能给人带来快乐。如美食之所以是好的,是因为它能给人带来快乐;旅游之所以是好的,是因为它能给人带来快乐;等等。如果这样,这种内在主义者就可能混淆了判定好的标准与内在好的事物。之所以他认为快乐是好的,只是因为他把快乐作为判定一事物为好的标准罢了。这种混淆还可能出现在内在主义者对内在好的其他谈论中。内在主义者常常把安全、生命等当作具有内在好的事物。他之所以如此,其实不过是意识到,一个人只有具有自由意志或具有生命,才能判定某事物是否好。就此而言,生命或生命的保持是判定好的基础,或者说是好存在的基础。然而,这样一来,他可能把判定好的基础与内在好的事物混淆起来了。因为,人们尽管可能因快乐、安全、生命是判定好的标准或基础而把它们当作好的,却不能因此而把它们当作内在好的,除非因此而定义内在好。由此可见,当内在主义者把安全、生命等当作内在好的时,或他在证明存在内在好的事物时,可能把判定好的标准与内在好的事物混为一谈了,或者把欲求者存在的根据或欲求的根据与内在好的事物混为一谈了。

总的来说,断言存在内在好的理由是不充分的,不过,这不表明内在主义完全是不可接受的或不存在内在好。尽管那些支持内在主义的本体论信念并没有充分的根据,但也不必定是错的。语言有各种用法,也许在一些用法中,"好"并不被用作关系词,而是表达事物的特定性质,这种性质的存在不与看待他的人相关。人们甚至可能基于内在主义而构造一种具有一致性的伦理理论。实际上,内在主义在人类认识过程中也起过某些促进作用。尽管如此,我们还是坚持,在目前的认识背景中,它变得越来越难以被接受了。一方面,它所基于的本体论难以与现代人所接受的其他观念相适应;另一方面,与之相关的语言用法也不太常见。长期以来,传统经济学家也常常谈论"使用价值"或"商品价值"之类的语词，在他们看来，这些语词所表达的价值是客观地存在的，它们可以说是一种内在价值。由于内在价值难以为人所认识，它实际成了一个为人任意设想的神秘之物。随着认识的发展，人们越来越清楚地意识到，这种神秘之物不应当存在于严谨的科学领域，它会严重阻碍经济学的发展。当前，经济学家自觉地排除了这种内在主义，伦理学中那些充满浪漫想象的人也应当由此获得某些启发。

第三节　最高价值

存在最高价值是价值论中另一种较为流行的看法。正如内在价值有多种不同的表达一样，人们常常也用诸如"完满价值""终极价值"等来表达最高价值。由于实际存在多种评价词，因而如果存在最高价值，也就可能存在多种类型的最高价值。正是如此，一个人尽管没有使用"最高价值"一词，但如果他谈到并相信存在某种类型的最高价值，如至好（至善）、至美、至诚等，也可以说他相信存在最高价值。人们对"最高价值"也有不同理解。就至好而言，它可指一种好的类型。根据这种看法，好是一类实际存在的事物，并可被区分为不同类型，而其中一种即是至好。由于对至好的这种理解可能要求一种不常见的本体论，同时也可能混杂了一些对语言的误用，它实际是不太常见的，因而在此不多加讨论。另一种理解则认为，世界中存在多种好的事物，在这些事物中，有一些事物比其他事物更好，它们甚至是最好的或是至好的。一般所谓的至好就是指这种类型的好。

相信存在内在价值的看法与相信存在最高价值的看法有密切的相关性。就"至好"而言，如果它是指好的一种类型，则尽管不是所有内在好都是至好，但至好很可能是内在好。亚里士多德就曾说："不言而喻，这一为自身的目的也就是善自身，是最高的善。"[①] 即使把至好看作具有至好的事物，它们之间的这种相关性也是明显的。一般来说，由于那不是内在好的事物往往是达到其他事物的手段，它因其他事物而为好，因而如果至好是指具有至好的事物，则那不是内在好的事物就不太可能是

[①] 苗力田主编《亚里士多德全集》第八卷，中国人民大学出版社，1997，第4页。

至好的。实际上，许多人相信，存在众多具有内在好的事物，它们之间存在一种等级序列，而至好的事物是处于这一序列中最高的事物。很明显，在这种看法中，至好的事物必定是具有内在好的事物。尽管如此，由于相信存在至好事物的人不一定相信存在具有内在好的事物，反过来也是如此，因而相信存在具有内在好的事物并不是相信存在至好事物的条件。

由于内在价值与最高价值密切相关，因而可以预料，相信存在最高价值的看法与价值论中的内在主义一样历史悠久。实际上，在从古到今的伦理学或其他相关的经典著作中，"至好"一词屡见不鲜。中国古代典籍《大学》有言："大学之道，在明明德，在亲民，在止于至善。"①古希腊人赫西俄德说："亲自思考一切事情，并且看到以后以及最终什么较善的那个人是至善的人，能听取有益忠告的人也是善者。"②柏拉图则多次提到至善和至善者。他说，"创造主必定注视永恒者，因为这个宇宙是一切被造事物中最美的，而在一切原因中，创造主是最善的"，"至善者的行为决不会是最不美的，或曾经是最不美的"③。西方中世纪的宗教神学中更不缺乏对至好的思考。神学家普遍承认，神就是至好的事物。在近代，康德则明确指出："纯粹实践理性必须把至善必然地表象为可能的。"④

断言存在最高价值或具有最高价值的事物是否合理？对此首先要指出的是，就至好而言，人们之所以相信诸如此类的看法，很可能与"好"的一些特殊用法相关。在语言交流过程中，"好"有一个重要特征，即它具有比较级与最高级，也即有"更好""最好"之类的说法，如可以说"这个苹果比那个更好""在座的所有人中，他的成绩是最好的""仁慈是最好的品质"，等等。如果一个人发现，在众多事物之中，其中一事物比其他事物更好，也即它是所有这些事物中最好的，如他发现一堆苹果中有一个最好的苹果、一个班上有一个成绩最好的学生、众多行为中有一种最好的行为等，那他就可称此事物是最好或至好的事物，

---

① 《大学》，载朱熹《四书章句集注》，中华书局，2011，第1页。
② 赫西俄德：《工作与时日·神谱》，张竹明、蒋平译，商务印书馆，1997，第10页。
③ 《柏拉图全集》第三卷，王晓朝译，人民出版社，2004，第280~281页。
④ 康德：《实践理性批判》，邓晓芒译，人民出版社，2003，第163页。

有时甚至直接地称之为至好。显然，对他来说，存在至好或存在具有至好的事物便是理所当然的。不过，一个人在做出诸如"最好的苹果""成绩最好的人""最好的行为"等表达时，这实际是他在特定类型的事物中进行比较的结果。一般而言，这些特定类型的事物常常是具体的、有限的事物，也即这种至好是相对于特定类型的事物的。

尽管出现在日常语言中的"至好"常常与特定类型的事物有关，但伦理学家可能超越这种用法。实际上，出现于伦理学中"至好"的含义与日常用法中"至好"的含义不完全相同。朱熹就曾说："凡曰善者，固是好。然方是好事，未是极好处。必到极处，便是道理十分尽头，无一毫不尽，故曰至善。"[①] 朱熹在此所谈到的"至善"便与日常语言中的"至好"不同，它是极致之好。日常语言中的"至好"是在特定领域中比较的结果，它未必是极致的好。实际上，与其他事物相比，日常生活中的事物都似乎存在缺陷，都难以说达到了极致之好。朱熹所说的"至善"，即使不是针对世界中的所有事物，也是针对范围极大领域中的事物（如所有的行为）。如果不是所有，至少多数伦理学家在谈到"至好"时，他们所想象的它的含义大体类似于朱熹所谈到的含义，而不太等同于它在日常生活中通常所表达出来的含义。

伦理学中的这种谈论尽管不太常见，却也并非全然没有根据。一些事物之所以属于同一类型，当然与它们所固有的某些性质有关，但也与人们看待它们的方式有关。如根据某种看待方式，一些事物是同一类型；根据另一种看待方式，它们并不是同一类型，而分别与其他事物属于同一类型。可见，一事物属于何种类型有时不是很确定的。也正是由于这一点，人们可以超越事物的特定类型来谈论"至好"。如果一个人只愿意花五元钱的代价来换取那个苹果，而同时却愿意花十元钱的代价来换取那把小刀，这时他就把苹果与小刀看作同一类型，并对它们进行比较了。对他来说，比较的结果就是：小刀是更好的。对一个人来说，世界中的许多事物都是好的，但它们的好各不相同。正是如此，他可对它们做出比较，在其中发现至好的事物。果真如此，人们就可不局限于特定的范围来谈论"至好"，而可在极大范围（如所有行为、所有理想）中

[①] 黎靖德编《朱子语类》，中华书局，1986，第267页。

谈论它了，甚至可以针对整个世界而断定存在至好或具有至好的事物了，尽管他常常不做出如此的断言。

不仅如此，伦理学家也可以为了特定的目的而赋予"至好"以其他不同的含义。康德就曾指出："至高这个概念已经包含有一种歧义，这种歧义如果我们不加重视就会引起不必要的争执。至高的东西可以意味着至上的东西，也可以意味着完满的东西。"在他看来，"至善"也有两种含义，即"至上的善"与"完满的善"①。康德的这种区分自有其理论上的考量，但如果从"好"的日常用法来看，这种区分并不是必要的，甚至可能产生某些误解。评价一个事物是否好，当然可从不同方面来做出判定，并且由此可区分不同类型的好。由于可根据一个苹果的大小、味道、颜色等不同方面来判定它的好与坏，因而只要人们愿意，也可区分苹果的不同类型的好，如大（方面）的好、香（方面）的好、红（方面）的好等。实际上，如果按康德所设想的那样，可以区分出"至上的善"与"完满的善"，那也可区分出其他的至好。如就人而言，可能区分出至仁的好、至诚的好、至真的好、至勇的好等。不过，由于断言一事物是否好是根据它所具有的多种客观特征而获得的一个综合性判定，因而区分不同的好不仅是不必要的，甚至可能引起各种歧义，如可能让人误以为，这种断言仅仅是根据事物的某一特定客观特征来确定的。

伦理学家之所以关注那极致之好的"至好"，很可能是由于他认识到，具有至好的事物通常是许多行为追求的目的，也即人生目的，它甚至是终极的人生目的。由于种种原因，伦理学家似乎不太关心特定个人所接受的至好，而关心某一社会群体或甚至所有人都接受的至好。在他那里，至好是人类的，或至少是由众多人所组成的社会群体的，而不只是个人的。如康德就提出："有理性的存在物的每个物种在客观上，在理性的理念中，都注定要趋向一个共同的目的，即促进作为共同的善的一种至善。"② 由于在众多事物中，甚至在所有事物中进行比较时，很难给出一个人人都接受的、可判定是否好的标准，因而有理由认为，难以确定那为人人都接受的至好。的确，由于人是自由的，一个人接受某一目

---

① 康德：《实践理性批判》，邓晓芒译，人民出版社，2003，第151~152页。
② 康德：《纯然理性界限内的宗教》，李秋零译，中国人民大学出版社，2012，第85页。

的是一件极具主观性的事情，认定所有人实际会接受同一终极目的或至好显然是可疑的。实际上，不仅不同的人所接受的至好的事物并不相同，甚至同一个人在不同时期所接受的至好的事物也不一致。在平时，一克黄金比一桶水更好，但对在干涸沙漠中濒临死亡的人来说，后者可能更好。总的来说，尽管就个人而言，断定存在至好或具有至好的事物有其合理性，但在一特定社会中，断言存在为所有人共同接受的终极目的或至好并不可信。

尽管为所有人共同接受的终极目的或至好看起来实际不存在，却不能阻止伦理学家谈论"至好"。他依然可把它当作所有人都应当接受的人生目的。不过，如果如前面所谈到的，那种认为人们应当接受某些人生目的乃至某种终极人生目的的看法是不切实际的，那么以这样的方式来谈论"至好"时，它往往也是不切实际的。在思考过程中，伦理学家当然可以自由地选择使用某些术语，并赋予它们某些与众不同的含义，只是如果他希望其思想能更好地指引实践，对现实生活产生影响，那就有必要尽可能尊重语言的日常用法。就"好"而言，尽管人们可以基于个人的主观意愿而谈论"至好"或"具有至好的事物"，这种谈论在日常语言中的确可获得基础，不过，如果不注意这种谈论的限度，赋予"好"诸多异于日常用法的含义，那么他们由此获得的伦理学不仅没有现实基础，也难以获得众人的接受，甚至对实践产生不利影响。实际上，这种谈论可能会产生诸多混乱、误解以及难以解答的困惑，对伦理学的发展也是不利的。

对特定个人来说可以谈论"至好"或"具有至好的事物"，那是否可以谈论其他的最高价值或具有最高价值的事物呢？其他一些评价词，如"美""勇敢""诚实"等与"好"一样，也具有比较级、最高级，它们也有程度之分。一般认为，就"美""勇敢""诚实"等语词或它们所表达的价值而言，自然可以谈论其最高价值或具有最高价值的事物。不过，由于"正当""应当"等评价词没有比较级、最高级，对于它们，可能就难以谈论其最高价值与具有最高价值的事物了。也许有人会提出，评价词是否具有比较级、最高级，这只是一种语言习惯，在某些语言表达中，也可能存在诸如"比较正当""最正当"或"比较应当""最应当"之类的说法。因而有必要认为，所有类型的价值都有最高价值。这样的看法固然是有道理的，人们甚至也可能找到如此使用这些语词的实例。不过，由于这样的看法以及诸如此类的语言表达并不常见，这里不打算对此做过多关注。

第四节　是与应该

价值语句不仅体现了人们对事物的评价，也指引人行为的方向，因而价值语句在实践中是重要的。人们接受价值语句的标准是什么呢？许多伦理学家相信，只有基于事实才能断言一个人所接受的价值语句是否有根据。通常把这种价值语句要从事实中获得根据的看法称为自然主义。自然主义以及与之类似的看法在伦理学中有悠久的历史。从古希腊的德谟克利特与伊壁鸠鲁的伦理学到近代沙夫茨伯利、哈奇逊等人的情感主义以及功利主义，从现代的进化论伦理学、生态伦理学到元伦理学，都带有这种看法的痕迹。

尽管这种自然主义在伦理学中有较大的影响，但也遭到了众多质疑。休谟就曾提出，人们在讨论伦理学时常常作了一个未曾注意的巨大跳跃，即从由"是"等联结词联系起来的语句推出由"应该"等联结词联系起来的语句。[①] 在休谟那里，由"是"等联结词联系起来的语句表达并断定世界，它们是表达事实的陈述句。为简便计，有时也称之为事实语句。由"应该"等联结词联系起来的语句是规范语词，它们同时也是价值或价值语句。休谟强调，由"应该"等联结词联系起来的语句表达了一种新的关系，它们不同于由"是"等联结词联系起来的语句所表达的关系。这两类语句有根本的不同，不能完全从后一类语句推出前一类语句。如果把休谟的看法推广开来，那就是：不能完全从事实语句推出价值语句。一般认为，休谟所要表达的正是这样的看法。显然，休谟的看法如果成立，那无疑是对自然主义的一种反对。

为了更典型地讨论事实语句与价值语句的关系，这里先集中关注由"是"等联结词联系起来的语句与由"应该"等联结词联系起来的语句的关系。为了简便，可称由"是"等联结词联系起来的语句为"是"语

---

① 休谟：《人性论》，关文运译，商务印书馆，1996，第509页。

句,而称由"应该"等联结词联系起来的语句为"应该"语句。① 许多人提出,休谟的看法是不能成立的,可从"是"语句推出"应该"语句。他们提出的一个理由就是,由于一个假语句能推出任何语句,因此一个假的"是"语句可推出一个"应该"语句。如从"王浩不是人并且王浩是人"可能推出"王浩应该诚实",也即可从"是"语句推出"应该"语句。他们提出的另一个理由是,任何语句都可推出一个逻辑真的语句,因此可从"王浩是人"推出"或者王浩应该不说谎,或者王浩应该说谎"。如果后一语句是"应该"语句,这也就构成了对休谟看法的反对。同时,逻辑中析取规则表明,任何语句都能推出它自身与任一其他语句析取所构成的复合语句,如可从"王浩是人"推出"王浩是人,或者王浩应该诚实"。如果后一语句是"应该"语句,则也表明休谟的看法是可疑的。

断言上述实例构成了对休谟看法的反对显然还为时过早。仔细观察上述实例,会发现其中的结论所包含的"应该"语句都可用与之相矛盾的"应该"语句替代,而作了这种替代之后的结论依然可能从前提中推出来,因而结论所包含的"应该"语句实际可用一个无特定意义的空洞符号代替,也即那些"应该"语句只是空洞符号的一种替代而已。当人们断言可从"是"语句推出"应该"语句时,此时的推出是指结论中的"应该"语句可从前提中获得实质性的支持,它能为人们接受此"应该"语句而不接受另一"应该"语句提供认识论根据。如果一语句以及与之相矛盾的语句都能从一组语句中获得根据,那么该组语句便不能为结论提供实质的支持,不能为它提供认识论根据。不仅如此,人们还可发现,当前提中的事实语句用其他与之不同甚至相反的事实语句来替代时,结论中的"应该"语句依然可成立。这实际表明,实例中作为前提的事实语句没有给结论中的"应该"语句提供认识论根据。显然,休谟所说的推出是从认识论上而言的,而不仅仅是从逻辑学上而言的。② 由于上述实例中的推出与休谟所说的推出有根本的不同,因而不能把它们看作对

---

① 尽管"应当"与"应该"有某些细微的区别,但就这里所关注的方面而言,它们没有太大的区别,因而没对它们做区分。
② W. Sinnott-Armstrong, "From 'Is' to 'Ought' in Moral Epistemology", *Argumentation*, 2000, No. 14, pp. 159 – 174.

休谟看法的反对。此外，就上述的第二、第三实例而言，结论中的语句尽管包含了"应该"语句，但它其实是包含"应该"语句的复合语句。此复合语句是否为"应该"语句是有争议的。一事物的某一部分具有某特征，并不表明包含它们的整体也具有相同的特征。复合语句中包含"应该"语句，并不表明此复合语句就是"应该"语句。

不过，上述反例的确提供了质疑休谟看法的一条基本思路。如果能找到从"是"语句推出"应该"语句的实例，则将表明休谟的看法是成问题的。是否可能不完全基于空洞的逻辑根据，而从"是"语句中找到接受"应该"语句的认识论根据呢？对此，人们提出了许多充满智慧的反例。一个被广泛讨论的反例是塞尔所提出的。塞尔提出，考虑如下系列语句：1. 琼斯说出"史密斯，我在此承诺付给你五美元"这样的语句；2. 琼斯承诺付给史密斯五美元；3. 琼斯自己承担了付给史密斯五美元的义务；4. 琼斯受到付给史密斯五美元义务的约束；5. 琼斯应该付给史密斯五美元。这些语句之间存在推理关系，也即可从语句1推出语句2，可从语句2推出语句3，可从语句3推出语句4，而后者又可推出语句5。① 其中语句1尽管没有包含"是"，但它可能重述为包含"是"的语句，而语句5是"应该"语句。可见，如果它们之间存在推理关系，那就表明可从"是"语句推出"应该"语句。

塞尔显然不认为能直接从语句1推出语句2，由语句2推出语句3等。在他看来，为使这种推导能完成，还需要在它们之间添加一些前提。但他说，所添加的前提是"是"语句，而不需要包含"应该"语句，因而从语句1到语句5的推导过程依然可看作一个从"是"语句推出"应该"语句的过程。如他说从语句1推出语句2需要添加的前提是：说话者在听者面前，说话者与听者都是清醒的，他们都是认真的，等等。在这些语句所表达的条件中，说话者如果说出"我承诺付给史密斯五美元"这样的话，那他就做出了一个承诺，即承诺付给史密斯五美元。从语句2推出语句3需要添加的前提是：所有承诺都是使自己负有做所承诺之事的义务的行为。当然，由于这一前提实际是承诺的定义，因此从

---

① 塞尔：《怎样从"是"中推出"应该"》，载万俊人主编《20世纪西方伦理学经典》（Ⅰ），中国人民大学出版社，2004，第498页。

语句 2 到语句 3 实际是一个逻辑重言式的例示。

　　这里不能详尽分析塞尔的反例,而只简单地指出两点。首先,即便加上塞尔所提供的条件,他断言从语句 1 可推出语句 2 也是没有根据的。具体来说,琼斯说出"史密斯,我在此承诺付给你五美元",并不表明琼斯承诺付给史密斯五美元。正如琼斯说出"2 + 2 = 5"不表明"2 + 2 = 5"确实是真的一样。如果塞尔断言,由于语句中包含了某些特定的语词,如"承诺",因此可以做出这样的推论,也即接受这样的条件:尽管某人说出 P 时不表明 P 为真,但如果 P 中包含某些如"承诺"之类的语词,则当某人说出 P 时,P 为真。那么很显然,此条件不是一个人人都必须接受的前提,而是塞尔提出并要求他人接受的一个规定。如此一来,塞尔在从语句 1 推出语句 2 时,他暗中接受了某些由"应该"语句表达的前提,他不完全是从事实语句开始的。其次,塞尔相信可从语句 2 推出语句 3 也是可疑的。在塞尔那里,这种推出基于对承诺的某种定义,然而,这种定义不一定被广泛接受。尽管某人承诺做某事,但人们也可以说,做某事并不是他的义务。如 A 承诺帮助某人,由于被帮助者是在逃犯,因此人们可能说:尽管 A 对那人做出了承诺,但他并没有帮助那人的义务。如果塞尔上述定义不是人人必须接受的,而只是他提出并要求他人接受的一个规定,则也可以说,在从语句 2 推出语句 3 时,塞尔也暗中接受了某些由"应该"语句表达的前提,他不完全是从事实语句开始的。

　　内尔森(Nelson)也曾提出一个反例。他指出,从前提 1"达里尔的所有信念都是真的"和 2"达里尔相信伯蒂应该与玛德雷结婚(或伯蒂应该与玛德雷结婚是达里尔的信念)"可以推出结论:伯蒂应该与玛德雷结婚。[①] 内尔森相信上述实例是一个逻辑有效的推理。由于此推理中的前提由"是"语句构成,而结论是"应该"语句,因而它表明,可从"是"语句推出"应该"语句。仔细考察内尔森所提出的反例,会发现它其实也是存在困难的。在日常用法中,"信念"可能指某种心理状态,也可能指基于某种心理经验而提出的语句。一般来说,只有语句才有真

---

① M. T. Nelson, "Is It Always Fallacious to Derive Values from Facts?", *Argumentation*, 1995, No. 9, pp. 553 – 562.

假，而存在物无所谓真假。因而当内尔森提出"达里尔的所有信念都是真的"时，他所说的"达里尔的所有信念"应当是包含众多语句的集合，尽管这些语句表达了某种心理经验或基于某种心理经验。由于在此语句集合中，内尔森没有特别地排除"应该"语句，因此也就没有理由认定它们全是"是"语句。实际上，当他把"伯蒂应该与玛德雷结婚"当作信念时，他所理解的信念是很可能包含"应该"语句的。如果这样，他的反例就没有构成对休谟看法的真正反对。

有种看法提出，尽管不能完全从"是"语句逻辑地推出"应该"语句，但可能存在不同于逻辑推理的其他推理，可依据它从"是"语句推出"应该"语句来。这种推理的确是存在的，这就是所谓的实践推理。①实践推理一般具有如下的形式：1. 某行为者 A 意图获得某事物；2. 要获得某事物，除非 A 做某事；因此 3. A 应该做某事。如你要去买一件衣服，而只有商店里才有衣服卖，因此你应该到商店去。又如任何人不希望伤害他人，偷盗会伤害他人，因此任何人都不应该偷盗。亚里士多德在其伦理学中也曾提出过如下的推理：大前提"一切甜的东西应该美味"，小前提"这是个甜东西"，那么通常有行为同时发生，或由此得出的结论具有一种现实的力量，这种力量就如"应该去品尝它"一样促使人们去做某种事。② 亚里士多德所提出的这种推理无疑类似于或就是此处所说的实践推理。

在上述推理过程中，由于从前提不能逻辑地获得结论，因此不是逻辑推理。这一点可以更明显的方式显示出来。如果接受如下的认知规则，即某人意图 P，P 蕴含 Q，则某人意图 Q，那么从上述的前提 1 与前提 2 可逻辑地推出：A 意图做某事。很显然，A 意图做某事与 A 应该做某事是不同的。可见，即便接受上述的认知规则，从前提 1 和前提 2 也不能推出"A 应该做某事"的结论。实际上，如下的说法是不矛盾的：A 意图做某事，但他确实不应该做它。如可以说，王浩意图偷盗，但他不应该做它。如果这样，上述的推理要有效，就还需要加上一些前提，如要加上前提：如果 A 意图做某事，那么 A 应该做某事。很明显，这一前提

---

① W. K. Frankena, "Ought and Is Once More", *Man & World*, 1969, Vol. 2, No. 4, pp. 515 – 553.
② 苗力田主编《亚里士多德全集》第八卷，中国人民大学出版社，1994，第 144 页。

确立了从"是"语句到"应该"语句之间的跳跃。顺便指出，正如"强盗逻辑""资本逻辑"的说法可能会使人们对"逻辑"产生误解一样，由于实践推理不完全基于严格的演绎关系，因此把它看作一种推理也可能会引起误解。

通常认为，"是"语句对世界有所断定，它描述客观世界，试图对它有所断定。与之不同，"应该"语句并不断定世界，相反，它试图对行为做出评价，并由此对行为者发出命令、提出要求、进行劝阻。由于"是"语句与"应该"语句之间存在根本的不同，从根本上难以完全从"是"语句推出"应该"语句，因而尽管休谟的批评者还可能提出新的反例，但可以预料，它们都难以给出真正有效的批评。有必要指出，不仅难以完全从"是"语句中推出"应该"语句，在某种意义上，也难以完全从"应该"语句中推出"是"语句。对此有人可能会提出异议。他们指出，"应该"语句往往具有某些预设，它要有意义或要能在实践中产生作用，这些预设就要有意义，它们甚至是真的。如"你不应该迟到"预设"你迟到"；"你应该把车开回家"预设"你有一辆车"、"你有家"以及"你不把车开回家"；而"神应该爱世人"预设"神存在""神不爱世人"等。更一般地说，"A 应该给 B 某对象 C"就预设"A、B、C 是实在的""A 是一个有行为能力的主体"等。如果这样，就可从"应该"语句中推出"是"语句了，如可从"A 应该给 B 某对象 C"推出"A、B、C 是实在的""A 是一个有行为能力的主体"等。①

这种看法当然也是可疑的。可以看到，"应该"语句对它做了何种预设通常没有明确的指示，不同的人对此可能有不同的看法。这样一来，即使从"应该"语句可推出"是"语句，推出何种"是"语句也不是明确的。实际上，在许多情况下，人们基于一些"应该"语句所设想的预设都或多或少融入了个人的某些主观想象。就"你应该把车开回家"而言，它其实没有预设"你有一辆车""你有家"，而只是表明：如果"你有一辆车"，并且"你有家"，那么"你应该把车开回家"。如果的确如此，那就不能由"你应该把车开回家"而推出"你有一辆车""你有家"

---

① J. L. A. Garcia, "Are 'is' to 'ought' Deductions Fallacious? On a Humean Formal Argument", *Argumentation*, 1995, No. 9, pp. 543 – 552.

等了。当然，人们可能加上某些前提，从而使得上述语句之间存在一种推理关系。如加上前提"如果一个语句包含 X，而此语句是可接受的，那么 X 表达了实在世界中的某对象"时，人们可根据它与"A 应该给 B 某对象 C"，可逻辑地推出"A、B、C 是实在的"等。然而，由于此前提是"是"语句，因而此推理过程中的结论已不完全是从"应该"语句推出来的了。

当然，从某种角度看，基于"应该"语句，毕竟还是可推出某些"是"语句的，如从"A 应该给 B 某对象 C"中可以推出：此语句包含了 A、B、C 等语词，此语句包含了"应该"一词，等等。不过，这些语句究竟是推出来的，还是"A 应该给 B 某对象 C"显示出来的，这是存在争议的。如果排除这种从"应该"语句中直接显示出来的一些"是"语句，大体也可以说：难以完全从"应该"语句中推出"是"语句。基于诸如此类的理解，断言"是"语句与"应该"语句之间存在逻辑分界是合适的。其实，坚持这样一种分界不仅是有秩序地理解世界所必需的，也事关人的尊严。如果这种推理是可行的，那么对事物的评价，对行为者的命令、要求、劝阻等就都可由事实语句来决定，而与人的自由无关了。如此一来，人的自由甚至无处安放。

尽管不能完全从"是"语句推出"应该"语句，或甚至可以说，不能完全由"应该"语句推出"是"语句，但两类语句之间依然有紧密的相关性。作为语句，"应该"语句除了包含"应该"之外，还包含其他实词，这些实词表达世界，呈现出世界中各种事物之间的关系。显然，只有对它们有所了解，才能理解"应该"语句。由于对它们的这种了解要通过"是"语句表达出来，因而对"应该"语句的理解理所当然地要依赖于"是"语句。西季威克就明确地指出了这一点。他说："在任何理论中，我们关于应当的观点的具体内容，都必然主要地来自我们对是的理解；我们都只有通过仔细研究实际现象才能透彻地了解实现我们理想的手段。"①

不仅对"应该"语句的理解要依赖于"是"语句，对"是"语句的理解也要基于"应该"语句。人们利用语言进行交流，并表达世界。语

---

① 亨利·西季威克：《伦理学方法》，廖申白译，中国社会科学出版社，1993，第 26 页。

言不是一个外来物，它创生于相互交流的人们之间。一个人只要希望与他人进行交流，希望学会使用这种语言，他就必定要与接受此语言系统的其他人达成某些共识，就必定要接受某些相关的语言规范。如要接受诸如"应该用此语词来表达此种含义""不同语词之间应该如此联结""要有效地表达思想，应该如此这般排列语句"等"应该"语句。他不能自行其是。在交流过程中，一个人也许不必接受任何特定的"应该"语句，但必定得接受某些"应该"语句。他通过这些"应该"语句所建立起来的语言规则表达世界，它们是人们进一步认识事物的基础，也是认识共同体中的人们达成共识的起点。显然，此时作为认识基础的"应该"语句表达的不是一种事实，而是事实的基础，它给出了使用语言的规则。在这个意义上，任何"是"语句都隐含了"应该"语句。

第五节 事实与价值的一般关系

在讨论事实与价值之前，首先需要说明的是，在伦理学或其他实践科学中，人们谈到事物与价值以及它们之间的关系时，其实谈论的是事实语言与价值语言以及它们之间的关系。事实与价值可能同时与某一语言符号相关，甚至为它所表达，因而此语言符号既可被当作事实语言，也可被当作价值语言。如此一来，事实与价值之间的区别就不等同于事实语言与价值语言的区别了，而事实与价值之间的关系也不等同于事实语言与价值语言之间的关系了。要清晰地谈论此论题，自然有必要注意到这种区别。传统伦理学由于没有注意到这一点，出现了诸多混乱。为了表达方便，这里有时也把事实语言简单地称为事实，把价值语句简单地称为价值。这样做当然会出现一些混淆，不过，只要联系上下文，这种混淆是容易被消除的。

价值语句不只包含"应该"语句，还包含其他语句。如果不能完全从"是"语句推出"应该"语句，是否可以一般地说，不能基于事实语句推出价值语句呢？谈到这一点时，有必要一般地了解评价词与描述词的关系。正如前面所表明的，基本的评价词（如"好""正当""应当"等）具有描述含义或描述性，那些不那么基本的评价词（如"诚实""勇敢"等）更是如此。在此不可忽视的是，描述词通常也具有评价含义或评价性。人们在使用某些语词来描述事物时,有时会难以避免地带有个人的主观性,会对它做出评价,从而使得这些语词具有评价性。如人们用"伤害"一词来描述某事物,做出诸如"他伤害了他的朋友"之类的表达时,它就明显地具有评价性。一些人可能提出,这些词本来就不是描述词,而是评价词,故而由此来断言描述词具有评价性并不是合适的。有理由表明,那些通常被认为是描述词的语词(如"表""眼睛"等)也具有评价性。如人们在使用"表"来描述世界时,他实际就承诺了"应当如此使用表"的要求,因而"表"在描述世界时也就自然地具有了评价性。在麦金太尔等人看来,人们在使用"表""眼睛"等词时,甚至已承认这些词包含了"好表""好眼睛"的含义。由于这些词不能脱离"好表""好眼睛"而被限定,因而它们包含了评价性。那些表达社会角色的描述词,如"农夫""琴师"等也是如此。[①] 正是基于诸如此类的理由,一些人相信,没有纯粹的描述词,任何描述词都具有评价性。

在语言实践中,如果评价词具有描述性,描述词具有评价性,既没有纯粹的描述词,也没有纯粹的评价词,那就难以对事实语句与价值语句做出严格的区分了。这样一来,不仅难以断言不能完全由事实语句推出价值语句,也难以有根据地谈论事实与价值的关系或事实语句与价值语句的关系,甚至谈论事实语言与价值语言也变得没有太多的意义了。这种指责是否合理?要回答上述问题,首先要指出的是,语言实践是丰富多样的,人们可能通过多种方式来使用语言,或对它做出不同的理解。一个人所接受的对某语言的理解不太可能适用于所有场合,也不太可能为所有人接受。设想对一语词的某种理解较为少见,它只为某些人或少数人所接受,而对此语词还有其他与之不同甚至不一致的理解,并且它为众多人所接受。对于这两种理解,何者更为合理呢?或何者更值得人们接受呢?

通常难有理由表明,那只为少数人接受的理解是不合理的,而为多数人接受的理解则是合理的。当然,与之相反的看法也难以说是有根据的。对于我们来说,正如前面已表明的,尽管有必要给予那只为少数人所接受的理解以足够的尊重,但更倾向于接受那些为多数人所接受的理

---

① A. 麦金太尔:《德性之后》,龚群、戴扬毅译,中国社会科学出版社,1995,第74页。

解。如果这样，就不能因那只为少数人所接受的理解而改变对某语词的理解，甚至改变对语词的基本看法。具体来说，尽管麦金太尔相信，不能脱离"好表""好农夫"而来限定"表""农夫"，但并不是所有人都抱有类似的看法。麦金太尔对语词的这种理解甚至也不是一种流行的看法，它可能只是他对"表""农夫"等的一种特殊理解。其实，人们完全可能根据一事物的材料、形状或某些其他特征来确定它是不是一块表，而不一定如麦金太尔等人所认为的那样，在确定一事物是否为表时，要基于对"好表"的认识。如果接受这样的看法，那么在使用"表"时就不需要由此而认定它具有评价性了，更不需要由此认定所有描述词都具有评价性了。考虑到语言用法上的多样性，如麦金太尔等人所做的那样，在理解描述词时植入个人评价是值得尊重的，这种做法在某些文学表达或人文学者的思想中可能获得意想不到的效果，但在严谨的科学研究中，它并不值得提倡。

尽管可以一般地说，评价词具有描述性，描述词具有评价性，但人们在断言一语词是评价词时，并不是指它具有一般的评价性，而是指它具有某些特殊的评价性。同样，断言一语词是描述词时，也不是指它具有一般的描述性，而是指它具有某些特殊的描述性，也即此处所谈到的评价性与描述性具有特殊性。从如下事例就可明了这一点。人们在使用任何语词时，都包含"应当如此使用它"的要求，就此而言，任何语词都具有评价性。不过，由于这种评价性不与特定语词有关，它普遍地存在于任何语词中，因而在确认一语词是否为描述词或评价词时，就不必甚至也不能把它考虑在内，否则将使得对描述词与评价词的区分没有意义。如尽管人们在使用"表"一词时包含了"应当如此使用表"的要求，"表"在某种意义上具有评价性，但由于这种评价性是任何语词都具有的，因而在确定"表"是否为纯粹的描述词时，并不把这种评价性考虑在内。

同样，尽管评价词具有描述性，但如果这种描述性是任何语词都具有的，在确认一语词是否为评价词时，也不必甚至不能把它考虑在内。前面曾指出，一事物是否好，要根据此事物的某种客观特征来确定。就此而言，"好"具有描述性。然而，不仅"好"具有这种描述性，几乎任何语词都具有这种描述性。一符号要成为语词，它就要有某种客观的含义,含义的客观性通常要基于事物的某些客观特征体现出来。人们也正是通过事物的这些客观特征来理解它,来确定其含义的。由于这些客观特征可通过某些描述词来表达,因而任何语词都具有这种描述性。果真如此,为了区分评价词与描述词,即使一评价词具有这种描述性,也不能因此认为它不是纯粹的评价词。

当然,还是可能存在如下的情形:某些语词在描述事物时,的确做出了某种评价,它既具有描述性,也具有评价性。无论是描述性还是评价性,都不只是某些人或少数人的独特理解,而是流行的、为众多人所接受的理解。不仅如此,无论是描述性还是评价性,都不是所有语词都具有的,而只与特定语词有关,甚至只与使用此语词的特定语境有关。"他伤害了他的朋友"中的"伤害"与"日本侵略了中国"中的"侵略"大体就是这样的语词。在这两个语句中,"伤害""侵略"描述了某些事物,如"伤害"描述了他与他的朋友之间的某种关系,"侵略"描述了日本与中国之间的某种关系,因而它们具有描述性。它们也明显具有评价性。对于"伤害""侵略"而言,无论是其描述性还是其评价性,都不只是某些人或少数人的独特理解,而是流行的、为众多人所接受的理解。同时,这种描述性与评价性也不是所有语词都具有的。因而它们似乎既不是纯粹的描述词,也不是纯粹的评价词。如果这样,包含它们的语句(如"他伤害了他的朋友""日本侵略了中国"等)是事实语句还是价值语句呢?如果不能对它们做出严格的区分,是否就不能有根据谈论它们所包含的事实与价值的关系或事实语句与价值语句的关系了呢?

如果"伤害""侵略"等的确是不纯粹描述词或不纯粹评价词,那自然难以把包含它们的语句区分为事实语句与价值语句。即使如此,也不因此而不可谈论这类语句所包含的事实与价值的关系,也不因此而不可谈论与之有关的事实语句与价值语句的关系。只是要清晰而有效地谈论这种关系,需要对这类语句进行重构。具体来说,就是要在特定的语境中,把这类语词的描述性与评价性区分开来,从而把包含它的语句分解为只包含纯粹描述词与纯粹评价词的语句。由于可清晰地确定那些只包含纯粹描述词与纯粹评价词的语句是否为事实语句与价值语句,一旦做了这样的重构,也就可能谈论它们之间的关系了。就"他伤害了他的朋友"而言,在特定语境中,可把"伤害"中的描述性与评价性区分开,从而把此语句分解为多个只包含纯粹描述词与纯粹评价词的语句。如上述语句可分解为如下的语句:"他对他朋友说了某些话""他的话导致他的朋友具有了某些情绪""这些情绪对他朋友的生活有不好的影响"等。如果"他对他朋友说了某些话""他的话导致他的朋友具有了某些情绪"中不包含评价词,其中的描述词是纯粹的,则可把它们看作事实语句。如果在"这些情绪对他朋友的生活有不好的影响"中所包含的评价词"好"是纯粹的,则可把它看作价值语句。显然,如此一来,就可较为清晰地了解"他伤害了他的朋友"中所包含的事实、价值以及它们之间的关系了。

当然,上述重构要有意义,还需要接受一个前提,即存在纯粹描述词与纯粹评价词。如果根本不存在纯粹描述词与纯粹评价词,那么即使一个语句能分解为其他一些语句,就区分事实语句与价值语句来说,它依然没有意义。是否存在纯粹描述词与纯粹评价词?一般认为,对此的回答是肯定的,如"表""太阳""圆的"等就是纯粹描述词,而"好""坏""美""应当"等则是纯粹评价词。实际上,多数自然科学家承认,存在纯粹描述词。他们甚至提出,在科学研究中要尽可能使用纯粹描述词,而排斥那些不纯粹的、含有评价含义的描述词。存在纯粹评价词的看法其实也是常见的。当摩尔断言"好"是不可定义的,它是单纯的时,他是认定存在纯粹评价词的。当威廉姆斯把"仁慈""诚实""勇敢"等与"好""正当"等区分开,称前者是"厚的伦理概念",而称后者为"薄的伦理概念"时,他似乎也相信存在纯粹评价词。在斯蒂文森那里,情感词大致类似于这里所说的评价词。尽管他注意到,纯粹情感词和纯粹描述词都是很少的,一个语词的描述意义与其情感意义相关,而大多数语词都只有部分独立的情感意义,但他指出,"情感意义无论在何种程度上都不是描述意义的功能,而且二者中每一方都可离开对方继续存在,或不受对方变化的影响"[①]。可以说,斯蒂文森也相信,在特定的情境中,语词的描述性与评价性是能区分开来的,也即存在纯粹描述词与纯粹评价词。当然,正如理论术语与非理论术语的区分与特定情境有关,与特定认识共同体有关,人们不太可能对它们做出绝对的区分,

---

[①] 查尔斯·L. 斯蒂文森:《伦理学与语言》,姚新中、秦志华等译,中国社会科学出版社,1991,第83页。

而只能对它们做出相对客观的区分一样，对纯粹描述词与纯粹评价词的区分也是如此。人们难以把纯粹描述词与其他描述词以及纯粹评价词与其他评价词绝对地区分开来，它们的区分与特定情境有关，与特定认识共同体有关。尽管这种区分只是相对的，它相对于特定的认识共同体，但它依然具有客观性，也即在特定的认识共同体或情境中，可能对它们做出清晰的区分。

如果这种重构是可能的，并且对那些包含了不纯粹描述词或不纯粹评价词的语句做了这种重构，那么正如可对描述词与评价词做出清晰的区分一样，也可对事实语句与价值语句做出清晰的区分。基于这一点，为了方便讨论，下面谈到描述词与评价词时，通常是指纯粹的描述词与纯粹的评价词。而谈到价值语句与事实语句时，往往是指经过重构后而确认出来的事实语句与价值语句。由于事实语句不包含评价词，其中所包含的描述词不具有评价性，是纯粹描述词，而价值语句包含评价词，因而不能完全由事实语句推出价值语句便是一个理所当然的结果。不过，价值语句与事实语句也是存在联系的。价值语句中的语词不只包含评价词，也包含描述词。对价值语句的了解与人们对这些语词的了解相关，而对这些语词的了解又与人们对客观世界中的事物及其关系的了解有关，与事实语句有关，因而对价值语句的了解要基于事实语句。当然，由于对描述词的了解要基于众多评价语句（如各种语言规范、认知规范等），因而也可以说，对事实语句的了解也要基于价值语句。

第六节 价值语句的真假

不能完全从事实语句推出价值语句，事实语句与价值语句有根本的区别，这种看法常常与另一看法相关联，即事实语句是真的，而价值语句没有真假之分。人们对价值语句没有真假之分的想法并不陌生。弗雷格就曾说："人们通常把真这一谓词用于句子；但是必须排除愿望句、疑问句、祈使句和命令句，只考虑断定句，即我们借以传达事实、提出数学定律或自然律的句子。"[①] 弗雷格所说的祈使句或命令句通常就是价值

---

① 弗雷格：《弗雷格哲学论著选辑》，王路译，商务印书馆，1994，第183页。

语句,在他的眼中,价值语句是没有真假之分的。艾耶尔也明确指出,"不应该说谎"之类的语句是"一个没有事实意义的句子",它们"既不表达真的命题,也不表达假的命题"。不同于弗雷格,艾耶尔更为具体地说明了价值语句没有真假之分的缘由。在他看来,价值语句没有断定任何新的事实,它只是表现了说话者的主观情感。他说:"一个伦理符号出现在一个命题中,对这个命题的事实内容并不增加什么。恰如,我对某人说:'你偷钱是做错了',比起我只说:'你偷钱'来,我并没有多陈述任何东西。……我只是表明我道德上不赞成这种行为。这正如我用一种特别憎恶的声调说:'你偷钱',或者加上一些特别的惊叹号写出这个句子。那个声调或惊叹号,对那个句子的实际意义没有增加任何东西。"①也正是如此,人们接受这样的语句不是由于它是真的,而只是基于个人的主观任意,因而没有必要区分其真假。

  有理由认为,艾耶尔等人的看法不完全合理。语言是一个具有公共性的事物,尽管价值语句因个别的心理经验而出现,表现了个人的主观情感,但它一旦出现,就超越了个人的主观情感而具有了客观性。如果价值语句具有客观性,那就没有理由不可用"真"或"假"来描述它。此外,尽管人们的确可能因个人的主观情感来接受一价值语句,却不必定如此。人们通常接受如下的逻辑推理:一个人 A 相信 P;如果 P,那么 Q;则 A 应该相信 Q。如果 A 相信 P,同时如果 P,那么 Q,那么在逻辑上 A 就应该相信 Q,也即 A 要接受价值语句"应该相信 Q"。这种通常的看法与艾耶尔等人的看法有明显的不同,因为在艾耶尔等人看来,A 可根据其情感而接受价值语句"应该相信 Q"或"不应该相信 Q"。作为一个自由的人,A 不一定按上述的逻辑行事,也即他不一定接受价值语句"应该相信 Q",他也可能接受"不应该相信 Q"。即使这种情形只是可能存在,它也足以表明,艾耶尔等人的看法不是那么合适的。② 艾耶尔等人之所以断定价值语句无真假之分,或许还有另一原因。他们认识到,不能完全从事实语句推出价值语句,或价值语句不完全基于事实语句,事

---

① A. J. 艾耶尔:《语言、真理与逻辑》,尹大贻译,上海译文出版社,1981,第 121~122 页。

② Frank Jackson, "Non-Cognitivism, Normayivity, Belief", in *Normativity*, Jonathan Dancy (ed.), Blackwell Publishers Ltd., 2000, p. 101.

实语句与价值语句具有根本不同的性质。如果事实语句有真假之分,那么价值语句无真假之分便是有根据的了。这一理由当然是不可靠的。人们通常承认,尽管一些语句(如数学语句或表达逻辑关系的语句)与事实语句有根本的不同,它们不是事实语句,不能完全从事实语句中推导出来,却可区分它们的真假。如"5 + 7 = 12"是真的,而"7 - 3 = 2"是假的。

人们发现,一个人断言"他的行为符合规范'不要说谎'"时,语句"他的行为符合规范'不要说谎'"在形式上类似于"这一建筑符合建筑师的心意""这桌子相似于那桌子"等语句。他们也容易注意到,尽管"建筑师的心意""那桌子"表达某事物,它们把所表达的事物与世界中的其他事物区分开来,却没有对世界做出断言。于是一些人提出,规范"不要说谎"也只是表达某事物,并把它与世界中的其他事物区分开来,却没有对世界做出断言,也即规范类似于语词,如同语词没有真假之分一样,它也没有真假之分。由此甚至可进一步断定,与规范类似的其他价值语句也没有真假之分。这种看法尽管有些道理,却依然似是而非。一方面,规范在某些语境中尽管类似于语词,却不是在所有语境中都是如此;另一方面,一些事实语句也具有规范"不要说谎"的上述类似特征。在"哥白尼相信'地球围绕太阳运动'"中,"地球围绕太阳运动"也只是表达哥白尼所相信的事物,它本身没有真假之分。然而,这并不表明它在其他语境中也没有真假之分。显然,如果不能由此断言语句"地球围绕太阳运动"在其他语境中没有真假之分,那也就难以说规范"不要说谎"或其他价值语句是没有真假之分的。

总之,尽管价值语句与事实语句之间的差异不可忽视,但那些相信价值语句没有真假之分的看法并没有根据,不能断言它没有真假之分。不过,人们并不能由此便断定它的确有真假之分,或有必要区分其真假。要回答"价值语句是否有真假之分"或"是否有必要区分价值语句的真假",首先需要考虑如下的问题:为何要区分语句的真假?人们在交流过程中或语言实践中,会做出许多语言表达,形成丰富多样的语句。这些语句以及构成它们的各种语词形成了一个新的世界,即语言世界。人们在反思语言世界或希望对语言所表达的世界做更深入的了解时,就有必要了解语句之间的关系。要了解这种关系,自然就需要对这些语句进行区分。而要对语句做出区分,无疑就可能区分其真假。不同语句之间通常不是独立无关的，它们之间存在某些关系。根据这些关系，可建立起各种逻辑规范以及其他演绎关系。在反思或运用这些逻辑规范之前，首先要对语句进行标记，以便能准确地表达出这些规范或关系，而"真"恰恰可以成为这样的标记。实际上，区分语句的真假是反思或运用逻辑规范的前提。

一旦获得价值语句，人们也就会对它们进行反思。反思为何要接受"这行为是好的"，而不接受"这行为是不好的"；反思为何要接受"信守承诺"，而不接受"不信守承诺"。在反思它们时，就需要对"这行为是好的"与"这行为是不好的"，以及"信守承诺"与"不信守承诺"进行区分，这样一来，就可能要用真假来区分它们。同样，在语言实践中，不同价值语句之间以及价值语句与其他语句之间都不是独立无关的，它们之间存在某些关系。一般认为，如下的两个价值语句"你不应该迟到"与"不应该迟到"是不同的，后者具有普遍性，而前者只是它所包含的一个特例，前者可从后者中推导出来。如果一价值语句能从其他语句中推导出来，那它也可能与某些价值语句相矛盾。确实，人们通常认为，"你不应该迟到"与"你应该迟到"就存在逻辑矛盾。人们在日常语言的这些流行用法以及其他的某些惯常理解中，可建立起各种逻辑规范，而义务逻辑学家甚至清晰地标识出了诸多价值语句之间的逻辑规范。如果区分语句的真假是反思以及运用逻辑规范的前提，那自然有必要区分价值语句的真假，并且也能区分其真假。

实际上，如果不能区分价值语句的真假，在实践中将产生不良的后果。如无法进行伦理争论，无法促使人们在实践中接受某些价值语句，从而指引实践，等等。不过，人们可能提出，一个人接受"你应该做某行为"时，通常就等同于接受"'你应该做某行为'是真的"，因而在语言表达中，"是真的"或"真""假"等语词是可以略去的，它们根本是多余的。这种多余论当然没有太多的根据。断言一价值语句是真的或是假的时，这种断言显然不同于此价值语句本身，如它至少表明人们对此语句做出了一种基本的区分或评价。尽管"是真的"不仅不是多余的，甚至是必需的，但有时为了表达的简便，在日常语言或甚至在严谨的学术语言中，人们会直接地说"这种行为是应该的"或"这种行为是正当的"，而不会说"'这种行为是应该的'是真的"或"'这种行为是正当的'是真的"等。

价值语句固然可有真假之分或具有真假,但它与事实语句的真假确有不同。由于不能完全由事实语句推出价值语句,或甚至可以说,不能完全由价值语句推出事实语句,事实语句与价值语句之间存在明显的差异,因而它们之间的这种不同是可理解的。为了区分事实语句与逻辑语句的真,人们区分出了所谓的事实真与逻辑真。看起来,也可把价值语句的真与事实真以及逻辑真区分开来,可称之为价值真。尽管事实语句的真与价值语句的真不完全相同,却也不是无关的,它们之间甚至存在密切的联系。有日常生活中,人们常常做出如下的推理:从前提"欠钱要还"和"你欠他的钱",可以推出结论"你要还他钱"。如果一个人接受这个推理,那么他也接受了如下的看法,即从一些真的价值语句与真的事实语句中,可推出真的价值语句。如果接受了这样的看法,实际也表明他承认,价值语句的真与事实语句的真没有根本的不同。因为如果价值语句的真与事实语句的真有根本的不同,这种推理将是难以理解的。

此外,人们发现,不仅在事实语句中存在各种逻辑联结词,在价值语句中也是如此。这些联结词除了"不""所有"之外,还有诸如"如果""并且""或者"等。仔细考察这些联结词,会发现它们在价值语句中的含义与在事实语句中的含义并没有根本的不同。人们在日常语言中也的确是如此理解它们的。黑尔就指出,尽管不敢肯定"在日常语言中,这些词的逻辑行为是不是在祈使句和陈述句中都以差不多相同的方式而起作用,但可以肯定,即使有所不同,其差异也纯粹是一种语法上的偶然差异而已"①。如果这样,把价值语句的真与事实语句的真截然区分开就不仅是不必要的,也是不可能的。基于这种认识论上的理由,人们常常把它们看作同一种真,只是认为确认它们为真的方式是不同的。尽管价值语句与事实语句一样有真假之分,而且它们之间的这种区分甚至没有根本的不同,不过,有时为了凸显它们之间的差异,就不说价值语句是否为真,而说其是否合理。

---

① 理查德·麦尔文·黑尔:《道德语言》,万俊人译,商务印书馆,1999,第23页。

第八章 义务论与后果论

第一节 传统的价值标准

尽管可用真、假或合理、不合理来区分价值语句，甚至可基于事实语句来确定一价值语句是否为真或合理，但具体如何确定它是真的或是合理的依然有待追问。在知识论中，通常称确定事实语句是否为真的标准为真理标准，因而也可称确定价值语句是否为真或合理的标准为真理标准。鉴于事实语句与价值语句之间的区别，上述两种真理标准很可能有所不同。为了显示这一点，特别地称后一标准为价值标准。在谈到价值标准时，人们可看到一个明显的事实，即不同的人实际接受了不同的价值标准，甚至同一个人在不同情境中也会接受不同的价值标准。在特定情境中，一个人认为自己的说谎行为是应当的，但人们在类似情境中发现，另一个人说谎时他会感到不快，甚至会指责他人的行为违背了规范"不要说谎"。于是，有理由认为他在这两种情境中接受了不同的价值标准。

如果试图更为深入地了解一个人所接受的价值标准，那就有必要对它们做出一些区分。可根据接受的方式而把它们分为两类：一类是因人的主观任意而接受的价值标准，即主观接受的价值标准；一类是不因人的主观任意而接受的价值标准，即客观接受的价值标准。由于一价值标准于特定个人来说是主观接受的，于另一个人来说则可能是客观接受的，因而难以抽象地谈论一价值标准是主观接受的还是客观接受的。不过，对于特定个人来说，他往往能做出这样的区分。尽管一个人可能做出这样的区分，但有时的确难以清晰地区分它们。一方面，由于价值标准的接受与接受者有关，因而任何价值标准都具有主观性；另一方面，一个人在接受一价值标准时，往往受其自身生理因素以及周围环境等的影响，它又不全然是主观的。可见，从接受的角度来说，既没有纯粹主观接受的价值标准，也没有纯粹客观接受的价值标准。从极为主观接受的价值标准到极为客观接受的价值标准之间，存在众多既具有主观性又具有客观性的价值标准，它们构成一个主观性或客观性连续变化的系列。当然，即使如此也依然可对它们做出大致区分。如果存在众多不同甚至不一致的价值标准，对特定个人来说，接受它们都可达到其目的，而社会又没有对他接受何种价值标准给予任何强制，他可依自己的主观任意而接受其中任何一个。这时就可以说，他接受的就是主观接受的价值标准。反过来，如果存在一价值标准，社会对他接受它给予了某些强制，他被迫接受了它，那么这时对他而言，它是客观接受的价值标准。

由于主观接受的价值标准往往只具有个人意义，因而伦理学家通常关注的是客观接受的价值标准。当伦理学家要求人接受某一价值标准时，就势必要提出某些客观根据，因而他在谈论价值标准时，自然会重点关注其客观根据。显然，不是所有价值标准都有客观根据，因而可把它们区分为具有客观根据的价值标准与只具主观根据的价值标准。在此要顺便指出的是，人们在谈到一事物的根据时，往往是指其客观根据，谈到事物的主观根据时，实际指它是无根据的。因此，除非希望特别强调不同的根据以及它们之间的对立，这里常常不说客观根据与主观根据，而只说（有）根据与无根据。

有必要把主观接受的价值标准或客观接受的价值标准同具有主观根据的价值标准或客观根据的价值标准区分开来。或许人们认为，对特定个人来说，一个只有主观根据的价值标准也就是主观接受的价值标准，而具有客观根据的价值标准则是客观接受的价值标准。反之，那主观接受的价值标准是只具主观根据的价值标准，而那客观接受的价值标准则是具有客观根据的价值标准，也即具有主观根据的价值标准与主观接受的价值标准之间以及具有客观根据的价值标准与客观接受的价值标准之间存在对应关系。显然，如果这种看法是合理的，那做出这两种类型的区分就没有太大的意义了。

有理由认为，这种区分是有意义的。一方面，任何价值标准都没有充分的根据，正是如此，人们接受价值标准时也不完全基于客观的根据。这样一来，在价值标准具有何种根据与人们是否接受它之间并不存在严格的对应关系。实际上，如果它们之间存在某种对应关系，那么这种关系也只是大致上的，它们之间可能存在不一致。的确，于特定个人而言，即使一价值标准没有客观根据，如果它为社会所强制，它也是客观接受的价值标准。反之，尽管一价值标准具有客观根据，它也可能只是主观接受的价值标准。另一方面，只有为人所接受，价值标准才能指引实践。那些能指引实践的价值标准不一定是具有客观根据的价值标准，但它一定是为人所接受的价值标准。在这种意义上，相比于抽象地谈论价值标准的根据，谈论价值标准的接受或被接受的价值标准于实践来说更为重要。

这两种类型的区分当然也有密切的联系。对于特定个人来说，如果一价值标准没有客观根据，他通常也就没有客观的理由接受它，他之所以接受它，完全是基于个人的主观任意，因而——只有主观根据的价值标准往往也是主观接受的价值标准。如果一价值标准具有客观根据，尽管他并不喜欢它，他也可能会因此而被迫接受它。不仅如此，相比于其他价值标准，那具有更为客观根据的价值标准无疑也更可能为人所接受，它也更可能是客观接受的价值标准，因而——具有客观根据的价值标准往往也是客观接受的价值标准。正是如此，在许多情形中，客观接受的价值标准与具有客观标准的价值标准是相同的，而主观接受的价值标准与具有主观根据的价值标准则是一致的。

对不同的价值语句，可基于不同的价值标准来确定它是否合理。这里不关注所有的价值语句，而只关注主要出现在伦理学中的那类价值语句。出现在伦理学中的价值语句主要是规范以及对行为做出评价的语句。人们在对行为做出评价（如断言"说谎是不好的"或"不应当说谎"）时，尽管这种评价与规范存在区别，但就语言形式而言，它们是相似的。正是如此，在谈论确定价值语句合理性的标准时，通常没有仔细地区分它们。在伦理学中，当然也可能出现其他诸如"他是好人""他是诚实的"之类的价值语句。由于往往可基于规范以及对行为做出评价的语句来确定它们的合理性，因而它们不是这里所要关注的重点。在此主要关注前一类价值语句。

基于不同的价值标准来确定一规范是否合理时，可称那些因主观接受的价值标准而被确定为合理的规范为主观规范，而称那些因客观接受的价值标准而被确定为合理的规范为客观规范。如一个人因其自身而接受的价值标准认定规范"不应当说谎"是合理的,那么此规范于他来说便是一主观规范。一个小偷知道违反规范"不得偷盗"会受到惩罚,因而他常常被迫接受这样的规范。不过,只要一有机会,他就随时准备放弃它,接受与之不一致的其他规范。可见,尽管他在实际生活中接受规范"不得偷盗",但它不是其主观选择的结果,他在很大程度上是受外部因素的影响而被迫接受此规范的,于他而言,这是一客观规范。对主观规范与客观规范的这种区分实际是伦理学家的一个基本共识。康德就曾明确地区分两种不同类型的规范,其中一种是"主观的"准则,另一种是"客观的"法则。① 罗素提出要区分"主观正当"与"客观正当",他说:"一个人在不做主观不当之事,即他的良心不赞成之事的情况下,也可能按照客观不当的方式来行为。"② 帕菲特也认为,可在"我们最有理由去做的事情与我们相信或者应该相信在既定情况下去做会是合理的事情"之间作区分,也即要"区分什么是客观的对与错和什么是主观的对与错"③。

  需要指出,人们依据价值标准来判定规范或对行为做出评价的语句是否合理时,这些价值标准通常或主要表现为一些具体的规范。实际上,如果不是所有规范,至少大多数规范都可能被当作价值标准。于是可以看到,规范既是一个为价值标准确定是否合理的事物,同时它也可成为价值标准本身。正是如此,这里常常没有把作为价值标准的规范与为价值标准所评价的规范区分开。由于可区分为主观接受的价值标准与客观接受的价值标准以及具有主观根据的价值标准与具有客观根据的价值标准,因而也可区分为主观接受的规范与客观接受的规范以及具有主观根据的规范与具有客观根据的规范。人们把规范当作被评价的事物而区分出主观规范与客观规范时,这些规范自然也可被当作价值标准来评价其他事物,如其他规范或对行为做出评价的语句。因而,这里所说的主观规范即是具有主观根据的规范,而客观规范即是具有客观根据的规范。由于客观接受的规范往往是具有客观根据的规范,而正是由于具有客观

---

① 康德:《实践理性批判》,邓晓芒译,人民出版社,2003,第21页。
② 罗素:《伦理学要素》,载万俊人主编《20世纪西方伦理学经典》(Ⅰ),中国人民大学出版社,2004,第103页。
③ 德里克·帕菲特:《理与人》,王新生译,上海译文出版社,2005,第36页。

根据，人们才不因自己的主观任意而接受它，因而这里没有把客观接受的规范与具有客观根据的规范严格地区分开。同样，也常常没有把主观接受的规范与具有主观根据的规范区分开。基于诸如此类的理由以及为了表达的简便，这里只是简单地提及主观规范或客观规范，而不常提及主观接受的规范或客观接受的规范，以及具有主观根据的规范或具有客观根据的规范。即使如此，有时客观规范、客观接受的规范以及具有客观根据的规范之间的差异不可忽视，主观规范、主观接受的规范以及具有主观根据的规范也是如此。不过，在具体的情境中，人们往往是能清楚它们所指的含义的。

尽管人们可把一般的规范看作价值标准，但与确定它是否合理的价值标准相比，它显然不是基础的。如果称那些直接确定其他规范是否合理而自身并不为其他规范直接确定为合理的价值标准为基础价值标准，那么基础价值标准是什么呢？由于规范与行为相关，因而可通过如下方式来确定它是否合理：一规范是否合理，归根结底由它所关涉的行为的后果来确定。如要确定规范"你不应该迟到"是否合理，可从你不迟到的行为以及可供选择的其他行为（如迟到）所导致的或可能导致的后果来确定。这种价值标准显然是基础的，它是一种常见的基础价值标准。确定规范合理的方式不只有一种，还有其他方式。另一种方式则提出，一规范是否合理，并不由它所关涉的行为的后果来确定，而基于其他方面的理由，如基于行为本身的特征或其他更为基础的规范来确定。具体来说，要确定"你不应该迟到"是否合理，不能根据你不迟到以及迟到等行为所导致的或可能导致的后果来确定，而要基于其他方面的理由。如果你不迟到的行为符合某种规范（如符合"信守承诺"的规范），那就可断言上述价值语句是合理的。这也是一种常见的基础价值标准。尽管确定规范是否合理的基础价值标准可能还有其他方式，但这两种价值标准最为人所熟知。通常称前一种标准为后果论（价值标准），而称后一种标准为义务论（价值标准）。

不仅可由后果论或义务论来确定一规范是否合理，还可根据它来确定伦理学中其他价值语句的合理性，如可确定"他是好人""他是诚实的"是否合理。由于出现在伦理学中的价值语句直接或间接地与行为相关，其合理性即使不完全由后果论或义务论确定，也常常与之相关，因而对后果论或义务论的了解是极为重要的。实际上,后果论或义务论不仅对那些通常出现于伦理学中的、与行为直接或间接相关的价值语句是有效的,它们甚至对那些不通常出现于伦理学中却与行为直接或间接相关的价值语句(如"他的生活状况不太好""你应该买一件新衣服"等)也可能是有效的。当然,对这些价值语句的讨论不是这里所要关注的。

出现在伦理学中的后果论或义务论其实有许多表现形式,它们不是完全一致的。谢弗勒(Scheffler)提出:"最纯粹最简单形式的后果论是这样一种道德学说,在任何给定的情形中,正当的行为是将产生总体上最好的后果的行为。"[1] 还有一些后果论者相信,"当且仅当做某种行为所产生的结果比做其他可选择的行为所产生的结果要更好时,这种行为才是应当去做的"[2]。后果论者的这些说法显然存在区别。不过,与谢弗勒等人所提供的有关后果论的传统说法同后果论者的上述说法之间的区别相比,这些传统说法之间的区别显得更为细微。在这些说法中,后果论所确定的事物是行为,而不是语句。在上述说法中,后果论所确定的不是行为,而是诸如"一行为是应该做的"之类的价值语句。这种区别在义务论中自然也是存在的。尽管后果论者或义务论者的这两类说法存在区别,但它们之间还是有密切的联系。一个人在日常语言中提出"你应当做某行为"或断定"你应当做某行为"是合理的时,他实际是指你所做的或将做的这一行为是应当的。反过来,当一个人认为你所做的这一行为是应当的或是合理的时,他也就接受了价值语句"你所做的行为是应当的",或断定这一语句是合理的。可见,上述两种说法是基本一致的。也正是如此,为了简便,后面的讨论常常不对它们作区分。

第二节 义务论

在西方文化传统中,义务论的历史至少可追溯到柏拉图。在柏拉图所构想的理想城邦中,不同阶级的人拥有不同的德性,而拥有不同德性

---

[1] Samuel Scheffler, "Introduction", *Consequentialism and Its Critics*, Scheffler (ed.), Oxford University Press, 1988, p. 8.
[2] 爱里克·卡尔森:《后果主义、可选择的行为与现实论》,载徐向东编《后果主义与义务论》,浙江大学出版社,2011,第110页。

的人往往意味着要遵守不同的规范。在柏拉图看来,如果属于特定阶级的人的行为符合此阶级所应具有的德性或应遵守的特定的规范,那它就是合理的,反之则是不合理的。由于柏拉图相信,一个人应当具有何种德性归根结底不是根据其行为的后果而确定,而是根据其身份或所属的阶级来确定,因而其伦理学是义务论的。其实,无论是在古代的伦理学中,还是在其后的伦理学中,都不难发现义务论的身影。宗教伦理学通常就是义务论的,康德的伦理学则是一种典型的义务论,现代存在主义大致也是某种类型的义务论。

在伦理学漫长的历史发展过程中,伦理学家实际提出了丰富多样的义务论,它们可区分为不同的类型。弗兰克纳就曾区分出两种义务论,即行为义务论与准则义务论或规范义务论。他所说的行为义务论主张"关于义务的基本判断完全是特殊判断,如'在这种情况下,我应该这样做',而一般判断'我们应该永远信守诺言'则是无效的,无用的,充其量也不过是从特殊判断中衍生出来的"。在他看来,行为义务论相信个别规范或"一行为是应当做的"的价值语句是基础的,普遍规范的合理性要依赖于它们的合理性。与此不同,规范义务论则主张,"正当与否的标准由一种或多种准则组成,它们或者是具体的,……或者是非常抽象的"①。依据这种看法,作为价值标准,普遍规范是基础的,人们在特殊情况下应该怎么办或做何种行为要根据它来决定。

行为义务论者如何确定"一行为是应当做的"是合理的或一行为是合理的?在行为义务论者看来,要回答此问题,就要弄清有关它的具体情境以及相关事实。由于不同行为所处的情境不完全相同,它们各自是独特的,因而评价者(往往也就是行为者)无法根据普遍规范来确定它是否合理,他也不能根据行为的后果来确定它的合理性,而只能凭借他对这些具体情境的了解或独特的个人经验。存在主义告诫人们,一个人在选择做何种行为时,要根据具体情境来进行决断,要以自身所处的现实生活为依据,除此之外,没有其他东西能帮到他。就此而言,存在主义是一种行为义务论。如果直觉主义主张,在进行伦理判断或确定一行为是否合理时,客观存在的道德规范或行为的后果不起作用,起作用的

---

① 弗兰克纳:《伦理学》,关键译,三联书店,1987,第32~34页。

是个人的直觉、良心和信念等"道德能力",那大体上也可把它看作行为义务论。

行为义务论者强调要根据具体情境或个人经验来确定行为的合理性,来选择做何行为,这是如何可能的呢?一行为所处情境包含多种多样的事物,其中一些与行为相关,一些却并不如此。如一行为就可能与它出现时星座的位置、千里之外森林中野兽的争斗、地心深处岩浆的涌动等无关。很明显,在所有这些事物中,只有与行为有关的事物才是值得考虑的。在所有与行为有关的事物中,其中一些对行为影响会比较大,有些则会比较小。行为义务论者似乎没有充分考虑不同事物对行为的影响,甚至没有考虑"何种事物才与行为有关"的问题。而一旦考虑这些问题,他就会发现,当自己试图基于具体情境或个人经验来确定一行为是否合理时,这种确定将是极为复杂的。此外,当行为义务论者试图基于个人经验来确定一行为是否合理时,由于这种经验具有模糊性、主观性,因而这种确定也不可避免地存在困难。

行为义务论者之所以抱有这样的想法,可能是由于他相信,行为所处的情境或行为本身是独特的,要确定行为的合理性,就不能不考虑这种独特性。正是由于这种独特性,在任何情况下,人们都无须并且也不能借助于普遍规范来确定行为是否合理。显然,夸大这种独特性会陷入荒谬。尽管现实生活的每一个别情境以及具体的行为具有独特性,但它们之间依然具有相似性,否则就不能对它加以描述。如果它们能出现在语言中,也就表明它们不完全是独特的。其实,即便它们具有独特性,也不表明不可根据普遍规范来确定行为的合理性。人的自由性恰恰表明,他具有超越这种独特性而反思自身的能力。在现实生活中,人们不仅在确定一行为是否合理时要诉诸普遍规范,而且在选择做何行为时,也不总是花费大量时间和精力来考察众多可供选择的行为以及相关情境,而是直接地接受各种普遍规范,以根据它们来进行选择。在日常教育中,人们通常也不是如行为义务论者所倡导的那样,教导他人"要根据现实生活来决定或选择",而是教会他各种普遍规范。总之,行为义务论不仅存在诸多理论上的困境,也不那么符合实际。正是如此,如果不加特别说明,下面所谈到的义务论便是指规范义务论。

就规范义务论而言,普遍规范(或一般所说的规范)起着极重要的作用，它是确定其他价值语句的根据。显然，只有合理的规范才有资格成为这样的根据，那么何种规范是合理的呢？义务论者提出，一规范之所以是合理的，是由于它由更为基础的规范而来。如人们之所以要还债主的钱，是由于他们接受了"借钱要还"的规范。人们之所以认为这一规范是合理的，是由于他们相信一个人"要信守承诺"。如此一来，则可说规范"借钱要还"是基于规范"要信守承诺"的，也即后一规范比前一规范更为基础。如果"要信守承诺"是合理的，则可以断言"借钱要还"也是合理的。显然，义务论者的这种辩护要基于基础规范，基础规范提供了其他规范的根据。

义务论者的这种辩护是否合理？首先来考虑这些辩护所要求的基础规范。如果义务论者接受了多种基础规范，则说他所接受的义务论是多元义务论。显然，除非他能表明这些基础规范之间存在一致性，否则便不能说他所接受的多元义务论是合理的。这里所说的不一致不完全是指这些规范在逻辑上存在矛盾，而主要是指：那些能够指引实践的规范被用来确定行为的合理性时，如果发现在那些可供选择的行为中，一些行为符合其中某一或某些规范，而不符合其他规范，则就说那些规范存在不一致。设想一个人同时接受了诸如"要尽最大能力帮助他人""不要迟到"等多种规范，他在上班途中遇到一起交通事故，事故的受害者需要得到他的帮助。在当时的情境中，如果他给予帮助，则上班会迟到。于是他发现自己面临困境：他给予他人帮助的行为尽管符合规范"要尽最大能力帮助他人"，却不符合规范"不要迟到"。如果他对事故置若罔闻，他也不能同时符合他所接受的规范。在这种情境中，可以说他所接受的规范存在不一致。由于这种不一致会导致人们在选择做何行为时面临困境，因而是要尽可能避免的。

如何消除基础规范之间所出现的不一致？一些人提出，之所以会出现不一致，是由于每一规范都有例外，如果把这些例外排除，或者附加一些补充规范，便不会出现上述的不一致了。如在上例中，行为者尽管接受了规范"不要迟到"，却没有考虑到它的一些例外情形。如果他排除这些例外，或者接受其他一些补充规范，如"为帮助他人而导致的迟到是可允许的"等，那他所接受的规范就可能不存在不一致了。通过这种方式来消除不一致自然是有益的。然而，现实生活异常丰富，这样的例外可能无限多，有理由相信，没有人能事先考虑到所有这些例外。如果这样，也就不太可能通过这种方式来完全消除基础规范之间的不一致了。

为了应对基础规范之间可能出现不一致的情形，一些人提出，不同的基础规范不是平等的，其中一些规范优先于另一些规范，也即人们根据它们来指引行为时，首先会考虑那些更为优先的规范。设想一行为符合一规范，而不符合另一规范，并且前一规范优先于后一规范。在此情境中，人们可以断言此行为是合理的。而行为者在选择做何行为时没有面临困境，上述两个规范也不存在不一致。这种看法面临的一个问题是：如何确定这种优先次序？如果引入后果论来确定基础规范之间的优先次序，这自然是义务论者不愿意做的。如果不如此，则又难以找到合适的办法，而常常只能求助于直觉。弗兰克纳为了说明规范的根据，曾提出两个基础规范，即所谓的仁慈原则与正义原则。弗兰克纳意识到，基础规范之间可能发生冲突，存在不一致。不过，对于如何解决这种冲突，他"没有能够告诉我们如何解决这种冲突的公式，甚至不能告诉我们如何解决它们所产生的结果之间的矛盾"①。在他看来，一旦出现冲突，最终只能无奈地通过"提高洞察力"或求助于"直觉"来灵活地加以解决。

为了避免多元主义所面临的上述困境，义务论者可能提出，他所接受的基础规范不是多种，而只有一种，也即他所接受的是一种一元义务论。在一元义务论者看来，人们通常所指出的那些基础规范其实并不是真正基础的，它们基于一终极规范。这种终极的一元规范能避免存在于众多基础规范之间的不一致，为行为提供了一种普遍的终极理由，为排列各种规范的优先次序或解决它们之间所存在的不一致性问题提供了根据。尽管一元义务论能避免多元义务论所面临的某些困境，却也存在诸多问题。它最易于为人所质疑的是：这种终极的一元规范是什么？它如何指引实践？一元义务论者提出过诸多不同的终极规范（如爱的原则、理性原则、人类的普遍同意原则等），这些规范不仅不同乃至互不一致，而且没有一个获得过公认。这一点尽管会引起人们对一元义务论的怀疑，

---

① 弗兰克纳：《伦理学》，关键译，三联书店，1987，第109页。

却不表明它不合理。不过，一元义务论者常常不得不面对如下的问题：由于终极规范太过普遍、抽象，它难以被直接运用于实践。为了把终极规范有效地运用于实践，一元义务论者常常要把它具体化为一些不那么基础的规范。在现实社会，单凭宪法并不足以管理国家，还要依据一些具体的法律。人们根据宪法原则制定具体法律时常常面临争议。而没有争议的是，制定何种法律不只依赖宪法。同时，不仅逻辑上不一致的法律可能依据宪法原则而被制定出来，逻辑一致的众多法律也可能在具体情境中出现不一致。同样，"终极规范如何具体化"也是一元义务论者难以回答的问题。终极规范的具体化显然不只依赖终极规范本身，这一点表明，一元义务论不是自足的。不仅如此，当终极规范被具体化为众多不那么基础的规范时，它们之间也可能出现不一致，从而面临多元义务论类似的困境。

其实，无论是多元义务论还是一元义务论，批评者可能会追问：基础规范的合理性从何而来？如果义务论者回答它由更为基础的规范而来，批评者显然还可进一步追问。为了避免陷入无穷后退的困境，义务论者为基础规范的合理性提供了诸多的辩护。对一些义务论者来说，基础规范的合理性显然不由行为的后果来确定，它来自某种客观的事物，如宇宙秩序或大自然本身。古代斯多葛学派的自然法观念与现代约纳斯的思想就大致包含了类似的看法。不过，由于这样的看法不仅具有浓厚的神秘色彩，也明显地把事实问题与价值问题混淆起来了，因而它难以令人信服。也有义务论者提出，规范的合理性来源于某一权威，此权威可以是某个确定的人或社会群体（如国王、立法机关），也可以是某个不确定的人或社会群体，它甚至可能是神。专制的拥护者相信，国王或其他专制统治者所给出的规范（如法律、规章制度等）是合理的。对宗教信徒来说，神的规定或神所给出的规范无疑是合理的，难以想象出自神的规范不合理。对于信奉民主的人来说，专制统治者所确立的规范当然不具合理性，而世俗中的人也难以相信神所给出的规范是合理的。在民智不够觉醒的时代，人们认定那约束自身的合理规范来自外部的某种权威或许是自然的，但期望自我意识越来越浓厚的现代人依然接受它无疑是困难的。

在一些义务论者看来，一规范之所以是合理的，归根结底是由于它基于理性。"理性"是一个神圣、崇高同时又带有几分神秘的词。一个被认为具有理性的事物,也就是一个具有合理性并为人所追求的事物。"理性"也是一个含义极为多样且模糊的词。在不同的语境中,它有不同的含义,如可指理由、原因、论证、合理的、合乎逻辑等,也可指诸如获得理论的能力、推理的能力以及形成语言表达的能力等。不过,当义务论者把理性作为规范合理性的根据时,"理性"就不仅是一心理语词,它甚至是指某种实际存在的心理经验。很显然,这种看法有陷入心理主义的危险。布劳德就指出,如果一种伦理学认为理性能认识到诸如善和正确等伦理特性,该理论就是一种伦理直觉主义。也可以将其称为关于伦理概念的温和的直觉主义。他相信康德就是这样一种直觉主义者。① 鉴于"理性"的多义性,一些人可能提出,这里所谓的基于理性不是或不只是基于某种心理经验,而是基于其他一些非心理的客观事物。如果确是如此,那么这种理性标准就可能转化为其他标准了。

义务论者当然还可能为基础规范提供其他的根据,不过,无论什么根据,人们依然可以问:它们本身是有根据的吗?义务论者常常难以对此给出令人满意的答案。有理由相信,单纯的义务论几乎都存在难以避免的困难。为了避免诸如此类的困难,义务论往往不是单纯的,它们隐含了后果论。实际上,当义务论者基于某种动机或心理经验来确定价值语句的根据时,其中的动机或心理经验可能基于行为的后果。而它为解决不同规范之间的不一致问题或解释为何要接受某基础规范时,也可能需要基于后果论。即使是宗教信徒,也可能对那些被认为源自神的规范是否合理产生怀疑。为此他可能会相信,如果照神的指引而选择行为,神会恩赐他;反之,如果违背神的指引,他将在今生或来世受到惩罚。如果这样,这种看法就根本是一种后果论了。索伦森提出,"那种认为义务论在形式上相对于(从而在某种意义上等同于)目的论或效果论的普遍理解不仅是不完善的,而实际上是一种误导,……义务论作为一个范畴,从属于且始终从属于一个功利主义的意识框架;因此,功利主义或效果论的反对者们(如罗尔斯)不应该把自己认同为义务论者"②。

---

① C. D. 布劳德:《五种伦理学理论》,田永胜译,中国社会科学出版社,2002,第217~218页。
② 阿斯格·索伦森:《义务论——功利主义的宠儿与奴仆》,《哲学分析》2010年第2期,第8页。

第三节　后果论

　　如同义务论一样,后果论也有悠久的历史,它的产生至少可追溯到古希腊的伊壁鸠鲁。古代的快乐主义与近代功利主义都是典型的后果论。如果义务论面临诸多困难,后果论似乎会获得广泛的认可。的确,与义务论相比,后果论有许多明显的优点。它的原则简单明了,符合通常的直觉。由于它把对行为合理性的评价转变成一个可以具体计算的问题,因而它具有可操作性。人们在实践中不由自主地采用趋利避害或两害相权取其轻的方式来选择行为,在制定公共政策时也常常以它为指导,因而后果论看起来是合乎实际的。正是如此,一般人在考虑价值标准时,"大都采用一般功利主义的框架"①。

　　尽管如此,后果论也难免被责难。一些人指出,在考虑行为合理性问题时,后果论只关心行为的后果,而不关心行为的动机,或不关心权利、义务、自由、公平、正义等,因而它是狭隘的。实际上,由于后果论容许人们为了得到更佳的后果而牺牲一些人的利益,容许多数人的利益凌驾于少数人的利益之上,因而它在实践上可能并且也确实产生了某些恶果。也有人指责它不合乎直觉或常识。设想一个人捐赠其财产的百分之一给慈善机构,此行为所产生的后果是好的。如果他捐赠个人财产的百分之二十,它所产生的后果通常会比前一行为所产生的后果更好。按照后果论的观点,相比而言,后一行为是合理的。但这一看法显然是不符合直觉或常识的。在现实生活中,一般认为,要求一个人捐赠其财产的百分之二十是不合理的,甚至要求一个人捐赠其财产的百分之一也不尽合理。此外,人们平时在选择做何种行为时,在许多情况下,只是考虑过去所接受的规范,而没有考虑其选择的行为所产生的后果。就此而言,后果论似乎也不那么符合实际。

　　后果论者很可能不在乎上述批评。在他们看来,关注动机将会导致心理主义,合理的伦理学恰恰要努力避免谈论它。他们相信,批评后果

---

① R. B. 布兰特:《功利主义的问题:真正的和所谓的》,《世界哲学》2011年第1期,第74页。

论不关心权利、义务、自由、公平、正义等也是外行的。后果论并非不关心这些，它只是认为，抽象地谈论它们并无意义，这甚至也是不可行的。在现实生活中，当人们追求权利、自由、公平等时，或确定实现它们的行为是否合理时，依然要依赖后果论。后果论者指出，一行为是否合理总是相对而言的，它与具体的情境有关。考虑到具体情境，后果论在确定一行为是否合理时，并不要求考虑所有可能的行为选项，并不要求合理行为是能最大限度地增加社会总的好后果的行为。在他们看来，相比而言，一行为只要能增加社会总的好后果，甚至于只要不是减少社会总的好后果，那它就是合理的。一个人捐赠其个人财产的百分之一或许不如他捐赠个人财产的百分之二十更为合理，但考虑到人们通常并不捐赠个人财产，或捐赠个人财产远少于其财产的百分之一，因而与这些行为相比，一个人捐赠其财产的百分之一是合理的。此外，就捐赠行为而言，它也可能不对社会有益，如它可能鼓励了那些不劳而获、时刻等待捐赠的人，而使那些勤奋者失去创造的动力。

　　人们当然可对后果论的这些辩护进行反驳。由于上述指责的根据与后果论的根据并不完全相同，因而可以预料，这些反驳依然会是富有争议的。这里不想深入诸如此类的争议，而主要关注另一类批评，即那些针对后果论的根据或前提而给予的批评。这两类批评存在根本的不同，如果前者是系统外的批评，后者则是系统内的批评。行为所引起的后果是多种多样的，它可带给人感官上的快乐或幸福，也可给人带来经济上的利益、社会地位或名誉等。应当基于何种后果来评价行为呢？不同后果论者在这个问题上其实是存在不同意见的。许多后果论者相信，评价行为的后果与行为者的主观感受相关。边沁、穆勒等早期功利主义者大体就持这样的看法。由于这种看法所给出的价值标准带有浓厚的主观色彩，许多后果论者（特别是一些现代后果论者）通常不把评价行为的后果局限于个人的主观感觉，而希望基于具有客观性的行为后果——如经济利益、社会地位、身体健康等来评价行为。即使如此，这种后果论也可能存在问题。一行为常常有多种后果，一个人在选择某一后果来评价行为时，他就可能忽视其他后果在评价行为中的作用。为了更为合理地评价行为，就要考虑行为的多种后果，甚至要考虑行为的所有后果。在评价行为时应该考虑哪些后果？不同后果论者对此的回答并不完全相同，甚至至今也没有公认的解答。

如果一行为的后果有多种，而同一后果也可能有多种表现形式，后果论要具有可应用性，就有必要对这些不同类型的后果或同一后果的不同表现形式进行比较。一些人把感官的快乐、经济利益以及身体健康等当作一行为的后果，有人甚至把诸如思想自由、对各类事物的理解、对美的欣赏、对社会的参与程度等当作一行为的后果，然而，要在它们之间进行比较是困难的。即使如边沁、穆勒等所考虑的那样，只基于快乐或幸福来评价行为，也可能存在困难。快乐有多种，如有低级的感官快乐与高级的精神快乐，有游玩的快乐与思考的快乐，有满足口腹之欲的快乐与获得社会名誉的快乐，要比较这些不同的快乐看起来是困难的。穆勒曾指出，"宁可做一个不满足的人，也不做一头满足的猪；宁愿成为不满足的苏格拉底，也不愿成为一个满足的白痴"①。穆勒简单地认为高级的精神快乐绝对地优越于感官快乐，这样的看法尽管体现了一些终日在书斋里从事脑力劳动的知识分子的思想，但许多人可能不以为然。在现实生活中，人们的确愿意为了某些感官享受而不追求精神的快乐，一些人为了某些经济利益而甘愿受苦受累，甚至甘愿被奴役。

后果论在实践应用上的困难还表现在其他一些方面。同一行为在不同情境中可能有不同的后果，而在一行为所产生的各种后果中，有些显而易见，有些则隐而不显。人们不仅难以确定那些隐而不显的后果，对于那些显而易见的后果，也难以完全确定它们。的确，一个人由于不掌握相关信息与知识，也由于自身能力的限制，在计算行为的后果时可能出现错误，从而使得他难以确定行为的后果。在现实生活中，人们常常需要马上采取行动，不容许花过多时间去计算各种可能选择的后果。因此，即使人们能确定行为的后果，这种现实要求也将使得后果论在实践上缺乏可应用性。

面对这些批评，后果论者当然可做出一些辩护。如他们提出，尽管同一行为可能有不同的后果，却可只选择某种或少数几种客观后果来作为评价行为的基础。即使不能在不同类型的后果之间进行精确比较，在

---

① 约翰·斯图亚特·穆勒：《功利主义》，叶建新译，中国社会科学出版社，2011，第16页。

实际的评价过程中，只要能对它们做出粗略的比较，并且能由此从所有可供选择的行为中找出合理的行为，后果论依然是可行的。西季威克就指出，人们完全可以把计算局限在一定的范围之内，抛弃那些不太重要的因素，而只关注重要的因素。他说："我们也许可以通过抛开所有不明智的行为和略去不大可能和不大重要的偶然因素，来把这种计算减少到可行的范围之内，并且不严重地损害其精确性。"① 为了克服在确定后果的过程中时间过长的问题，后果论者提出，可根据人们平时所接受的规范来确定一行为是否合理。由于这些规范是以往生活实践的总结，它们的合理性是基于后果论来确定的，因而根据它们不仅可确定一行为是否合理，而且不需要花费大量时间。

这些辩护尽管能消除人们对后果论的某些疑虑，但它们依然是可争论的。一行为往往可产生比较长远的作用，当人们假定能计算行为的后果时，就实际假定人有一种能预测和控制将来结果的能力。这种假设显然是言过其实的。正是如此，后果论的可应用性从根本上存在困难。即使不考虑这些，后果论也难以说是有充分根据的。行为的后果往往相对于特定的个人，同一行为不仅对不同的人会造成不同类型的后果，甚至会对他们造成同一类型的不同程度的后果。如果这样，后果论者的后果是行为对谁所造成的后果呢？对此通常有两种答案：一是对特定个人（如行为者）所造成的后果；一种是对所有人或特定人群所造成的后果。某些快乐主义便是基于行为对行为者所产生的快乐来评价行为的。如果后果论给出的价值标准是基于行为对特定个人（如行为者）所造成的后果，那么由此给出的价值标准通常只相对于特定个人。这种基于个人的价值标准显然不符合多数人对价值标准的期待。

在那些根据行为对所有人或特定人群所造成的后果来确定其合理性的后果论中，一种典型看法就是所谓的功利主义。功利主义并不关注行为对特定个人所产生的后果，而关注它对整个社会所产生的后果。在功利主义者看来，最大多数人的最大幸福是确定行为是否合理的标准。当然，功利主义者所谈到的"最大多数人的最大幸福"可能会引起歧义。它其实不是指一行为给社会中大多数人所带来的幸福，而是指此行为给

---

① 亨利·西季威克：《伦理学方法》，廖申白译，中国社会科学出版社，1993，第153页。

社会中所有人所带来的幸福加总后获得的幸福。在所有可能的行为中，如果一行为相比于其他行为，它给社会中所有人所带来的幸福加总后最大，那么它所带来的就是"最大多数人的最大幸福"。这也即是边沁所谓的"所有利益有关的人的最大幸福"。在功利主义者看来，能带来这种幸福的行为就是合理的，因为它"是人类行动的正确适当的目的，而且是唯一正确适当并普遍期望的目的，是所有情况下人类行动特别是行使政府权力的官员施政执法的唯一正确适当的目的"[①]。

也可区分出功利主义的不同类型，如可区分为行为功利主义与规范功利主义。行为功利主义主张根据一行为所产生的后果来直接确定它是否合理。规范功利主义则认为，如果不总是，也经常要根据规范来确定一行为是否合理。尽管都要基于规范来确定一行为是否合理，却不可因此而认为规范功利主义与义务论是相同的。它们之间其实存在根本的不同。规范功利主义相信，那些评价行为的规范是否合理，归根结底要根据它所涉及的那些行为所产生的后果来确定。人们之所以接受这样的规范，只是由于遵守它的行为能获得社会最大的幸福。与之不同，在规范义务论者看来，那些评价行为的规范是否合理，并不由它所涉及的行为所产生的后果来确定，而由规范本身的一些特征或其他一些事物来确定。在规范功利主义者看来，行为功利主义与生活实际明显不符。在实践过程中，人们在选择做何种行为之前，通常并不对可供选择每一行为的后果进行细致的比较、计算。实际上，由于各种原因（如缺乏足够的信息、行为的影响深远等），人们无法进行这样的计算。即使勉强做了这样的计算，由于无知、偏见、粗心和缺少时间等，结果也可能出现许多差错而难以应用于实践。规范功利主义者强调，人们在一般情况下无须直接对行为后果进行计算，而只需根据规范来选择行为即可。由于它能克服行为功利主义的上述困难，因而看起来它是功利主义的唯一合理的选择。

不过，规范功利主义也不是没有问题的。作为一种功利主义，规范功利主义通常会同意，遵守某种规范只是为了实践的方便，只要有充分理由认为，遵守某规范的行为不能带来最大幸福，也即此行为是不合理的，那就可以违反此规范。这样一来，规范功利主义就根本是一种行为

---

① 边沁：《道德与立法原理导论》，时殷弘译，商务印书馆，2000，第57页。

功利主义，或以之为基础，因而它也难免存在行为功利主义的困难。在规范功利主义者那里，他所要遵守的规范当然不是最为基础的，它的合理性要基于最大幸福原则，也即一规范是否合理，需要考虑其他可以运用于当时情境的各种规范，以了解它们何者在被遵守时能带来最大的幸福。凡是与最大幸福原则相冲突的规范，都是不必遵守或是可以被违反的。然而，规范不仅涉及许多行为，甚至涉及许多不同类型的行为，如有许多类型的行为是符合规范"信守承诺"的。如果人们难以确定一行为是否会带来最大幸福，要确定一规范是否会带来最大幸福将是更为困难的。如此一来，如果行为功利主义存在困难，那规范功利主义所存在的困难也许会更大。

对于所有这些批评，后果论当然还可能提出辩护，甚至可基于这些批评做出某些修正。实际上，在其发展过程中，后果论经历了多重演变，这些演变可看作这种修正的结果。尽管这些演变能避免其中的某些问题，但的确难以相信它们能解答所有问题。实际上，它们甚至又引发了新的问题。从目前来看，没有一种后果论是没有问题的。如果这样，似乎就不得不放弃所有形式的后果论，或不得不用某种不同于后果论的价值标准（如义务论）来补充它。功利主义者通常同意，如果两种行为能产生同等的有利后果，而其中一种行为把好的后果更平均地分配给更多人，则它是合理的。在计算行为的后果时，边沁提出，"每个人只算作一，无人算作多"。可以看到，功利主义或明或暗地接受了一种非后果论的原则，即公正原则或平等原则。可以说，不仅完全与后果论无关的义务论难以想象，完全与义务论无关的后果论也难以想象，后果论与义务论难以完全区分开。正是如此，在伦理学所提出的各种价值标准中，尽管相比而言，其中一些价值标准中的义务论成分会更多一些，另一些价值标准中的后果论成分会更多一些，但它们大都是混合的。这就如布劳德所说，"纯粹义务论和纯粹的目的论只是一种理论而不是实存的。许多现实的理论都是混杂的，一些理论义务论占优势，其他的理论则是目的论占优势"[1]。

---

[1] C. D. 布劳德：《五种伦理学理论》，田永胜译，中国社会科学出版社，2002，第169页。

第九章 社会规范的合理性

第一节 相对主义的困境

尽管纯粹的义务论或纯粹的后果论都存在困难，但综合二者可否给出一个合适的基础价值标准？许多人对此会做出否定回答。他们指出，无论是义务论或后果论，还是综合二者而给出的基础价值标准，都认为行为的合理性不与行为者的个人特性（如爱好、兴趣、知识背景等）有关，而只与行为的某些特征以及其所处环境等有关。这种标准不偏向任何人，对所有人都一视同仁、不偏不倚，是一种绝对主义的评价标准。他们提出，不同的人有不同的爱好、兴趣与知识背景，不同的人所处的环境也不同，因而对同一事物有不同的判定。尽管一个人认为一行为是合理的，但他人不一定也如此认为。可见，一个人根据那些适用于所有人的价值标准（如义务论、后果论等）而做出的选择对他来说并不是合理的。威廉姆斯就曾宣称"一个人具有某些自我认同的根本计划和绝对欲望，在这个意义上我们可以说他一个人具有了一个品格"，不同的人具有不同的品格，那些试图提出一种不偏不倚或绝对主义价值标准的人（如康德、功利主义者等）恰恰忽视了这一点。[①]

即使某些绝对主义的价值标准（如义务论或后果论等）存在问题，断言绝对主义全然不可行也依然为时尚早。不过，如果希望较为深入地了解这种绝对主义及其批评，有必要区分两类价值标准，即人们实际接受的价值标准与应当接受的价值标准。一个人实际接受的价值标准是他已经或正接受的价值标准。尽管一个人实际接受了一价值标准，但他将来不一定依然接受它，因而一个人应当接受的价值标准不一定实际为他

---

① 伯纳德·威廉斯：《个人、品格与道德》，载徐向东编《美德伦理与道德要求》，江苏人民出版社，2007，第166页。

所接受。对于应当接受的价值标准来说，由于它是合理的，因而特定个人往往被要求接受它，并根据它来指引自己的行为。对特定个人来说，不是所有实际接受的价值标准都是合理的，而正是由于一些实际接受的价值标准是不合理的，才有必要提出应当接受的价值标准。显然，尽管实际接受的价值标准与应当接受的价值标准有明显的区别，但也有密切的联系。如果一种应当接受的价值标准与一个人实际接受的价值标准类似或一致，它当然易于为他所接受，并且能很好地指引他的实践。实际上，当一个伦理学家试图向人推荐一种应当接受的价值标准时，他势必要对人们实际接受的价值标准有深入的了解。即使他不试图做出这样的推荐，而只打算讨论这样的标准，他也有必要对人们实际接受的价值标准有所了解。

绝对主义不仅试图对人们实际接受的价值标准做出描述，也给出了一种应当接受的价值标准。由于不同的人实际接受的价值标准不完全相同，甚至同一个人也可能实际接受不同的价值标准，因而在威廉姆斯等人看来，绝对主义是不合理的。这种批评当然不能从根本上驳倒绝对主义。坚持它的人会提出，尽管人们实际根据其个人特性而接受了特定的价值标准，但它不一定是合理的。伦理学家需要并且能够提出应当接受的价值标准，它适用于所有人，是所有人都应当接受的价值标准。如果威廉姆斯等人试图指责绝对主义不符合实际，那些试图为此辩护的人则很可能会提出：它原本就不需要完全符合实际。

当然，批评者依然可指出，绝对主义者所提出的那些应当接受的价值标准没有根据或根本就是错的，他甚至宣称，应当接受的价值标准因个人的主观任意而确定。如果这样，批评者实际走向了相对主义。相对主义与绝对主义一样，它不仅试图对人们实际接受的价值标准做出描述，而且给出了一种应当接受的价值标准。需要指出的是，"相对主义"一词其实表达了许多不同类型的看法。一个被某些人称作相对主义的看法（如所谓的文化相对主义），在另一些人看来，它可能根本不是相对主义的。除非碰巧提到，这里不打算对各种不同的相对主义做细致的区分与详尽的讨论，而只关注如下的相对主义。这种相对主义与绝对主义对立，在它看来，价值标准的合理性根本由个人的主观任意所确定，一个人可按自己的意愿接受任何可能的价值标准。在试图获得价值标准的根据时，有时为了方便，主要谈论基础价值标准。如果基础价值标准是有根据的，那么其他价值标准也就是有根据的。然而，如果只是一般地了解价值标准的特征（如它们是不是绝对主义的），则没有太多必要把它们区分开。由于价值标准体现为规范，因此在谈到"价值标准"的地方可用"规范"来替代。于是，可以说相对主义是指：规范的合理性根本由个人的主观任意所确定，一个人可按自己的意愿接受任何可能的规范。

这种相对主义实际有悠久的历史。在普罗泰戈拉"人是万物的尺度"的说法中，或在霍布斯"一个人所谓的惧怕、另一个人会称之为智慧，一个人所谓的公正、另一个人会称之为残酷"① 的看法中，人们都可看到这种相对主义。它在现代思想中也很常见。后现代伦理学家就提出，那种希望为道德规范提供一种客观标准的看法只是一种臆想，因为它忽视了人类在道德态度上的分歧。他们相信，"正确的人类社会道德必须以这样一种方式来建立，即允诺给每一个人以人的资格——不依赖凌驾于人之上或者超人类的权威，如果以一小部分人的名义发表言论，就像负有一种额外之罪"②。这种相对主义似乎可从现实生活中获得支持。人类学家发现，为一定时代、一定地域的社会实际接受的规范，与为另一时代、另一地域的社会实际接受的规范存在差异，规范的合理性看起来与特定时代、地域相关，与特定社会所拥有的传统、文化等相关，因而不同社会应当接受不同的规范，甚至不同的人应当接受不同的规范。

人类学家所发现的某些事实无疑是重要的，正如一些自然事实一样，它们也获得了广泛的接受。不过，这并不表明人们由此获得的相对主义结论便是合理的。尽管不同社会实际所接受的规范存在差异，却不表明它们全然不同。实际上，同一时期，生活在不同地域的社会中的人们可相互交流，不同社会中的人们实际会接受一些相同的规范。此外，在同一区域，存在于不同时期的社会存在连续性，生活于这些社会中的人们由于存在历史的关联，他们所接受的规范也不可避免地存在相关性。这样一来，尽管他们所接受的规范存在不同，却也有许多相似之处，他们实际接受了许多相同的规范。不仅如此，即使生活在不同时期以及不同

---

① 霍布斯：《利维坦》，何兆武、李约瑟译，商务印书馆，1996，第27页。
② 齐格蒙特·鲍曼：《后现代伦理学》，张成岗译，江苏人民出版社，2003，第29页。

地域中的人们，他们之间没有历史的关联，也没有因地理接近而相互交流，他们实际也会接受一些相同的规范。如"不得偷盗""不得奸淫"等为绝大多数社会所接受，而许多社会也接受了某些相同的祭祀规范、婚嫁规范、丧葬规范等。

尽管不同社会实际接受了不同的规范，也可能出现如下情形：这些规范基于更为基本的规范。因而从更基本的层次上看，不同社会实际接受了相同的规范。如弗兰克纳指出，即使不同社会接受了不同的规范，人们依然可以认为"存在着能证明是对所有人同样有效的基本的伦理判断，——如果不是在实践上，至少在原则上是这样"①。基于此，可以说没有理由认定规范的合理性与特定时代、地域相关，与特定社会所拥有的传统、文化等相关。其实，即使不同社会中的人们实际接受了不同的规范，也不表明不同社会应当接受不同的规范，更不表明不同的人应当接受不同的规范。诸如此类的人类学事实恰恰表明，存在一种独立于任何特定个人的客观价值标准，此标准不因特定个人的主观任意而改变，人们可基于它来判定一规范或行为是否合理。

尽管这种相对主义难以从人类学家那里获得根据，一些人依然相信它是合理的。在他们看来，由于不能完全从事实语句推出价值语句，因而包括规范在内的价值语句并无充分的事实根据，它们的合理性只能根据个人的主观任意来确定。这种看法的缺陷是显而易见的。尽管不能完全从事实语句推出价值语句，却不表明事实语句与价值语句无关。实际上，价值语句的确可由事实语句来判定。前面曾提到，对于断言"这是一个好苹果"的人来说，此苹果之所以是好的，并不完全因其主观任意而确定，而是由于它具有某些客观特征，如它是红的、香甜的、大的等。对他来说，这些客观特征是判定苹果是否好的标准。可见，的确可基于事实语句来判定价值语句是否合理。实际上，尽管休谟相信，不能完全基于"是"语句推出"应该"语句，但他依然试图基于快乐或不快等情感来判定行为的好与坏或应该与不应该，并由此探寻道德的来源。在休谟看来，从"是"语句是否可推出"应该"语句是一回事，而根据它们来判定"应该"语句或价值语句是否合理则是另一回事。

---

① 弗兰克纳：《伦理学》，关键译，三联书店，1987，第229页。

一些相对主义者提出，人与人之间有诸多不同，以至于相对于任何他人，每个人都是独特的。一个人对自己的了解比他人对他的了解更为清楚，他比他人更了解做何事对自己最好。即使一个人基于自主选择而做的事也并不总是对自己最好，由于它至少尊重了个人的自主性，因而相比于其他事，它往往是更好的。如果一个人应当做对自己来说最好的事，那他就应当根据自己的标准来确定做何事是最好的。更进一步说，应当根据个人的标准来判断一行为或规范是否合理。相对主义的这种理由当然也并不充分。首先，一个人认为对自己来说最好的事不一定真的是最好的，甚至不一定真的是对自己最好的。不要说心智不健全的儿童不知道什么事对自己最好，甚至不明智的成年人也是如此。在一个孤立的环境中，一个人可能清楚自己的需要，但在社会中，由于他所做的事会影响到他人，他人对他的生活也会产生影响，何况他并不完全了解这些影响，因而难以断言他的自主选择是最好的或对他自己来说是最好的。其次，一个人即使知道做何事对自己来说最好，并且也希望做它，做它也未必是应当的。一个人为增进社会公共利益而做的事不一定对自己是最好的，但它恰恰可能是他应当做的。生活在社会中的人，在选择做某事时，通常有必要克服极端的个人主义。而要做到这一点，他便需要在一定程度上抱有"不偏不倚"的立场。

按照相对主义的理论，一个人可以根据其主观任意而断定一行为或规范是否合理。然而，当人们的确如此做时，将会使得说服他人变得几乎不可能。其实，相对主义者有时也不讳言人们可对价值语句的判定或价值标准进行争论，但他认为这种争论不表明存在客观的价值标准，而只是表明争论双方在判定价值语句的事实或支持价值标准的事实上存在分歧。如果事实上的分歧已消除，即使他们对价值标准有不同看法，有关的争论也应当结束。[1] 不过，相对主义的这种看法并不合乎实际。现实生活中的人们几乎无时无刻不在相互交流，他们探讨某种规范是否合理，对他人的行为给予称赞、提出批评，教导他人遵守某些道德规范，等等。显然，当他们试图这样做时，他们实际相信可对规范是否合理给

---

[1] Barbara Mackinnon, *Ethics: Theory and Contemporary Issues*, Wadsworth Publishing Company, 1995, p. 16.

出客观的判定。在现实生活中，尽管不同的人所接受的规范不完全相同，但他们的确会接受一些相同的规范，如他们实际接受了诸如"不可谋杀""不可偷盗""借钱要还"等规范。在很大程度上可以说，社会之所以存在，社会中的人们之所以能相互协作，皆因人们接受了相同的规范。显然，如果承认人们实际接受了相同的规范，那就难以相信一个人可按自己的意愿接受任何可能的价值标准或规范了。

作为一种思想观念，相对主义在社会实践中也起过某些作用。如它强调人们要基于具体情境做出价值判断，强调要尊重个人的自主选择能力，反对盲目崇拜权威与信从传统教条。不仅如此，它还可能要求宽容与克制，否认一个人有权对他人的思想与行为进行评判，甚至否认文化帝国主义、民族优越论以及各种形式的种族主义等。不过，由于相对主义所提出的应当接受的价值标准（规范）与人们实际接受的价值标准（规范）并不一致，因而它终将难以运用于现实生活。同时，过于热衷于相对主义，可能使人忽视对一些深奥问题的关注，如使人满足于从较为直接或浅显的层面来看待问题，使人放弃对规范根据以及众多实践问题的深入追问，甚至会使伦理学或实践科学失去根基。

第二节　社会行为与社会规范

尽管相对主义没有充分根据，也不太符合实际，但如果不能为规范的合理性提供根据，那么它依然会获得支持者。规范合理性的根据在何处？由于规范为行为提供根据，为了回答上述问题，有必要对人类行为的一般特征做些了解。一个生活于没有他人存在的世界中的人，其行为只受自然环境与自身能力的影响。在此世界中，他在其能力所及的范围内几乎可想做什么就做什么，想怎样做就怎样做。一个生活于存在他人的世界中的人与之不同，其行为不仅受自然环境与自身能力的影响，也受他人的影响。设想他要达到的某些目的（如建造房屋、捕获猎物等）不能凭一己之力达成，而要依赖于他人，同时他人恰好也希望达到这样的目的，或者乐意帮助他，那么他们就可一起行动以达到目的。在达到这一目的的过程中，他不能为所欲为，要受他人的影响，甚至要迎合他人。为达到这些目的而做出的行为与那些不受他人影响而只凭个人主观任意而做出的行为或生活于没有他人存在的世界中的人所做出的行为不同，人们常常称之为社会行为，并称存在这种行为的世界为社会。尽管社会行为为特定个人所做出，在某种意义上，它却不只是他个人所做出的行为，而是他与社会中他人一起做出的行为。不受他人影响，不与他人一起行动，只为特定个人所做出的行为即个体行为。

社会行为通常是复杂的。社会中某个人所做出的行为不仅受他人的影响，同时它也影响他人，影响他人的行为。由于它是一种人与人之间相互影响而产生的行为，因而也是一种协作行为。从事社会行为或协作行为的人们相互之间通常有言语方面的交流，却也不必定如此。一个人与他人尽管没有言语交流，只要他认识到他人也是自由的，并存在于他所生活的世界中，那么他在行事时就会考虑到他人的存在，他人对他的行为就会有影响。反过来，他对他人的行为也有影响。这时他所做的行为就是社会行为。设想一个生活于茫茫丛林中的原始人，忽然发现在他附近有了他人。尽管他与那些人没有言语交流，但他会受到他们的影响，在打猎时会极力避开那些人生活的区域，而到另一处打猎。他人也可能同样会避开他所打猎的区域，到其他地方开辟新的生活场所。结果，尽管这一地区的人们没有言语交流，但确实形成了这种分散的生活状态。如果没有相互之间的影响，他们是不会这样做的，因而这种状态可看作他们相互协作的结果。

一个生活于没有他人存在的世界中的人所做出的行为当然是个体行为。生存于社会中的人们所做的行为，由于直接或间接地受他人的影响，同时也直接或间接地影响他人，因而通常是社会行为。社会中的人所做的行为是否都是社会行为呢？一般认为，尽管社会中的人所做的大多数行为是社会行为，但某些行为也可能是个体行为。一些不只出现在社会中，也出现在没有他人存在的世界中的行为，如一个人独自地行走、游泳、种植、打猎等，可认为它们是个体行为。不仅如此，一些只出现在社会中，而不会出现在没有他人存在的世界中的行为也可能是个体行为，如可认为一个人在图书馆的安静角落独自阅读、独自在家整理鞋柜、与他人玩羽毛球时的一些习惯性动作或带有某种语气的语言行为等是个体行为。

显然，如果把出现在社会中的某些行为看作个体行为，那么要清晰地区分社会行为与个体行为将会是困难的。一个人之所以独自进行阅读，是由于他认识到，独自阅读能更有效地学会书中的知识，而学会知识则可迎合社会的需要。一个人正是由于怕客人看到他的脏乱鞋柜而去整理它。如果不是生活在社会中，人们可能不会去阅读，也不会去整理鞋柜，因而一个人独自阅读或在家整理鞋柜等行为是受他人影响的结果。可把这样的行为看作他与他人一起做出的，它们是社会行为。不仅如此，那些尽管可出现在没有他人生活的世界中的行为，它们一旦出现在社会中，也可能受到他人的影响，同时也会影响他人。这时它们就可能不是个体行为，而成了社会行为。如在列维纳斯看来，尽管一个人与他人素昧平生、毫无干系，他对他人也有所亏欠，甚至只要他存在于社会中，就已不可避免地对他人犯罪了。因为"我的家，这些难道不已经是对那些属于其他人的位置的侵占吗？这些其他人已经因我饱受压迫、挨饿、被驱逐到某个第三世界"[①]。

尽管出现在社会中的行为或多或少受他人的影响，也或多或少会影响他人，但这种影响的大小是不同的。为了更好地了解它们，据此可对它们做进一步的区分。由于行为归根结底由个人做出，为了方便，这里主要根据受他人影响的程度来区分行为。实际上，如果一行为对他人有较大的影响，他人就可能在意他的行为，从而可能会干预（如鼓励、阻止）他的这种行为，因而它也就可能受他人较大的影响了。因此，这里尽管根据受他人影响的程度来区分行为，实际也间接地与行为对他人的影响有关。可以发现，那些出现在社会中的行为，其中一些不受或不太受他人的影响，而另一些则受他人较大的影响。就一个人独自阅读而言，他可细致地阅读一本书，也可只做大致浏览；他可读完全书，也可只浏览其中的某一章；他甚至可以随时放下书本去做其他事。一个人阅读什么以及怎样阅读主要甚至完全依赖于个人选择，而不太受他人的影响。一个在流水线上与他人协作生产某一产品的工人，他所做的行为就与此不同。他不能想做就做，想怎样做就怎样做。他要在确定的时间内，以确定的方式做出某种行为，这种行为受他人较大的影响。正是如此，可

---

① 列维纳斯：《伦理学作为第一哲学》，载邓安庆主编《当代哲学经典》（伦理学卷），北京师范大学出版社，2014，第344页。

对这些行为做出某种区分，如可把那些不受或不太受他人影响的行为看作个体行为，而把那些受他人较大影响的行为看作社会行为。

当然，由于难以对受他人影响的大小做出清晰的比较，因而这种区分不会是清晰的。难以对它们做出清晰区分还有其他的原因。一个人所做的行为往往是一个连续的动作过程，这一过程可以分解开来，而分解出来的每一段都可看作一种行为。后者即次一级的行为。这样一来，对于特定行为来说，可把它分解成一系列次一级的行为，它则是由这些次一级行为所构成的复杂行为。流水线上工人的生产行为就包含一个连续的动作过程，可将此行为分解为各种次一级的行为，如分解为扬手臂、呼喊同事、喝茶、擦汗等。可见，生产行为是一种包含了所有这些行为的复杂行为。一复杂行为可能同时包含受他人较大影响的行为以及不太受他人影响的行为，也即可在其中分解出社会行为与个体行为。显然，对于那些包含个体行为与社会行为的复杂行为，人们是难以确定它到底是个体行为还是社会行为的。尽管如此，为了对出现在社会中的行为有较为深入的了解，有必要对它们做出区分，而根据受他人影响的程度来区分个体行为与社会行为也并非不可接受的。不过，为了更好地谈论社会行为与个体行为，尽可能避免引起歧义与混乱，这里所谈到的社会行为与个体行为通常是就简单行为而言。即使谈到复杂行为，往往也把它简单化，把它单纯看作社会行为或个体行为。

社会中的任何个人，在他打算做某种社会行为时，由于受他人较大的影响，他不能想做什么就做什么，想怎样做就怎样做。在他做这种行为之前，要思考"此行为是否应当做"的问题。由于规范告诉他应当做什么以及不应当做什么，因此他要接受某些规范，以便约束自己的行为。实际上，为了达到协作目的，社会中的人必定要接受某些规范。如果一个人希望与他人有持续而深入的协作，那么他不仅要确信他人的行为具有可预见性，同时也需要让他人相信自己的行为具有可预见性。行为的可预见性往往是以遵守规范为前提的，因而这种协作不仅需要他人接受某些规范，同时他自己也要接受一些规范。社会行为要以接受某些规范为前提，个体行为似乎也是如此。生活于没有他人存在的世界中的人，其行为只受自然环境与自身能力的限制，在特定情境中，他会发现有多种行为可达到其目的。这时他需要在多种可能的行为中进行选择，他也将面临"应当做何种行为"的问题。在这些可供选择的行为中，他权衡再三，会选择对自己来说最好的行为以达到目的。一旦做出了这种选择，那么在未来的实践中，他不会每次都如此权衡，而是根据之前的考虑来做选择，也即他把以前的选择当作规范而接受下来了。如果生活于没有他人存在的世界中的人接受某些规范，那么存在于社会中的人，即使在考虑"应当做何种个体行为"时，也会接受某些规范。

在生活过程中，人们在做任何行为（无论是社会行为还是个体行为）之前，都要考虑"应当做何种行为"的问题，都要接受某些规范。为了对这些规范有更多的了解，有必要对它们做出区分。由于行为可区分出社会行为与个体行为，因此似乎可把人们所接受的规范区分开来，也即把为应对"应当做何种社会行为"而接受的规范看作社会规范，而把为应对"应当做何种个体行为"而接受的规范看作个体规范。社会规范可对人们做何种社会行为给出指引，个体规范则可对人们做何种个体行为给出指引。如"不要迟到""不要说谎"对人们如何与人交流、交往给出指引，因而它们是社会规范。而"钓鱼要安静""应当找一长杆来击落野果"等则对人们如何钓鱼、获取野果等个体行为给出指引，因而它们是个体规范。

即使可以勉强做出这样的区分，它也并不是严谨的。尽管可把指引个体行为的规范看作个体规范，或把指引社会行为的规范看作社会规范，但由于个体规范可能对社会行为提供指引，而社会规范可能对个体行为提供指引，因而难以把所有指引社会行为的规范看作社会规范，也难以把所有指引个体行为的规范看作个体规范。如一个人所接受的某些规范（如不要抽烟、做事要细心等）可用来指引其个体行为，也可用来指引自己与他人的交往。正是如此，难以把这样的规范单纯看作个体规范或社会规范。实际上，考虑到难以对社会行为与个体行为做出严谨的区分，难以对社会规范与个体规范做出严谨区分似乎是理所当然的。由于存在复杂行为，因而对它们的严谨区分将更难以做出。不过，正如可对社会行为与个体行为做出大致区分一样，也可对社会规范与个体规范做出大致的区分。考虑到这一点，在特定情境中，可把那些主要或完全指引个体行为的规范看作个体规范，把其他规范或那些不是个体规范的规范看作社会规范。显然，按这种看法，尽管不是所有指引社会行为的规范都是社会规范，但它主要或完全对社会行为给出指引。

由于个体行为不受或不太受他人影响，因而一个人之所以接受某个体规范，除了受一些自然条件以及自身因素的限制之外，它不受或不太受他人影响，而完全或主要是基于个人的主观任意。个人可因自身的原因而接受或放弃一个体规范，他是个体规范的制定者或接受者，也是其修正者与改变者。正是如此，可以说个体规范的合理性完全基于个人的主观任意，它没有根据或没有客观根据。这里所说的规范的客观根据是指，对特定个人来说，规范的合理性除了受一些自然条件以及其自身的因素影响之外，还受他人的影响，它不完全基于个人的主观任意。社会规范与个体规范不同。由于社会行为受他人的较大影响，因而一个人之所以接受某社会规范，可能受他人的较大影响，而不完全是基于个人的主观任意。如果一个人因受他人的较大影响而接受了某规范，那么这种接受显然不完全依赖于其个人的主观性，而有其根据。这些根据恰恰是他接受它的原因。需要指出，不是所有社会规范都具有根据，一个人也可能因其主观任意而接受一社会规范。

在实践科学中，人们谈到的规范主要社会规范。不过在谈到它时，它可能具有多种含义。一种含义指，这种规范存在于社会中，甚至只存在于社会中。另一种含义是指，这种规范约束社会行为，协调社会中的人与人之间的关系，它是为社会而出现的，是组织社会、形成良好社会秩序的条件。还有一种含义则指出，这种规范根源于社会，它是社会中的众多人相互作用的结果。由于个体规范也可存在于社会中，因而这里所谈到的社会规范显然不是指第一种类型的社会规范。仔细观察，会发现此处所谈到的社会规范的含义与后面几种含义密切相关，却又不完全等同于它们。

第三节 社会规范的根据

在社会实践中，如果相对主义没有充分的根据，人们应当接受一些不只凭个人主观任意而接受的或有根据的社会规范。何种社会规范是有根据的？设想一个人努力对上述问题给出了一种回答，可以预料，人们依然会对此进行追问，追问这些根据本身的根据。这样一来，就可能导致无穷后退。在知识论中也面临类似的问题。人们在确定一陈述是否为真时，会发现那些确定它为真的根据依然是可疑的。为了获得可靠的真理，有必要追问这些根据本身。持续的追问将不可避免地导致无穷后退，最终陷入怀疑论。有理由表明，这样的追问在知识论中不总是能持续下去，极端的怀疑论不能成立。人们会指出，一个人在怀疑知识没有根据时，一定意义上他已设定存在知识了。当他谈论"怀疑""知识""根据"等时，对他来说，这些语词的含义是明确的，它们其实早已构成其知识的一部分了。因此，上述追问不能持续下去，它总会在某处终止。对规范的追问是否也是如此？

为了了解社会规范的根据，可从一些具体的社会实践以及它们所接受的社会规范开始。其实，在日常语言交流中就可对此做些大致的了解。由于不是所有的符号都是语词，为了进行语言交流，人们要对"何种符号是语词"以及"特定语词的用法或含义是什么"等问题做出回答。如要规定"葡""萄""戈"等不是语词，而"故宫""欣赏"等是语词，要规定"太阳""桌子"等语词指称某物或某类物，也要规定"和""这"等语词的用法，等等。在语言交流过程中，需要不同的语词联结成语句。由于不是所有语词的联结都能形成语句，因此要对哪些联结能形成语句以及哪些联结不能形成语句做出规定。为了表达复杂的思想，需要诸多语句按一定顺序形成语句串。按不同顺序，相同的语句可构成不同的语句串，其中一些语句串能有效地表达思想，有些则不能进行有效的表达，它甚至根本没有意义。于是需要对语句如何联结形成语句串进行规定。可称这些对语言使用的规定为语言规范。语言规范规定何种符号是有意义的以及何种符号是没有意义的，规定语词或语句的何种联结是有意义的以及何种联结是没有意义的，等等。在语言交流活动中，人们需要接受一些语言规范，没有它们是没有办法进行语言交流的。

由于语言交流是众多人协作的结果，因而要进行语言交流，语言规范就不仅要为特定个人所接受，也要为众多他人所接受。对特定个人来说，在语言交流活动中，他尽管要接受某些语言规范，却不必定要接受某一语言规范。如他不必定要接受某些有关语词用法的规范，不必定接受某些有关语句联结的规范等。不过，在与他人进行语言交流时，他总是要接受某些语言规范。这些规范不是因其主观任意而被接受的，他不能随意地不接受它们，也即他对它们的接受具有客观性。他为何要接受这样一些规范？其根据何在？也许有人会提出，他之所以要接受它们，是由于它们以另一些语言规范为基础，前者由后者推演出来。这样的回答显然难以真正回答上述问题。当然也难以说，他之所以会接受这些语言规范，是由于它们为语法书所规定，或是由于它们导致了某些后果，或是由于其他一些事实，等等。

继续考察语言实践会发现，处于同一语言系统中的人们，只要说同一种语言，用它来表达事物或相互交流，就必然要接受某些语言规范。实际上，一个人如果不与他人共同接受一些语言规范，他就无法与他人进行相互交流，甚至无法表达事物。这里在谈到必然要被接受的语言规范时，常常包含两种含义。一是指这些规范不是基于接受者的主观任意而被接受的，人们基于某种客观原因而接受它。二是指它们与接受者的某种目的之间存在特殊关系，即在此情境中，只有接受它们，才能达到此目的，二者之间存在的是一种必然关系。上述两种含义其实是密切相关的。由于这种规范与接受者所持目的之间具有必然关系，因而他要达到此目的，在当前情境中就不能随心所欲，而必然要接受这样的规范。

对于这种必然性，还有一点需要提及。要想表达某一事物，人们必然要接受某些语言规范。而要想把卫星从地面成功运送到太空，人们必然要让火箭的发射速度至少达到 $7.9km/s$。这里谈到了两种必然性。仔细观察它们，会发现它们不是相同的。后一种必然性来源于自然科学理论，它不因个人的主观任意而改变，甚至不因人类而改变。前一种必然性与之不同。尽管一个人所接受的规范与他所持目的之间的关系不因个人的主观任意而改变，但可能因社会中一起参与实践的人而改变。如果相互交流的人们一致同意不接受某一语言规范，而接受其他的语言规范，那么他们在交流活动中的确是可以这样做的。

那些为特定个人所必然要接受的语言规范的根据何在？其实，如果人们必然要接受某规范，那就表明其根据已然是明显的，就不必追问其根据了。就此来说，这种问题的提出不仅不合时宜，甚至是没有意义的，它反映了提问者在此存在某些误解。如果一定要回答它，则可以说：这要看那个人为何要达到这样的（交流）目的，其目的的合理性就是他接受此语言规范的根据。确实，如果一个人希望与他人进行交流，那么他确立了这样的目的之后,他接受这样的规范也就变得理所当然了,它们具有当然的合理性。

语言规范与其他社会规范当然不是完全相同的,不过,作为一种社会实践,语言实践与其他社会实践具有类似性。正是如此,上述对语言规范的看法可为人们反思其他社会规范的根据提供启发。在特定情境中,为达到某些目的,人的行为要受他人的影响,甚至要相互协作,因而也必然要接受某些社会规范。如果的确存在这样的规范,那么接受它们便是人们相互协作的基础,是达到特定目的的必要条件。于是可以说,相对于此目的,这些社会规范是有根据的,它们具有不可置疑的合理性。设想一所工厂要生产某种新产品,那么其中的工人就必然要接受一些社会规范。于是,对这些工人来说,这些社会规范是有根据的,它们具有不可置疑的合理性。军人要在战斗中争取胜利,也必然要接受一些社会规范。对于军人来说,这些规范的合理性也是不容置疑的。由于这些规范是为达到目的而必然要被接受的,它们具有不可置疑的合理性,因而人们不必追问其根据,或追问它们的根据是没有意义的。

尽管人们在实践中必然要接受某些社会规范,它们为人们的相互协作、社会秩序的稳定提供了基础,但它们的逻辑地位并不完全相同。具体来说,其中一些社会规范的必然性是显而易见的,它们与人们所接受目的之间的必然相关性是直接的、明显的。不过,不是所有社会规范都是如此。其中一些社会规范尽管与人们所接受的目的之间存在必然相关性,这种相关性却不是直接的、明显的。之所以说它们之间存在必然相关性,只是由于这些社会规范可从前一类社会规范中推演出来。在语言实践中便存在这样的社会规范。尽管一些社会规范不是明显地必然要被接受的,但如果它们可从那些明显地必然要被接受的社会规范中推演出来,那就可以说它们也是必然要被接受的。

除了这些必然要被接受的社会规范,当然还存在其他社会规范。这些规范或与之矛盾的规范不是必然要被接受的,它们也不能由那些必然要被接受的社会规范推演出来。由于难以判定这些规范是否合理,人们似乎可以根据自己的主观任意而选择是否接受它们。如果的确存在这样的规范,是否表明人们的相互协作或社会中的各种秩序最终是没有根据的?这种担心自然是不必要的。尽管不能判定某些关于自然事物的理论是否为真，却不表明不存在真的自然科学理论，而那些真的自然科学理论为人类的认识以及实践提供了坚实的基础。同样，尽管没有根据确定某些社会规范是否合理，但依然可能存在一些合理的或具有根据的社会规范。如果的确存在这样的规范，显然，它们将为人们之间的相互协作以及各种社会秩序的稳定提供基础。

在实践中，尽管人们必然要接受某些社会规范以达到目的，却不是社会中的所有人都接受这样的目的。不仅如此，接受此目的的人也不一定都与他人协作行动。可见，对这些社会规范的接受与特定的人相关。由于接受它们的人不是特定的个人，也不是社会中的所有人或人类，而是社会中的特定人群，因而从根本上说，这些社会规范不只对个别人有效，也不一定对社会中的所有人或人类有效，它们只对特定人群有效，它们是相对于特定人群的。可把那些在特定情境中相互协作，从而必然要接受某些共同社会规范的人称为实践共同体。可以看到，只要人们在具体实践中为达到某些共同目的而相互协作，那么无论其目的是什么，他们都必然要接受一些社会规范，从而形成一个实践共同体。显然，实践共同体的成员为达到特定目的而必然要接受的社会规范具有理所当然的根据或合理性。

在具体情境中，如果人们接受了某些目的，也就必然要接受特定的社会规范。不过，如果他人没有接受这样的目的，也就不必接受这样的规范。不仅如此，在某一情境中必然接受特定规范的人，在其他情境中，由于他没有接受这样的目的，他也可能不接受它们。由于人们必然要接受的社会规范与具体情境有关，因而不能指望可以确定这些规范的具体内容。尽管如此，在具体情境中，人们必然要接受的那些社会规范依然是可辨认出来的。由于这些社会规范并不基于个人的主观任意而合理，其合理性是相互协作的人们或实践共同体共同确立起来的，因而它们的存在为反对相对主义提供了基础。实际上，可以说相对主义是脱离具体生活情境而为实践提供根据的结果。

人们可能提出，由于那些必然要被接受的社会规范与具体情境有关，与实践共同体有关，因而其合理性相对于特定情境，相对于特定实践共同体。由于为一些人所接受的社会规范不一定为他人所接受，而分属不同实践共同体的人们可能接受不同的社会规范，因而上述看法其实是相

第九章　社会规范的合理性

对主义的。这种担心当然是多余的。如果接受上述看法，那么会发现，一社会规范的合理性由实践共同体决定，为某一实践共同体的成员所接受的社会规范不一定为另一实践共同体的成员接受，但其合理性依然不由个人的主观任意所决定，同一实践共同体的成员实际接受了相同的社会规范，它们是有根据的。正是如此，难以把它看作相对主义的。

与上述看法类似的思想其实并不少见。一般认为，道德规范是所有其他社会规范的根据，因而人们在追问社会规范的根据时，实际追问的是"道德规范的根据何在"这样的问题。对此，康德提出，道德规范是任何具有理性的人所必然要接受的，因为若不如此，它将陷入自相矛盾。可以看到，康德对（道德）规范合理性的论证与上述看法是类似的，也基于前提"由于某社会规范必然要被接受，因而它是合理的或是有根据的"。与康德的思想相比，上述看法其实同霍布斯的契约论更为类似。在霍布斯看来，处于自然状态中的人为求自保，摆脱对死亡的恐惧，过上和平生活，就必然要接受某些共同的社会规范。如处于自然状态的人要放弃自己的某些自然权利，要以订立契约的方式把自己的权利交给一个人或者由一些人所组成的议会，承认被授权者在公共安全事务方面所做的都是自己所同意的，等等。在霍布斯看来，由于这些社会规范是人们必然要接受的，因而它们具有绝对的合理性。这些具有绝对合理性的规范也是其他社会规范的根据。

当然，康德或霍布斯的思想与上述看法不完全相同，它们甚至存在某种对立。在康德看来，社会规范的合理性根本可在某种心理经验（即理性）中获得。由于任何人的理性都是相同的，因而基于理性确立起来的合理社会规范也是所有人必然要接受的。霍布斯的看法也有类似的特点。在霍布斯那里，人们所订立的契约对社会中的所有人都有效，它们是所有人都必然要接受的。有证据表明，这种适用于所有人，甚至适用于所有社会的社会规范不是人们真正必然要接受的。就霍布斯的看法而言，由于不同的人有不同的目的，不同的人群可能订立不同的契约，因而他所提出的那些社会规范也许不是人们必然要接受的社会规范。此外，即使存在为所有人或多数人所接受的目的（如生存、追求财富等），为保证生命财产的安全，人们也不必定要接受他所谈到的那些社会规范。洛克就强调，人们在订立契约时，即使是以自利为目的，也不必把所有权利（如生命、财产与自由）交给被授权者，而只把一部分权利交出。其实，在现实生活中，个人并不与人类或社会中的所有人协作，而只与特定的人协作。同时，不仅协作的形式与内容可能随时而改变，而且与之协作的人也并不总是确定的。把社会中的所有人，甚至人类看作一个统一的协作实体，把他们当作一个实践共同体，这只是一种臆想。就此而言，康德或霍布斯的看法具有浓厚的主观主义倾向。

哈贝马斯等现代学者提供了与上述看法更为相似的思想。哈贝马斯强调，社会规范的合理性既不存在于个人的主观任意中，也不存在于客观的外部世界中，而存在于人与人之间的交往中。在交往过程中，人们必然要接受各种共识，必然要接受一些社会规范，这些共识与规范为他们的实践提供了基础。斯坎伦则更明确地提出，持有相似目的的人会达成一些共识，持有相同的原则或契约，而其他人只要抱有与之相同的目的，他"就不会有理由拒绝"它们。① 这些原则或契约的合理性是基础性的，是其他道德规范的根据，甚至是其他所有社会规范的根据。可以看到，哈贝马斯与斯坎伦对社会规范合理性的理解明显不同于康德或霍布斯的看法。在他们那里，社会规范的合理性与人们之间的具体交往或协议有关，与具体实践相关。由于这些交往与协议是在特定人群或实践共同体中完成的，因而社会规范的合理性并不对所有人都有效，而只对特定人群或实践共同体有效。正是如此，他们的看法为摆脱康德、霍布斯式的主观主义提供了可能。

哈贝马斯等人的思想与上述看法当然也是存在差异的。在哈贝马斯等人看来，那些接受了具有不可置疑的社会规范的人们具有某些特定的联系，这些联系对他们接受这些规范产生关键性影响，对实践共同体的形成给予了限制。在哈贝马斯那里，其中一种显著的联系便是语言商谈。斯坎伦则认为它们可体现在人们能一起达成某些共识或契约上。然而，不是所有进行协作的人都会进行商谈或达成契约，如一个人通常就没有办法与智障者、婴儿等进行有效的商谈或达成契约。果真如此，哈贝马斯就无法为这些人所接受的社会规范辩护了。不仅如此，他们还对共识或契约的达成提出了一些额外要求。如哈贝马斯提出，确立社会规范合

---

① 斯坎伦：《我们彼此负有什么义务》，陈代东等译，人民出版社，2008，第207页。

理性的商谈要在特定情境中完成，这种情境不仅要求每个商谈者从所有他人的角度来思考社会规范的合理性，也即要求所谓的"普遍化原则"①，而且要求"每一个有语言和行为能力的主体在自觉放弃权力和暴力使用的前提下，自由、平等地参与话语的论证，并且，在此过程中，人人都必须怀着追求真理、服从真理的动机与愿望"，如此等等。② 在斯坎伦看来，那为行为提供根据的社会规范要以"明智的、非强制的普遍一致意见"为基础。③ 然而，在具体的实践中，这些要求能否得到满足是可疑的。即使这些要求获得满足，哈贝马斯与斯坎伦也将面临另一个问题：在社会中进行交往或协作的人们为何要坚持这些要求？对此他们没有给出合适的说明。

---

① 哈贝马斯：《在事实与规范之间》，童世骏译，三联书店，2003，第 198 页。
② 章国锋：《哈贝马斯访谈录》，《外国文学评论》2000 年第 1 期，第 29 页。
③ 斯坎伦：《我们彼此负有什么义务》，陈代东等译，人民出版社，2008，第 163 页。

第十章　社会团体与实有规范

第一节　实践共同体的基本特征

有理由表明，在人的认识活动中，没有一种判定真理的绝对标准，甚至没有一个绝对可靠的认识基础。判定真理的标准以及认识基础与特定的认识活动有关，它们依赖于特定的认识者。那些在特定情境中一起从事认识活动的人构成一个群体，即认识共同体。认识共同体出现在具体的认识活动中，它确立了认识基础以及判定真理的标准，知识也由此而产生。正是如此，人们通常不能基于抽象的人类或特定的个人来获得对认识活动以及其他有关知识或真理问题的了解，而只能基于认识共同体。人的认识活动无疑是一类实践活动，因而认识共同体根本也是一类实践共同体。实际上，在认识活动中，为达到认识目的，同一认识共同体中的成员也必然要接受许多相同的规范，它们包括确立事实的规范、判定真理的标准、从个别事实发现理论的规范以及根据科学理论来解释事实的规范，等等。

尽管认识共同体属于实践共同体，但由于实践往往与认识相关，因而在此意义上实践共同体也是认识共同体。实践共同体的形成的确要依赖于认识，如只有了解到规范的含义以及规范与其所要达到的目的之间的关系等，它才可能在此基础上接受规范。不过，认识共同体与这里所要谈到的实践共同体还是有所区别，这种区别首先就体现在它们所接受的那些规范上。如果把一认识共同体为达到认识目的而需要特别接受的规范看作认知规范，那么这些规范与其他实践共同体所接受的社会规范是有不同的。一般来说，认识活动的目的是单一的，即为获得真理。为达到这一目的，可供选择的认知规范相对比较单一。在其他实践中，不仅不同的实践包含多种目的，甚至同一实践也可能包含多种目的。正是如此，在这些实践中，人们实际接受的社会规范远比认知规范丰富。此

第十章 社会团体与实有规范

外,在认识活动中,人们一旦接受了某一规范,就会理所当然地遵守它,而不易受外部环境(如他所处的自然环境与社会环境)以及自身因素的影响。在其他实践中,这种情形就较为少见。尽管一个人接受了某一社会规范,由于受外部环境以及自身因素的影响,他不一定遵守它,他甚至会因某些偶然因素而放弃它。

由于认知规范与社会规范存在诸如此类的区别,一些认知规范常常为社会中多数人甚至绝大多数人接受,为不同社会中的人接受。与之不同,为绝大多数人或为众多社会中的人接受的社会规范并不常见。也因此,一个认识共同体中的成员往往比较多,而其他实践共同体中的成员相对较少。实际上,与其说认知规范类似于社会规范,不如说更类似于技术规范。考虑到这些区别以及讨论的目的,下面在谈到实践共同体时,通常把它看作排除了认识共同体的实践共同体。不仅如此,在谈及它时,甚至有意不考虑它所具有的认识特征。由于认知规范更类似于技术规范,因而下面所谈到的社会规范往往不把它们考虑在内,尽管所获得的结论也常常适用于它们。

实践共同体是一类特定的人群,要了解它,需要对构成它的成员有所了解。实践共同体的成员由两个或多个人组成,他们可以只是少数人(如一对恋人),也可以是大量的人(如一个庞大国家中的所有国民或人类)。如果实践共同体成员的人数很少,则可说它是一个较小的实践共同体,反之,则说它是一个较大的实践共同体。根据成员数量以及其他关系,人们可了解不同实践共同体之间的大致关系。比如,在包含共同成员的两个不同实践共同体之间,如果一实践共同体中的成员同时也是另一实践共同体中的成员,反过来却并不成立,则可以说在其成员构成上,前一实践共同体包含于后一实践共同体。一个国家的国民可构成一个实践共同体。设想其中的一些国民为达到某些目的而自愿共同接受一些社会规范,并由此组成了一个公司。于这些国民而言,此公司是一个实践共同体。由于此公司的成员都是这个国家的国民,而不是所有国民都是此公司的成员,因而在成员构成上,这个国家包含此公司。不同实践共同体之间当然还存在其他关系。如果在两个实践共同体中,其中任何一实践共同体中的成员不属于另一实践共同体,或者尽管它们有共同的成员,但至少其中一实践共同体的某些成员不同时也是另一实践共同体中的成员，则可以说上述两个实践共同体互不包含，等等。

特定实践共同体必然要接受的社会规范不是抽象的，它们可在具体的实践中被辨认出来。尽管这些规范相对于特定实践共同体，但它们也可能是其他实践共同体必然要被接受的社会规范。是否存在这样的社会规范，它们是社会中所有人都必然要被接受的，甚至是人类所必然要被接受的？一般而言，这样的规范如果不是根本没有，也较为少见。如果的确存在这样的规范，人们很可能首先会想到逻辑规范（不过，逻辑规范也常常被当作认知规范）。反过来，如果逻辑规范的确是人类为达到某些共同目的（如认识、交流等）而必然要被接受的，在此意义上则可把人类看作一个实践共同体。

实践共同体所必然要接受的社会规范尽管与它所接受的目的相关，却不只如此，它也与其他方面有关，如与实践共同体成员的认识有关。的确，一个人只有认识到目的与社会规范之间存在必然的联系，于他来说，接受它才是必然的。如一些地方的人们相信，祖先的墓地与后代的祸福有密切的联系，因而他们把"禁止破坏祖先墓地"当作一个必然要被接受的社会规范。实践共同体所必然要接受的社会规范显然也与特定的环境（包括自然环境与社会环境）有关，正是如此，一旦它所处的环境发生变化，它也就可能不接受这样的规范了。如随着经济的发展以及社会福利制度的建立，老年人在没有子女照顾时也能安享晚年，于是"父母在，不远游"之类的古训也就变得不是那么必然要被接受的了。

实践共同体所接受的社会规范不都是必然要被接受的。在语言交流中，实践共同体中的成员尽管接受了一些网络语言规范，但它们不一定为所有成员接受。这其实表明，它们不是为达到特定目的（如交流）所必然要被接受的，实践共同体中的成员可以凭自己的主观任意而选择接受或放弃它们。由于它们只是偶然被接受的，因而它们显然不具有理所当然的合理性。在实践共同体中，那些偶然被接受的规范与必然要被接受的规范看起来存在根本的不同，但它们之间还是可能存在相似之处。那些必然要被接受的规范既是实践共同体达到某些目的的必然结果，同时往往又是其成员不受外力强迫而自愿接受的结果。那些偶然被接受的规范尽管不是实践共同体要达到某些目的的必然结果，但同样可能是实践共同体中的成员不受外力强迫而自愿接受的结果。

第十章 社会团体与实有规范

在现实生活中，人们从事实践的目的多种多样。不仅如此，它们也经常变化，如人们会因各种原因而接受某些新的目的或放弃原来的某些目的。目的的变化可能会使得一个人所接受的规范发生变化。尽管一些网络语言规范原本只为实践共同体中的某些人所接受，它们是偶然被接受的，不过，如果实践共同体中的所有成员都接受某些网络语言规范，并通过它们来从事语言交流以达到特定的交流目的，他们甚至认为，只有通过它们才能达到这样的目的，这时也可以说，这些规范是必然要被接受的。同时，由于某些原因，实践共同体没有接受原来的一些目的，因而一些原来被当作必然要被接受的社会规范就成了偶然被接受的社会规范。由于现实生活复杂多样，并且时刻产生变化，因而偶然被接受的社会规范与必然要被接受的社会规范可能发生转化，以致常常难以严格地区分它们。需要说明的是，即使没有严格地区分它们，也不会对规范合理性的判定产生影响。如果一个人自愿接受某规范，那么于他来说，它具有当然的合理性。不过，它可能只是主观接受的规范，而不是客观接受的规范。如果一社会规范为实践共同体自愿接受，于它而言，它也具有当然的合理性。尽管它相对于特定的实践共同体，因而就实践共同体而言，它是主观的，但如果它对其中的成员具有某种强制性，则对其中的成员来说，它具有客观性。正是如此，这里常常不区分必然要被接受的社会规范与偶然被接受的社会规范。

一个人为达到某种目的而必然要接受一些社会规范，他与那些自愿接受相同规范的人构成一个实践共同体。显然，这样的社会规范越多，愿意接受它们的人就会越少，而由此形成的实践共同体也就越小。反之，这样的社会规范越少，则愿意接受它们的人就可能越多，由此形成的实践共同体也就越大。当然，实践共同体必然要接受的社会规范与它所包含成员之间的这种关系只是大致上的，不应期望能对此给出一种精确的描述。不过，如果两个实践共同体在其成员的构成上存在包含关系，那么较大实践共同体必然要接受的社会规范通常会比那较小实践共同体必然要接受的社会规范少。不仅如此，较大实践共同体必然要接受的社会规范通常也是那较小实践共同体必然要接受的社会规范，而反过来并不成立。如人类必然要接受的社会规范就比一对恋人必然要接受的社会规范要少得多，人类必然要接受的社会规范通常也是那对恋人必然要接受的社会规范，反之则并不如此。

就特定的实践共同体来说，它所包含的成员不是固定的，其中一些成员可能会退出，也会有新成员加入。由于有老成员的退出或新成员的加入，一实践共同体在不同时期有所变动。如果变动前后的实践共同体在成员构成上有所不同，那么它们是否依然为同一实践共同体呢？一般而言，在某一时期，如果一实践共同体中的成员有一人退出，或者有一新成员加入，而变动前后实践共同体中的成员依然接受相同的社会规范，人们常常会把变动前后的实践共同体看作同一实践共同体。如为了锻炼身体，一些人组织成立了一个羽毛球俱乐部，它是一实践共同体。尽管其中某个成员由于特殊原因退出了此俱乐部，或有一新成员加入，只要在成员变动前后，俱乐部的成员都接受了相同的社会规范，人们依然会把变动前后的俱乐部看作同一实践共同体。如果这样，当这种变动持续发生，以至于最后变动前后实践共同体的成员变得完全不同时，只要它们依然接受相同的社会规范，也就有必要把它们看作同一实践共同体。的确，就上述羽毛球俱乐部而言，经过一段时间，俱乐部中老成员都已不在了，其中的成员都是后来加入的。如果这些新成员依然接受俱乐部原来的社会规范，人们有理由把他们所组成的俱乐部与之前的俱乐部看作同一俱乐部。

如果一实践共同体的某一或某些成员出现变动，只要变动前后的实践共同体依然接受相同的社会规范，则还是可把它们看作相同的。而不同的两群人，如果他们分别接受了不同的社会规范，那么他们所构成的实践共同体理所当然是不同的。由此甚至可以说，当一群人接受两组不同的社会规范时，他们分别属于两个不同类型的实践共同体。设想一些人为了达到某些目的而组成了一个羽毛球俱乐部，可把他们所构成的群体看作一个实践共同体。当他们为了另一目的而组成另一群体，如形成一个读书会时，也可把这一群体看作一个实践共同体。上述两个实践共同体的成员完全相同，似乎可把它们看作同一实践共同体。不过，如果在实践共同体存续期间，有新成员加入读书会，而他并不加入羽毛球俱乐部，或有一老成员退出读书会而不同时退出羽毛球俱乐部，那么就会发现，把羽毛球俱乐部与读书会看作同一实践共同体是不适当的，会产生混淆与理解上的混乱。

两个在时间上持续变化而形成的具有联系的实践共同体，尽管它们所包含的成员有所不同，只要它们接受了相同的社会规范，就有理由认为它们属于同一实践共同体。相反，尽管它们包含相同的成员，如果它们所接受的社会规范不同，也可认为它们属于不同的实践共同体。这实际也表明，就实践共同体的形成而言，尽管成员与社会规范缺一不可，但社会规范比成员更为基本。甚至可以说，实践共同体归根到底是一组社会规范。这一看法其实也为人们基于实践共同体来克服相对主义、怀疑论提供了基础。如果一实践共同体所接受的社会规范发生改变，而人们依然把变化前后的实践共同体看作同一实践共同体，那就可能出现如下情形：此实践共同体中的成员可能有时（如在变化前）认为接受一社会规范是合理的，有时（如在变化后）则认为接受它是不合理的。如果这样，显然难以依赖它来摆脱相对主义、拒斥怀疑论了。

为了解释社会现象，人们提出过各种不同类型的共同体。滕尼斯在其社会学中就有关于共同体的想法。他谈到的共同体是通过血缘、邻里和朋友关系建立起来的人群组合，其基础是所谓的"人的意志"。[①] 还有人把那些拥有共同信仰的人群称为宗教共同体，而把那些持有共同政治纲领的人群称为政治共同体，等等。实践共同体与这些共同体有所不同。实际上，实践共同体归根到底是一组社会规范，但它与其他类型的共同体有明显的区别。当然，它们之间也有某些联系。如滕尼斯就同意，共同体也需要法律、制度等组织。如果宗教共同体是指信仰某种宗教的人所组成的群体，政治共同体是那种处于同一政治体制中的人所组成的群体，那么它们的形成或多或少与社会规范相关，甚至也是由接受相同社会规范的人所组成的共同体。不过，由于这些共同体要么包含一些其他复杂的、充满歧义甚至混乱的内容，要么就只存在于某一特定领域（如宗教、政治领域）中，它们难以成为伦理学研究的基础。

第二节　社会群体与社会团体

在实践中，人们必然要接受某些社会规范。由于人们必然要接受的

[①] 斐迪南·滕尼斯：《共同体与社会》，林荣远译，商务印书馆，1999，第52页。

社会规范与具体情境有关，与特定实践共同体有关，因而不能指望可以一劳永逸地确定这些规范的具体内容。就此而言，上面对实践共同体或社会规范合理性的了解依然是抽象的。要深入了解社会现象，并对实践有所助益，就不能满足于这些抽象了解。社会中的人们相互联系，他们聚集在一起形成群体，可称之为社会群体。实践共同体无疑是一类社会群体，但不是所有社会群体都是实践共同体。由于实际存在的丰富多样的社会群体为社会规范的合理性提供了现实基础，因而有理由对它们予以必要的关注。

可把实际存在的社会群体分为不同的类型。其中一种社会群体只是社会中一些人偶然聚集形成的，群体中的成员之间并不因此而有密切的联系。在商场中排队购物的顾客、在候车厅等候的旅客、因饭后随意散步而聚集在广场的人们所形成的就是这种类型的社会群体。处于这种群体中的人当然要额外接受一些社会规范来约束自己的行为，但相比于其他社会群体，它具有某些特殊性。首先，它是自然地形成的，其中的成员是偶然地，同时也是自愿地聚集在一处的。其次，它通常没有明确的目的或目的比较单一，即使存在单一的目的，这种目的也是被动地存在的，它甚至是外部给定的，群体内部难以放弃或产生新的目的。同时，不仅形成这一群体的社会规范数量较少，它们往往也不是人为制定的。正是如此，其内容有时不是很明确。此外，群体中的成员几乎平等地接受相关的社会规范，当有成员不接受诸如此类规范时，一般不会受到明确而强有力的惩罚，他可以随意放弃或接受它们。由于群体成员之间难以进行持续的协作，他们甚至常常没有明确的协作，因而群体的存在也是不稳定的。实际上，除非因某些自然条件以及社会条件的限制，它不会长期地存在。

社会中还存在与之不同的群体。这种社会群体不是众多人偶然聚集形成的，群体中的成员尽管也可能接受某些来自外部的目的，但由于他们相互之间存在密切的联系，因而他们可以主动地更改或放弃它，从而接受新的目的。这种社会群体中的成员当然与前一种社会群体中的成员一样，也要额外接受一些社会规范来约束自己的行为。不过，相比于前一种社会群体中的成员，他们通常要接受更多的社会规范。这些规范有些是自然地出现的，有些却可能是人为制定的。与前一种社会群体中的社会规范相比，这种社会群体中社会规范的内容更为明确。不仅如此，其中的成员如果不接受它们，可能会受到明确而强有力的惩罚，因而他们不能随意地放弃它们。此外，这种社会群体中的众多成员往往不是平等地接受相关社会规范的，不同成员所接受的社会规范不完全相同。如有些社会规范需要某些成员接受，却不需要其他成员接受，其中一些社会规范甚至规定群体中不同成员所承担的角色以及他们之间的关系。实际上，正是这样的规定使得群体中的不同成员有不同的职能分工，使得他们分别从事不同的活动，从而形成了一个具有特定结构的群体。由于这种社会群体不是偶然聚集形成的，而是一种有组织、有结构的社会存在物，为了把它与那种因偶然聚集而形成的社会群体区分开，这里称之为社会团体。相比于前一种社会群体，社会团体显然更为稳定，它可长期地存在。

　　社会团体显然可以自然地形成。生活在特定地域的人们所构成的部落、村庄，由血缘纽带联系而成的家庭或家族等就是这样的群体。可称这种群体为自然形成的社会团体。不是所有社会团体都是自然地形成的，它们也可人为地组织起来。一些人为了达到共同的目的而自觉地制定一些社会规范，这些规范对成员做出明确的约束，由此形成的诸如公司、俱乐部、协会等就是这种群体。可称这种群体为人为组织的社会团体。这两类社会团体当然存在区别。自然形成的社会团体尽管也有自己的目的以及为达到它们而必然要被接受的社会规范，但相比于人为组织的社会团体，其目的以及相关的社会规范不是很明确。此外，自然形成的社会团体中的成员没有明确的职能分工，它常常也不具有严谨的结构。正是如此，它有时甚至也是不太稳定的。当然，不能因此而把自然形成的社会团体与那些因偶然聚集而形成的社会群体混同起来。相比而言，构成这种群体的社会规范更为多样而明确，它们对其中的成员形成更为清晰而强有力的约束。

　　人为组织的社会团体与自然形成的社会团体不同，它有自己特定而明确的目的。这其实是理所当然的，社会中的人们正是为了达到这样的目的才组成这种社会团体的。这种社会团体当然可因环境变化等原因而改变其目的，但无论如何，没有这样的目的就不可能形成这样的社会团体。由于其目的是明确的，它所接受的社会规范往往也是明确的。这些规范不仅确定了达到目的的手段,也确定了不同成员之间的关系。如它们会确定社会团体的权力中心或领导中心,这一中心为实现其目的而起着协调、指挥、管理等方面的作用。如它们会确定成为团体成员的条件,甚至会规定社会团体外的其他人成为社会团体的一员需要具备何种条件,社会团体中的成员在何种条件下可能被排斥于社会团体之外,等等。

社会群体中的目的或社会规范在明确与不明确上通常只有程度之分,而没有根本的区别。这其实表明,不同社会群体之间的区分是难以完全清晰的。实际上,不同社会群体可相互转化。一些人由于不同原因而迁移到某一地区居住,他们之间没有明确的社会规范联系着,他们也没有接受共同的目的,而只是由于偶然原因生活在一起,从而形成了一个社会群体。如果这一社会群体中的人们一直生活在一起,他们的联系自然会越来越密切。他们会相互交流、交往,会使用一些共同的公共设施。于是,他们会接受一些相互交流、交往的规范,会接受使用这些设施的规范,甚至会接受解决相互纠纷的一些规范以及一些互助的规范,等等。这一社会群体在接受这些社会规范的过程中,如果其中某些成员不接受或甚至违反它们,将会受到其他人的指责。如此一来,那偶然聚集在一起的社会群体就成了社会团体,它是一种自然形成的社会团体。在长期的生活过程中,这一群体中的成员感到有必要进行更为紧密的协作以达到某些公共目的(如抵制外来侵入者、发展本地区的经济、丰富成员的文化生活等),于是组织成立一个管理委员会。这一委员会制定一些社会规范,以明确规定这一地区的人们要接受哪些社会规范,不遵守它们会受到哪些惩处,遵守它们会得到何种奖励,等等。它甚至会确立执行、裁决等机构。于是,生活在这一地区的人们就形成了人为组织的社会团体。

由于那些偶然聚集而形成的社会群体不太稳定,其目的与所接受的社会规范不太明确,因而这里主要关注社会团体。如果社会中那些拥有共同目的的人聚集在一起,形成社会团体,可以预料,社会团体中的成员在长期持续的协作过程中,往往会和谐共处,团结协作,甚至会产生深厚的友谊。这种情形通常更易出现于小的社会团体中,而难以出现于大的社会团体中。相比于小的社会团体,大的社会团体可能更经济、更安全，但也面临许多问题。在一个巨型的社会团体（如幅员辽阔、人口众多的国家）中，成员多种多样，大多数人并不相互熟悉。他们处于不同的环境，持有不同的思想观念，有不同的兴趣与欲求，也追求着不同的目的，因而社会团体组织的活动往往不能满足其成员丰富多样的需求。如果其中的成员不能达到自己的目的，就会产生不满，就可能与他人产生矛盾、冲突，以致形成社会对立甚至动乱。为了消除这种对立，满足自身的丰富多样的需求，这一巨型社会团体中的成员往往会自发地形成各种小的社会团体。实际上，人似乎天然地存在一种合群的心理倾向，他希望自己归属于某一个或多个社会团体，以从中得到帮助，消除或减少孤独和寂寞感，获得温暖、爱或安全感。而在较小的社会团体如家庭、公司、俱乐部、学校、协会等中，在一个社会团体成员相互熟悉的环境中，人的这种需求似乎更能得到满足。正因如此，一个人往往会参与各种小的社会团体。

无论如何，如果众多小的社会团体能满足巨型社会团体中千万人的需求，其中的矛盾与冲突自然能得到缓解甚至消除。因此，相比于那些不包含众多小的社会团体的巨型社会团体，那些包含众多小的社会团体的巨型社会团体将可能更为稳定，更能健康地发展，甚至也能得到更好的管理。现实社会中的国家往往是一个巨型的社会团体，其中包含着众多诸如家庭、公司、俱乐部、学校、协会等小的社会团体，它们对于国家的稳定与持续发展的确起着至关重要的作用。在今天，由于交通和通信技术比较发达，现代人为了满足自己的需要，自发地形成了更为丰富多样的，甚至脱离特定地域限制的社会团体。而处于社会中的人，尽管他不必然属于特定的社会团体，但他几乎必然属于某些社会团体。这些社会团体与他有不同程度的亲密关系，能满足他不同层次的需要。如他不必然属于特定的家庭、公司、学校或国家，却必然属于某一家庭、公司、学校或国家，等等。

构成不同社会团体的社会规范当然存在不同，却也并非完全不一样。实际上，不同社会团体不仅可能包含共同的成员，也可能接受一些相同的社会规范。为某一社会团体所接受的社会规范，也可能为其他社会团体所接受，甚至为许多社会团体所接受。尽管不同社会团体接受了一些相同的规范，但就某一特定的社会团体来说，它之所以成为此社会团体，却是它特别地接受了一些社会规范的结果。正是这些规范才使得它与其他社会团体变得不同起来,有时甚至把这些规范看作此社会团体成立的原因。实际上,正如在谈到实践共同体时所看到的一样,尽管一社会团体中的成员发生改变,但只要它所接受的社会规范不变,也依然可断言其性质没有变化。社会团体所接受的规范是它赖以存在的形式条件,社会团体归根到底依赖它们。对此,凯尔森就明确指出,"国家作为一个法律上的共同体不是一个和它的法律秩序分开的东西,正如社团并非不同于它的构成秩序一样",社会中的"共同体不过是调整个人相互行为的那个规范性秩序而已"①。这里通常把形成一个国家而特别要接受的那些规范称为法律,把在特定时期为特定区域的人们所特别要接受的规范称为风俗,而把形成公司、俱乐部、协会等人为组织的社会团体而特别要接受的那些规范称为规章制度。尽管国家也是一个社会团体,但它与其他社会团体有重大不同。其他社会团体的形成往往要以国家为背景,依赖于国家或国家法律而成立,而国家却不依赖于它们而成立。由于这种特殊性,有时把国家与其他社会团体区分开来,不把它看作社会团体,而只把依赖于国家的其他社会团体称为社会团体。

第三节 实践共同体与社会团体

实践共同体所接受的社会规范具有合理性,现实存在的社会团体所接受的社会规范是否合理呢?显然,如果能确定一社会团体是实践共同体,或者能确定社会团体中的一些成员能组成实践共同体,那就可确定此社会团体所接受的社会规范或其中的某些社会规范是合理的。当然,这种合理性是相对于特定实践共同体而言的。由于社会团体实际存在,它相对比较稳定,并且它所包含的社会规范比较明确,因而如果能确定其中的社会规范是合理的,则将会比抽象地谈论实践共同体中社会规范的合理性更具有现实意义。于是,现在的问题是:如何在社会团体中确认实践共同体?

---

① 凯尔森:《法与国家的一般理论》,沈宗灵译,中国大百科全书出版社,1996,第204~205页。

第十章 社会团体与实有规范

作为一种社会群体，社会团体与实践共同体一样，它归根结底是一组社会规范，因而它们之间存在相似性。不过，它们也有明显的差异。如实践共同体与社会团体不同，它不总是稳定的，它可能随时产生，也可能随时解散。为了救援一起交通事故中的伤者，路上的行人自愿组织起来，并接受一些社会规范，以便一起协作达到救援的目的，这时他们就形成了一个实践共同体。随着救援结束，这一实践共同体可能会自然地解散。相比而言，社会团体比较稳定，它一旦形成，就在一段时期内存在。就此而言，实践共同体与偶然聚集而形成的社会群体是类似的。实践共同体与社会团体的另一个不同就是，构成实践共同体的社会规范是其成员必然要接受的，实践共同体的成员可自愿地退出，也可自愿地加入。与此不同，至少某些社会团体中的社会规范不是所有成员都自愿接受的。对于其中的一些成员来说，这些规范可能是被强制接受的，他们也无法随意地加入或退出此社会团体。尽管实践共同体与那些偶然聚集而形成的社会群体看起来更为相似，但它们也不完全相同。那些偶然聚集而形成的社会群体尽管是实践共同体，却不是所有实践共同体都是这样的社会群体。实际上，由于那些偶然聚集而形成的社会群体的成员之间没有明确的协作，其存在不稳定，因而即便它是实践共同体，也不会太为人所关注。

尽管社会团体不一定是实践共同体，实践共同体也不一定是社会团体，但它们之间往往存在联系。为了清晰地呈现这种联系，可从特定个人的角度来了解它。即使是同一社会团体，其中的不同成员对它的理解或它对不同成员的意义也不是相同的。对某一成员来说，此社会团体是其自愿参加的；而对另一成员来说，可能不是自愿参加的。如果一个人自愿参加某俱乐部、自愿进入某公司，那么此俱乐部或公司便是他自愿参加的社会团体。对于那些不是他自愿参加的社会团体，则还可做进一步的区分。如一种社会团体是他被强制加入并成为其中一员的，另一种则是他与生俱来或自然而然地参与其中的。一个小学生被强制进入一所学校并成为其学生时，或一个人被迫参加一个黑社会集团时，就属于前一种情形。人们往往生来就是某一家庭、国家中的一员，或生来就是某一阶级、社区中的一员，等等。于他而言，这些社会团体尽管不是他自愿参加的，却也谈不上是被强制参加的。他们是与生俱来参与其中的。

如果一个人自愿与他人组成某一社会团体，形成此社会团体的社会规范是他与其他人一起制定出来的，那么对他来说，这样的社会团体就是一个实践共同体。一些羽毛球爱好者为了达到共同的目的，商定组成一个羽毛球俱乐部，他们为此制定了一些社会规范。这些规范规定了俱乐部成员的资格，规定了俱乐部成员应尽的一些义务以及俱乐部为成员提供的一些服务，等等。很显然，对于这些羽毛球爱好者来说，这个俱乐部就是一个实践共同体。一个人即使不是某一社会团体初创者，只要他自愿参加，乐意接受构成它的那些规范，期待与其中的其他成员协作行为，以达到某些目的，那对他来说，它也是一个实践共同体。就上述的俱乐部而言，如果一个人希望加入它，同时也自愿接受构成它的这些规范，那么这些规范尽管不是他参与制定的，于他而言，它同样是一个实践共同体。

如果一个人不是自愿地加入某一社会团体，于他而言，它是否为实践共同体呢？对于这一问题，需要针对不同情形分别给予考虑。一般而言，由于他参与此社会团体不是自愿的，他不认同构成此社会团体的规范，这时他与此社会团体中的其他人不构成一个实践共同体。于他而言，由于此社会团体所接受的社会规范不是他自愿接受的，因而它们不具有合理性。不过，也可能出现如下的情形：尽管他最初是不自愿地甚至是受到了某些外部力量强制而加入此社会团体的，但后来他逐渐认同此社会团体的目的与相关社会规范，同时，在他可以自由地退出时，他没有也不打算这样做，他愿意与此社会团体中的其他成员协作行为。于是可以说，他最终是自愿参加此社会团体的，他与那些自愿参加此社会团体中的人构成了一个实践共同体。小学生最初可能是被迫进入学校学习的，但在学习以及与其他同学交流、交往的过程中，他对学习产生了兴趣，也获得了难以割舍的友谊。他最终不愿意退出，而自愿参与其中。此时对他来说，学校是一个实践共同体。

在社会中，一个人所参与的社会团体不只有上述情形，还可能出现更为复杂的情形。为了达到某些目的，一个人自愿或不自愿地加入了某社会团体，他接受了此社会团体中的一些社会规范。如果他不接受此社会团体中的其他社会规范，于他而言，此社会团体显然不是实践共同体。不过，由于他接受了其中的某些社会规范，并且依赖它们来达到自己的目的，因而于他而言，他可与那些接受了相同社会规范的人构成一个实践共同体。一个国家的国民，尽管不愿意接受国家中的所有法律，但他通常会接受一些并以此来达到某些目的。于是可以说，他与那些接受相同法律的人便可构成一个实践共同体。这种实践共同体可能会在特定的情境中体现出来。如一个人尽管不接受国家中的诸多法律，但他在现实生活中与其他人买卖商品或进行其他交易时，他使用国家规定的货币，并按国家法律所规定的方式进行交易。由于他与交易方接受了某些相同的法律以及相关规章制度，因而他们构成了一个实践共同体。

总的来说，无论一个人是否自愿参加某一社会团体，只要他最终自愿接受此社会团体中的那些社会规范，那么于他而言，此社会团体就是一个实践共同体。当然，如果他不打算接受此社会团体中的那些社会规范或其中的某些社会规范，于他而言，此社会团体就不是一个实践共同体。即便如此，只要他接受了其中的一些社会规范，他也可与那些接受相同规范的人一起构成实践共同体。甚至可以说，任何两个人，即使属于不同社会团体，只要他们自愿接受了相同的规范，他们也会构成一个实践共同体。此时对他们来说，这些社会规范具有当然的合理性。断言一社会规范是否合理并非看它是否为一社会团体所接受，而是看它是否为实践共同体所接受。社会团体往往不是实践共同体，如果这样，在关注社会规范是否合理时，了解社会团体就似乎失去了意义。

尽管不是所有社会团体都是实践共同体，实践共同体也不一定是社会团体，而不同社会团体中的成员也可能形成实践共同体，但特定社会团体中的成员，通常比其他人更容易构成实践共同体。不仅如此，尽管社会团体所接受的社会规范不一定是合理的，但由于它们现实地存在，而且人们总是社会团体中的一员，因而相比于其他社会规范，人们可能更易于接受它们而形成实践共同体。正是如此，了解社会团体以及其中的社会规范是重要的。实际上，尽管社会团体所接受的各种社会规范（如法律、规章制度、风俗习惯等）只对特定情境中的人们存在影响，它们不一定为所有人接受，甚至不一定为特定社会中的所有人接受，但它们不仅是人们实践的成果，同时也约束着人们的各种社会生活，在许多情境中，它们甚至是其行为合理性的现实基础。

第四节 实有规范

社会团体中的社会规范现实地存在，它们通常可表现于文字中，但也可能不是成文的。即使其中的一些规范不是成文的，它们也会通过一些客观的载体（如实物、行为等）体现出来，因而可称之为实有规范。这里所谓的实有规范不仅指这些规范实际存在，它们为众多人所接受，也指它们不只因个人的主观任意而被接受，它们能现实地起作用。一个人可能接受了某些社会规范（如待人要有礼貌、不要说谎等），如果它们没有现实地起作用，如他不接受它们时不会受到明确的、有强制力的惩罚，那么它们就不是实有规范。法律、风俗、规章制度等是常见的实有规范。

法律是形成国家时必然要被接受的规范。一个国家中的法律是多样的，它们规定了国民生活的诸多方面。法律是丰富多样的，有些是人为制定的，有些却是自然地形成的。不过，即使那些自然形成的法律，其内容也是确定的，它们可被明确地表达出来。法律常常有明确的适用范围。一个国家的法律通常会规定它们适用于特定的人群，如有些法律适用于国家的某一特殊群体，有些法律则适用于所有国民，有些法律甚至适用于其他国家的某些人。不仅如此，由于法律以国家的强制力来保证实施，因而它们又具有极大的强制性。目前，"法律"一词不只用来表达形成国家时必然要被接受的规范，也可能用来表达其他的事物。如人们强调，不仅同一国家中的人们在相互协作时受法律的约束，不同国家的人们在相互协作时也受法律的约束。由于这两类法律在许多方面有所不同，因而通常把它们区分开来，称前者为国内法，而称后者为国际法。

国际法与国内法不仅在适用范围方面有所不同，它们的强制力也有差异。如果把国家看作具有行为能力的人，那么当前社会中国家的行为就如丛林社会中人的行为。生活在丛林社会中的人们尽管也接受了一些规范，但它们不同于国家中的法律，其内容不是很明确，甚至也不具有较大的强制性，因而通常称之为前法律。国际法类似于这样的法律。与国内法不同，不仅没有一个权威高于个别国家的立法机构制定国际法，也没有这样的司法机构、执法机构来施行它。在现实生活中,国家与国家之间出于各自的利益订立条约,确立国际法,但各个国家同时又凌驾于它们之上,常常因自身利益而不遵守它们。可以说,对于国家而言,国际法仅是应当遵守的规范。由于缺乏超国家的立法机构、司法机构以及执法机构来制定和施行国际法,它的有效性必须获得国家的认可,因此国际法往往要基于国内法。奥本海就认为,"国际法无论作为整体或是其各部分,就都不能当然成为国内法的一部分,这只能是国内习惯或制定法使它这样,而在这种情形下,国际法的有关规则是经过采用而同时成为国内法的规则的。无论在什么地方或什么时候,如果不经过这样的全部或部分采用,国内法就不能被认为应受国际法的拘束,因为国际法本身对于国内法院是没有任何权力的。如果发现国内法规则和国际法规则之间毫无疑问地发生了抵触,国内法院必须适用国内法规则"①。基于此,这里所考虑的法律只是国内法,而不是国际法。

任何社会都存在一些为人们世代承袭的社会规范,它们体现了社会中多数人较为一致的价值取向,约束并引导着人们的行为。一般称之为风俗。风俗在长期而持续的作用过程中不仅成了人们在社会生活中的重要支撑力量,也赋予了人们各种生活信念和情感依托。看看春节在中国人心目中的地位就可了解这一点。日常生活琐碎而复杂,一个人无论多么明智、干练,也难以完全依赖自己解决所有问题,风俗则为他提供了解决这些问题的简易而方便的答案。为方便而出现的风俗体现在人类生活的各个方面,其内容甚至比法律的内容更为广泛。在风俗中,既有关于禁忌的规范,有关于对先祖崇拜的规范,也有关于祭祀、婚丧、礼仪、节日庆典等的规范。作为一类规范,风俗与其他规范(如法律)不同,它通常不是人为制定的,不是人们刻意追求的结果,而是不知不觉地形成的。实际上,一种风俗常常是在出现很久之后人们才注意到它,而一旦注意到它,它就已是一种有广泛影响的社会规范了。

风俗会随时间的变化而改变,俗语"移风易俗"就表达了这一点。由于自然条件不同,生活于同一时期的人们在不同地域中会接受不同的社会规范。受政治、文化传统等社会条件的影响,生活在同一地域中的

---

① 转引自王铁崖《国际法引论》,北京大学出版社,1998,第183~184页。

人们在不同时期也会接受不同的社会规范。可见，风俗不仅受自然条件的影响，也受社会条件的影响。因此一些人将风与俗区分开来。不过，由于这两种条件的影响难以仔细地区分，它们甚至相互作用，因而风与俗实际是难以区分开来的。由于风俗随时间而变化，可以预料，特定社会中风俗的内容并不明确，它们甚至难以被明确地表达出来。正因如此，风俗有时没有明确的适用范围。风俗在为生活提供方便的同时，也会对人的行为给予限制，约束人们不能做某些行为，因而它具有强制作用。实际上，传统社会中的风俗往往具有较大的强制性，它们甚至是一种习惯法。不过，由于法律的明确性、强制性，现代社会中那些从传统社会流传下来的许多风俗日渐淡化，其强制作用也大大弱化，以至于它们在现代社会中的影响已远远不及其在传统社会中的影响。当然，在现代社会中那些法律规范限制不明确或者不完善的地方，风俗的强制作用依然是明显的，有时甚至是强大的，如一些少数民族村寨中的风俗就依然具有极大的强制性。

　　那些人为组织的社会团体的目的往往明确而单一，相比于法律与风俗，其中的规章制度并不是丰富的。不过，由于它要达到确定的目的，因而其内容明确、清晰，也具有强制性。实际上，规章制度的强制性是社会团体稳定的重要条件。规章制度有确定的适用范围，它主要甚至完全适用于社会团体的成员。规章制度通常是人为制定的，有确定的制定者。当然，有时也不完全如此。一个羽毛球俱乐部的规章制度就可能没有明确说明参加俱乐部需要何种条件，它约定俗成地规定俱乐部成员要有一定的羽毛球运动基础，并且有一定的年龄限制。在规章制度的制定过程中，社会团体的组织者或管理者一般占有主导地位。与国家法律的制定相比，在规章制度的制定过程中更易于出现专制现象。不过，社会团体成员往往比国家中的国民更容易容忍专制。这种情况的出现源于社会团体的组织方式同国家的组织方式不同。生活在一个国家中的人通常是不能自由地退出国家的，因而他只能被迫地接受某些法律规范。如果国家是专制的，他也就只能接受专制所带来的不良后果。与此不同，一个人能自由地退出或加入某社会团体，如果社会团体的专制超出了他的容忍限度，他可以退出。由于社会团体往往存在于特定国家中，因而他的退出往往会获得法律的保障。人们之所以易于容忍社会团体的专制，是因为这种专制是其成员自愿接受的，获得了他们的同意。国民之所以难以容忍国家的专制，则是因为它没有获得国民的同意。

看起来，法律、风俗、规章制度存在明显的区别，不过，它们之间的区别不是完全清晰的。不仅一些风俗可表现为法律，而且在现代法律系统中，某些法律（如习惯法）有时也以风俗的形式表现出来。法律与规章制度的边界也是模糊的。不仅法律常常隐含于各种规章制度之中，法律有时也直接地规定某些规章制度具有法律的作用。刑法有关渎职罪的规定把国家行政机关的工作人员违反某些规章制度看作是违法的，根据这种规定，在特定情境中，这些规章制度实际就等同于法律了。风俗与规章制度有时也没有明确的边界，有些领域中的社会团体（如某些宗教团体、民俗表演团体等）所接受的规范就常常与特定地域的风俗相关。尽管如此，为了更为深入地了解实有规范，有必要把它们区分开来，有时甚至还要对它们做出进一步的区分，如区分不同类型的法律、不同类型的风俗、不同类型的规章制度等。

法律、风俗、规章制度等实有规范往往比较明确而直接，只要愿意，甚至可以用明确的方式（如成文的形式）表现出来。除此之外，还有一类实有规范需要提及，即那些通过社会实物体现出来的实有规范。这里所谈到的社会实物是指那些承载一定社会属性的自然物，如商品、钞票以及各种票证等事物，而社会属性是那些使得某一自然物不同于其他自然物，却使之成为商品、钞票以及各种票证等的东西。显然，如果没有社会，某一物品就只是一个自然物，它不是商品；一张纸片就只是一张纸片，它不是钞票、不是通行证、不是税收单；等等。一般来说，社会实物是人们根据一定社会规范来看待、使用自然物的结果，它们所承载的社会属性往往与社会规范相关，并由这些规范确立起来。这些社会规范主要是法律、风俗、规章制度等实有规范。法律、风俗、规章制度等实有规范隐含在些社会实物中，它们通过社会实物表现出来，正是它们的存在，才使得社会实物不同于其他自然物。魏因贝格就曾表达过类似的看法，他说："制度及其由规范性法规构成的方式对社会生活方式和日常语言模式有深刻的影响；以致我们往往很不了解它们与规范性程序的现实存在之间的联系，或者不了解它们是由这些程序组成的事实。例如，当人们谈论金钱、旅行票券或告诉人家钟点时，谁曾想到这些概念和陈述的意义内容最终依赖规范性关系的现实存在?"①

不同社会有不同的法律、风俗、规章制度,而基于它们的社会实物自然也不完全相同。实际上,社会实物与时代、地域或特定的社会相关,在特定社会中出现的一些社会实物,在其他社会不一定出现。如不同国家所使用的钞票不同,不同社会团体也可能有不同的通行证或其他凭证。尽管社会实物隐含法律、风俗、规章制度,它体现了这些规范,但它还是与它们有所不同。一方面,社会实物包含哪些社会规范常常是不明确的,它们有时只是约定俗成的;另一方面,社会实物通常不具有较大的强制性,如果不使用它,一般不会受到严厉的惩罚。正因如此,人们很大程度上自愿地接受了它。无政府主义者或自由主义者希望提升个人自由,厌恶政府当局乃至所有管理机构的约束,他们声称不接受某些社会制度,如不接受国家的法律,不接受社会团体中的规章制度,等等。然而,只要他们使用钞票、证件,使用各种公共设施,进入各种公共场所活动,那就可以认为他们的反对是言不由衷的。由于社会实物能满足人们的生活需要,它往往为人们自愿接受,因而当一个人使用社会实物时,也就意味着他自愿地接受了它所隐含的各种社会规范,而这些社会规范也就自然地成了其行为合理性的基础。与之不同,尽管人们必然会接受某些法律、风俗、规章制度,但他们通常不打算接受存在于社会中的所有法律、风俗、规章制度,或者没有自愿地接受所有这些规范。

实有规范还可通过各种语言表达体现出来。语言其实是一系列规范的凝结。只有基于各种语言规范,人们才能使用语言。但规范与语言的联系不止于此。为了描述各种社会事物,人们需要使用诸如"阶级""失业""战争""金融"之类的语词。在使用这些语词时,除了要符合特定的语言规范外,还要接受一些其他的规范,其中包含一些社会规范。一个人使用"阶级"一词时,他往往接受了某些关于阶级的思想,而这些思想与特定的社会规范相关。如只有基于特定的社会规范(如分配制度等),才能在社会中区分特定的阶级,才能形成有关阶级的思想。实际上,只有接受了某些不同于语言规范的其他社会规范,才会出现这样的

---

① 麦考密克、魏因贝格尔:《制度法论》,周叶谦译,中国政法大学出版社,1994,第108页。

语词。由于这些语言实际存在，因而也可把它们看作一种类型的实有规范。当然，这类语言所包含的社会规范不是很明确，它们隐含在语言之中，以致人们常常难以觉察到它们。

那些与特定社会规范相关的语言通常只出现在特定的时代或地域，与特定的社会相关。它们当然也可在不同社会出现，只是出现在不同社会中的语言的含义并不完全相同。实际上，不同社会中的人可以根据自己的意愿而规定它们的用法。如果一个人基于某些不同于语言规范的其他社会规范来使用它们，根据这些规范来思考它们，并且同意基于它们而做出的一些描述，那也就意味着他很可能自愿地接受了相关的社会规范。如此一来，这些社会规范也将会成为其行为合理性的基础。

为了把那些可通过语言明确表达出来的实有规范（如法律、风俗、规章制度等）与通过社会实物或语言体现出来的实有规范区分开来，我们把诸如法律、风俗、规章制度之类的实有规范称为社会制度。尽管那些隐含于社会实物或语言中的社会规范不完全是社会制度，但它们常常是社会制度或是以它们为基础的社会规范。如此一来，可以说社会制度是最为基本的实有规范，是其他实有规范的基础。为了方便，这里与人们通常所做的一样，只关注社会制度。

第五节　规范系统

同一社会中的人们相互交流、交往，一起协作行动，接受了丰富多样的社会规范，特定社会团体或实践共同体所接受的社会规范也是多样的。任何个人、任何社会团体或实践共同体所接受的多样的社会规范不是孤立的，它们之间存在明显的联系。这种联系可从多个方面体现出来，如一些社会规范能推出另一些社会规范，而它们又可为其他社会规范所推出；不同社会规范所关联的行为具有联系，甚至这些规范不存在相互矛盾。如果一些社会规范存在联系，特别是它们之间存在逻辑上的演绎关系，则可认为它们构成了一个相互关联的系统，即规范系统。其实，不只在社会规范之间，在其他规范（如个体规范等）之间也存在联系。为着认识或实践的目的，也需要把它们构造成一个规范系统，如某些技术规范就可能形成一个体系。不仅如此，在规范系统中，不仅可能存在社会规范，也可能存在其他规范。如推出一社会规范的规范可能包含其他非社会规范，而基于社会规范也可推出其他非社会规范。正是如此，尽管这里主要关注社会规范，却没有必要在规范系统中区分社会规范与其他规范。

在规范系统中，如果某一规范可从另一个或其他规范演绎出来，则可说前者的合理性基于后者的合理性。如果一规范能演绎出其他规范，而其自身不能由其他规范演绎出来，也即它能作为其他规范的根据，其自身的合理性却不基于其他规范的合理性，则可说它是不以其他规范为根据的规范，它是一个基础规范。由于那些必然要被接受的规范是其他规范的基础，它们显然是基础规范。在一个规范系统中，往往可区分基础规范与非基础规范。其中基础规范不以其他规范为根据，其合理性不来源于其他规范，而其他规范则是非基础规范，它们的根据归根结底基于基础规范。

有必要分辨不同类型的基础与基础规范。如果一规范可以演绎出另一规范，则可说前一规范是后一规范的基础。如果人们可基于一规范而认识到另一规范，如了解到它是合理的，也可说前一规范是后一规范的基础。显然，这两种类型的基础是不同的。为了区分它们，可称前一基础为逻辑基础，而称后一基础为认识基础。在某些情形中，一规范是另一规范的逻辑基础，同时也是它的认识基础，但不总是如此。设想一个人接受了下述一些规范，如"不要杀人""不要偷盗""不要欺骗"等，并且他注意到，依据一定的条件，这些规范可从一个更基本的规范——不要伤害他人——中演绎出来。于是，"不要伤害他人"是诸如"不要杀人""不要偷盗""不要欺骗"等规范的逻辑基础。然而，由于他首先认识到，"不要杀人""不要偷盗""不要欺骗"等规范是合理的，不仅如此，他甚至由此而认定"不要伤害他人"是合理的，因而可以说，上述规范是"不要伤害他人"的认识基础。

还有一种类型的基础规范也需要提及。在现代社会，许多规范是由人制定出来的。如果一些规范把制定、修改、废除规范的权利授予某些人，那么这些人可根据它们而制定诸多规范。那些被制定出来的规范与这些确立权利的规范显然是不同的，前者的有效性要依据于后者。就此而言，后者是更为基础的规范。也因此可把这些确立制定、修改、废除规范权利的规范称为基础规范,而把那些根据它而被制定出来的规范称为非基础规范。这种基础显然不同于逻辑基础,也不同于认识基础,可称之为实践基础。不仅如此,那些确定规范如何施行以及施行范围的规范也与那些由它们确定施行的规范有明显的不同,后者的施行要以前者为基础,因而也可认为前者是这种类型的基础规范。哈特曾区分了两种不同类型的法律,一种是"第一性规则",一种是"第二性规则"。在他看来,第一性规则"设定义务",按照这类规则,"人们被要求去做或不做某种行为,而不管他们愿意与否"。第二性规则"授予权力",它们规定"人们可以通过做某种事情或表达某种意思,引入新的第一性规则,废除或修改旧规则,或者以各种方式决定它们的作用范围或控制它们的运作"[1]。按这里的区分,哈特所谈到的第二性规则是基础规范,第一性规则却是非基础规范。

伦理学或其他实践科学要研究社会规范,就不能只罗列出各种社会规范的清单,而要探讨它们的性质,了解它们之间的关系,甚至把它们构造成一个相互关联的系统。可见,获知这样的关系或规范系统不仅具有实践上的重要性,也是这些科学的重要目的。石里克就说,伦理学的目的"就在于发现一个由规范或规则组成的等级系列,这一系列的最高点是一个或几个道德原则,其较低水平的规范或规则可以用较高水平的来加以解释或'证明'"[2]。如何获知这样的关系或规范系统?漫无目的地谈论规范的关系以及规范系统并无太多实际意义,通常只有基于特定的社会群体或个人才能有效地谈论它们。

就特定实践共同体而言,它所接受的规范是确定的,并且它们之间存在相关性。可见,获知它们之间的联系,在其中形成规范系统是可能的,甚至也是必要的。尽管实践共同体中的规范是其所有成员都接受的,但由于其成员认识的深入或所追求的目的发生了变化,他们会发现自己所接受的这些规范存在不一致。同时,由于实践往往会面临新的情境,实践共同体也需要接受其他的规范,因而实践共同体所接受的新规范与原来所接受的规范也可能出现不一致。尽管就一般情形而言,实践共同

---

[1] 哈特:《法律的概念》,张文显等译,中国大百科全书出版社,1996,第83页。
[2] 石里克:《伦理学问题》,张国珍、赵又春译,商务印书馆,1997,第23页。

体所接受的规范具有当然的合理性，但如果它所接受的那些规范出现了不一致，就不能把它们都看作合理的了，就要消除这种不一致了。为了可靠地确定所接受的规范的合理性，了解这些规范之间的关系，并且确立一个规范系统以消除它们之间的不一致，常常是实践共同体的一项必不可少的工作。

为了避免实践上的混乱，也有必要消除个人所接受的规范中所存在的不一致。相比于实践共同体所接受的规范，伦理学家其实更为关注特定个人所接受的规范。这是可以理解的。由于实践共同体包含不同成员，它所接受的规范其实是其成员接受了它们的结果，因而伦理学家即使在关注实践共同体所接受的规范时，他其实也是在关注特定个人所接受的规范。此外，由于行为归根结底由个人做出，因而相比而言，关注特定个人所接受的规范更具现实意义。实际上，如果实践共同体所接受的规范存在不一致，它通常也意味着其成员所接受的规范存在不一致。不仅如此，由于实践共同体存在某些不明确之处，与特定情境有关，而特定个人（如行为者）与此不同，因而为了消除个人所接受的规范之中的不一致性，伦理学家可清晰而简洁地对个人进行推荐。如一个人所接受的规范的确存在不一致，伦理学家可以建议，他可把一些自己所接受的规范排除在合理规范之外，或可把一些原本没有接受的规范纳入合理规范之中，从而避免实践上的混乱。由于实践共同体与其他人有关，因而消除这种不一致可能会复杂得多。

对于研究具体实践科学的科学家或实践者来说，他们可能更关注其他社会群体，更关注各种社会制度。法学家或立法者就可能不关注特定个人或实践共同体所接受规范的一致性，而关注法律的一致性。不同类型的社会制度存在明显的联系，这可以在法律中看到。实际上，一个国家中的法律尽管丰富多样，但它们之间存在密切的联系，其中一些法律以另一些法律为基础。如一项法律要有效力，就必须被更高一级的法律所授权，因而这些多样的法律可构成一个系统。在凯尔森看来，如果不了解不同法律之间的关系，不了解这种系统，就不可能真正了解法律。他说："法并不是像有时所说的一个规则，它是具有那种我们理解为体系的统一性的一系列规则。如果我们将注意力局限于个别的孤立的规则，那就不可能了解法的性质。……只有在明确理解构成法律秩序的那些关系的基础上，才能充分了解法的性质。"①

　　法律系统通常是严谨的，它具有比较全面而一致的结构。尽管如此，其中也总是存在某些不一致之处。也正因如此，法学家、立法者常常密切注视它们，以期发现并消除其中的不一致。不过，其中的不一致难以被完全消除。之所以如此，原因是多方面的。其中一个重要原因是现实生活太过复杂，法律难以完全预见社会中人们的行为，它所给出的规定难以覆盖现实生活中的各个方面。另一重要原因则是法律所适应的事物时刻在改变，固定不变的法律不可能完全应对它们。在某种意义上，法律自制定公布之日起就逐渐与时代、现实生活脱节。为了应对这种脱节与不一致，人们一方面尽可能使所制定的法律适用于各种可能出现的情境，适用于未来社会；另一方面对旧法律进行修改，甚至废除它，并制定新的法律。有时甚至通过使用某些模糊语言来表达法律，以使它具有更强的适用性。法律条文的模糊性的确有可能使法官在司法过程中根据实际情境来确定其含义，以使法律不与时代脱节。

　　社会团体中的规章制度常常有明确的制定者，其存在是为了达到某些确定的目标，因而它们之间理所当然地具有联系。实际上，出于实践的目的，规章制度的制定者在制定它们时会尽可能使它们构成一个系统。不过，由于社会团体不是独立存在的，它往往存在于一个更大的社会群体（如国家）之中，因而其中的规章制度会受后者中的规章制度（如法律）的影响，甚至要依赖于它们。由于社会团体往往会自然地接受它包含于其中的社会团体的规章制度（如法律），因而其制定者在制定规章制度时，并没有把后者的规章制度明确地说出来，他们所制定的规章制度甚至只是为适用于特定情境而对后者的规章制度的一个补充。正因如此，他们所制定的规章制度不仅不太全面，也常常存在不一致，难以把它们看作一个严谨的系统。同时，社会团体为了迎合组织者或管理者的偏好，可能接受一些对社会团体目的的完成无关紧要的规范，而这些规范往往体现了管理者或组织者强烈的个人色彩。这也使得规章制度不如法律严谨。当然，这种情形的出现也可能与其制定者不如国家立法机构中的立法者那样在意获得一个严谨的规范系统有关。不过，如果社会团

---

① 凯尔森：《法与国家的一般理论》，沈宗灵译，中国大百科全书出版社，1996，第3页。

体中的成员比较少，它所涉及的实践活动比较单一，那么只要愿意，人们在制定规章制度时，是可能获得一个比较严谨的规范系统的。

　　由于风俗是自然形成的，人们往往只是为了方便而选择它们，在选择某一风俗时尽管会考虑它与自身所接受的其他规范是否一致，却不太考虑它与其他风俗是否一致，因而同一时期、同一地域中的不同风俗之间很可能会出现不一致。显然，如果在严谨的法律系统中都可能出现不一致，那么在风俗中出现不一致就是可理解的。由于人们可根据自己的需要而接受合适的风俗，同时，它们也不具有太大的强制性，因而风俗中出现的这种不一致通常不会对人的实践产生太多的不利影响。这种不一致有时甚至是必要的，它是人们适应环境的自然结果。正因如此，同时由于风俗中的不一致往往比法律系统以及规章制度系统中出现的不一致要突出，因而人们通常不期望在它们之中构建一个规范系统。

　　一个社会存在各种社会群体，它们所接受的规范相互作用、相互影响，一起构成了一个庞大而复杂的系统，即社会规范系统。可把它区分为多种次一级的系统，如可区分出法律、风俗、政治、经济、宗教等系统。所有这些规范不是存在于单一层面，而是分布于多个不同的层面。不同层面的规范有不同的地位，如其中一种层面的规范可能是另一层面规范的实践基础；而在同一层面内部，其中一些规范是另一些规范的逻辑基础；出现在不同层面的规范，其中一些规范可能是另一些规范的认识基础；等等。可以看到，社会中的规范或社会规范系统是以一种立体的方式呈现的事物。由于社会规范系统所包含的规范繁杂多样，其中规范的联系也异常复杂，其中可能存在众多错乱、不一致之处，因而要充分了解它是极为困难的。正因如此，人们往往只注意某一特定的子系统，如只关注法律系统、经济系统、宗教系统等。

　　尽管社会规范系统庞大而复杂，其中存在错乱与不一致之处，不过，只要社会能有序地存在，就有理由断言出现于其中的规范在整体上存在一致性。这种一致性首先体现在社会规范系统中那些基础规范的一致性上。这里所指的基础规范主要是指那些逻辑基础规范，可把它们看作存在于社会中的一些核心规范。在社会中，这些基础规范或核心规范构成一个规范系统，即核心规范系统。在一个有序的社会中，这种核心规范系统具有基本的一致性，其中的规范确定整个社会规范系统的基本内容与特征，它是社会有序发展的基础。如果没有具有一致性的核心规范系统，社会中的各个社会团体之间就可能产生冲突，以致难以存在。核心规范系统当然不一定是确立行为合理性的基础，不过，由于它们现实地存在，它们也是许多其他实有规范的基础，人们可能更易于接受它们而形成实践共同体，因而它们常常是行为合理性的基础。

在现代社会，这样的基础规范或核心规范通常就是法律。现代社会中的法律是所有实有规范或社会制度的核心，它保持着社会中的各种社会行为的基本一贯性，维持着其他实有规范的稳定性。在人类社会发展的早期，那时还没有现代意义上的法律，社会依赖一些宗教规范、风俗等来指引人的行为，维持社会的有序发展。通常称这种社会为前法律社会。这些宗教、风俗等尽管没有法律之名，却有法律之实。考虑到人们对法律本身存在不同的理解，为了讨论的方便，这里把社会中那些核心规范看作法律，而把核心规范系统看作法律系统。

第十一章 道德规范的特征

第一节 作为规范的道德

通常把伦理学看作对道德的研究，而"在形成伦理理论的过程中，如何定义道德扮演着一个关键性的角色"①。前面主要对规范或社会规范作了讨论，很少谈及道德。这样做是有原因的：一方面，对道德的讨论实际已隐含在前面的一些讨论中；另一方面，如果不对规范或社会规范的基本性质以及其他相关问题有所了解而贸然谈及道德，就很可能难以真正深入了解它。现在是关注它的时候了。在日常语言中，人们对"道德"一词有各种用法。一个人说"他的行为是不道德的"时，其中"道德"一词大致可被看作"正当的"或"好的"的同义词，是一个评价某事物的词。当人们谈到"道德问题""道德争论""道德与风俗习惯、法律的区别"等时，"道德"似乎又是一个描述事物的词。尽管"道德"一词有诸如此类的不同用法，但它们也并非毫无关联，有时实际难以把它们分离开来。如说"他做的是一道德行为"时，其中"道德"就有"正当"或"好"的含义。由于此语句表明他所做的行为符合道德规范，因而"道德"又可被看作描述事物的词。尽管如此，这里将主要在后一种含义上使用"道德"一词。即便在那些难以把"道德"一词的各种含义分离开来的场合，也不太考虑它的其他含义，而把它看作单纯的描述词。

尽管做了这样的限定，"道德"的含义依然不是完全清晰的。人们还可进一步追问：道德是什么？其实，对此问题的回答不只是简单地对道德做出一种规定，对伦理学来说也是重要的，它很可能影响伦理学研

---

① *The Stanford Encyclopedia of Philosophy*, p. 5415, http：//plato. stanford. edu/entries/morality-definition/.

第十一章 道德规范的特征

究的对象与目的。或许有人相信,伦理学的使命不过是确立人生目的并寻求实现这一目的的方式或手段;或者,行为合理性来源于对合理规范的遵守,伦理学主要研究合理规范的条件、判定它们的标准以及其他相关问题。因而,在他看来,伦理学研究并不依赖于对"道德是什么"的回答。即使如此,随着研究的深入,他也常常会发现:有多种方式达到人生目的,却不是所有方式都是道德的;合理规范有多种,有些合理规范是道德规范,有些则不是。可见,伦理学尽管不只讨论道德现象,但当它需要特别地了解道德现象时,就不能不回到这一问题上来。

最容易想到的对"道德是什么"的回答路径或许是:先列举不同伦理学家或其他思想者对道德的理解,从中概括出道德的共同特征,再从它们中获得对道德的基本理解。按照这种方式,要获得对上述问题的合理解答,如果不是全部,也要尽可能地列举人们对道德的各种理解。然而,只要较为全面地列举各种关于道德的理解,人们就能轻易地发现:由于这些理解互不相同,甚至相互矛盾,即使不是完全不可能,也很难从中概括出道德的共有特征。不同学者的确提出了对道德的不同理解。如有人提出道德是"人存在的方式"[①];有人认为道德是"社会的、个人的意识和观念形式"[②],或是"人类文化的精神内核"[③];也有人认为道德是一种人的品质,或是人的某种心理状态(如良心)以及它体现于外的东西;还有人声称道德是一种社会惯例或制度体系;等等。细心的研究者也许能从其中的一些理解发现某些共同之处,并由此获得对"道德是什么"的回答,但要在所有这些理解中找到这样的共同之处是困难的。

即使如此,列举伦理学家对道德的不同理解来回答上述问题依然是必要的,只是不能满足于此。从其他方面来考虑上述问题无疑也是必要的。一种典型的方式是从词源学上来考虑。"道德"(moral)与"伦理"(ethics)分别来自拉丁文与希腊文,其意思与"风俗、习惯"相联系。一般所了解的风俗、习惯以一些规范为基础或根本由一些规范构成,因而"道德"一词如果不是指一类规范,至少也与之密切相关。在漫长的历史变迁中,古代人对某一事物的理解并不一定为现代人所接受,因而

---

① 杨国荣:《伦理与存在——道德哲学研究》,上海人民出版社,2002,第11页。
② 宋希仁:《伦理与人生》,教育科学出版社,2000,第12页。
③ 万俊人:《人为什么要有道德?》(上),《现代哲学》2003年第1期。

尽管词源学上的考虑的确给出了一个思考的有益起点，但不能完全依赖它来回答上述问题。不过，如果人们发现，古代人对道德的理解与现代人并没有根本的不同，那么接受这种来自词源学上的考虑就并非不可行的了。把道德看作一类为行为提供根据的规范其实是许多伦理学家的看法，而它似乎也是从古到今的一种比较流行的看法。弗兰克纳提出，道德是生活中的"制度体系"。① 彼彻姆则相信"道德是一种社会惯例"或"一个规则的体系"②。当康德把道德理解为道德律、实践法则，甚至把它看作"绝对命令"时，他无疑同意道德是一类规范。而当黑格尔断言道德是"主观意志的法"，伦理是"自在自为地存在的规章制度"③ 时，他似乎也有类似的看法。

对道德的这一理解还可获得其他方面的支持。在日常生活或教育训导中，一个人往往被教导接受诸如"不要说谎""不要偷盗"等规范，人们也常称那些遵守这些规范的人为有道德的人。此时，道德很可能被当作一类规范，它为行为提供根据。实际上，在关于"道德"的诸多用法中，"道德"如果不意指规范，它也往往与规范密切相关。如一个人说"'某行为是正当的'是道德陈述"时，即使人们认定他所谈到的"道德"不直接意指规范，由于上述语句通常是指"某行为是正当的"的真或某行为是否正当与一规范相关，因而有理由认定，他所谈到的"道德"与规范相关。人们常常谈到"道德能力""道德直觉""道德情感""道德意识"等，在谈及这些词语时，他可能声称其中的"道德"并不意指规范。不过，如果他试图了解这些语词的含义就会发现，它们其实是与道德规范相关的，如道德能力是指遵守道德规范的能力，而道德直觉是指一类获取道德规范的心理经验，等等。

断言道德是一类规范也可能会遭受质疑。当一些人把道德看作"人存在的方式""观念形式""精神内核"等时，尽管"道德"被看作描述词，它描述某一事物，但它似乎不是指规范。然而，由于"人存在的方式""观念形式""精神内核"之类的语词充满歧义，因而它们所表达

---

① 弗兰克纳：《伦理学》，关键译，三联书店，1987，第 11 页。
② 汤姆·L. 彼彻姆：《哲学的伦理学》，雷克勤等译，中国社会科学出版社，1990，第 10 页。
③ 黑格尔：《法哲学原理》，范扬、张企泰译，商务印书馆，1995，第 111、164 页。

第十一章　道德规范的特征

的事物难以被清楚地把握。不仅如此，当试图了解它们时，人们可能会发现，只有基于对规范的接受、遵守以及对规范内容等的了解，才能做到这一点。也有人相信，可根据行为所产生的后果以及它的一些其他特征来判定它是否合理，因而判定一行为是否具有道德合理性就并不需要基于特定的规范。如此一来，道德就可能不是规范，甚至不特别地与规范相关了。不过，正如前面所指出的，尽管人们可根据一行为所产生的后果或它的一些其他特征来判定它是否合理，但由于每次判定都要重估它们，因而这种判定实际难以行得通。实际上，人们在判定一行为是否具有合理性或道德合理性时，往往需要根据特定的规范来做出。

人们当然还可对"道德是一类规范"的看法提出异议，这些异议也或多或少具有合理性。尽管如此，这里还是愿意坚持上述的看法。其中一个原因就是，尽管不能断言人人都同意这种看法，但它的确与众多日常用法以及学术文献中的用法一致，并获得了较为广泛的同意。从道德教育或其他实践中也可看到，这一看法对现实生活也有较为广泛的影响。另一个原因是，正如不能获得人人都同意的伦理学一样，实际也不太可能获得人人都同意的对"道德是什么"的回答。上述看法如果能获得尽可能多或较多人的同意，并且在此基础上能给出其内部具有一致性的伦理学，而这种伦理学能影响接受它的人的伦理判断以及现实生活，那么尽管它不能令所有人都满意，也不能轻易排除它所具有的合理性。

第二节　伦理利他主义与伦理利己主义

如果道德是一类规范，那是一类什么样的规范呢？一种惯常的看法提出，道德规范是"以善恶评价的方式调整人与人、个人与社会之间相互关系的标准、原则和规范的总和"①。一般来说，法律、风俗、规章制度等也是一些"标准、原则和规范"。尽管道德规范与法律、风俗以及规章制度等密切相关，但一般不把道德规范等同于它们。可见，这种惯常的看法如果不能具体指出道德规范与非道德规范（法律、风俗、规章制度等）之间的区别，它依然是存在缺陷的。道德规范是什么？它如何

---

① 《中国大百科全书·哲学》，中国大百科全书出版社，1987，第123页。

与其他规范相区分？有一种看法常被提及。这种看法指出，那为满足或实现个人私利的规范不是道德规范，道德规范是无私的或是利他的。石里克就曾说："我们的道德本质上是舍己的道德。在各种宗教中，特别是基督教和佛教的戒律最具有这种性质。在摩西十戒中，舍己同样是一项主要的要求，这种要求的外在表现，就是大多数戒律都以否定形式表现出来。"① 实际上，类似的想法不仅体现在许多道德箴言中，也体现在一些日常言谈中。如一个人声称某人或其行为是自私的时，他通常意指这个人或其行为是不道德的或是不符合道德规范的。一般称这种看法为伦理利他主义。

在人的心理中似乎有一类引起利他行为的"天然情感"，它们甚至是人的本性。这些"天然情感"的目的是追求社会的共同利益和大众的好处，而诸如慈爱、同情、合群、互济、友谊等便是这类情感。正是如此，一些人相信伦理利他主义是有根据的。可称这种相信"人的本性是利他的"的看法为心理利他主义。尽管许多人支持心理利他主义，但它看起来并不是可靠的。只须对人作些简单的观察，就会发现其行为不完全是利他的，人总是会做利己的事，甚至根本上是利己的。这一点为许多人所认识到。如叔本华就说，利己主义在动物和人中，都是极密切地和它们的本质与存在结合在一起的，利己是人的一种本性。② 道金斯甚至试图从生物学中寻找这种看法的依据，他宣称："成功的基因的一个突出特性是其无情的自私性。这种基因的自私性通常会导致个体行为的自私性。"③

其实，基于人性特征来为伦理学作论证是需要小心谨慎的，其中可能隐含着一些难以避免的逻辑陷阱。的确，即使心理利他主义是合理的，也不表明它一定支持伦理利他主义。如果一个人事实上必然做某事，那么断言他应该做某事便显得毫无意义。这恰如水本来或必然向下流，而由此断言"水应该向下流"没有什么意义一样。心理利己主义不仅在逻辑上不支持伦理利己主义，它们甚至是不相容的。当我们说"一个人应该做某事"时，通常意味着他有能力不做某事。然而，如果一个人有能

---

① 石里克：《伦理学问题》，张国珍、赵又春译，商务印书馆，1997，第76页。
② 叔本华：《伦理学的两个基本问题》，任立、孟庆时译，商务印书馆，1999，第221页。
③ R. 道金斯：《自私的基因》，卢允中等译，科学出版社，1981，第2页。

力不做某事，那就不能说他做某事是基于其本性的或他必然做某事。此外，与心理利他主义相对立的心理利己主义不仅与伦理利他主义相容，甚至可能成为伦理利己主义的基础。如坚持这种看法的人会说，之所以要求人接受利他的道德规范，就是希望借助它来约束人的行为，使人在实践中自觉地克服利己的欲望，做出利他行为。就此而言，利他的道德规范根本是基于心理利己主义的。

当然，即使伦理利他主义难以从心理利他主义那里获得支持，也不表明它是不合理的。不过，伦理利他主义的确遇到了诸多的挑战。伦理利他主义常为人诟病的是，何物对他有利并不明确。也许对某些人来说，有利之物是指金钱或快乐，但对另一些人来说，它可能是指社会名誉，或知识、美德等。由于不同的人对"有利之物是什么"有不同的看法，因而伦理利他主义往往有多样的表现形式。此外，对伦理利他主义来说，"利他"中的"他"也是不清晰的。一个显而易见的事实是：一个人的行为不仅对他自身产生影响，也会对他人产生影响。不仅如此，一行为对不同人所产生的影响是不同的，对某人有利的行为可能对另一些人是不利的。一个人所做的对自己不利的行为却可能对其家庭有利，对其家庭不利的行为却可能对其家族有利，对其家族不利的行为却可能对他所在的国家有利，等等。如果这样，伦理利他主义者所说的"他"是谁呢？为避免漫无目的地谈论伦理利他主义，需要对"有利之物"和"他"等做出某些限定。如可把"有利之物"看作在可预见的情形下，能满足个人物质需要的东西，而把"他"严格限定为特定国家或社会中的所有人。由于这种限定总是可能做出的，因而上述问题也许难不倒伦理利他主义者。

即使明确了什么是有利之物以及利所归的"他"，伦理利他主义还是可能遭受批评。由于受所接受的信念、知识以及其他因素的影响，一个人实际难以了解一行为是否确实会利他。如一个人自以为做某种事对他人有利，其实并不如此。此外，在社会中，人与人相互关联，一个人的行为常常会对社会造成长远影响，它难以由行为者的主观意愿确定，也难以由行为所造成的当前影响而确定。一些宗教信徒或革命者，抱有强烈的利他信念，在现实生活中节制俭朴、廉洁奉公，甚至愿意为坚守信仰而牺牲性命。基于自己的信念，他们对那些抱不同信仰的人进行游说、灌输，对那些人进行劝诫、孤立、羞辱，甚至对那些人进行批斗、囚禁、屠杀。在做这些行为时，他们通常真诚地相信，即使这些行为有时不免对特定个人是不利的，但根本上是利他的，他们的行为能拯救、解放全人类或实现社会的最终正义，因而是合理的，他们也问心无愧。然而，一般认为这样的行为是危险的，它们不仅对特定个人是不利的，也没有明确证据表明它们对社会有利，能实现社会的最终正义。可见，即使伦理利他主义是合理的，也难以由此确定何种规范是道德规范。

针对伦理利他主义，伦理利己主义者针锋相对地提出：道德规范不是无私的或利他的，对任何行为者来说，一规范是否为道德规范，首先要根据它能否满足个人的私利来判定，只有对个人有利或能满足个人私利的规范才是道德规范。叔本华明确指出，利己主义是"一切立志作用的离我们最近的，永远现成的，原始的和活的标准，并且在任何情况下，它有权居于一切道德原则之首"①。一行为可能对众多个人产生影响，它对不同人所产生的影响是不同的。伦理利己主义者所说的私利是针对谁而言的呢？如果承受行为影响的人不只是行为者个人，那么人们对一行为是否自私就会出现不同看法。人们可能提出，为家人而腐败的官员是自私的，而节衣缩食供小孩上学的母亲却不是自私的。在一些人看来，为追求国家利益而奋斗的行为是无私的；另一些人却相信，那些追求人世间所有人利益的行为也可能是自私的，如一些环保主义者强调，为了目前人类的利益而牺牲子孙后代利益的行为是自私行为。为了理论的明确性，伦理利己主义者需要对承受行为影响的人或所利之"己"做出确切的规定。当然，伦理利己主义者也的确可做出这样的规定，如他可严格地限定所利之"己"是行为者个人或与个人利益密切相关的人。

对特定个人来说，他可能不太了解一行为对他人所产生的影响，但比较能确定它对自己所产生的影响，因而相比于伦理利他主义，伦理利己主义更可能对实践提供明确的指引。不过它也面临许多批评，其中一种常见的批评是认为它是自相矛盾的。设想一个只存在有 A、B 两个人的社会。假定 A 是一个伦理利己主义者，那么按他的看法，社会中的其他人（如 B）也应当做于自己有利的行为。但 A 其实并不希望 B 做于自

---

① 叔本华：《伦理学的两个基本问题》，任立、孟庆时译，商务印书馆，1999，第 177 页。

己有利的行为，因为这不符合他的利益。显然，如果 A 的理论代表了他的想法，那么他的想法将会出现矛盾。这种矛盾还可通过其他形式体现出来：根据伦理利己主义，一规范对某人来说是道德规范，对另一个人来说可能不是。如按照伦理利己主义的看法，"借钱要还"对欠债者来说可能不是道德规范，但它对债主来说无疑是。在这种情形中，如果问伦理利己主义者"借钱要还"是否为道德规范，那他应当作何回答呢？

对此，有辩护者提出，这种对伦理利己主义的批评其实要基于一个前提，如它坚持，从根本上说，对一个人有利的行为或规范，对另一个人可能是不利的。对债主来说，"借钱要还"是有利的，而它对欠债者来说则是不利的。这一前提并不正确。就借钱的事例来说，如果欠债者借钱不还，下次就很可能没有人会借给他，于是借钱不还最终对他来说也是不利的。辩护者提出，对一个人有利的事，从根本上对另一个人也是有利的。一种经济学理论就相信，在市场中，如果一个人以对自己有利的方式行事，它对所有人或整个社会也都是有利的。

对伦理利己主义的这种辩护当然是可疑的，因为难以保证，对一个人有利的事，也终将对所有其他人都有利。许多经济学家承认，尽管在某些情形中，一个人所做的对自己有利的行为，将对所有人或整个社会都有利，但不总是如此，"囚徒困境"就显示了这样的情形。帕菲特更为一般地说："自利论是直接集体性自败的。在这些事例中，如果我们全都追求自我利益的话，对我们所有的人而言将会更糟。如果相反我们全都合乎道德地行动的话，就会对我们所有人更好。"[①] 不仅如此，即使认定"对一个人有利的规范，也终将对所有其他人有利"这一假设是合理的，它也不一定支持伦理利己主义。因为此时的利己行为其实也是一种利他行为，而伦理利己主义就根本上成了伦理利他主义了。

还有一些辩护者提出，上述批评实际包含了另一前提，即如果一个人认为他所做的利己行为是合理的，那么社会中其他人所做的利己行为也是合理的。然而，由于伦理利己主义不一定要接受这样的前提，因而上述批评不一定是有效的。泰勒曾指出过三种类型的伦理利己主义，即

---

① 德里克·帕菲特：《理与人》，王新生译，上海译文出版社，2005，第 160 页。

普遍伦理利己主义、人格伦理利己主义与个人伦理利己主义。[①] 按他的看法，上述所谈到的伦理利己主义只是其中的一种，即普遍伦理利己主义。按照这种伦理利己主义的观点，判定行为合理的标准是行为者的自我利益，而不管行为者是谁。但人格伦理利己主义与之不同，它认为一个人的行为是否合理，要看此行为是否有益于行为者自身，而与其他人如何做无关。如果 A 持有这种利己主义，那么在他看来，只要他的行为是有利于自己的，那它便是合理的。而 B 的行为是否合理，则可根据他自己的看法来判定。个人伦理利己主义与前二者都不同，它认为判定行为合理的标准不是行为者的自我利益，而是坚持这种看法的利己主义者自身的利益。具体而言，如果 A 持有这种利己主义，那么在他看来，只要他的行为是有利于自己的，它便是合理的。同样，只有 B 的行为也是有利于 A 的，它才是合理的。由于普遍伦理利己主义似乎基于上述前提，而人格伦理利己主义与个人伦理利己主义都不接受上述前提，因而在它们中将不会出现那存在于普遍伦理利己主义中的上述矛盾。然而，这是否意味着人格伦理利己主义与个人伦理利己主义是可接受的呢？

持有人格伦理利己主义的人相信，一个人只能判定自己的行为是否合理，他不能够判定他人的行为，对他来说，他人的行为是否合理是不确定的。这样的看法显然不符合实际情形。在现实生活中，人们通常会对他人的行为做出客观的评价，而这种评价是重要的，它不仅是社会协作的基础，也是道德教育的基础。实际上，伦理学不仅要对自己的行为做出评价，也要对他人的行为做出评价。如果伦理学只对特定个人（如自己）的行为做出评价，那么其作用无疑是有限的，它甚至难以被称为伦理学。此外，按照人格伦理利己主义的观点，一个人可根据自己的看法来判定其行为是否合理，就此而言，它所给出的价值标准带有浓厚的主观色彩，甚至根本是相对主义的。

个人伦理利己主义者相信，在确定行为的合理性时，特定个人不同于其他人，他具有优越性。在判定其行为是否合理时，他的利益超过其他人的利益，具有绝对的优先性。这种看法的根据是什么呢？如果个人

[①] Paul W. Taylor, *Principles of Ethics: An Introduction*, Belmont, California: Wadsworth Publishing Company, 1975, p. 33.

伦理利己主义者提出，这是由于特定个人具有某种特征，因而他人应当如此对他。那么这是否意味着，当其他人具有同样的特征时，别人也应当如此对他？如果答案是肯定的，那么个人伦理利己主义就成了某种类型的普遍伦理利己主义了。如果答案是否定的，则那种认为只是由于特定个人具有某种特征人们才应当如此对他的看法就没有了实际意义，它甚至会陷入自相矛盾。因为此答案表明个人伦理利己主义者相信：人们之所以认为特定个人具有优越性，根本是由于他本人，而不是由于他与其他人共有的某种特征。显然，如果个人伦理利己主义者对上述问题不能给出其他根据，而只是单纯地坚持判定行为合理的标准是基于自身的利益，那么他所坚持的看法就难免如人格伦理利己主义一样，不仅不符合实际情形，也是主观主义、相对主义的。

反对伦理利己主义的人还指出，现实生活中其实不乏各种利他行为，人们也的确常常把利他的规范当作道德规范，因而伦理利己主义不太符合实际。伦理利己主义者其实并不否认存在利他行为，但他辩护说，人们之所以会做出利他行为或接受某些利他的规范，只是由于这样做终究对自己有利。如商人强调在经商时要待人和气、讲诚信，他之所以如此，其实只是为了自身更长远的利益。如果从长远看，待人不和气、不讲诚信比待人和气、讲诚信更能获得利益，那他很可能就不会那样做了。休谟就有类似看法，他说："整个仁爱是纯粹的伪善，友谊是一种欺骗，公共精神是一种滑稽，忠实是一种获取信任和依赖的圈套；当我们全都心底里只追求我们自己的私人利益时，我们就披上这些漂亮的伪装，以解除他人的防备。"① 伦理利己主义者的这种辩护或许有其合理性，不过，即使上述看法是合理的，对伦理利己主义的这种辩护也不会是完全成功的。因为如果利他行为实际上是利己的，那么利己与利他就没有了通常所说的那种区别。这样一来，区分伦理利己主义与伦理利他主义就变得难以可能了。

其实，上述辩护还存在其他的困难，如它没有区分行为的后果与行为的动机。仔细观察现实生活，人们可获得如下事实：一个人的行为动机是利他的，而其后果也是利他的；或者其行为动机是利己的，而其后

---

① 休谟：《道德原则研究》，曾晓平译，商务印书馆，2001，第147页。

果也是利己的。同时也可能会获得如下事实：一个人的行为在后果上是利他的，但其动机是利己的；或者其动机是利他的，但其后果是利己的。如一商人的行为动机是利己的，但其后果对他人有利；尽管一个人有帮助他人的动机，但他在帮助他人时获得了快乐，这对自己是有利的，因而其后果是利己的。果真如此，那些支持（后果的）伦理利他主义的事实就可能同时支持（动机的）伦理利己主义，而支持（后果的）伦理利己主义的事实就可能同时支持（动机的）伦理利他主义。由于支持伦理利己主义的事实会同时支持伦理利他主义，支持伦理利他主义的事实会同时支持伦理利己主义，于是，上述那种简单的辩护实际就可能失去其效力了。

　　看起来，只有区分行为的后果与动机才可能澄清一些有关伦理利他主义与伦理利己主义的争论，并为它们提供合适的辩护。不过，有理由表明，即使做出了这样的区分，也难以由此确定伦理利他主义或伦理利己主义的合理性。一个人在追求自己的利益或个人的私欲时，往往要在利他的行为中才能达到，如一个人只追求个人的快乐，别无其他，那他将可能永远无法获得快乐。① 反过来，一个人在做出后果利他的行为时，也往往会产生利己的后果。诸多生活经验显示，就行为的后果而言，常常难以否认一个行为既有利己的一面，也有利他的一面，单纯利己的行为或单纯利他的行为甚至是少见的。正因如此，无论是伦理利他主义，还是伦理利己主义，都难以从行为的后果中找到充分的根据。

　　基于行为的动机也难以确定伦理利他主义或伦理利己主义的合理性。一方面，动机本身是含混的，它需要根据一些体现于行为之外的客观因素来确定，而这样的客观因素复杂多样，它们有时甚至也不是明确的；另一方面，正如物体运动的原因有多种一样，一个人做出某行为的动机也有多种，而它们通常不单纯是利己的或是利他的。从古到今，人们提出了诸多关于人的动机的看法（如人性善、人性恶等），它们对伦理学也产生了较大的影响，甚至成了伦理利他主义或伦理利己主义的重要根据。不过，这些有关动机或人性的普遍性断言通常是基于一些特别选取的例子进行概括的结果，它们或者存在以偏概全的嫌疑，或者基于一些

---

① 陈真：《当代西方规范伦理学》，南京师范大学出版社，2006，第41页。

臆想，如相信特定个人是绝对独立的存在，人性或动机不受他人或社会的影响，等等。

社会中的人们为了达到目的，需要进行持续的协作。有理由表明，在社会中，尽管多数人或所有人的偶尔单纯利己的行为或利他的行为是可行的，但它们不太可能长期持续地出现。为了基于博弈论的研究来说明这一点，可把社会中形形色色的人典型化为如下三种人。一是完全利己的人。这种人从不考虑他人的利益，从不为他人服务。二是完全利他的人。这种人不管他人怎样对他，他都会为他人服务。三是既不单纯利己，也不单纯利他，而奉行一报还一报的人。按这种人所抱有的观念，如果他做了利他行为，而受益者不给予相应的回报，那他以后就不会再对受益者做这种行为了。

如果社会主要或全部由完全利己的人所构成，这样的社会显然难以使协作持续下去。在这样的社会中，各项事业难以发展，甚至面临崩溃。如果社会主要或全部由完全利他的人所构成，这样的社会也将难以持续下去。设想这一社会中存在完全利己的人（即使社会全部由完全利他的人所构成，随着时间的推移，社会中也可能出现完全利己的人），由于他可以轻易地占到他人的便宜，因而他在社会中会获得明显的生存优势。由于最终其他人会学习他而成为完全利己的人或至少是不完全利他的人，结果，主要或全部由完全利己的人所构成的社会就不复存在了。在主要或全部由奉行一报还一报的人所构成的社会，社会中的人们通常会对上次服务于自己的人给予回报，也会记住上次占他便宜的人而拒绝为他服务。如此一来，愿意回报他人或做出利他行为的人会得到鼓励，而完全利己的人则难以得逞。完全利己的人如果不改变自己的行为方式，将会难以获得他人的协助，难以在社会中生存下去。其他类型的社会（如主要或完全由利他的人所构成的社会）将可能转化为这种社会，而这种社会却难以转化为其他类型的社会。因而，相比于其他类型的社会，它不仅能够稳定而持续地存在，而且能使社会中的各项事业得到发展，甚至能使生活于其中的人们实现各种目的。

生活于现实社会中的人会发现，自己周围的人往往是奉行一报还一报的人。人们既不是完全利他的，也不是完全利己的。实际上，正因如此，现实社会才能稳定而持续地存在，其中的各项社会事业才能获得发展。基于现实生活的伦理学家不能忽视这一点。如果伦理学家相信,奉行一报还一报的人所做的行为,或既不单纯利己也不单纯利他的行为不符合道德规范,它们是不合理的,则可以说,这样的伦理学与现实生活是脱节的。就此而言,伦理利己主义与伦理利己主义都是罔顾社会现实的结果。

第三节　道德规范与社会规范

如果一行为无论其后果是利己的还是利他的,也无论其动机是利己的还是利他的,它都可能是道德行为,那么一规范是不是道德规范就难以从它是否利他或利己来区分了。尽管如此,道德规范与其他规范还是有所不同。这种不同表现在何处?首先可以说,道德规范不同于个体规范,它是一种社会规范。看起来,把道德规范当作社会规范是极为平常的看法。无论是康德主义者、功利主义者,还是伦理利他主义者或利己主义者,似乎都同意这一点。实际上,不仅伦理学家或其他研究者,甚至普通人也大多抱有类似的看法。

不过,对道德规范是社会规范的看法依然是存在不同意见的。一些生态伦理学家就提出,不是所有道德规范都是社会规范,有些道德规范就不是约束人的社会行为或不是指引人与人之间关系的规范,而是约束人与动植物之间的关系或人与自然之间关系的规范,如生态道德(规范)就是这样的规范。正是如此,他们相信,研究生态道德的生态伦理学"不仅要求研究人与人之间的关系,更要求研究人与动植物之间的关系和人与自然之间的关系"[①]。生态伦理学之所以会出现,很大程度上是受目前人类所面临的生态困境刺激的结果。一般来说,克服生态困境需要保护其他生物与自然环境,但生态伦理学家相信,之所以要保护其他生物与自然环境,还有更为根本的原因。具体来说,这是由于人类以外的其他动物、植物乃至整个自然界都是具有自由的事物,它们有自身的欲求,因而也有自身的权利与尊严。由于它们与人类共处于同一世界,因而人类就应当如同要尊重、善待他人一样,也要尊重、善待其他生物

[①]　卢风:《社会伦理与生态伦理》,《河北学刊》2000年第3期,第12页。

第十一章 道德规范的特征

或自然环境，就应当限制自己的行为，接受某些规范的约束。很显然，这种规范不是约束人与人之间关系的规范，而是约束人与其他生物或人与自然之间关系的规范。生态伦理学家所抱持的这种幼稚的泛灵论思想理所当然难以获得现代人的同情。尽管如此，却不表明生态伦理学试图解决生态困境的目的不值得尊重。不过，有理由表明，尽管生态困境是目前人类所要面对的最重要的问题之一，但要达到上述目的却不必求助于这种泛灵论思想。实际上，人们可以提出，人类之所以要善待或保护其他生物或自然环境，根本是因为它们是人自身的生存条件，是人类后代生存的基础，等等。

生态伦理学家提出过诸多保护其他生物或自然环境的规范，他们相信，这些规范不是约束人与人之间关系的社会规范，而是约束人与其他生物或人与自然关系的规范。生态伦理学家的这种想法很可能包含某些误解。人们开车时要遵守"应当靠右行驶"的规范，此规范看似是约束人与自然的关系，但它其实是约束人与人的关系，只是这种关系需要体现在特定的自然情境中。生态伦理学家所提出的那些生态道德通常也是如此。实际上，当前的生态问题根本不是关于人与自然矛盾与冲突的问题，而是关于生存于某一社会中的人与生存于其他社会中的人的关系问题，是关于某一社会中目前生活的人与未来生活的人的关系问题。如果这样，那么生态道德根本不是约束人与自然之间关系的规范，而是约束人与人之间关系的规范，它是社会规范。或许有人会提出，生态道德毕竟不同于一般的社会规范，因为人与其他生物或人与自然的关系并不完全等同于人与人的关系，如在没有他人生存的世界中，就不存在人与人之间的关系，但依然存在人与其他生物或人与自然的关系。对于这种看法，批评者可以指出：即使如此，也难以说生态道德不是社会规范，因为生态伦理学家所谈到的这种规范针对的始终是存在于人类社会中的行为，而不是那没有他人生存的世界中的行为。有理由表明，把生态道德看作约束人与自然之间关系的规范，把生态问题单纯地看作一个人与自然的关系问题，忽视生态问题的社会性，这样的看法不仅难以合理地解答生态问题，甚至从根本上误解了它。

由于生态伦理学家对生态问题以及生态道德的性质存在误解，他们在解答生态问题时所借助的泛灵论思想常常依赖于一些主观臆想，因而尽管不同的生态伦理学家在基本理论原则上持有较为一致的看法,但对要倡导何种生态道德并没有太多的共识。其实,生态问题是一个实践问题,人们在解答时理所当然需要接受某些社会规范,而它们无疑将包含道德规范。要接受何种道德规范?这些道德规范与其他道德规范以及其他社会规范有何关系?这些问题看起来也能够期望在传统伦理学中获得解答。当然,传统伦理学对生态问题的解答也可以看作生态伦理学。不过,它通常不同于目前那些所谓生态伦理学家的生态伦理学,后者是试图以某种与众不同的方式来理解道德规范的生态伦理学。一般来说,如果这种生态伦理学所提供的解答不比传统伦理学所提供的解答更合适,那它看起来就没有存在的必要了。在现代,经济学家、政治学家、社会学家等基于传统伦理学对生态问题提出了诸多可靠的解答方案,它们显然比那种试图以一种与众不同的方式来理解道德规范的生态伦理学更为可信,也更具可行性。实际上,尽管对生态问题的研究可能会为人们对待其他生物或自然的某些新方式提供根据,却不太可能需要一种泛灵论,也不需要基于泛灵论来为这些新方式提供根据。正因如此,这里不关心那些约束人与自然之间关系的生态道德,而坚持认为,道德规范是一类社会规范。

由于法律、风俗、规章制度等也是社会规范,因而即使把道德规范当作社会规范,对于了解道德规范依然是不够的,还有必要把它与其他社会规范区分开来。人们常常从其起源来区分道德规范与其他社会规范。他们提出,道德规范不同于诸如法律、风俗、规章制度等其他社会规范,它起源于某些非社会性的事物,如超自然的神意、人与生俱来的本性、和谐的宇宙总体或世界秩序以及其他一些独立于人而存在的客观事物等。在现代,这样一些断言看起来既粗俗,又缺乏说服力。还有一些人试图从现实的社会中寻找它起源的根据,如它起源于劳动、社会交往或其他。如果这类看法没有给出道德规范产生的具体过程,而只是泛泛而谈,那么也难以把道德规范与其他社会规范区分开,也是不能令人满意的。

人们通常相信,即使道德规范不起源于非社会性的事物,与法律、风俗、规章制度等社会规范一样,它也源自社会,它们之间依然存在明显的区别。他们指出,尽管道德规范起源于社会,但它不是人为制定的,而是自发地产生的,如它起源于风俗,或伴随着宗教、神话等而出现。

第十一章 道德规范的特征

由于其他社会规范（如法律、规章制度等）往往是人为制定的，因而可区分为道德规范与其他社会规范，或至少可区分为道德规范与法律、规章制度等。如果断言道德规范起源于风俗或宗教、神话，人们当然难以把它与风俗、宗教规范等区分开。实际上，"人们常常把道德与宗教合二为一，或者认为两者即使不是同一个东西，也是彼此不可或缺的"①。即使如此，人们也难以清晰地区分道德规范与法律、规章制度。这不仅因为某些法律（如习惯法）与规章制度可能自发地产生，而且在特定情形中，道德规范似乎也可人为制定。当一些道德模范、宗教或思想权威、政府行政机关等制定或倡导某些社会规范时，这些规范也可能为其他人所遵守，并最终成为道德规范。

一些现代伦理学家诊断，当前社会陷入了严重的危机（如战争、犯罪、众多思潮的对立以及由此引起的社会冲突等），而这些危机归根结底是道德失序或没有确立可以依赖的道德基础的结果。这种看法的提出有赖于如下前提：道德规范与其他社会规范不同，它是后者的基础或根据，它甚至是一类基础规范。在康德、休谟等人的著作中，人们也是易于发现这样的看法的。按照这种看法，似乎可把道德规范与其他社会规范区分开来。这样的看法当然是令人怀疑的。历史上，的确有些社会（如某些传统社会）秩序井然，人们生活安宁，相互之间和谐共处。不过，至少在某种程度上可以说，这些社会中的秩序与安宁难以说是由道德规范带来的，而是由法律带来的，或是传统文化、风俗、宗教等的功劳。如果这样，断言出现于现代的社会危机是道德失序的结果，或断言道德规范是其他社会规范的基础，就缺乏根据了。其实，不仅存在于康德、休谟等人伦理学中的困难早已为人所熟知，而且即便人们相信道德规范是其他社会规范的基础，也似乎从来没有找到过这样的道德规范。前面曾提到，规范的根据根本上来自实践共同体所必然要接受的规范，而实践共同体所必然要接受的规范不必定是道德规范。如果这样，自然就没有理由把道德规范看作其他社会规范的基础或根据了。

当然，尽管道德规范不是其他社会规范的基础，但是由于它对人的

---

① 弗吉利亚斯·弗姆主编《道德百科全书》，戴杨毅等译，湖南人民出版社，1988，第305页。

生活有重大影响,与人有极大的利害关系,依然可以说,它是一些比风俗、规章制度等更为重要的规范。正是由于它具有超越其他社会规范的重要性,可以根据社会规范的重要性而把道德规范与其他社会规范区分开。① 的确,人们会把正在下沉的船上插队上救生艇的行为看作不道德的,却可能不会把在超市插队结账的行为看作不道德的。不过,这一看法要具有合理性,仅仅指出道德规范比其他社会规范重要是不够的,它至少还要回答"如何才能判定一规范是重要的"的问题,也即要给出一个判定社会规范是否重要的客观标准。这样的标准看起来是难以给出的。其实,尽管道德规范在现实生活中有重要的作用,甚至具有首要的、基础性的意义,却不总是如此。在不同情境中,一个人有不同的生活体验,有不同的生活目的,人们常常基于多种原因来考虑做何行为,而道德考虑只是其诸多考虑中的一种。他所选择的社会规范,有时可能是道德规范,有时则是非道德规范,如它们可能是法律、风俗、规章制度以及宗教戒律等。即使承认道德规范有重要作用,也难以断言所有重要社会规范都是道德规范。一些社会规范(如"要勤奋学习""不要横穿马路"等)是重要的,但一般不把它们当作道德规范。许多人同意,一些社会规范(如某些法律)甚至比道德规范更为重要,当某些法律或其他种类社会规范与道德规范相冲突时,人们常常更愿意遵守它们,而不是那些道德规范。

一些人注意到,不遵守道德规范不会导致肉体的伤害或物质上的损失,甚至不会产生某些确定的后果,因而道德规范没有强制力。他们提出,可以据此区分道德规范与其他社会规范。对于这样的看法,提出如下两点就够了。一方面,不遵守某些社会规范(如风俗、宗教规范等)也可能不会导致肉体的伤害或物质上的损失,不会产生某些确定的后果,甚至不遵守某些法律(如一些民法规范)也不会导致这样的损害;另一方面,不遵守道德规范或许不会直接导致肉体的伤害或物质上的损失,却可能间接导致这样的损害。如果一个人经常不信守承诺、不救助他人、不关爱朋友,那他不仅会受到舆论的责难,也可能在肉体或物质上受到

---

① 汤姆·L.彼彻姆:《哲学的伦理学》,雷克勤等译,中国社会科学出版社,1990,第11~12页。

损害。如他需要人救护时没人愿意提供帮助，在经济条件恶化时难以向他人举债，等等。总的来说，尽管道德规范是社会规范，但难以把它与诸如法律、风俗、规章制度等其他社会规范区分开来。

第四节 道德规范的普遍性

当然，还可从其他方面来区分道德规范与其他社会规范。在所有这些区分中，有一种格外值得提及，即根据规范的普遍性来区分它们。坚持这种看法的人指出，道德规范与其他社会规范确有不同，它可适用于任何情境，为所有人接受，也即它具有普遍性。法律、风俗、规章制度之类的规范与之不同，它们的应用依赖于特定的条件，只能适用于某些情境，同时，它们也不为所有人接受。一谈到这种看法，人们便会想到康德，其实它也为许多伦理学家所持有。如哈贝马斯就指出，要获得道德规范，不仅要根据商谈原则，还要根据所谓的"普遍化原则"。麦凯也提出，"道德判断是可普遍化的。任何一个人认真地说某个行为（或某个人、事态等等）在道德上是正确的或错误的、好的或坏的、应该或不应该去做的（或模仿、从事等等），他由此都是在承诺对任何其他有关类似的行为（等等）采取相同的观点"。他坚称"这个原则不容争辩"[①]。

作为一种规范，道德规范的普遍性自然也可区分为适用的普遍性与接受的普遍性。不过，由于其他社会规范也具有同样的特征，因而与它们相比，道德规范在此并没有特别之处。那么如何根据普遍性来区分道德规范与其他社会规范呢？如果这种区分的确能够做出，提供区分的是哪一种普遍性呢？康德提出，"要这样行动，使得你的意志的准则任何时候都能同时被看作一个普遍立法的原则"[②]，并且他把这样的普遍立法原则当作道德规范。在这里，康德所谈到的道德规范似乎既具有适用的普遍性，又具有接受的普遍性。实际上，当他强调，道德规范是一种绝对命令，它所命令的行为不依赖特定的条件，这种行为是"客观必然的，和另外目的无关"时[③]，他所理解的普遍性很可能是适用的普遍性。当

[①] 约翰·L. 麦凯：《伦理学：发明对与错》，丁三东译，上海译文出版社，2007，第77页。
[②] 康德：《实践理性批判》，邓晓芒译，人民出版社，2003，第39页。
[③] 康德：《道德形而上学原理》，苗力田译，上海人民出版社，2005，第32页。

他提出，道德规范是客观的，它对"每个有理性的存在者的意志都有效"时①，他所说的普遍性似乎是指接受的普遍性。考虑到康德所谈到的普遍性既包含接受的普遍性，又包含适用的普遍性，如果希望了解他的看法，就有必要就上述两种普遍性分别给予讨论。

如果确如康德所言，道德规范是绝对命令，它的适用是无条件的，也即具有极大的或绝对的适用的普遍性，而其他社会规范并不如此，那当然可依赖适用的普遍性来区分道德规范与其他社会规范。不过，一般认为，道德规范（如"不要说谎""不要偷窃"等）尽管具有较大的适用的普遍性，却不是绝对的，它们并不适用于某些情境。相反，无条件的、作为绝对命令的道德规范如果不是完全没有，也极其少见。对于这类批评，同情康德的人们可能会提出：如果把规范所适用的条件纳入规范之中，则可获得无条件的规范，假如只把这样的规范当作道德规范，康德的看法就依然是可行的。如尽管一些人相信，"不要说谎"不是无条件成立的，因为为了达到善良目的的说谎行为是可原谅的，但它并不违背康德的思想。具体来说，如果把"达到善良目的"的条件纳入规范"不要说谎"之中，这时包含此条件的新规范"除非为了达到善良目的，否则不要说谎"就是无条件的了，而它恰恰是道德规范。

仔细考察这类辩护后会发现，康德的看法依然难以成立。一方面，上述规范"除非为了达到善良目的，否则不要说谎"也不是无条件的，它存在其他条件。如一些人可能认为，只有达到某种善良目的或只有产生某种后果（如不对他人有实质性的危害等），说谎行为才是可接受的。如果这样，就只有把所有这些条件都纳入上述规范中时，由此形成的新规范才是无条件的。问题在于，满足这些条件的行为就极为少见，甚至于完全没有。结果这样的规范实际就成了对某一特定行为的规定，而难以说是具有普遍性的规范了。另一方面，任何规范都似乎可通过这种方式无条件化。如麦金太尔就曾指出："只要足够聪明灵活，几乎每一个律令都能一致性地普遍化。"② 果真如此，由此来区分道德规范与其他社会规范就没有太大意义了。

---

① 康德：《实践理性批判》，邓晓芒译，人民出版社，2003，第 21 页。
② 阿拉斯代尔·麦金太尔：《伦理学简史》，龚群译，商务印书馆，2004，第 261 页。

第十一章 道德规范的特征

由于规范与特定的目的相关，因而如果不是所有，至少大多数道德规范是有条件的。此外，在现实生活中，由于人们所接受的众多道德规范可能存在不一致，因而在实践中通常需要确定一个比另一个更为优先。而一旦如此，实际就已把它们当作有条件的规范了。可见，康德的看法忽视了规范与目的的相关性，忽视了道德规范之间出现不一致的可能性，因而它不太可能是合理的。也许有人会指出，道德规范的确不是无条件的，或至少不完全是无条件的，不能由此来区分道德规范与其他社会规范，却不表明不可根据适用的普遍性来区分它们。如果能表明道德规范比其他社会规范具有更大的适用的普遍性，那就可基于这一点来区分道德规范与其他社会规范。当然，要由此来区分道德规范与其他社会规范，则不仅要说明道德规范比其他社会规范具有更大的适用的普遍性，而且要给出确定适用的普遍性大小的标准，以此来区分道德规范与其他社会规范。显然，达到其中的任一要求都是困难的，而同时达到上述两个要求则极为困难，甚至于不可能。这也是到目前为止很少有人愿意在此追随康德的重要原因。

善于观察的人们会发现，与一些社会规范相比，另一些社会规范实际为更多人所接受，而有些社会规范仅仅为少数人所接受。是否可由接受的普遍性来区分道德规范与其他社会规范呢？康德的回答无疑是肯定的。在康德看来，一社会规范如果是道德规范，则它对所有人都有效，可为所有人接受，而其他社会规范并不如此。实际上，人们谈到道德规范的普遍性时，在许多情形下是指它可为众多人接受，甚至为所有人接受。不过，这种看法所遇到的批评也不少。批评者提出，难以说道德规范接受的普遍性比其他社会规范接受的普遍性大。在现实生活中，人们可以看到，那些常被当作道德规范的社会规范，如"爱人如己""宽恕你的敌人"等只获得了较少人的接受。而通常不被当作道德规范的社会规范，如"要遵守交通规则""要用右手与人握手"等却获得了较多人的接受。

对于这类批评，康德可以说，那些不被所有人接受的社会规范，或这种普遍性不高的社会规范，尽管被当作道德规范，但其实不是。或许有人对康德的看法不以为然，他们指出，康德所承认的一些道德规范（如"不要说谎""不可偷盗"等）也不是人人都接受的。对此康德可以说：的确，一些道德规范实际不为所有人接受，甚至没有一种道德规范为所有人接受，那些受感官欲望支配的人、疯子、智力尚不健全的小孩就可能不把它们当作道德规范。不过，一个人只要具有理性，并且根据理性来选择，他就会断定它们是道德规范，因为道德规范是"对每个有理性的存在者的意志都有效"的。康德相信，为理性者所接受的道德规范不一定实际为特定个人所接受，人们实际所接受的社会规范也不一定是道德规范，如一个人不受理性支配时，就可能不把"真正的"道德规范当作道德规范，因而上述指责是无效的。

当康德相信道德规范必定为理性者所接受，或者理性者基于理性来确立道德规范时，他其实把实际为人所接受的道德规范与应当为人所接受道德规范区分开来了。这一区分是重要的，它不仅使他能避开一些批评，也体现了伦理学的一个基本要求。伦理学尽管与现实生活相关，与事实相关，但又与它们有所不同。如果完全基于现实生活来批评伦理学，或完全基于人们实际所接受的道德规范来确定应当要接受的道德规范，这种想法于伦理学来说是不得要领的。即使如此，康德还有一些问题需要解答：如果道德规范是绝对命令，它对每个具有理性的人都有效，那如何确定某一社会规范是道德规范呢？

康德提出，一个人不接受某一社会规范或接受与之相矛盾的社会规范时，则或者会与"自然规律"相违背，或者会使得适用这种社会规范的条件不能出现，也即产生了他所说的"矛盾"。如此一来，尽管他在情感上不喜欢它，但有理性的人必定要接受它，因为矛盾是所有具有理性的人都要避免的。由于这样的社会规范是所有具有理性的人都要接受的，因而它是道德规范。如"不要自杀"是道德规范，因为如果一个人选择自我毁灭，那就会与"以通过情感促使生命的提高为职志"的自然规律相矛盾。而"借钱要还"也是道德规范，因为如果任何人都借钱不还，那就不会有借钱这种行为，也即适用这种社会规范的条件不会出现，这也将导致自相矛盾。①

康德的这种看法，可批评之处很多，这里只简单指出几点就够了。在认识或实践过程中，人们当然要避免逻辑矛盾，尽管康德所说的"矛

---

① 康德：《道德形而上学原理》，苗力田译，上海人民出版社，2005，第40~41页。

盾"不太清晰，具有歧义，但它显然不是指逻辑上的矛盾。实际上，与一规范（如"借钱要还""不要自杀"）存在逻辑矛盾的是另一规范（如"借钱不还""要自杀"），而不是康德所说的自然规律或适用规范的条件。而当康德断言道德规范或社会规范与自然规律或适用规范的条件相矛盾时，他很可能陷入了从"是"到"应该"或从事实到价值的逻辑陷阱。此外，康德所说的矛盾与他对道德规范所做的一些严格设定有关，如果确是如此，则这种矛盾是他自我设定出来的矛盾，而不是现实生活中实际出现的矛盾。在许多情形中，康德所谓的自然规律（如"以通过情感促使生命的提高为职志"）实际是指，人追求某种人生目的是必然的或人必然具有某种本性。不过，不同的人通常追求不同的人生目的，人必然具有某种本性也往往是以偏概全的结果。当康德把追求某种人生目的看作必然的、"自然规律"时，断言人必然具有某种本性时，他很可能依然处于"独断论的迷梦"中。如果一个人不把"以通过情感促使生命的提高为职志"这类的断言看作自然规律，不接受这样的人生目的，那么他违背"不要自杀"的规范就可能不是矛盾的了。这种矛盾的自我设定性在他对"借钱要还"的论证中可看得更为清楚。只有当所有人都借钱不还时，才会使借钱的条件不出现。如果只是一些人借钱不还，那就不会出现这种情况，也即不会出现康德所谓的自相矛盾。在现实生活中，由于实际难以出现所有人都借钱不还的情况，因而接受"借钱不还"规范的人就很可能不会陷入康德所说的那种矛盾中。

　　总的来说，尽管康德相信，只有具有绝对普遍性的社会规范才是道德规范，但他没有为它为何要具有这样的特征提供充分的根据。如果他不能做到这一点，那么对道德规范的思考就最好基于现实生活。完全不顾及现实生活的伦理理论只是一种抽象的思想游戏，而康德的看法似乎就具有这样的特征。一方面，康德可能把众多人们通常接受的道德规范排除在道德规范之外。许多人把《马太福音》中的"要爱你们的仇敌"当作道德规范，但按康德的看法，它很可能不是道德规范。因为在康德看来，正如所有人借钱不还会使得社会无钱可借一样，如果人人都爱你的仇敌，那么世界上也就没有仇敌或没有仇敌可爱了。另一方面，康德可能把众多人们通常不接受为道德规范的规范当作了道德规范。如果把"要遵守交通规则"当作绝对普遍性的社会规范，那它很可能不会导致自相矛盾。如此一来，按康德的标准，它将可转变成为道德规范。然而，一般不把它看作道德规范。其实，基于普遍性来确定一社会规范是否为道德规范的方式是试图从形式上来确定道德规范的结果，由于这种方式忽视了规范的内容，因而它从根本上是难以成功的。黑格尔就指出，康德所提供的道德律"除了只是同一性、自我一致性、普遍性之外不是任何别的东西。……这种普遍原则、这种自身不矛盾性乃是一种空的东西，这种空的原则不论在实践方面或理论方面都不能达到实在性"[1]。

无论如何，人们实际所接受的道德规范与其他社会规范一样，不仅具有适用的普遍性，也具有接受的普遍性，但它不一定具有绝对的普遍性。从规范的普遍性来说，道德规范与其他社会规范似乎没有根本的不同，因而人们通常没有办法由此来确定何种社会规范是道德规范，何种社会规范是法律、风俗、规章制度等。当然，由于法律、风俗、规章制度等与特定情境相关，而许多道德规范常常能超越特定情境，因而相比而言，它们将会具有更大的普遍性。尽管如此，却很难给出一个绝对的标准，由此把它们与法律、风俗、规章制度等区分开来。

---

[1] 黑格尔：《哲学史讲演录》第四卷，贺麟、王太庆译，商务印书馆，1996，第290页。

第十二章　两种含义的道德规范

第一节　个体道德

尽管人们对如何区分道德规范与其他社会规范的问题给出过许多答案，但看起来都缺乏根据。这其实也表明，在回答"道德规范是什么"或理解道德规范时将会不可避免地出现不一致。的确，有人相信道德规范只是支配个人的内心力量，接受它完全基于个人的自决，它的合理性建立在主观基础上。另一些人则坚持，道德规范不由个人主观决定，它是处于同一社会或同一生活情境中的人们在长期共同生活过程中而形成的规范，具有客观的合理性。道德规范不仅为个人所接受，也为众多他人所接受，它甚至是普世的。西季威克就曾注意到这种不一致。他说："随着把道德阐发为一种科学真理体系的尝试陷于困境，依赖于道德意识的情感方面的倾向便盛行起来。但是一旦伦理学的讨论转变为心理学的分析与分类，道德情操所依赖的义务的客观性观念就慢慢地消失了。"[1]

这种不一致也出现在对道德规范与其他社会规范相互关系的讨论中。法学研究者提出，法律是道德规范的一部分，"法律是最低限度的道德"[2]。批评者则指责，这种看法难以解释为何存在与道德规范不一致的法律。尽管坚持上述看法的人可以辩称那些与道德规范不一致或相矛盾的法律是不好的法律，是恶法，而恶法不是法，但这样的看法并没有完全消除批评者的困惑，反而引起了更多的疑问。如要判定一法律是好的还是恶的，就要给出判定好或恶的标准，或要知道道德规范是什么。由于几乎不可能找到人们共同接受的道德规范，不可能找到为人所一致同

---

[1] 亨利·西季威克：《伦理学方法》，廖申白译，中国社会科学出版社，1993，第126页。
[2] 何怀宏：《伦理学》，北京大学出版社，2002，第49页。

意的对上述问题的解答,因而任何法律都可能是恶法。如果恶法非法,那是否根本就没有法律呢?如果那些存在于法典中、不符合道德规范的规范不是法律,那它们是什么样的规范呢?人们不仅对道德规范与法律有何关系存在争议,对道德规范与风俗、规章制度等有何关系也同样如此。

　　似乎只有恰当地理解"道德规范"一词才能消除这里所出现的不一致。要获得对道德规范的恰当理解,通常有两种可能的应对方式。一是基于这些不一致说法中的某一方来理解道德规范。然而,除非能说明那种与之不一致的说法是不合理的,否则难以断言它是合适的。二是认为道德规范本来就具有多种含义,不一致的双方只是分别呈现了它的不同含义罢了。由于这些含义是不一致的,因而上述那些不一致的说法也便都是可理解的。伦理学史表明,第一种应对方式是难以令人满意的,上述的那些争论或不一致可以说就是它的结果。这里尝试采用第二种应对方式。断言道德规范具有多种含义其实不令人奇怪。不仅许多日常语词具有多种含义,甚至许多学科中的理论语词也是如此。如果一个语词的确有多种不同的含义,为了对它所表达的事物有更清晰而深入的了解,就有必要明确这些含义,对它们做出区分。如果打算采用第二种应对方式,如何确定并区分道德规范的含义呢?显然,除了基于人类的现实生活以及对它的各种用法,难以从其他方面获得凭借。

　　在认识事物的过程中,人们可基于现实生活对所要认识的事物确定一个大致的认识起点,然后在此基础上做进一步探索。如何确定认识起点呢?设想为认识某事物而获得了两个可供选择的认识起点。如果基于其中一个认识起点而获得的关于此事物的知识不仅能解释各种相关的事实,而且能消除有关此事物的众多知识之间的不一致,基于另一认识起点却不能做到这一点,那就有理由接受此认识起点以及由此所获得的知识。如果基于这两个认识起点可获得相同或类似的知识,这时要如何选择呢?由于认识起点只是一个起点,随着认识的推进,人们所获得的知识将会变得越来越全面、越来越深入,在此情形中,选择任何一个都是可行的,即使其中一个相比而言不是那么全面、不是那么深入,也即只要基于某一认识起点而获得的关于此事物的知识能解释相关事实,并且也能消除关于此事物知识的诸多不一致,那么人们可依自己方便选择合适的认识起点。

根据第二种应对方式，可先大致确定一个探索道德规范的认识起点，然后基于它来深入对道德规范的了解。如果由此所获得的关于道德规范的更全面、更深入的知识不仅能解释各种相关的事实或道德现象，而且能表明伦理学之所以产生诸多不一致的根源，能消除其中的一些混乱，而其他与之不同的应对方式（如第一种应对方式）却不能做到这一点，那就有理由接受它，有理由接受基于它而获得的有关道德规范的知识。基于第二种应对方式来了解道德规范时，人们可能发现有多种可供选择的认识起点。由于基于不同认识起点通常可达到相同的认识结果，因而对所选择的认识起点并没有特别要求，可依自己方便来进行选择。不过，如果相比而言，所选择的认识起点一开始就更易于解释各种相关的事实、更能获得较多的支持，则将给后来的探索提供诸多方便。

这里所选择的认识起点是：道德规范是一种为特定个人所接受的并且因其自身而被接受的社会规范。也即是说，一个人之所以把一社会规范当作道德规范，不是由于他有充分的根据，或受到外部环境的强制，而是由于他愿意把它当作道德规范。由于这种道德规范只是依赖于个人自身才得以被接受，因而可称之为个体道德规范或个体道德。根据这种看法，道德规范的合理性完全基于个人的主观决断，尽管道德规范会对接受它的人产生约束，但这种约束归根结底不是来自接受者之外的其他事物，而是来自自身，来自个人自律。对于特定的个人来说，由于任何社会规范都可能成为道德规范，因而个体道德与其他社会规范无论是在内容上还是在形式上都没有特殊性。个体道德的这一特征实际也表明了难以对道德规范与其他社会规范做出严格区分的原因。

断言道德规范是因一个人自身而被接受的社会规范时，并不表明一个人在接受道德规范时没有根据，而纯粹是主观随机地选择的。正如一个人认定一事物是好的时需要基于某些客观标准一样，一个人认定一社会规范是道德规范时也是如此，他也要基于一些客观标准。这些客观标准可因他所处的自然环境以及他自身的生理－心理状态而给出，也可因一些经济、政治、文化等社会因素而给出。这样的客观标准是众多的，他可自主选择某一客观标准，甚至可不接受任何现成的标准，而创造一种新的标准。正因如此，尽管人们的确基于某些客观标准来接受个体道德，但它归根结底是接受者主观选择的结果。也因此，个体道德体现了接受者的性格、气质、兴趣、爱好等，是其个性的体现。

尽管道德规范是因一个人自身而被接受的社会规范，但通常不把所有因一个人自身而被接受的社会规范都当作道德规范。如只把具有较大适用普遍性的社会规范当作道德规范，而不把那些只具较小适用普遍性的社会规范当作道德规范。具有较大适用普遍性的社会规范是许多行为都要接受的规范，它们不以一些具体目的为条件，而以一些更为普遍性的目的（如人生目的）为条件。相反，那些只具较小适用普遍性的社会规范只是个别或少数行为所要接受的规范，它们以一些具体目的为条件。如通常不把"扶老人过马路""不要在教室里吸烟"等当作道德规范，而把"扶危济困""不要伤害他人"等当作道德规范。当然，尽管不把这些个别的、不具较大适用普遍性的社会规范当作道德规范，由于它们符合道德规范，却可把它们看作一类符合道德规范的行为。很显然，不应期望对"具有何种大小的适用普遍性的社会规范才是道德规范"给出一个明确的标准。

断言道德规范是因一个人自身而被接受的社会规范是有理由的。无论如何看待道德规范，人们会发现，不同社会中的人实际接受了不同的道德规范。在日常生活中，尽管不同人所选择的道德规范并非完全不同，但它们也确有区别，有时甚至存在根本性的差异。一个人相信，任何人无论何时都应当诚实守信；另一个人则可能认为，如果诚实守信将危害自己或自己所属的社会群体（如家庭、民族、国家等），不诚实守信是可允许的。这种看法甚至可从日常语言中获得根据。一个人在谈到所谓"道德能力""道德直觉""道德情感""道德意识""道德自觉"等时，他或多或少暗示，道德规范与个人的主观选择密切相关。一些人文学者呼吁人"要有道德的自觉性"，要听从"良知的召唤"，他们似乎也同意，人在选择道德规范时要尽可能避免受他人的干扰，应当根据自己的内心来抉择。当人们认定，道德没有强制力，或接受它完全基于个人的自决时，他们大致拥有类似的看法。

这种看法其实并不缺少支持。在休谟看来，道德"不是单纯被理性所发现的，或是由观念的比较所发现的"，而是基于人的"某种印象或情绪"，因而他断言，"道德宁可以是被人感觉到的，而不是被人判断出来的"①。黑格尔则声称:"善在我的决定中达到定在,我使善在我自身中实现。但是这种定在完全是内心的东西,人们对它不能加以任何强制。"② 快乐主义者相信,人生的目的就是追求快乐,一个人可根据快乐或不快来判定一社会规范是否为道德规范。由于快乐和不快很大程度上是一种心理感受,因而快乐主义与上述看法并没有根本的不同。在现代,无论是情感主义还是直觉主义,它们都与这种看法存在明显的相似之处。

谈到个体道德时,人们几乎会自然地想到个体规范。一个人之所以接受个体规范,除受自然环境与自身因素的影响之外,并不受或不太受他人的影响,而是基于个人的主观任意,因而与其他规范相比,个体规范与个体道德有明显的类似性。不过,这种类似性难以掩盖它们之间的区别。个体道德尽管是接受者因其自身而接受它的结果,但它并非不受或不太受他人的影响,只是这种影响受制于个人的主观性。更明确地说,一个体道德之所以为人接受,往往是为了社会协作,它所约束的是受他人影响的社会行为。与之不同,个体规范的目的不是促进社会协作,而只是出于私人目的,它所约束的是不受或不太受他人影响的个体行为。其实,由于只有社会规范才可能成为个体道德,而个体规范不是社会规范,因而个体道德与个体规范之间的不同是显而易见的。具体来说,由于"不要迟到""不要说谎"是社会规范,而不是个体规范,因而它们可成为特定个人的个体道德。"出门要整理衣服""应当找一长杆来击落野果"等是个体规范,它们不能成为特定个人的个体道德。

一个人在接受一个体规范时,会伴随某种心理状态,有时就说他因此而产生了某种情感。他不接受它或接受其他与之不一致的个体规范时,则可能产生与之不同的情感。如此一来,一个接受了某一个体规范的人,在他最终放弃它并转而接受其他与之不一致的个体规范的过程中,其心理状态或情感会出现变化。这种变化通常有如下特征。一方面,由于在现实生活中接受或放弃个体规范很常见,人们通常会平静、安然地接受这种变化;另一方面,由于这种变化自然而然地出现,因而接受者甚至没有感到在这种变化过程中,除了两种情感交替出现之外还有其他情感

---

① 休谟:《人性论》(下),关文运译,商务印书馆,1996,第510页。
② 黑格尔:《法哲学原理》,范扬、张企泰译,商务印书馆,1995,第98页。

的出现。实际上，由于人们接受某一个体规范是很平常的事，放弃它而接受其他与之不一致的规范也很自然，因而人们不仅难以感到这种变化中会出现其他情感，甚至难以感到接受或放弃它时伴随了何种心理状态，产生了何种情感。

一个人不接受他曾接受的道德规范或接受了他曾经不接受的道德规范时，他的心理状态或情感也会出现变化。不过，这种变化同他在接受与不接受某个体规范的转变过程中所出现的变化不同，它往往是剧烈的。在这种接受与不接受某道德规范的转变过程中，转变前后所出现的情感可能是对立的，接受者内心会产生情感的冲突，在决定接受何种道德规范时会有挣扎。一旦出现这样的冲突或挣扎，也就表明这种变化不是自然的，接受者不是平静、安然地接受了这种变化的。不仅如此，剧烈的情感冲突往往会伴随其他心理状态或情感，也即在这种转变过程中所出现的情感变化不完全是单纯的，它会掺杂其他情感。设想一个人先前接受了对他人有利的道德规范（如信守承诺），后来出于自私的目的又放弃了它，转而接受了其他道德规范（如只有对自己有利时才信守承诺）。尽管他在单纯接受上述任何一种道德规范时都会伴随某种情感，但在接受与不接受上述两种道德规范的转变过程中，并不只出现这两种情感及其转变，还会伴随其他情感。这时他会觉得自己做了对不起他人的事，他在面对他人时会感到面红耳赤、无地自容。即使独处一隅，他也会如芒在背，坐卧不安，心里感到悔恨、内疚或羞耻。悔恨、内疚或羞耻是一种指向自身的痛苦体验，它是一个人在社会协作过程中做出对他人不利事情或违反道德规范时的一种自我责罚。这种情感不出现在他单纯接受上述任何一种道德规范时的心灵中，因而它是在这种转变过程中突现出来的。这种情感的强烈程度甚至远远超越单纯接受某种道德规范所产生的情感的强烈程度，因而在这种转变过程中，人们有时感受不到其他情感，而只感受到它们。在这种接受或不接受某种道德规范的转变过程中突现出来的情感，有时也称为道德感。当然，这种情感不一定只出现在这一过程中，它也可能出现在其他活动中。一个夺冠呼声很高的运动员在关键时刻失手，输给了名不见经传的对手，或者一个带兵出征的将领在条件有利的情况下，由于指挥失当而输掉了战斗，行为者都可能产生这样的情感。显然，此时它们是否依然可称为道德感是可争论的。不过，这种情感通常不会出现在接受或不接受某个体规范的转变过程中。

由于对个体规范与社会规范的区分与特定个人有关，与其所拥有的信念、知识以及特定社会背景有关，对它们的区分不是严格的，因而对个体道德与个体规范的区分也不可能是全然清晰的，它们之间甚至存在诸多模糊之处。尽管如此，在特定情境中，人们还是可对它们做出大致区分的。如果人们可大致地区分社会规范与个体规范，自然也就可大致地区分道德规范与个体规范。其实，正如后面将表明的，对它们做出严格的区分并不是必要的。个体道德或一般的道德规范，是连接个人的生活经历与社会制度之间的桥梁，它能协调现实生活与社会制度之间的冲突，使它们相互调适，以形成良好的社会秩序，促进社会的发展。个体道德与个体规范之间的这种模糊性、不确定性正是道德规范能起到这种作用的一个重要原因。

第二节　社会公德

尽管把道德规范理解为个体道德是一个可考虑的认识起点，但它的确难以满足人们对道德规范的期待。不少人强调，道德规范不仅可为人们所普遍接受，它实际也为人们所普遍接受。当一个人指责他人，认为其行为在道德上是不合理的时，他实际坚持，道德规范至少不完全是基于个人的主观任意而确立起来的。当人们提出道德规范是法律的基础，或断言风俗具有浓厚的道德意蕴，其中包含许多道德规范等时，这些看法无疑也难以由对道德规范的上述理解来说明。

由于个体道德是因一个人自身而被接受的社会规范，因而对一社会规范而言，不仅社会中特定个人可把它当作道德规范，其他人也可把它当作道德规范。如果一社会规范不只为特定个人所接受，也为社会中其他人所接受，它甚至为此社会中的众多人所接受，那它就与那些只为特定个人所接受的或只为少数人所接受的道德规范有了区别，它就可能呈现与之不一样的特征。这就如一杯水中大量水分子做无规则运动时，会呈现单个运动的水分子所无法呈现出来的新特征（如温度）一样。尽管此社会规范是社会中特定个人的个体道德，但它与通常的个体道德不同，它为社会中众多个人所接受。于是，这使得它可与其他个体道德区分开来。其他个体道德尽管也可为他人所接受,但它之所以为道德规范,只是因为它为特定个人所接受。为了显示它与其他个体道德之间的分别,可称之为社会道德。由于道德规范是社会规范,它理所当然地具有社会性,因而在某种意义上,任何道德都是社会道德。为了避免误解,也可称之为社会公德。

值得注意的是,一社会规范是否为社会道德或社会公德,不是看它是否实际为众多人所遵守,而是看它是否为众多人所接受。一个人尽管接受了一社会规范,但他不一定会遵守它。同样,一规范尽管为众多人所接受,却不一定为他们所遵守。如果一规范(如"要大公无私""要扶危济困"等)只为少数人所遵守,却为众多人所接受,则也可以说它是社会公德。一社会规范是否为个体道德只是一件与特定个人相关的事,它是相对于特定个人的。正是如此,可以说"特定个人的个体道德",而不说"特定社会的个体道德"。一社会规范是否为社会公德不只与特定个人相关,与社会中的所有人均相关。由于社会公德体现了社会中众多个人所形成的共识或认同,它是相对于特定社会的,因而可以说"特定社会的社会公德",却一般不说"特定个人的社会公德"。

人们平时也根据不同方式来区分不同类型的道德,甚至区分出"社会道德"或"社会公德"与"个体道德"或"私人道德"。这里的区分与这些常见区分是否相似或甚至相同呢?在常见区分中,一种方式是根据接受规范的事物来区分道德规范。按照这种看法,社会道德是指那些不完全因个人而因社会群体接受为道德的规范,即"社会道德是主体为非个体的社会群体所具有的道德"[①]。个体道德则是那因个人自身而接受为道德的规范。按这种看法,接受社会道德的事物或所谓的"主体"是由不同人所组成的社会群体,它包含企业、政府组织、军队等,因而可称由企业、政府组织、军队等接受的社会道德为企业道德、行政道德、军队道德等。

另一种方式是根据规范的内容来做出这种区分。按这种区分,社会道德是指规定个人与他人之间关系的道德规范,"涉及一个人与其他人的关系",它会得到社会的认可。与之相反,个体道德是指那些并非规定个

---

① 邵南征:《社会道德论》,华中科技大学博士学位论文,2011,第76页。

人与他人之间关系的道德规范,它涉及"个人与自身的关系",并且"可能得到也可能没有得到任何社会或宗教的认可"①。如"团结协作""尊老爱幼"等是社会道德,而"节俭""克制"等是个体道德。还有一种方式则是根据规范的适用范围而做出的区分,即所谓公德与私德的区分。一般来说,公德是适用于公共(生活)领域的道德规范,与之相对的私德则是适用于私人(生活)领域的道德规范。公共领域与私人领域是有区别的,政治生活是最典型的公共领域,家庭生活则是典型的私人领域。按这种区分,不同领域适用不同的道德规范,把适用于私人领域的私德用于政治生活是不合适的。反之也是如此。

尽管人们区分了不同的道德规范,但做出这些区分往往存在一些困难。由社会群体所做出的行为实际是组成它的那些个人所做出的行为,或是众多个人行为的组合,企业、政府组织、军队等不是可为规范约束的行为者,不是一个可以承担道德责任的行为者,因而从根本上说,所谓的"社会主体"只是一种虚构。尽管这种虚构有时为人们的思考与实践提供了某些方便,但如果忽视其虚构性,把它当作实际的存在,当作一个可以承担道德责任的行为者,则可能引起问题。如可能难以认识到,那所谓的企业道德不是约束不同企业之间关系的规范,或是约束企业主与其他企业员工之间关系的规范,而是约束不同企业员工之间关系的规范,它归根结底只是约束人与人之间关系的规范。就此而言,它不是社会道德,而是个体道德。这种看法甚至可能带来实践上的某些危害。如当它要求企业遵守某些企业道德,做出某种道德行为时,由于企业不是道德规范约束的行为者,而企业中的个人又因为不是企业本身而可推卸这种责任,于是,这种企业道德就因没有遵守的主体、没有主体愿意为它承担责任而失去意义。

由于每个人都是社会中的一员,因而上述区分中所谈到的个体道德如果不是全部都与他人相关,至少多数或大多数与他人相关。就"节俭""节制"等而言,它们就不只与个人相关,也与他人相关。同时,如果那种所谓的个体道德只针对个体,而不涉及他人,那它就可能只是

---

① J. P. 蒂洛:《伦理学——理论与实践》,孟庆时、程立显、刘建等译,北京大学出版社,1985,第11页。

个体规范，而不是道德规范了。对公德与私德的区分也是如此。不仅一般所说私德可能在公共领域中起作用，公德也可能在私人领域中起作用。同时，由于难以清晰地区分"公"与"私"，或"公共领域"与"私人领域"，因而对公德与私德的区分也不可能是清晰的。的确，如果把"公"限定为家庭、大学、教会、公司等社会群体，那么可称适用于这些社会群体的道德规范为公德。但如果扩大"公"的范围，使其指称整个社会或国家，原先那些适用于像家庭这样一些较小社会群体的道德规范就成为私德了。假如进一步扩充"公"的范围，使其等同于"天下"或"世界"，对"什么是公德"的回答可能又要发生变化了。此外，即使确定了"公"与"私"的范围，也难以确定一社会规范是只适用于公共领域的还是只适用于私人领域的。尽管某些社会规范只适用于某一特定领域，如军人的职业道德只适用于军人，但有些却适用于所有领域，如"诚实守信"于公于私都是需要的。

　　总的来说，尽管那些常见区分对理解道德规范有其独特意义，但它们的确存在各种困难。当然，此处的目的不是要反对做出诸如此类的区分，而只是希望指出，这些区分与这里对社会道德与个体道德的区分有所不同。根据这里的看法，对特定个人来说，那些常见区分中的社会道德与个体道德只要是可接受的，它们就都是个体道德。如果它们又为社会中众多人所接受，那么它们同时也是社会公德。可见，按这里所做出的区分，一社会规范既可以是社会道德，又可以是特定个人所接受的个体道德。对特定个人来说，那些常见区分中的社会道德与个体道德是不同的，一社会规范如果是个体道德，则它通常不是社会道德。反之，如果它是社会道德，则不是个体道德。但这里所区分出来的社会道德与个体道德会呈现与之不同的关系。在某种意义上，特定个人所接受的个体道德不一定是社会道德，但社会道德必定是为某些人所接受的个体道德。

　　上述两类区分其实是根本不同的。那些常见区分是把众多道德规范区分开来的结果，而这里的区分是区分"道德规范"不同含义的结果。人们在谈论某事物或使用某一语词时，为了逻辑的一致性，只可基于一种特定含义来谈论它。如果一个人所使用的语词包含了不同的含义，并且他在使用它的过程中时常变换其含义，那么其思考就会出现混乱，所获得的认识结果会产生歧义。为了消除这种混乱与歧义，通常就需要区

第十二章 两种含义的道德规范

分此语词的不同含义。如要在同一思考中使用它们，有时就有必要分别用不同的语词来表示它们。这种区分是他在使用此语词来谈论或思考某事物之前就要做的，它是在这种谈论之前所做的预备性的、基础性的思考，也即所谓的元思考。

由于注意到，人们在日常使用"道德规范"一词时，没有区分其中的不同含义，没有意识到在思考过程中它有时是指个体道德，有时是指社会公德，以致在伦理学思考中出现了混乱与歧义。因此，这里希望对它们做出区分，以避免这样的混乱与歧义。可见，这里对个体道德与社会公德的区分是对人们所使用的"道德规范"的含义做出区分的结果，它是一种所谓的基础性思考或元思考。由于那些常见区分是基于这种元思考而进一步认识道德规范的结果，因而相比而言，这里的区分是一种基础性区分，而那些常见区分则是非基础性的区分。鉴于我们的目的，这里将不打算过多关注那些常见区分。不过，由于人们在使用"道德规范"一词时常常不只是指这两种含义中的一种，不仅没有把这两种含义区分开来，甚至同时使用了这两种含义，因而这种区分有时难免会被人误以为如同那些常见区分一样，就是对人们所使用的道德规范的区分，而不是对"道德规范"的含义的区分。

尽管做了这样的区分，这里所谈到的社会公德依然可能存在歧义。根据判定方式，至少可区分出两种不同含义的社会公德，其中一种是相对于那些一个人不可同时接受为道德规范的规范而言的。一个人不可同时接受为道德规范的规范主要是指那些互不一致的社会规范。由于人们不能同时接受互不一致的社会规范，因而如果一社会规范获得了较多人的接受，那与之不一致的社会规范就只会获得较少人的接受。在一个社会中，对一组互不一致的社会规范而言，如果相比而言，其中一规范获得了更多人的接受，那我们就可称之为社会公德，而另一社会规范则不是。如"亲亲相隐"与"大义灭亲"是一组互不一致的社会规范，一个人不能同时接受它们。如果相比而言，"亲亲相隐"获得了更多社会成员的接受，那我们就可称之为社会公德，而"大义灭亲"则不是社会公德。另一种含义的社会公德与之不同，它是相对于所有可能成为道德规范的社会规范或所有社会规范而言的。在所有社会规范中，如果一规范（如"不要偷盗""不要说谎"等）被全社会中超过特定比例（如 2/3）

的人接受为道德规范，那我们就可称之为社会公德。

上述两种含义的社会公德无疑是不同的。就"亲亲相隐"与"大义灭亲"而言，由于相比而言，其中必定有一规范会获得更多人接受，因而其中必定有一规范是前一含义的社会公德。然而，如果它们都没有被社会中超过特定比例（如 2/3）的人接受为道德规范，那就都不能被看作后一含义的社会公德。当然，如果这种特定比例比较小，如它是 1/3 时，那么互不一致的社会规范就都可能成为社会公德。不过一般认为，作为社会公德的社会规范至少会获得超过半数的社会成员接受。"社会公德"的上述两种含义都被人们谈到，它们之间也存在一些微妙的关系。如前一含义的社会公德不一定是后一含义的社会公德，而后一含义的社会公德却可能是前一含义的社会公德。按社会公德的前一含义，许多社会规范都将成为社会公德，这不太符合人们对社会公德的一般看法，故而这里谈及的是后一种含义的社会公德。

即使确认这里的社会公德是指后一含义的社会公德，也难以判定一社会规范是否为社会公德。因为要做到这一点，就先要回答如下问题：一社会规范要获得全社会中超过多大比例的人的接受才是社会公德？这一比例是 1/2 还是 2/3 或 3/4？对此似乎难有共识。即使回答了上述问题，还需要回答下一问题：如何确定一社会（特别是一个人数众多的社会）中人们接受某社会规范的比例？人们对社会规范的接受是随环境的变化而改变的，一个人前一段时间接受了某社会规范，他后来却可能接受与之不一致的社会规范。因而有理由表明，人们难以对上述问题给出确切的答案。这样一来，对社会公德进行确定就变得困难起来了。尽管如此，有一点依然是明显的，即只要确定合适的比例，这种社会公德是实际存在的。不仅如此，特定社会中的人们通常是可以辨认出其中一些社会公德的，如一般认为，"不要奸淫""不要偷盗""不要说谎""信守承诺"等就是社会公德。

前面曾提到，在谈到价值标准或道德规范时，有必要区分实际所接受的与应当接受的价值标准或道德规范。如果这样，似乎也有必要对个体道德、社会道德做出如此的区分。不过，由于一个人接受一个体道德是基于自身的原因，对他来说，他实际接受的个体道德也就是他应当接受的，因而对个体道德是没有必要做出这样的区分的。由于社会公德是社会中众多人实际接受的结果，因而它无疑是社会实际所接受的道德规范，而不是社会应当所接受的道德规范。尽管如此，它与应当接受的道德规范密切相关。尽管社会公德是社会实际所接受的道德规范，它却可能成为特定个人应当接受的道德规范。对于那些实际接受它、把它当作个体道德的人来说，社会公德显然也是应当被接受的。对于那些实际不接受它的人来说，它也可能是他应当接受的道德规范。

第三节　个体道德与社会公德的关系

尽管前面在谈到个体道德与社会公德时或多或少地涉及了它们之间的关系，但还是有必要对此做些说明。一社会规范只要为特定个人所接受，即使它不为其他任何人所接受，它也可成为个体道德。不同个人所接受的个体道德可能是不同的，它们甚至互不一致。就此而言，个体道德相对于特定个人，它不一定具有接受的普遍性。当然，相对于特定个人的个体道德可为他人所接受，因而它也具有接受的普遍性，只是一社会规范是否为个体道德与其是否具有接受的普遍性以及这种普遍性有多大并没有关系。正因如此，个体道德的这种普遍性通常不太为人所注意。与之不同，一社会规范之所以是社会公德，恰恰是因为它为众多社会成员所接受，它具有较大的接受的普遍性。

人们是基于特定社会来确定一社会规范是否为社会公德的，因而社会公德相对于特定社会。社会复杂多样，不仅可在时间与空间上区分出不同的社会，甚至在同一时间与空间中也可区分出不同的社会，如处于特定时空中的一个大型社会可区分出众多小型的社会。存在于不同社会中的社会公德有何关系？尽管不同社会之间的社会公德不完全相同，但它们之间多少还是有关联的。就两个存在包含关系的社会而言，尽管它们各自的社会公德可能存在不同，但由于它们包含共同的社会成员，因而在它们中存在相同的社会公德。由于人们相互之间有直接的交流与交往，即使不存在共同的社会成员，处于同一时间却在地理上分隔开来的不同社会也可能存在相同的社会公德。即使处于不同社会中的人们没有直接的相互联系，由于他们有相似的生理-心理特征，生存的自然环境也大致相似，有时他们也会接受相同的道德规范。

人与人之间的交往没有确定的边界，相距万里或相隔千年的人们也可能建立联系，而人们又具有相似的生理－心理特征，所面对的自然环境也大致相似，因而社会公德不只限定在确定的时空边界或特定社会是可理解的。实际上，正如相对于特定个人的个体道德可为他人所接受一样，相对于特定社会的社会公德也可为其他社会所接受，它可超越特定社会。一些人甚至相信存在所谓的普遍道德。那些常被当作普遍道德的社会公德尽管不一定为所有社会中的人所接受，甚至不一定为某一社会中的所有人接受，但它的确不只是特定社会的公德。不过，即使有些社会公德超越特定社会，许多社会公德依然只存在于特定社会中，而不存在于其他社会中，不同社会存在不同的社会公德或每一社会都有其特定的社会公德。正是如此，有时也可说社会公德是其政治、经济、文化等的反映，甚至是此社会相异于其他社会的标志。

个体道德是因特定个人的主观任意而成为道德规范的，它不仅于社会来说不是基本的，甚至于其自身来说也不是基本的。由于社会公德为社会中的众多人所接受，作为一个整体，它往往是社会中比较基本的社会规范，它是保持社会良好秩序、维持公共生活正常进行的重要基础。同时，由于社会公德是特定社会中众多人选择的结果，它不相对于特定个人而存在，因而它之为道德规范不是主观的，它具有客观性。实际上，人们提出道德规范具有客观性时，他很大程度上即根据于此。社会公德的客观性实际也表明，它在一段时期中存在于社会中，具有稳定性。不过，不同的社会公德具有不同的稳定性。有些社会公德的稳定性较差，它们就如流行服饰一样只存在于特定时代。有些社会公德（如那些被当作普世道德的社会公德）则具有较高的稳定性，它们在不同历史时期的社会中或不同地域的社会中都存在。由于个体道德可随时为其接受者所放弃，因而其稳定性比较低，甚至不具稳定性。

尽管一个人对某个体道德的接受最终会源于其主观认定，但鉴于道德规范本身的重要性，他之所以接受它，往往也会经过深思熟虑。他会了解它与其他个体道德以及社会规范之间的关系，会了解接受它的意义与局限，等等，以便清楚自己为何要接受它。由于他不能接受相互矛盾的社会规范，因而他会特别关注它与自己所接受的其他个体道德或其他规范之间的关系。正是如此，一个人所接受的个体道德可能成为同一规范系统的内容，它们甚至可形成一个规范系统。实际上，一个人之所以接受某一个体道德，有时恰恰是由于它与他所接受的其他个体道德或其他规范会构成一个规范系统。

不同的人可能基于不同原因而接受某一个体道德，不过，这些原因并不是它成为社会公德的理由。如果它的确是社会公德，那只是由于众多社会成员接受了它，把它当作道德规范的结果。就此而言，可以说社会公德产生于某种看不见的手，它不是人为设计的结果，而类似于哈耶克所谓的"自发秩序"。在同一社会中，尽管不同社会成员在接受某一个体道德时存在相关性，但这种关联通常是微弱的、偶然的，它有时甚至只是一种统计的相关性。如果一社会规范成为社会公德只是社会中众多人偶然接受的结果，那么可以想象，出现在社会中的诸多社会公德是零散的、杂乱的，它们可能存在直接的不一致。正是如此，难以指望它们能构成一个规范系统，它们甚至难以同时成为一个规范系统的内容。当然，实际出现于同一社会中的不同社会公德也可能存在某些相关性，如多数社会公德之间没有明显的不一致，某些社会公德之间甚至存在逻辑演绎关系。不过，这种相关性只出现于某些社会公德中，而不出现于其他社会公德中，它也可能随着社会的发展其中一些社会公德不为多数人所接受而失去。实际上，同一社会中不同社会公德之间的这种相关性是模糊的、不明确的，有时也是微弱的，它就如同一社会中不同风俗之间所存在的相关性一样。

个体道德的合理性来自个人，一个人之所以接受它，很大程度上源于个人自律，而不是受外部压力的结果。为了避免产生悔恨、内疚与羞耻等道德情感，人们尽可能不违反自己所接受的个体道德。他当然也可能违反它，不过，即便如此，他通常也不会受到来自外部的或社会的惩处，除非它同时是社会公德或社会制度。由于个体道德对行为的约束根本来自个人内部或其情感、动机等心理经验，因而它不具强制性。与之不同，一个人的行为符合社会公德时，其他社会成员就会对他给予肯定乃至赞赏；其行为违反社会公德的要求，以致对他人的生活、社会秩序或公共利益造成破坏时，其他社会成员则会对他进行谴责。这种谴责客观存在，它们可能使得他改变其行为。由于这种改变是因外部压力或强制而产生的，是因他违反社会公德而产生的，于是就说社会公德具有强制性。

　　在某种意义上，把个体道德与社会公德绝对地区分开，并且断言个体道德不具强制性，而社会公德具有强制性并不是太合适的。由于社会公德是众多社会成员共同接受某一社会规范的结果，而任何特定个人所接受的个体道德都可能成为社会公德，因而无论是在形式还是在内容上，个体道德与社会公德都存在相似之处。正是如此，它们之间的许多差异就只是程度上的，而不是根本的。设想一个人接受某个体道德，他的接受会对他人有利。当他出于自利的目的不接受它时，他不仅会感到悔恨、内疚与羞耻，也可能受到他人的抵触，甚至受到公共舆论的谴责。就此而言，一个人接受某个体道德不完全是自律的，个体道德也具有强制性。之所以说它不具强制性，只是由于相比于行为者的主观压力，这种来自外部的客观压力比较小，不足以使他改变自己的行为，它也因此而不那么引人注目。不仅如此，一个人在接受某个体道德时，尽管会损害特定个人或少数人的利益，但由于这种行为符合众多人的利益，会获得众多人的支持，这些支持甚至超过了反对，他也可能因此而不在意那些反对或外部的压力。如果一个人所接受的个体道德获得了众多人的接受，它甚至是一种社会公德，那么他不接受它时，就会遭到众多人的抵触。这样一来，他就不能忽视这些抵触了，这些抵触甚至成了一种强有力的理由，使得他不能违反这种道德规范。可见，在此情境中，此个体道德也是具有客观强制性的。总的来说，断言个体道德不具强制性，而社会公德具有强制性时，尽管初看上去它们有根本的区别，但其实只是程度上的不同。这就如尽管看上去秃头与非秃头有根本的区别，但它们其实只是程度上不同一样。

　　谈到社会公德的强制性或个体道德的强制性时，有必要说明的是，它们的强制性来源于不同方面。就社会公德而言，其强制性往往要借助于公共舆论来实现。不过，强制性不只来源于公共舆论，还来自其他方面。一般来说，违反社会公德的人除了受公共舆论的谴责之外，还可能遭受其他方面的损害，如失去工作、在从事一些社会活动时遇到挫折等。正是基于后者，人们可能改变其行为，而不违反社会公德。如果仔细考察，会发现这些损害的造成通常不单纯是社会公德的结果，而与其他方面（如社会制度等）有关，也即社会公德的强制性往往要依赖其他方面。法官面对两种违规行为：一种违反了社会公德，同时也触犯法律；一种只是触犯了法律，而没有违反社会公德。他会如何审判？法官在实际审判过程中，常常会对前者判得更重一些。尽管法官是根据法律进行审判的，但他在审判过程中行使自由裁量权时，社会公德会影响他对这种权力的运用。这时社会公德通过法官以及相关法律起作用了。尽管一公司职员在工作中没有违反规章制度，但由于他常常做出一些违反社会公德的事，公司主管可能借他对规章制度的某些轻微触犯而解雇他。实际上，公司中的其他人如果也有这样的触犯行为，他是很可能置之不理的。这时社会公德便通过这一主管与相关规章制度起作用了。

不仅个体道德与社会公德的强制性有区别，不同社会公德的强制性也有不同。相比而言，那些为更多人接受的社会公德（如大不孝、大不忠等）通常具有更大的强制性，而那些不为更多人接受的社会公德则只具有较小的强制性。的确，对特定个人而言，如果他接受了某一为较多人接受的社会公德，当他违反它时，则他会受到来自外部的较多的谴责。这是可以理解的。由于社会中大多数人都接受这种社会公德，而他总要生活在社会中，无论何时何地，他总是处于接受这种社会公德的人之中，因而他几乎难以逃脱这种谴责。不仅如此，由于他自己也可能接受了它，因而他还会倍受内心道德情感的煎熬。在此情形中，社会公德不仅从外部，还从内部对人的行为给予约束，其强制力是极大的，它有时甚至比法律更有力量。当然，如果一个人不接受一种未获得较多人接受的社会公德，当他违反它时，他所受到的外部压力就会比较小。实际上，尽管它是存在于某一社会中的社会公德，但由于它在另一社会中可能不是社会公德，因而他可脱离那谴责他的社会而生活于其他社会中。此外，尽管它是一种社会公德，但由于他自己可能并不接受它，他在违反它时就不会感到悔恨、内疚与羞耻。于是，在此情形中，对他而言，尽管某一社会规范是社会公德，但其强制性似有若无。

个体道德与社会公德之间尽管存在诸多差异，却也有明显的联系。如它们不仅在起源上相互关联，在形式与内容上也具有相似性。除此之外，还有必要指出它们之间另一种更为深刻的联系。在一社会中，社会公德常常不为所有社会成员所接受，而当社会公德尚未为某一社会成员所接受时，对他而言，它总是表现为一种外部的约束。显然，只有为他所接受，社会公德才能对他产生更大的作用。与之不同，个体道德切近于人自身，它是自律的，正是这种自律才使得人们能对外部的公共舆论有所触动。正是如此，个体道德不仅为社会公德的约束提供了基础，而且为其他社会制度的约束提供了基础。由于社会公德对特定个人的行为存在约束，可以预见，它将影响个人对个体道德的接受。实际上，一个人所接受的个体道德符合或违背社会公德时，公众会对他给予赞赏或谴责，而公众的这种态度或社会公德无疑会影响人们对个体道德的接受。总的来说，个体道德与社会公德是相互影响的。一方面，个体道德影响社会公德，是其强制力的重要基础；另一方面，社会公德又影响人们对个体道德的接受。此外，还需要说明的是，个体道德与社会公德常常不是作为一个单一的存在物而对社会产生作用的，而是作为一个系统对社会产生作用的，这种系统的作用是社会能形成稳定并适应时代变化的秩序的重要基础。

第四节　区分的根据

　　传统伦理学由于没有清晰地区分道德规范的不同含义，总是希望把人们对道德规范的各种理解凝结成某种单一的含义，因而在谈到它时常常出现不一致，从而面临各种困境。断言伦理学在使用道德规范时混淆了它的不同含义，要恰当地理解道德现象，就需要对它们做出区分，这种看法是否合理呢？如果这种看法能恰当地解释各种道德现象，能表明伦理学中诸多混乱与不一致的根源，并且能帮助伦理学摆脱困境，它无疑有理由获得支持。它能否做到这一点呢？

　　区分道德规范的两种含义与人们对它的一些日常使用的确是吻合的。在日常交流中，人们谈到道德规范时往往包含两种甚至多种含义。如一个人在谈到"道德情感""道德自觉"等时，就已或多或少地承认，道德规范是因一个人自身而被接受的社会规范。当一个人声称"你的行为是不道德的"或提出要"倡导良好的道德风尚"等时，他在很大程度上已相信，道德规范是一种不因特定个人而被接受的社会规范。当他谈到"社会道德"或"社会公德"时就更是如此。人们有时把良心看作一种判定道德规范合理性的个人天资或直觉，有时则把它看作某种超越特定个人而选择道德规范的根据,如它是"神在人的灵魂里发出的声音"、客观的理性等。① 从这些看法中,细心的人是可能体会到道德规范的不同含义的。显然,如果这些语境中的道德规范确实只具有某种单一的含义,那在理解它们时出现混乱与不一致就不令人奇怪了。如果意识到它们本来就具有不同的含义,这样的混乱与不一致将很可能会烟消云散。

道德规范的根据是主观的还是客观的?伦理学中的直觉主义、反实在论、相对主义以及自然主义、道德实在论等极力为主观论或客观论提供论证。它们在某种程度上也的确做到了这一点,不过,其中任何一种都难以完全解释复杂的道德现象。相对主义者、怀疑论者不遗余力地攻击道德的客观合理性,他们所谈到的道德规范或许只是个体道德。现实生活中,社会公德确实起着重要作用,这种作用与他们的指责形成了鲜明的对照。尽管自然主义者试图为道德的客观合理性提供论证,但由于没有注意到道德规范的主观性,他们常常因此而陷入困境。如果区分两种含义的道德规范,人们就会发现,这些互不一致、相互矛盾或冲突的看法其实都是缺乏根基的。当然,由于个体道德是个人主观选择的结果,而社会公德并不因个人的主观任意而改变,因而它们看起来又都具有某些合理性。

更为全面的伦理学似乎有必要把有关道德规范的不同含义或不同理解都顾及。这一点其实早已为人所注意。为了消除伦理学中的混乱与不一致,一些人试图以折中主义的方式把道德规范的不同含义糅合到一起,以提出对它的一种恰当理解。如他们提出,道德规范是"依靠社会舆论和人的内心信念来维持的、调整人们相互关系的行为规范的总和"②。如果有关道德规范的这些含义互不一致、存在矛盾,这种糅合自然难以达到目的。其实,当折中主义者把一些相互矛盾的思想、观念简单地并置在一起,便自以为是地认为解决了问题时,他们与其说解决了问题,倒不如说只是掩盖了它。尽管不能指望折中主义能解答问题,但它至少看到了问题。不仅如此,它在某种意义上甚至也预见到了上述看法的合理性。

---

① 弗兰克·梯利:《伦理学导论》,何意译,广西师范大学出版社,2002,第18~47页。
② 《辞海》(缩印本),上海辞书出版社,1990,第1194页。

在探寻道德规范与其他社会制度的关系时,基于对道德规范的单一理解也会导致相互对立的看法。就道德规范与法律而言,这种对立看法集中体现在自然法学与实证法学的争论中。在自然法学派看来,法律不是一种独立于道德规范之外的事物,现实中存在的法律(即实在法)只有形式的合理性,只有通过道德规范的检验,它们才具有合理性。就此而言,道德规范是实在法的基础。实证法学派则声称,虽然道德规范对法律有深刻的影响,许多法律甚至直接来自道德规范,但法律的根据和道德规范并无必然联系。众多法律构成了一个相对独立的体系,法律的合理性只能从其自身引出,而不能从道德规范中引出。一项法律尽管不符合道德规范,与道德规范不一致,但只要符合有关法律的确立标准,它便是有效的。不仅如此,由于法律为道德规范的接受或遵守提供了保障,它甚至是道德规范的基础。

许多人已注意到,自然法学派与实证法学派的观点都是偏颇的,只有综合二者才能更合理地理解法律以及道德规范与法律的关系。如阿列克西就说,法律有一种双重性质,即它同时包含了事实的维度和理想的维度,"事实的维度由权威颁布和社会实效的要素所代表,而理想的维度则可以在道德正确的要素中发现"。事实的维度表明实证法学具有合理性,而理想的维度则表明自然法学具有合理性。[①] 哈贝马斯也指出,在对法律的理解中,"两种东西在同时得到保障:一方面是行为的合法律性,也就是必要时借助于制裁来强制实施的对规范的平均遵守,另一方面是规则本身的合法性,它使任何时候出于对法律的尊重而遵守规范成为可能"[②]。不过,如果只是空洞地指出法律具有双重性质,却没有详细说明法律为何具有双重性质,没有对道德规范与法律之间的关系给出具体的描绘,这样的综合依然难以说是成功的。

其实,如果考虑到道德规范具有不同的含义,不仅在很大程度上可消除自然法学派与实证法学派之间的一些纷争,甚至会使争议双方对对方的看法给予某种同情,发现其中的合理性。自然法学派所提出的关于法律只有通过道德规范的检验才具有合理性的看法无疑是极有争议的。

[①] 罗伯特·阿列克西:《法律的双重性质》,《中外法学》2010 年第 3 期,第 342~353 页。

[②] 哈贝马斯:《在事实与规范之间》,童世骏译,三联书店,2003,第 37~38 页。

如果他们所说的道德规范是指个体道德，这样的看法无论如何都是难以被接受的。不过，如果它是指社会公德，则至少存在某些合理性。要说明这一点，首先要对法律的起源有所了解。对于法律（的起源）是什么，最初的人们可能认为法律体现了神意，但近代更为流行的看法则把它看作主权者的命令或是统治阶级的意志。由于处于同一社会中的人总是相互影响，如不仅统治者的意志会影响其他人的思想与行为，其他人的思想与行为也同样会影响统治者的意志，因而把法律单纯看作统治阶级的意志并不完全恰当。根据这种看法来理解现代社会中的法律将会遇到更多的困难。其中一个原因是，在现代民主国家，统治阶级与被统治阶级的分界不是很明确，由于行政机关、立法机关与司法机关有相对的独立性，统治者甚至没有无上的权力。此外，立法者如果不体现社会大众的意愿，就难以获得民众的支持，从而最终失去了立法的资格。如果确是这样，法律无疑将受社会公德的影响。实际上，现代民主社会中的许多法律根本是对社会公德的精致表达，而作为立法的基础的平等、公平等正是社会公德的重要内容。

不仅从立法方面可看到社会公德的作用，从其他方面也可看到这一点。法律其实不能详尽地规范社会中各种人与人之间的关系，在现实生活中可能出现无法律可循或所适用的法律规定不清的情形。在这些情形中，法官在审判或裁决时将无法完全依靠已有的法律来做出决定，这时就要行使自由裁量权。在行使自由裁量权的过程中，法官所接受的道德规范或他所处社会的流行道德规范就会发挥重要作用。此外，法律要获得人们的遵守，就要尽可能不与特定个人所持有的道德规范相冲突。如果一项法律与社会中多数人所接受的道德规范相冲突，也即与社会公德相冲突，那么推行它就会遇到相当大的阻力，以致最终可能因难以获得人们的认同而瓦解。

当实证法学派强调，法律的合理性只能从其本身引出，而不能从道德规范中引出时，这种看法也可能会引起诸多的误解。如果他们所说的道德规范是指个体道德，即使是自然法学派也是可能同意的。不过，如果它是指社会公德，鉴于社会公德无论是在立法、司法方面，还是在对法律的执行或遵守等方面，都起着基础性的作用，这种看法不仅难以获得自然法学派的赞同，甚至也难以获得实证法学派同盟者的同意。当然，尽管法律的合理性与社会公德难解难分，但法律一旦得到确认，它便具有了与社会公德不同的性质，其合理性具有某种独立性。相较于社会公德，法律具有多大的独立性，这种独立性体现在哪些方面，这些问题不是此处所要关注的。这里只希望表明的是，如果成功区分不同含义的道德规范，自然法学派与实证法学派的一些纷争是很可能被消解的。

许多伦理学家或明或暗地注意到了道德规范的不同含义。布兰特曾把道德规范区分为"个人道德法典"与"社会道德法典"。在他看来，对一个有个人道德法典的人来说，他"对自己，或者更大范围地说，对他人完成的一些行为具有内在的赞同或反对的动机"，同时，"当他自己的行为表现为缺乏这种动机时体验到犯罪感，当另一个人所做的缺乏这种动机时表现出不赞同，当其他人的行为体现出这种动机的过剩时表现出尊重和钦佩"。社会道德法典与个人道德法典存在根本的不同，它是人们根据"在那个社会里的个人道德法典中出现的频率，在名单上排列出各个条目的秩序"挑选出来的。他明确指出，"如果社会道德法典宣称某种行为是不正当的，个人却没有必要推论说它是不正当的。如果一个人违反了禁律，其他人通常会不赞同或者批评他；但是他不必把社会法典注定看成自己现实中的道德义务。……这就是说，社会道德法典并没有像法律为个人定义好什么是合法的一样，为个人定义好什么是道德正当的"①。布兰特对两种道德法典的区分与这里对个体道德与社会公德的区分有明显的类似性，他的个体道德法典类似于这里所说的个体道德，而社会道德法典则类似于社会公德。

阿多诺深感"道德是什么"的问题是一个疑难问题。在他看来，之所以在理解它时出现困难，主要是因为人们"公设了一个国家中公共伦理与个人的道德是一致的，即正确的品行及行为方式与个人的正确生活行为是一致的"②。他相信，只有放弃这种一致性，注意到它们之间的差异，区分道德（规范）的不同含义，才能合理地解答"道德是什么"的问题，才能合理地理解道德。涂尔干也注意到，道德（规范）可通过两个不同的方面呈现给我们，即客观方面和主观方面，不过他更关注的是

---

① 布兰特：《善与正当的理论》，载万俊人主编《20 世纪西方伦理学经典》（Ⅰ），中国人民大学出版社，2004，第 396~398 页。
② T. W. 阿多诺：《道德哲学的问题》，谢地坤、王彤译，人民出版社，2007，第 13 页。

前者而不是后者。他说,"我并不关心某个特定的人看待道德的方式,同样,我也会撇开哲学家和伦理学家的意见",而只"处理客观的道德实在,即我们借此对行动进行评价的、共同的和非个人的标准"①。涂尔干所说的"客观的道德实在"与具有多样性的"个人道德"不同,它是指在特定时期为社会中众多人所接受的、客观存在的道德。显然,他的这种区分与这里对个体道德与社会道德的区分也有相似之处。

或许有人提出,涂尔干所谈到的客观道德只是社会学家看待道德规范的结果,而不是伦理学家看待道德规范的结果。社会学家在看待社会现象时,他把自己当作旁观者,在社会过程之外观察各种社会现象,其中包括道德现象。他所看到的道德规范自然是那些"客观的道德实在"。的确,当社会学家断言他所看到的社会规范是道德规范时,他通常不是基于自身的主观任意,而是基于某些客观标准。这种标准很可能不是特定个人或伦理学家所提供的那些标准,而是社会中接受规范的人的特定比例。设想一个社会学家,尽管他不接受"不得婚前与人同居"或"应当大义灭亲"等规范,但他在他所希望研究的社会中注意到,其中多数社会成员接受了它,把它当作道德规范。如此一来,作为社会学家,他便不能因自己的道德观念或某一伦理学家提供的标准而不把它当作道德规范了。可见,社会学家所谈到的道德规范类似于我们所说的社会公德,而不是个体道德。涂尔干注意到了道德规范的这些不同含义,并自觉地把自己的研究限定在某种特定含义的道德规范上,这的确显示了他的深刻与睿智。

如果人们所使用的"道德规范"一词的确有多种含义,有人可能会感到奇怪:人们为何长期以来不仅没有仔细区分它们,反而一直容忍这种混淆呢?出现这种情形的原因是多方面的。在现实生活中,"道德规范"是一个常用的词,它在长期而广泛的日常使用过程中演化出了多种含义。这些含义是在日常使用中自然地演化出来的,从来没有获得过严格的规定。另外,它们尽管不完全相同,却彼此借助,相互缠绕在一起。这使人们难以区分它们。这种情形的出现也与人的认识有关。由于人的认识总是有一个从简单到复杂的不断深入的过程,因而人们一开始没有

---

① 爱弥尔·涂尔干:《社会学与哲学》,梁栋译,上海人民出版社,2002,第43~44页。

对道德规范的不同含义进行区分是可理解的。不过，随着伦理学研究以及日常交流中所出现的那些混乱与不一致越来越明显，伦理学家越来越难以提出建设性的解释来应对道德现象，这时就有必要重新审视这种传统理解了。

人们没有仔细区分道德规范的不同含义甚至有其深刻的社会原因。过去的人们生活在较为专制的国家中，国家对个人有强烈的支配作用，个人通常被迫去适应国家。在这样的生活中，他的个性被压抑，自身的道德意识没有觉醒，很少或完全没有意识到个体道德的存在。于是他往往理所当然地把社会公德与个体道德一致起来。在现代社会，国家对个人的支配作用减弱，人的个性得到张扬，其自主能力越来越强，道德意识觉醒了。他意识到，道德规范并非原本就存在的，它也不是永恒存在的，它依赖于个人的选择。一旦意识到这一点，尽管社会生活使他注意到社会公德实际客观地存在，但再难以把个体道德湮没于社会公德之中了，再难以把社会公德与个体道德等同起来了。

人与人相互交流的一些特征甚至也是人们没有区分"道德规范"不同含义的原因。在相互交流的过程中，人们往往希望自己的思想获得他人的认同，为此会试图基于一些他人所熟悉并易于接受的事实来进行思考，在此基础上提出自己的思想。具体来说，伦理学家在思考伦理问题时，为了使自己的思想被他人接受并获得更多人的认同，他在谈到道德规范时，往往会基于他人所熟悉并接受的道德规范（如社会公德）来思考。正是如此，他在列举道德规范时，列举的往往是社会公德，而不是只为个人（如他自身）所接受的个体道德。然而，为了获得他人的接受，伦理学家要使其思想具有一致性。为此，他要把自己所倡导的道德规范一致起来，甚至有必要把它们构建成一个规范系统。由于只有在个体道德中才能获得规范系统，因而伦理学家在试图达到这一目的时，就可能不会顾及社会公德，而只基于个人所接受的个体道德。如此一来，人们就可能产生误解了，会误以为社会公德与个体道德具有相同的含义。当然，当伦理学家试图将一些客观的道德规范（即社会公德）纳入规范系统中时，他的这一系统往往就会破产。正因如此，传统伦理学家的伦理思想常常存在内在的混乱。

即使承认在日常交流或学术语言中所谈到的道德规范包含了不同的

含义，有必要把它们区分开，也还是可能产生一些疑问：道德规范是否只有两种不同的含义？可否在其中区分出三种或更多的含义？如果只可区分出两种含义，它们是否必定就是个体道德与社会公德？对其含义是否可做出其他区分？显然，尽管这里在道德规范中区分出了两种含义，它们分别指个体道德与社会公德，却不表明这种区分的根据是充分的，不能对它进行其他的区分。不过，如果正如前面所表明的，这种区分是有根据的，并且能做出富有说服力的解释，而其他区分也不一定有充分的根据，那这种区分至少是可坚持的。可以想象，其他区分往往会更为复杂，如果人们难以为它提供比这种区分更为充分的根据，那么出于实践以及认识的目的，我们可以说：尽管提出其他区分是可能的，却并不是那么必要的。

第十三章　社会中的道德规范

第一节　社会制度与道德规范的关联

尽管社会中的各种社会制度有不同的性质，但它们也有诸多相似之处。社会制度存在于社会中，它不因个人的主观任意而失去作用，能为人们所长期接受，也即它具有稳定性。不同社会制度显然具有不同的稳定性。如果社会制度实际存在或持续的时间较长，则可说它有较高的稳定性。反之，它只有较低的稳定性。一般而言，法律的稳定性通常比规章制度的稳定性高，而一些风俗只具有较低的稳定性。这当然不是绝对的。一些法律甚至宪法时常变动，而有些风俗则也具有较高的稳定性。某些社会中的丧葬禁忌、节日庆典等风俗甚至存在千百年，其稳定性高过许多法律的稳定性。

任何违反法律、风俗、规章制度等社会制度的人都可能面临来自外部的客观压力，它们包括他人的抵触、政府或社会团体的惩处、公共舆论的谴责等。这些压力不因违反者的主观任意而改变，它们可能促使他改变自己的行为。于是可以说，法律、风俗、规章制度等具有强制性。社会制度的强制性根本是社会成员要求相互持续协作、追求社会公共利益或其他现实目的等的结果。不同社会制度的强制性并不完全相同，也即一个人的行为同时违反不同社会规范，如同时违反法律、风俗、规章制度等时，违规者因此而受到的惩处可能是不同的。法律所给出的惩处通常是严厉的。相比而言，规章制度给出的惩处可能不如法律严厉，而风俗给出的惩处也是如此，它甚至不如规章制度给出的惩处严厉。

为了有效地约束人的行为，保障社会成员进行有效的协作，社会制度需要为社会中多数人甚至所有人所了解。要做到这一点，它就要能被明确地说出来。实际上，现代社会中的大多法律能被明文写在法典中，而其中各种社会团体的规章制度也往往能形诸文字。当然，不同社会制度的明确性是不同的。风俗常常是不明确的，相比而言，法律则最为明确。当然，即使是法律，它也不是完全明确的，也存在不明确或含混之处。许多社会制度（如诸多的规章制度以及法律）通常有明确的制定者。当然不是所有社会制度都是如此，如习俗通常是自发地形成的，它没有明确的制定者，一些法律以及规章制度等看上去也是如此。不过，那些有明确制定者的社会制度也可以说根本上是自发地形成的，因为从一种更为广阔的角度看，所有的社会规范都受自然环境以及各种社会因素的影响，那些有明确制定者的社会制度，归根结底也不过是自然或所谓社会历史力量通过特定的个人制定出来的而已。

社会制度与道德规范共同存在于社会中，它们不可避免地相互作用。对社会制度来说，它不仅能强化道德规范的强制作用，也能为人们接受道德规范提供一个稳定的基础。一种社会制度自然不一定会被特定个人当作道德规范，但它确实可被人接受为道德规范。有理由表明，相比于其他社会规范，社会制度以及为它们所支持或与之一致的社会规范更可能被人接受为道德规范。设想一个人把与社会制度不一致的社会规范当作道德规范，由于这种接受不能获得社会制度的支持，他甚至可能因此受到来自社会的惩处，因而他接受它时会不那么坚定，会犹豫。相反，如果一个人把与社会制度一致甚至相同的社会规范当作道德规范，那他就可能会得到来自社会的鼓励，他接受它时就会更有信心。实际上，由于社会制度实在地存在，它对人的生活有不可忽视的影响，即使人们没有明确地接受它，它也会在长期的作用过程中对人产生潜移默化的影响，使人更倾向于接受它。于是，与其他社会规范相比，社会制度显然更可能被人接受为道德规范，更可能成为社会公德。

如果社会制度在人们接受道德规范的过程中起到关键性的作用，它为个人接受道德规范指出了方向、确定了范围，那么这种作用在法律领域体现得最为明显。法律不仅清楚地规定社会中什么事是可做的，什么事是不可做的，而且相比于风俗、规章制度等其他社会制度，它能进行更为明确而严厉的强制，因而它也更能促使人们把具有特定内容的社会规范当作道德规范。西季威克就曾指出，"一个人所在国家的法律将在一个重要的范围内，恰当地决定他的道德义务的具体内容，甚至决定他在法律强制范围之外的义务。……要是那个法律改变了，他的道德义务也就会随之改变"①。实际上，人们对社会规范的接受越是依赖于主观任意，法律也就越能对它产生影响。

社会制度的这种作用在其他领域也是明显的。社会团体中的规章制度显然更可能被自愿参与其中的成员接受为道德规范，相比于其他社会规范，它们也更可能为社会团体中的其他成员以及社会团体之外的人所接受。实际上，那些有着广泛影响的社会团体中的规章制度甚至可能成为社会公德。宗教团体中的戒律往往为自愿参与其中的成员（如某些教徒、信众等）所接受，成为其个体道德。如果这种宗教在社会中广泛流传，成为其中有影响巨大的信仰，这些戒律甚至就成了社会公德。这大概是一些人坚持"道德起源于宗教"的重要原因。特定社会中的风俗是社会成员在现实社会中长期生活的结果。在长期的生活过程中，风俗被表明行之有效，人们通常不会怀疑其合理性，因而它们成了人们获取道德规范的重要来源。如在婚姻、丧葬等风俗中，某些社会规范可为人们所接受，从而成为他们的个体道德，甚至成为社会公德。不过，尽管法律、规章制度、风俗等社会制度与具体的社会情境密切相关，人们在接受它时，却往往会超越特定的情境。这种超越性一方面是指，人们在接受它时会不顾及它所适用的特定情境，而认为它适用于更为广泛的情境。如不认为它只适用于祭祀领域，也适用于婚姻领域；不仅适用于经济领域，也适用于军事领域；等等。另一方面则是指，它不仅为特定情境中的人所接受，也会为其他情境（如其他社会）中的人所接受。正是如此，由此形成的社会公德会具有与社会制度不同的普遍性。

社会制度与道德规范之间的作用不是单向的，道德规范对社会制度也有不可忽视的影响。尽管丰富多样的社会制度对人的行为做了各种规定，确立了其基本方式，但它所指引的范围并不能涵盖所有行为，它总是存在某些被遗漏的角落。如社会制度可能没有对人们在日常生活中的口头承诺、市场中的讨价还价、朋友之间的争执等做出明确的规定。在社会制度不起作用的地方和社会制度不能提供明确指引之处，社会公德或个体道德却能起作用。实际上，具有普遍性的道德规范几乎没有它不能起作用的角落，没有它不能指引的行为。经常出现的情形倒是，在特

---

① 亨利·西季威克：《伦理学方法》，廖申白译，中国社会科学出版社，1993，第40页。

定情境中有不同的道德规范起作用,它们相互之间存在不一致,结果使得人们难以进行抉择。儒家学者强调具有良好道德修养的人或君子要能"慎独""不欺暗室",他们显然注意到了道德规范的这种作用。

其实,即使在社会制度起作用的地方,道德规范也有难以掩盖的作用,它是社会制度较好发挥作用的不可缺少的因素。公共场合常有不能吸烟的规定,为了保证人们对此规范的遵守,需要对违规者进行惩处。要做到这一点,必须设置能及时发现违规者并对他们进行惩处的监督人员。监督人员较少将难以消除违规行为,大量设置监督人员又会大大增加社会制度运行的成本,使得制定它们也变得没有必要了。于是在此陷入了两难境地。如果出现在公共场合的人们大都接受这样的社会制度,把它们当作道德规范,并自觉地遵守它们,那么即使监督人员较少,也能达到其目的,规范的作用能得到较好的发挥。这种作用可看作道德规范协助的结果。道德规范的这种作用并不少见。特定社会中经济制度能否实现目的、能否有效运行,它与社会成员是否普遍接受有关诚信的道德规范是密切相关的;公司规章制度能否有效发挥作用,它与公司成员是否普遍接受有关团结协作的道德规范是密切相关的。孟子曾指出,如果社会成员崇仁尚礼,"老吾老,以及人之老;幼吾幼,以及人之幼",那么"天下可运于掌";如果"人人亲其亲、长其长",那么可"天下平"①。看起来,孟子对道德规范的这种作用是有深刻认识的。

社会制度的形成甚至也受道德规范的影响。对于那些人为制定的社会制度来说,这种影响是明显的,道德规范似乎渗入了其制定全过程。如果制定社会制度的人是特定个人(如统治者、立法者等),那么他会根据自己所接受的道德规范来制定社会制度,他所接受的道德规范为制定社会制度提供了标准,它对社会制度有直接而关键性的影响。如果制定者不是特定的个人,而是由众多社会成员所构成的团体(如立法委员会),要使得他们所制定的社会制度易于为社会所接受,在社会中发挥有益的作用,制定者往往要考虑社会中所存在的社会公德。对于那些不是人为制定而是自发形成的社会制度来说,道德规范的影响也是明显的。就风俗而言,它不仅为培植社会公德提供了基础,社会公德也时刻支持

---

① 《孟子》,载朱熹《四书章句集注》,中华书局,2011,第195、263页。

着风俗的形成与变化，社会公德对风俗有持续的影响。的确，社会公德促使人们选择合适的行为，这些行为如果成为一种众多个人的生活习惯，那么存在于它们中的那些社会规范也就可能成了风俗。反过来，如果没有社会公德的支持，一种风俗就不会长久，而风俗的变化常常要以社会公德的变化为根据。

可见，社会中的道德规范（包括个体道德与社会公德）与社会制度存在相互的关联。一方面，社会制度可以强化道德规范的强制作用，可以为人们选择个体道德确立大致的方向与范围；另一方面，道德规范不仅可辅助社会制度发挥作用，甚至可通过某些方式成为社会制度本身。在这种关联过程中，个体道德的作用是重要的。一个人在现实生活中感受到所处自然环境的变化，感受到社会中政治、经济、文化等的变迁，感受到社会中社会制度所呈现出来的种种优点与不合适之处，这些感受通常是他选择个体道德的根据。正因如此，一个人所接受的个体道德体现了他对这个世界的理解以及自己立身于这个世界的方式，它们在某种意义上也反映了他所处世界的具体情境。如果社会制度要适应特定社会，能应对自然环境的变化以及社会中政治、经济、文化等方面的变迁，它显然有必要与社会成员所接受的个体道德相关联，有必要尽可能与它们一致。

不同的人所接受的个体道德不完全相同，社会制度如何与个体道德关联以及与谁的个体道德相关联呢？由于社会公德为社会中的多数人所接受，它是多数社会成员所接受的个体道德，因而与社会公德一致的社会制度往往能获得多数人的支持。一般来说，如果社会制度获得了多数人的支持，与社会公德一致，那么基于它们的社会将会是稳定的，社会中的各项事业通常也能得到良好的发展。反之，与社会公德不一致的社会制度由于不能获得多数人的支持，基于它们的社会将可能出现混乱、不稳定，这时就说社会制度不适应此社会，不能应对生存环境的变迁。正是如此，人们通常把社会制度与社会公德或多数人所接受的个体道德关联起来。实际上，人们通常根据社会公德来给实际存在的社会制度披上合理的外衣，而社会公德也往往成了制定社会制度的标准。如果社会制度与社会公德一致，则会被认为是合理的。

个体道德与社会公德紧密相关，而无论是个体道德还是社会道德，它们都与社会制度紧密相关。实际存在的社会制度甚至与社会公德常常是一致的。正因如此，道德规范（包括个体道德与社会公德）与社会制度不仅在形式上相似甚至相同，而且在内容上也没有根本的差别，它们难以区分。了解到这一点，就可明白古希腊的陪审团为何无法分清什么是为法律所禁止的，什么是为道德所不允许的；就可明白为何即使在目前，道德规范也常常存在于风俗、法律或宗教规范等中，它不能完全从中独立出来；就可明白为何一般被当作道德规范的规范（如"不要说谎""不要奸淫""不要偷盗"等）可以在许多社会制度中找到，或以某种不同的形式出现在非道德领域中。

第二节 理想社会及其根据

道德规范对社会的重要作用一方面以直接方式约束人的行为而实现，另一方面通过作用于社会制度等以间接方式约束人的行为而实现。不同社会中的道德规范对社会制度的作用并不完全相同，由于法律在社会制度中的基础性地位，这种不同可通过道德规范对法律的作用而典型地体现出来。在专制社会，国家法律往往是一个或少数统治者主观选择的结果，除了统治者的个体道德，社会中其他人的个体道德以至社会公德对法律的调整、改变等的作用是比较小的，它们的作用难以反映于法律中。不过，即使在这样的社会，其他人的个体道德以至社会公德的作用也并非完全没有体现。专制社会的统治者会意识到，如果不迎合多数国民的个体道德或社会公德，他所制定的法律将难以推行，它们不仅难以维持良好的社会秩序，还会激化各种社会冲突，导致社会不稳定，最终将危及他的统治。当然，即使统治者准备迎合多数国民所选择的个体道德或社会公德，它们对法律的作用也要从属于他的主观任意，其作用会受到极大的限制，从而难以充分体现。

在丛林法则大行其道的无政府社会，由于没有超越个人自主选择的社会制度来约束人的行为，生活在此社会中的人们，其行为除了受自然环境以及某些社会条件的限制之外，几乎完全受个人自主选择的社会规范的约束。当然，生活在无政府社会中的人们，如果希望与他人协作以达到实践目的，将不得不共同接受一些社会规范。尽管这些规范有时不是很明确，也不太稳定，但它们依然将限制个人的主观任意。一般而言，这些规范不同于法律、规章制度等社会制度，如果它们为社会中众多人所接受，那它们比较类似于社会公德。由于没有其他较为明确而稳定的社会制度的限制，与其他社会相比，存在于此社会中的这种社会公德会比较少。同时，由于没有其他社会制度的强化，这种社会公德对个人行为难以产生较大的约束，约束行为的力量很大程度上与自然环境、某些社会条件以及个人的能力（包括身体能力与智力等）等有关。尽管如此，由于此社会不存在或很少存在其他社会制度，它们的约束力量几乎代表了所有超越个人自主选择的那些社会规范的约束力量，因而相比而言，它们依然有极为重要的作用。

极端专制社会与无政府社会其实都难以在现代世界找到对应物，在现代人看来，它们都只是虚拟的。那些关注"道德规范在社会中起何作用以及如何起作用"等问题的人往往是注重现实的人，相比而言，他们更关注现实社会，而不太关注虚拟社会。即便提及它们，也只是把它们看作了解现实社会的一种手段或过渡。在现代，国家是许多其他社会群体的基础，它是一类重要的社会团体，因而在探讨上述问题时，国家就理所当然地成了被关注的重点。现代世界包含不同的国家，它们不仅在地理上被分割开来，同时各自又包含着丰富多样的社会群体。社会是生活在一定地域的众多个人通过各种关联形成的集合。由于不同国家可以构成一个社会，而社会又可能只是国家的一部分，它也可能由不同国家的一些部分构成，因而社会与国家在所指对象上存在重叠、包含或并列等复杂的关系。在这里，如果特别地希望只指国家时，将使用"国家"一词，在其他情境中，则常常使用"社会"一词。因此，这里所谈的"社会"往往既指国家，也指国家所包含的社会。尽管有时没有对"国家"与"社会"做出严格的区分，但在使用"社会"一词时，人们显然可容易地根据具体情境而了解它所指何物。

在不同社会，道德规范所起的作用是不同的。一些伦理学家可能对特定社会或特定社会的具体情境中道德规范所起的作用感兴趣，但基础性伦理学更需要一般地了解社会中道德规范所起的作用。由于分别研究不同社会中道德规范所起的作用既不可能，也无必要，这里只打算讨论一种特别的社会，即组织良好的社会。组织良好的社会也许只是人们关于社会的一种理想,它不一定实际存在,不过,由于它满足了人们的内心期望,是现实社会发展的目标,因而是值得关注的。人们常常发现,自己所生活的社会存在各种问题,它需要发展,需要完善,对理想社会的思考恰恰为其发展与完善提供了基础。如清楚了理想社会中道德规范所起的作用,将可能对回答"道德规范在现实社会中起何作用以及如何起作用"或"如何使道德规范在现实社会中起更好的作用"之类的问题提供启示。此外,尽管现实社会多种多样,对特定个人而言,理想社会却很少,甚至只有一种,因而对它的研究不仅是值得的,也是实际可行的。

有必要把组织良好的社会与通常所说的好社会区分开来。顾名思义,组织良好的社会是指这样的社会,即那构成它的各种组织是良好的。一个社会的组织主要是指其中的社会制度以及与之相关的各种社会实物,而组织良好的社会是指社会制度良好的社会。如何断定一个社会的组织是好的呢?简单地说,如果某一社会中所存在的社会制度能把社会中的人们组织起来进行持续并且卓有成效的协作,达到各种社会目的,则可称之为组织良好的社会。好社会与之不同。处于不同社会中的人,由于受各种自然条件与社会条件的影响,他们所认定的好社会是不同的。尽管如此,人们通常同意,一个社会是好社会,不仅指此社会组织良好,也可能指它物产丰富、地理条件优越以及物资富足等。一个社会物产是否丰富,地理条件是否优越,通常与其所处的自然条件有关,甚至与某些社会条件有关,却不太与其中所存在的社会制度或组织相关。由于受经济发展水平以及科学技术等的限制,一个组织良好的社会也可能物资并不富足。而因所处的地理环境、统治者的某些特殊政策或对外的掠夺等缘故,组织不那么良好的社会却可能物资富足。由于好社会受自然条件等的影响,它的出现具有偶然性,因而很难基于它对"道德规范在此社会中起何作用以及如何起作用"等问题给出具有普遍意义的回答。在关注诸如此类的问题时,人们会发现,道德规范与社会制度密切相关,它的作用甚至要通过社会制度而间接发挥出来。基于此,这里只关注组织良好的社会。为了表达简便,此处称组织良好的社会为理想社会。

组织良好的国家或理想社会有何特征?作为一种为人所接受的目的,理想社会不是人们所接受的具体的目的,而是具有普遍性的、抽象的目的，因而大体可把它看作人生目的。作为人生目的，理想社会与其他人生目的当然有相似之处。的确，如果不同的人通常所接受的人生目的是不同的，那么他们所接受的理想社会也是如此。不过，理想社会与其他人生目的还是存在明显的不同。就一般的人生目的（如生存、健身体康、长寿、名望、财富等）而言，只要不影响他人的生活或他人接受其人生目的，人们接受任何人生目的看起来都是可容许的，它们往往也是可被实际接受甚至可获得的。然而，同一社会中的人们尽管接受了不同的理想社会，却通常只能为同一理想社会而奋斗，不同社会成员实际不能接受不同的理想社会。同时，由于一个人在追求理想社会的过程中，会极大地影响他人的生活，会极大地影响他人对理想社会以及其他人生目的的接受，因而同一社会中的不同人接受不同理想社会甚至是不容许的。可见，出于实践的考虑，同一社会中的人们实际只能接受一个共同的理想社会，尽管这一理想社会的确难以满足所有社会成员的期望。如果特定社会中的人们实际只能接受一个共同的理想社会，而他们也确实接受了这样一个理想社会，则可称之为特定社会所接受的理想社会或特定社会的理想社会。

尽管特定社会实际只能接受某一理想社会，但其中的社会成员依然可期望不同的理想社会。不仅如此，不同社会也可接受不同的理想社会。在所有这些理想社会中，有必要区分实际接受的理想社会与应当接受的理想社会。对于特定个人来说，他实际接受的理想社会常常也就是他应当接受的理想社会，因而没有必要区分它们。对特定社会来说，它实际接受的理想社会不一定是它应当接受的。如一个政府倡导或灌输某种理想社会，尽管此理想社会可能实际获得了社会的接受，但它可能不是该社会应当接受的。可见，区分它们是有必要的。如果做出了这样的区分，那么基础性伦理学在谈到"道德规范在社会中起何作用以及如何起作用"等问题时，它更为关注的显然不是一个社会实际接受的理想社会，而是应当接受的理想社会。尽管不同社会实际接受了不同的理想社会，但它们应当接受的理想社会可能只有一种。一个社会应当接受何种理想社会呢？

一般来说，如果理想社会实际无法达到，它不具可行性或现实性，而只是一种遥远的梦想或乌托邦，社会自然不应当接受它，即使有人愿意把它当作理想社会。当然，如果一理想社会只在特定的自然条件与社会条件下才出现，或者它只是昙花一现，而不能持续、稳定地存在，那么它也不是社会应当接受的理想社会，或至少不是社会最终应当接受的理想社会。实际上，如果一社会不能长久存在，它可能转化为其他社会，而由它转化而来的社会却能长久地存在，并且后者难以转化为其他社会，那么即便此社会被当作理想社会，相比而言，后者也更有可能成为社会应当接受的理想社会。可以说，社会应当接受的理想社会至少要具有现实性与稳定性。

即使人们认识到社会应当接受的理想社会要具有现实性与稳定性，他们也难以由此来确定理想社会的具体内容或它所包含的社会制度。如果不同的人对理想社会包含何种社会制度有不同的看法，那要如何确定它的具体内容呢？在一些人看来，这种理想社会是一种不依赖于任何人主观意愿的客观理想，它依赖于特定的客观事物（如人性、社会规律甚至自然规律等），正是如此，它有充分的根据，甚至会必然地出现。如基于特定的人性或某一社会规律，一理想社会有充分的根据，人们因此而会接受它。即使特定时期的人们由于各种原因（如对它缺乏了解，或目光短浅，或受私欲蒙蔽等）没有接受它，人们也终将接受它，它会随社会的发展而必然地出现，它的出现具有所谓的"历史必然性"。这一社会具有确定的结构，包含了特定的社会制度。它不仅是特定社会所应当接受的理想社会，甚至是所有人或所有社会都应当接受的理想社会，尽管有时由于某些原因而没有实现。在《礼记》中，孔子曾描绘了这样一种理想社会，即大同社会。孔子知道，尽管大同社会似乎曾在远古时代出现过，但它难以在当时的社会条件下实现，它不能满足社会中所有人的期望。不过，他依然坚持这种理想社会是有充分根据的，在他看来，它基于所谓的"天道"或"大道"。① 柏拉图也有关于理想社会的设想。与孔子类似，他知道自己所设想的理想社会不能满足现实社会中所有人甚至多数人的期望，但他深信它有充分的根据，这种根据源于他的理念论、有关人性的思想以及人与社会的类比等。

根据上述看法，人们之所以接受某一理想社会，或某一理想社会之

---

① 《周礼·礼仪·礼记》，岳麓书社，1989，第368页。

所以会必然地出现，是由于它有充分的根据。由于这些根据要通过语言表达出来，它们常常表现为一些思想或理论，因而这一理想社会是基于特定思想或理论的。作为理想社会根据的理论是否可靠呢？就目前人们所提出的那些理论而言，它们通常是令人生疑的。孔子的"天道"或"大道"就含混不清，它们甚至从来就没有被清晰地表达过。柏拉图的理念论、他所提出的那些支持理想社会的人性理论以及人与社会的简单类比等也难以为现代人所接受。尽管一些人把支持某一理想社会的理论称为自然规律或自然理论，但它们从根本上说是社会理论或包含了社会理论的理论系统。一般来说，人们是根据当前的社会事实而提出社会理论并由此来确认它们为真的。然而，在未来社会中（如在实现了的理想社会中），人们会开展某些全新的社会实践，形成新的社会事实，而它们终将难以为原来的社会理论所包含，于是，人们原来所接受的或确认为真的社会理论就可能会变得不再可靠。如此一来，尽管当前的人们根据某些社会理论而接受了某一理想社会，却难以保证未来社会中的人们依然会相信这一理论，也难以保证未来社会中的人们会根据它而接受相同的理想社会。

　　更进一步说，应当接受的理想社会是一个"应当"的事物，如果支持它的理论全然基于事实，那么这种看法实际暗示着要从事实推出价值来。如果支持它的理论基于或包含一些价值语句，由于人们对价值语句的接受不全然基于事实，而与其主观任意有关，那么人们对此理论的接受也不可避免地与其主观任意有关。这样一来，就难以说此理论所支持的理想社会是有充分根据的了，它与接受者的主观任意有关。实际上，只要对人们所提出的理想社会做一概观，就会发现它们互不相同，甚至根本对立。如孔子的大同社会与柏拉图的理想社会就有很大的不同，而《老子》中的理想社会与莫尔在《乌托邦》中所谈到的理想社会也有明显差异。即使只考虑这样的事实，也可能促使人们相信，有关理想社会的看法没有充分的根据，它们只是思想者以一种客观的外衣包装自己心目中的理想社会的结果。由于那种试图把理想社会奠基于某种客观事物（或客观理论）的看法存在严重的逻辑困难，它往往忽视了实现理想社会的现实条件，因而它所提出的理想社会通常既不具有现实性，也不具有稳定性，而可能只存在于抽象的思维中。正因如此，这种理想社会不是此处所要讨论的对象。

第三节 应当接受的理想社会

尽管一个人可能基于一些客观事物来接受某种人生目的，但它归根到底基于个人的主观任意。因而可以说，一个人对人生目的的接受是主观的，没有一个为所有人都接受的人生目的。有理由表明，为特定理想社会找到充分根据是困难的，甚至也是不可能的。如果这样，如何来确定一社会所应当接受的理想社会呢？在现实生活中，人们确有自己所接受的理想社会，是否可由此来确定社会所应当接受的理想社会呢？这种考虑无疑具有某些合理性。一方面，人是自由的，人们可不接受一个被认为有充分根据的理想社会，却可能接受一个没有充分根据的理想社会，也即理想社会的根据与理想社会的接受是不同的；另一方面，只有为人所接受，理想社会才能现实地出现，才能具有稳定性。尽管那些现实出现的理想社会不一定是被人们认为具有充分根据的社会，却一定是他们所接受的理想社会。就此而言，相比于抽象地谈论理想社会的根据，研究理想社会的接受或被接受的理想社会于实践来说更为重要。当然，这两类研究也有密切的联系。一个人如果清楚了人们实际如何接受理想社会以及实际接受了何种理想社会等，则或多或少会影响他对理想社会根据的讨论。反过来，一个人在考虑要接受何种理想社会之类的问题时，相比于其他理想社会，那有更为可信根据的理想社会自然更可能为他所接受。

在面对诸如"什么是好苹果"之类的问题时，一个人有自己明确的看法，他甚至能对此给出某些根据。尽管他所给出的根据以及基于它所做出的断言不能为所有人同意或接受，但通常也为某些人所接受。同样，尽管一个人所接受的理想社会不能满足所有人的期望，却依然能满足某些人的期望，为某些人所接受。一社会应当接受的理想社会当然要满足社会中某些人的期望，不能满足社会中任何人期望的"理想社会"自然不成其为理想社会。社会应当接受的理想社会要满足社会中谁的期望呢？或谁期望的理想社会才是社会所应当接受的呢？在进一步讨论之前，首先需要说明的是，在考虑上述问题时，常常会由于某些原因而把一些人的期望排除在外,如不直接考虑那些不成熟或有智力缺陷的人的期望。这些人的期望当然也不是被完全忽视的,实际上,可通过考虑他们监护人的期望而间接地考虑他们的期望。

　　对上述问题,也许有人会说,一社会应当接受的理想社会要满足其中特定人群的期望。由于此特定人群把社会中的其他人排除在外,因而他们构成了一个排他的、具有确定成员的社会群体,如它是某一家庭或家族、某一种族或具有特定肤色的人所构成的社会群体等。显然,不是所有满足特定人群期望的理想社会都是可行的,都可被现实地接受。一般人所期望的理想社会由于不具有实现的可能性或不具现实性而不能成为社会应当接受的理想社会,只有某些特定人群所期望的理想社会才能如此。这一特定人群即是那些掌握权力或占有社会优势资源的人所构成的社会群体。由于这些人掌握权力、占有社会的优势资源,他们可以迫使其他人按其意愿而行事,从而实现其期望。

　　一般来说,一个人更乐意接受对自己有利的理想社会,因而那满足特定人群期望的理想社会往往是对他们自己有利的社会。如果这样,可以想象,在那特定人群所期望的理想社会中,社会权力将是高度集中的,并集中在他们手中。他们可以根据自己的意愿来制定法律或其他社会制度,而其他社会成员则听命于他们。他们拥有社会中的大多数财富,或规定社会中的大多数财富甚至所有财富都属于国家,由国家支配。由于他们代表国家,因而社会财富归根结底也就属于他们。在这样的社会,这一特定人群会获得远超出其他社会成员的权力、财富以及其他社会资源。由于其他社会成员同样也渴求它们,于是他们之间就会产生冲突,导致社会混乱与不稳定。这样一来,社会成员之间就难以进行有效的协作,难以实现社会的其他目的。

　　为了维持社会的秩序与稳定,这一特定人群会向其他社会成员宣传或灌输某些思想观念或意识形态,以便使后者相信,他们所期望的理想社会具有无与伦比的合理性,是所有社会成员都应当接受的。宣传或灌输的欺骗性迟早会为其他社会成员所认识,或者实际已为他们所认识,因而这样的社会最终必须依赖军队、警察等武装力量来维持社会的秩序与稳定。可见,在特定人群所期望的理想社会中,法律以及其他社会制度将依赖于特定人群的主观任意,社会权力、财富等社会优势资源将总是掌握在特定人群的手中。这样的社会在很大程度上需要依赖宣传或灌输某些特定的思想观念以及依靠武装力量等来维持秩序与稳定。一般称这样的社会为专制社会。

在专制社会，那些掌握权力或占有社会优势资源的人往往只是社会中的少数人。这些人在与多数人的冲突中很可能会处于劣势，因而即使他们所接受的理想社会是可实现的，它也终究是不稳定的，它可能转化为其他的社会形式。就此而言，专制社会不是应当接受的理想社会。不过，如果那些掌握权力或占有社会优势资源的人不是社会中的少数人，而是社会中的多数人，他们分享社会绝大多数的权力或财富，而其他少数人则没有或很少拥有权力与财富，后者甚至是他们的奴隶，这就如美国南北战争前的社会，那么他们所接受的、能实现的理想社会可成为此社会应当接受的理想社会吗？

在这样的社会中，由于没有权力与财富的人只占社会总人口的少数，他们在与多数人的冲突中并不占有优势，这种冲突不会导致社会制度的倾覆。于是，与其他专制社会相比，这种专制社会将会更为稳定。不过，即使如此，它也不一定是应当接受的理想社会。一方面，在这样的社会中，由于少数人总是处于被压迫位置，他们会进行反抗，会引起社会冲突。这种反抗与冲突不仅不利于社会秩序的稳定，也会给社会带来其他方面的危害，如难以有效地达到某些协作目的。另一方面，人的选择不总是固定不变的，它会因各种原因而改变。这种明显存在结构性不平等的社会尽管可能在某一时期为人（特别是那些既得利益者）所接受，但他们中的一些人也可能由于各种原因而改变看法，做出其他选择。于是可能出现如下情形：在这样的社会中，一些掌握权力或占有社会优势资源的人也可能不接受这样的社会，结果使得它不为多数人所支持。在美国南北战争前，甚至许多白人也不接受奴隶制度，而这恰恰是战争产生的重要原因。设想一理想社会，其内部存在诸多冲突与不稳定因素，它可转化为其他稳定的社会形式。如果把其他更为稳定的社会形式看作理想社会，它可由前者转化而来，而它却不会转化为前者，那就可以说，与前者相比，它是更为稳定的。如果这样，则很显然，相比于前者，它更可能成为人们应当接受的理想社会。

由于任何理想社会都不能获得社会中所有人的接受，而至多获得多数人的接受，是否可以说，一个社会应当接受的理想社会是社会中多数人所期望的理想社会呢？由于那些为社会中特定多数人所接受的理想社会也可能不稳定，它难以成为社会应当接受的理想社会，因而这里只考虑那些为社会中不特定的多数人所接受的理想社会。对此的肯定回答似乎是有道理的。一方面，专制社会尽管能满足掌握权力或占有社会优势资源的人的期望，但为了维持社会的秩序与稳定，那些掌握权力或占有社会优势资源的人也希望它能满足其他人的期望，为社会中的多数人所接受。他们甚至愿意为此约束自己的行为，愿意与其他人分享他们的某些权力或财富。另一方面，尽管社会中人们的看法以及所做的选择会有变化，但如果把社会中不特定的多数人所接受的理想社会当作应当接受的理想社会，那么这一理想社会将不同于那满足特定多数人期望的理想社会。由于它总是能获得多数人的支持，它会比后者或其他社会更为稳定，甚至可长期乃至永久地存在。

也许人们会提出，由于那些掌握权力或占有社会优势资源的人不一定支持这样的社会，尽管这样的社会是稳定的，却不一定是可实现的，因而它不能成为社会应当接受的理想社会。不过，由于不特定的多数人也可能包含那些掌握权力或占有社会优势资源的人，因而如果专制社会是可实现的，这种社会也是如此。实际上，在其他条件相同时，由于实现它所遇到的阻力通常会比实现专制社会所遇到的阻力更小，因而实现这种社会的可能性也就比实现专制社会的可能性要大。无论如何，如果它可能实现，而它又比其他社会更为稳定，那它就可成为应当接受的理想社会。一个社会应当接受的理想社会是否的确就是为此社会中不特定的多数人所期望的理想社会呢？在讨论此问题之前，为简便计，除非特别说明，下面所谈到的多数是指不特定的多数，而不是指特定的多数。

有种意见指出，为多数人所期望的理想社会不一定是合理的，它不是应当接受的理想社会，因为据说真理往往掌握在少数人手里。真理有时的确掌握在少数人手里，但为少数人所赞同的看法不一定都是真理。一个断言是否为真或是否合理，通常不由赞同它的人的数量所决定，它自有其客观的判定标准。那些宣称真理往往掌握在少数人手里的人，实际可能认定，如果他所抱有的看法符合多数人的意见，那它自然就是真的。如果他所抱有的看法只符合少数人的意见，按上述原则，它也是真的。因而，他或他所属群体的看法无论如何都是真的，而且永远为真，所有与其不一致的看法都不是真的。这种看法在认识论中是一种主观主义，它缺乏科学精神、反思精神。在实践领域，它很可能隐含某种形式的专制或独裁思想。

满足多数人期望的理想社会具有何特征？一般而言，它与那些基于某种思想或理论的理想社会或只是满足特定个人期望的理想社会（如孔子、柏拉图等人期望的理想社会）是不同的。后者往往包含了确定的社会制度与组织，它具有确定的内容。与之不同，不仅不同社会中多数人所期望的理想社会可能不同，同一社会中不同时期的多数人所期望的理想社会也可能不同，因而难以确定它包含何种社会制度，难以确定其具体内容。当然，在不同社会或同一社会的不同时期中，满足多数人期望的理想社会尽管不同，但它们也并非完全没有共同之处，它们至少获得了多数人的支持。这种支持不是抽象的，它往往表现在对具体社会制度的支持上。在这样的社会中，如果多数社会成员一致地接受或选择某项社会规范，那它就可能成为社会制度，或可基于此来制定社会制度，进行社会决策。这种根据多数社会成员的接受意愿或选择来形成社会制度的方式即所谓多数决定原则。

当然，在这样的社会，社会制度的形成不一定是全体社会成员直接选择的结果，它可通过一些间接方式达到，如人们可通过选择一些与其期望一致的社会成员来代表自己选择社会制度以及进行社会决策。那被人们所选择出来制定社会制度、进行社会决策的人（即当选者）不仅是基于多数决定原则而被选出的，而且他们也往往是根据多数决定原则来选择社会制度与进行社会决策的。为了在竞选中胜出，那些希望当选的社会成员（即竞选者）会改变或调整自身的期望，以顺应多数民众的期望。其他人（即选民）则可根据竞选者的言行来确定他是否符合自己的期望，来确定是否选择他来代表自己。即使一些社会成员当选了，他们在选择社会制度或进行决策时，也不具有无限的权力。他们不仅在行使权力时有许多限制，而且可能因再一次的选举而失去这种权力，他们的权力只在一定时期内有效。正因如此，难以说这些当选者是这个社会的统治者，他们只是暂时管理者。通过这样的方式，社会成员的个人选择就能对社会制度以及各种社会决策的形成产生极大影响。一般认为这样的社会就是民主社会，而称多数决定原则为民主原则。

即便民主社会能满足社会中多数人的期望，它也并非完美。对它的常见批评是其管理效率低下，对现实问题应对不及时。由于收集民众意见需要时间，而社会基于多数决定原则来制定社会制度、做出社会决策时，也可能需要较长的时间。在一个庞大的社会中，这种时间将是漫长的。因而在民主社会中，可能出现如下情形：尽管为应对特定环境需要制定新的社会制度、做出新的社会决策，但经过较长的时间新的社会制度与社会决策形成之后，环境早已发生了变化，它们已不能或难以应对它了。在社会中，勤奋努力、品质杰出、学识渊博、目光远大的人往往是少数，多数人慵懒怠惰、品质平庸、见识鄙陋、目光短浅。在民主社会中，由于多数人在社会制度与社会决策的形成方面有更大的影响，于是如下的问题几乎难以避免：基于多数决定原则而形成的社会制度与社会决策往往只注重短期利益，前瞻性不够。不仅如此，由于民主社会强调，受多数人支持的事物是政治正确的，它代表社会发展的方向与潮流，这将迫使勤奋努力、目光远大、思想深邃的人向那些平庸而肤浅之辈看齐。如此一来，社会将可能变得越来越平庸，甚至难以向更为完善的方面发展。同时，在通过选举代表来进行管理的民主社会中，普通社会民众直接参与社会管理与社会决策的能力会受到很大的限制。与此同时，政府的行政权力则日益成为一种独立的力量，在政府主导下，可能形成与社会中多数人意见不同的社会制度与社会决策。此外，民主社会还存在所谓"多数暴政"以及其他的相关问题。

当然，尽管民主社会存在各种问题，但也可通过某些方式来缓解或解决。通过一些新型的交流、交往方式（如基于现代电子通信技术），民众更易于向社会公开表达自己的意见，而社会也更易于收集社会民众的意见。综合多数人的选择以形成社会制度、做出社会决策的方式有多种，也即民主有多种形式。实际形成了诸如直接民主、间接民主、精英民主、宪政民主、大众民主、协商民主等多种类型的民主。一种形式的民主所存在的问题可能在其他形式的民主中得到缓解或解决，如通过某种形式的间接民主可缓解效率问题，通过某种形式的精英民主可缓解社会平庸化问题，而通过宪治民主则可缓解"多数暴政"的问题，等等。尽管如此，还是有许多人指出，即便通过某些方式在很大程度上能解决民主社会中的这些问题，却难以指望能完全解决它们，因而把民主社会当作理想社会并不是合适的。不过，有理由表明，几乎任何社会中的制度或管理都存在缺陷。正是考虑到这一点，可以说，如果相比而言，非民主社会（如专制社会）中的制度或管理存在更多的缺陷，那么民主社会依然是值得追求的。

民主的确是值得追求的。与其他社会相比，它不仅更适应环境、更稳定，它还有其他方面的优异之处。在民主社会中，由于掌握权力的人受基于多数决定原则确立的社会制度的约束，他可因它们而拥有权力，其权力可因之而被剥夺，因而可以说，民主社会中的权力归根结底属于全体社会成员，而不是特定的个人或群体，对社会成员生命与财富的保障不依赖于特定个人的主观任意。在民主社会中，尽管社会发展的不平衡会使某些人更有能力获得权力与财富，他们也因此在社会中有更大的影响，但多数决定原则以及基于此建立的其他社会制度将限制权力与财富的过度集中与固定，限制人们因其身份而拥有权力与财富。民主社会将尽可能使人们因其才能、个人努力等拥有权力与财富，并尽可能促使它们在不同社会成员之间转移。就此而言，民主社会中的社会成员是平等的，这种平等性不仅使人都有同等的机会参与社会公共事务，而且极大地调动了社会成员参与社会公共事务的积极性，它是社会保持良好秩序并持续发展的重要动力。托克维尔就承认，民主时代的身份平等使得"个人利益即使不是人的行动的唯一动力，至少也是现有的主要动力"[1]。

生而为人，人人都渴求自主，不希望被支配、被剥夺、被奴役。在一个文明不发达，民众智力不够成熟，甚至充满蒙昧、神秘色彩的社会，许多人也可能甘愿被支配、被剥夺。在一个食不果腹、衣不遮体的社会，为了获得基本的生活保障（如健康、维持生存的基本财物），人们可能宁愿被支配、被剥夺，甚至被奴役。不过，随着认识的深入、文明的发达，人们认识到，人与人之间的差别远比人与动物之间的差别小，没有人是超人，他人也会犯错，因而他人的选择不一定比自己的选择更好。随着经济的发展，社会创造了大量的财富，人们不必为基本的生活保障而担忧，于是，他们便会更为渴求自主。对现代人来说，一个无法进行

---

[1] 托克维尔：《论美国的民主》，董果良译，商务印书馆，1997，第654页。

自主选择的社会通常不是他所期望的理想社会。相比于其他社会，民主社会的一个极为重要的优点就是它能较大限度地满足人的自主要求。

或许人们会提出，专制社会中的人也可自主选择，如他可以在某种范围内自主选择自己的衣食住行，可以自主地表达个人的喜怒哀乐。而民主社会中的人也不能总是自行其是，其中的社会制度会限制他的某些自主选择。在某种意义上，不存在这样的社会——生活于其中的人根本没有自主，也不存在这样的社会——生活于其中的人有绝对的自主。不同社会中社会成员的自主性尽管有区别，但没有根本的不同。诸如此类的看法无疑是有道理的，但由于它所谈到的自主不同于上述谈到的自主，它类似于心灵自由，因而难以说它构成了对上述看法的反对。一般来说，上述所说的自主不是那种抽象的、类似于心灵自由的自主，而是指某种特定的能力，它指一个人的选择至少在理论上有改变基础性社会制度的能力。由于专制社会中的基础性社会制度只能由某些统治者改变，其他社会成员通常是没有办法做到这一点的，因而可以说，生活于这种社会中的普通人是没有自主性的。在民主社会中，社会制度保证（多数）个人的选择至少在理论上有改变基础性社会制度的能力，因而可以说，生活于其中的人们具有这种自主性。

总的来说，相比于专制社会，民主社会更能保障生活于其中的社会成员的生命财产安全，更能实现社会的平等，也更能满足人的自主性要求，因而它具有专制社会难以企及的竞争力，常常被当作更为合理的社会。在现代，民主社会的确也获得了多数人的支持。无论是资本主义国家与社会主义国家的政府，还是一些君主制国家的政府，都宣称自己是民主的。民主观念被当作一种理所当然应当接受的价值观念充斥于各种报纸、杂志以及其他书籍中。尽管民主社会不能满足所有人的期望，它依然存在诸多问题，但只要人们没有充分的理由表明民主社会比其他社会更为不合理，没有充分的理由支持其他的理想社会，似乎有理由把它当作理想社会。的确，尽管从根据的角度而言，为多数人期望的理想社会不一定是合理的，但从接受的角度来说，依然有理由断言它是具有合理性的。实际上，相比于其他理想社会，这种理想社会更易于为伦理学家所接受，更易于被他们看作应当接受的理想社会。一方面，基于多数人所接受的看法而获得的伦理学更能获得支持；另一方面，基于它来从事的实践将更可能符合多数人的利益,而它往往也是伦理学家所追求的。正因如此,即使民主社会存在种种问题,不能满足所有人的期望,但这里依然坚持:一个社会应当接受的理想社会是为多数人所期望的理想社会,也即民主社会。

需要说明的是,这里所谈到的民主社会与专制社会只是两种不同类型的理想社会,它们得以实现并成为现实的民主社会或专制社会时,理想与现实之间或多或少会有所不同。在现实世界中,人们会发现,那些自称民主的社会有专制的成分,而常被视为专制的社会也有民主的成分。在现实的民主社会中,即使社会制度与社会决策的形成在形式上基于多数决定原则,其实质也不完全如此。不仅代议制民主中的行政权力可能违反多数决定原则,而且由于行政效率等的原因,许多实际的社会决策也不完全符合多数决定原则。此外,由于社会成员所拥有的权力、财富、名望以及智力等并不均衡,那些拥有较大权力以及较多财富的人,那些名望更大、智力更成熟的人,将更可能影响他人,使他人接受自己的看法,从而实际破坏多数决定原则。此外,完全依赖统治者主观任意的专制社会实际也难以在现实生活中存在。在现实的专制社会中,统治者在制定法律以及其他社会制度、做出社会决策时,为了自身的利益,往往也会考虑其他社会成员的意见,甚至会考虑多数人的意见,会做出符合多数人利益的决策。当然,即使存在这种理想与现实之间的差异,即使现实生活中的民主与专制难以被清晰地区分开来,区分民主社会与专制社会依然是可能的,而这种区分于思考也是有益的。

第四节 民主社会中的道德规范

民主社会是基于多数决定原则而建立起来的社会,不过,民主社会中的所有社会制度并非都基于多数决定原则而建立的。除了基础社会制度(如法律)外,其他制度就可能不是或不完全是基于多数决定原则而建立的,如那些不是人为制定的社会制度(如风俗)就可能不因多数决定原则而确立。实际上,即使那些人为制定的社会制度也不完全如此。在社会团体中,组织者或管理者在制定规章制度时就占有主导地位,规章制度往往是依他们的个人意愿,而不是多数决定原则制定的。可以说,社会团体在制定规章制度的过程中存在专制现象，缺乏民主精神。当然，相比于国家中的专制，人们更容易容忍这种专制。之所以如此，与两种专制的影响程度以及它们的组织方式不同有关。一般而言，国家提供了人们进行协作的基础，它往往是其他社会团体的基础，其中的专制会对社会产生广泛而深远的影响。社会团体中的专制由于不会产生如此重大的影响，因而人们更易于接受它。此外，由于不能自由地退出与加入，国家中的民众只能被迫地接受法律，只能被迫地接受专制所带来的不良后果，因而这种专制难以为人所接受。与之不同，人们通常能自由地退出或加入社会团体。如果一社会团体的专制超出了其容忍程度，人们可以退出，其退出甚至受法律的保障。一个人之所以愿意留在此社会团体中，只是因为它有助于达到其目的，同时也表明他能容忍其中的专制。可以说，这种专制是他自主选择的结果，它也因此易于为人们所接受。

  如果把民主社会当作应当接受的理想社会，那么道德规范在民主社会中起何作用以及如何起作用呢？一个人根据自己的禀赋、爱好以及特定情境做出选择时，其选择的结果要么符合其个体道德，要么就是其个体道德。当民主社会根据多数决定原则来形成社会制度（如法律）时，在某种意义上即是根据多数人所接受的个体道德来形成它的，因而由此形成的社会制度显然是符合社会公德的。实际上，不符合社会公德的法律由于不为多数人所接受，它通常不会出现在民主社会中。由此可以说，在民主社会中，社会公德是法律的重要基础，法律的制定要依赖于社会公德。正是由于民主社会中的法律获得了多数人的支持，与社会公德一致，它不仅能应对自然环境的变迁，也能应对人的思想观念改变、科学技术的进步以及经济的发展等带来的各种社会环境的变化，因而可以保持社会稳定而有序，促进社会各项事业的良好发展。

  个人自主选择的个体道德以及社会公德在民主社会中有显而易见的作用，这种作用与它们在其他社会中的作用是不同的。在法律因统治者而确立的专制社会，尽管统治者或他所属社会群体中成员所接受的个体道德对社会制度的制定有较大影响，一般人所接受的个体道德以及社会公德在其中所起的作用却不是很大，而且后一作用归根结底从属于前一作用。在无政府社会，由于没有其他社会制度起作用，社会公德在其中起重要的作用，这种作用甚至是人的社会行为所受到的来自社会的主要约束。在这种社会中,尽管社会公德起主导作用,但它是社会制度缺失的结果,是社会公德承担了许多其他社会制度职责的结果。由此也可看到,在某一社会中,如果社会公德起着极为重要的作用,那么其他社会制度(如法律以及各种规章制度等)通常不太健全,其强制性作用也并不突出。一般来说,社会公德在民主社会中的作用处于它在专制社会中的作用与在无政府社会中的作用之间。

尽管民主社会中的社会公德是法律的重要基础,但在逻辑上法律不能从社会公德中演绎出来,甚至不能直接依赖社会公德而得到。法律常常是具体的,与特定的现实条件相关,它给出了人们在特定情境中具体如何行为的较为详细的规定。也因此,人们实际在制定法律时,通常要考虑特定的现实条件,如具体的政治经济条件、历史文化传统等。然而,社会公德(如信守承诺、不要说谎等)往往没有提供比较详细的适用条件,它具有较大的适用的普遍性。其实,正是如此,它才能为多数人所接受,才能成为社会公德。可见,在民主社会中,尽管法律的制定依赖于社会公德,但社会公德只是给出了制定它的方向、原则。人们在根据社会公德来制定法律时,对同一类行为,可因环境以及各种条件的不同而制定出来不同的法律。这些法律不仅在内容上不同,有时甚至会相互对立。如在一个社会中,基于相同的社会公德,处于不同情境(如不同地域)中的人们可规定堕胎违法与堕胎不违法。当然,由于这些法律适用于不同情境,它们只在特定情境中起作用,因而它们之间的不同或对立只是形式上的,而不是实质的。一般来说,在法律系统中,越是那些非基础的、具体的法律,对具体的适用条件规定得越详细,在形式上离社会公德就似乎越远。那些基础性的法律(如宪法),它们对具体的适用条件规定得比较抽象,结果它们在形式上更为接近于人们通常所提到的社会公德。

与其他社会中的法律相比,民主社会中的法律尽管能更好地适应环境,却不总是如此。如果不是所有,至少多数社会民众总是喜怒无常、朝三暮四的,他们容易改变自己的看法。当然,如果只考虑社会中多数人的看法,并把它看作社会的整体看法,那么同一社会中的人们所坚持的那些相互对立的看法将因相互抵消而常常不会体现出来,而个别人的看法以及其看法的改变也是如此。这时,即使人们常常改变自己的看法,如果社会中的人们所处的生存环境相对稳定，那么多数人的看法也常常是稳定的。不过，如果社会的政治、经济、文化等发生较大变化，并且变幻莫测，社会中多数人的看法就可能变得不稳定起来。同时，如果社会民众受掌握权力以及占有社会优势资源的人的诱导，受意识形态或其他一些因素的影响，加上媒体以及公共舆论等的推波助澜，社会中少数人的看法就可能严重干扰多数人的意见，从而使得多数人的看法变得不稳定起来。在这些情境中，尽管社会在某一时期具有一种为多数人接受的看法，但它不久之后就可能不为多数人所接受，而原来只为少数人所接受的看法却为多数人所接受。这时就说，社会缺乏比较稳定的、为多数人所接受的共识，或缺乏比较稳定的社会公德。

如果社会缺乏比较稳定的、为多数人所接受的共识，或缺乏比较稳定的社会公德，而民主社会基于多数决定原则，那么在民主社会中，将可能出现如下情形：它不久前制定的法律由于遭到多数人的反对而要被修订，甚至被废止。而新制定的法律也可能在不久的将来面临同样的命运。这样一来，行政部门就可能朝令夕改，它甚至变得无所适从。由于社会制度变化不定，不同社会制度之间常常出现混乱与不一致，因而社会成员之间的冲突也将层出不穷，整个社会陷入混乱之中。其实，尽管不同的社会民众有诸多共同之处，他们也愿意为着共同的目的而相互协作，但由于他们有不同的禀赋，有不同兴趣，也有不同甚至完全对立的利益诉求，同时，他们也可随时改变自己的看法，因而一个完全依赖个人自主选择来确定其基础社会制度的社会（即民主社会）最终难免会出现不稳定与混乱。

如何消除民主社会中的这种不稳定与混乱？首先可能想到的一种方式是设定某些不可改变或不易改变的基础社会制度。这样的社会制度可以是：一旦出现社会成员之间大规模的冲突或混乱，便赋予政府以权力来做出决策，并通过国家的强制力来保障实施。也可以是：当选的社会管理成员有一定的任期，在其任期中，他（或他们）可以推行一些不为多数人所接受的法律或社会决策。也可以是：法律的制定不完全基于简单的多数，而需要根据其他一些条件，这些条件为变化无常的民意改变法律设置一定的障碍。这样的设定无疑是有作用的，不过难以期望它能完全解决问题。由于这样的设定很可能与多数决定原则相冲突，因而它在与多数决定原则相冲突时,有必要考虑"它们何者更为基础"的问题。然而,无论对此问题做何回答,这种设定都可能面临困境。如果这种设定比多数决定原则更为基础,则难以说这样的社会依然是民主社会。如果它从属于多数决定原则,那它所起的作用依然是有限的。确实,由于民主社会中的社会制度可通过民主的方式而改变,可为其他制度所替代,因而任何这样的设定都可能被修订、被废弃。

无论最终能否完全消除这种不稳定与混乱,但的确可通过某些方式来减缓它,上述所提到的方式在某种程度上便能有效地做到这一点。尽管民主社会中的社会制度不完全由社会公德演绎出来,但由于道德规范不仅可辅助社会制度发挥作用,甚至是社会制度形成的重要基础,因而可期望它在减缓甚至消除社会的不稳定与混乱方面起作用。实际上,人们注意到,"尽管民主有许多问题,但对今天的民主来说,相比于依附于那些冲突的道德观念的深刻的政治不一致,其他问题可能没有一个是更为核心的"[1]。道德规范在民主社会中能起这样的作用并不令人奇怪,实际上,道德规范的这种作用甚至在专制社会也是明显的。专制社会尽管主要基于国家的强制来维持社会的稳定与秩序,但它也要尽可能依赖道德规范。其中的法律如果与社会公德一致,那么将对社会的稳定与秩序有极为重要的作用。在专制社会,道德规范在消除社会不稳定与混乱方面的作用无疑是重要的,但它的这种作用在民主社会中显然更为重要。一方面,民主社会不如专制社会,它难以通过某些方式(如强制推行某些法律与行政措施、灌输某种思想观念或意识形态等)来消除社会的不稳定与混乱;另一方面,民主尽管只是一种社会政治制度设计,但它包含了丰富的道德内容(如追求平等、尊重他人的选择、恪守规范等)。正因如此,民主社会不同于专制社会,如果不基于大量接受诸如此类道德规范的民众,不基于这种社会公德,它不仅难以稳定地存在,甚至根本难以建立。托克维尔就曾指出,"任何国家的宪法,不管它的性质如何,都要求立法者必须依靠公民的良知与德行",而这一点在民主社会更容易"被人看到"[2]。

---

[1] Steven Ross, "Democracy and Moral Conflict", *Essay Philos*, 2013, No. 14, p. 83.
[2] 托克维尔:《论美国的民主》,董果良译,商务印书馆,1997,第 135~136 页。

民主社会需要何种社会公德？或民主社会需要何种社会公德来减缓、消除社会的不稳定与混乱？民主社会的成立从根本上需要社会成员平等互助、尊重他人、尊重多数决定原则、守法等，这些社会规范通常可从多数决定原则中引申出来，因而民主社会理所当然要求社会中的多数人接受它们，也即它们是民主社会所需要的社会公德。不过，民主社会即使接受了多数决定原则，也可能出现不稳定与混乱，因而民主社会依赖这些社会公德是不够的。人们接受何种道德规范与自身的禀赋、兴趣有关，与具体情境有关，由于实际出现于社会中的社会公德与人们所接受的道德规范有关，因而它们与社会的特定情境有关。尽管民主社会需要培养何种社会公德与它实际具有何种社会公德不同，但也有密切联系。如果这样，有理由相信，"民主社会需要何种社会公德来减缓、消除社会的不稳定与混乱"的问题也需要根据特定的情境来考虑，它是一个具有历史性、地域性的问题，对此难以给出一个绝对的、可超越特定情境的答案。正因如此，难以确定具有这种作用的社会公德的具体内容。

如果的确存在能减缓、消除社会不稳定与混乱的社会公德，尽管难以确定其具体内容，却依然可确定它们所需要满足一些条件。在民主社会，如果其中社会公德的接受度高，那么基于它们而形成的社会制度所获得的支持也就较大。于是，即便社会中某些人改变自己的看法，基于它们的社会制度也依然为多数人所接受。这样一来，这种社会公德以及基于它们的社会制度就比较能抵制社会变化的影响。如尽管社会政治、经济、文化等发生了较大的变化，尽管一些人受某些掌握权力以及占有社会优势资源的人的诱导，或受意识形态或其他一些因素的影响，等等，社会中依然有多数人接受这样的道德规范，他们依然对社会制度抱有信心。显然，相比而言，这样的社会是更为稳定而有序的。

人的生活丰富多样，人的行为存在于不同的领域。如果一社会只在某些领域有为多数人所接受的共识，只在此领域存在接受度较高的社会公德，依然难以保证此社会是长治久安的。因为某些领域中的不稳定与混乱可能使得整个社会变得不稳定与混乱起来。反之，如果一社会中不只在特定领域（如政治领域）存在接受度较高的社会公德，在其他领域（如经济、文化、宗教等领域）也是如此，那么此社会不仅在某一特定领域是稳定而有序的，在其他领域也是如此。显然，这样的社会将比那只在某些领域存在接受度较高的社会公德的社会更为稳定而有序。如果一社会在不同领域都存在共识,在不同领域中都存在接受度较高的社会公德,则表明社会存在丰富的社会公德。

可以预见,一个社会如果存在接受度高而丰富的社会公德,则由它们所滋养的法律以及其他各种社会制度,相比于其他社会中的法律以及其他社会制度,将更可能抵御人们看法的流变,抵御人们选择的主观性。同样,存在接受度高而丰富的社会公德的民主社会,将会比其他民主社会(如不存在具有较高接受度的社会公德的民主社会或不存在具有丰富社会公德的民主社会)更为稳定而有序。存在这种社会公德的民主社会,即便在政治、经济、文化等方面出现较大的变化,即便一些人受掌握权力以及占有社会优势资源的人的诱导,或受意识形态或其他一些因素的影响,民主的基础也难以动摇,也能实现社会的长治久安。

第十四章　社会公德的形成

第一节　法律、行政与教育

即使由于历史原因，在某一特定的民主社会中存在接受度高而丰富的社会公德，它也不一定能长久维持，因而如何在民主社会中形成接受度高而丰富的社会公德就成了一个极为重要的问题。在关注此问题之前，首先要了解影响社会公德形成的一些因素。一个人在接受社会公德时，他往往不能违背法律，否则将可能受到法律的惩处。由于相比于其他社会规范，法律更可能为人所接受，更可能成为社会公德，因而法律对社会公德的形成有极为重要的作用。实际上，作为基础的社会制度，法律在形成社会公德过程中的作用是强有力的，它甚至就是社会公德的基础。当然，于社会公德来说，法律的这种基础作用很大程度上来源于其自身，是社会公德作用于法律的结果。实际上，现实世界中的法律为了有效地约束社会成员的行为，维持社会的稳定与秩序，它要与社会公德一致，要体现社会公德。可以看到，不仅民主社会中的法律体现社会公德，专制社会中的诸多法律也是如此。

国家也可基于政府的行政措施来形成社会公德。这样的行政措施是多种多样的，如政府可以表彰或奖励道德榜样；可以把接受某些社会公德作为社会成员拥有某种身份、地位或权力的条件；也可以鼓励、动员社会成员来接受某些社会公德，而对那些不接受的人给予惩处；等等。与法律一样，行政措施也以公共强制力为后盾，因而它们对社会公德造成的影响是类似的。正是如此，有时为了简便而不把它们区分开来。当然，它们之间还是有所不同。在一个国家中，尽管基于行政措施所形成的社会公德与法律所体现的社会公德往往是一致的，甚至是相同的，但不完全如此。比如，基于法律而形成的更多的是所谓禁止性社会公德（如不要杀人、不要偷盗、不要奸淫等），而不是倡导性社会公德（如要助人为乐、要团结协作等），基于行政措施却可形成某些倡导性社会公德。也正因为如此，相比而言，基于行政措施可形成更为丰富的社会公德，这种社会公德也更为适应环境的变化。此外，由于行政措施缺乏长期性与稳定性，行政部门在不同时期所倡导的道德规范可能存在不同，它的倡导有时甚至具有某些随意性，因而效果常常是短暂的、浮泛的，不及法律所产生影响那么长远、深刻。

教育于社会公德的形成显然是重要的。社会中的民众要在一起共同生活，相互协作，必然要进行交流、交往。交流、交往要在一定基础上进行，其中一些基础即是相互交流、交往的各方共同接受的某些知识与规范。为了使众多社会成员共同接受某些知识与规范，就要对他们进行教育。就此而言，教育是社会稳定的保障，是社会存在与发展的基础。三人行，必有我师。在任何社会活动中都可能存在教与学，教育无处不在。不过，这里所提到的教育不是那种普泛的教育，而是在教师与受教者之间所存在的那种较为长期的、稳定的教学活动。在这种教育中，教师与受教者之间存在一种系统的知识与规范的传递。通常所说的家庭教育与学校教育就是这种教育。

在这种教育过程中，教师（一般为年长者）通常对受教者（一般为年幼者）是仁爱的，他也感到对受教者有一种责任。这样一来，诸如"教师要对学生负责""要为人师表""父母要爱子女"等社会规范会在教育实践中呈现出来，它们也正是通过这样的方式为众多人所接受，成为社会公德。的确，受教者在接受教育的过程中往往会自然地感受到教师的爱，而教师在教育过程中也会觉察到自己的责任，因而教育为他们接受诸如此类的规范提供了强有力的示范。任何人都或多或少地参与过教育，他们不仅曾是受教者，甚至也是教师。受教育的影响，这样的社会规范通常比其他规范更可能成为社会公德。

教育对社会公德形成的影响远不止于此，它还有更为广泛的影响。在教育过程中，教师不仅传授受教者知识，也教导他们各种社会规范，以使之更好地融入社会。相比于其他社会规范，受教者通常更易于接受教师所传授的社会规范，而教育恰恰可通过这种方式促进社会公德的形成。这种有意识地促使受教者接受某些社会规范以影响他的道德观念或对道德规范的接受的教育即所谓的道德教育。道德教育对社会公德的形成无疑有影响，它不仅能形成接受度高的社会公德，也能形成丰富的社会公德。正因如此，它为人所广泛关注。

道德教育既可通过强制的方式，也可通过非强制的方式来影响人们对道德规范的接受。强制性道德教育是那种直接地申述或灌输某些社会规范，鼓励受教者接受它们而不接受其他与之不一致的社会规范的教育。这种申述、灌输通常带有某种程度的强制性，如对不接受者给予某些惩处、责罚，而对接受者给予适当的称赞、奖励等。一般来说，强制性道德教育较为适用于那些心智不太成熟的社会成员。由于年龄较小、生活阅历不够丰富以及智力发育不够成熟等原因，一个人没有很好的分辨能力，不知道何种社会规范是合理的，不知道自己在社会生活中应该接受哪些社会规范。为了使他更好地融入社会，能与其他社会成员进行良好的协作，需要对他进行教育，需要向他申述、灌输某些社会规范。如果他能因此接受一些符合社会要求的社会规范，这不仅为他今后的社会生活打下了一个较好的基础，同时也为社会的秩序稳定与发展提供了良好的基础。

强制性道德教育常常出现在对未成年人的家庭教育中。由于未成年人心智发展不够成熟，为使他成年后能更好地融入社会，家庭中的长者（如其父母）要对他进行道德教育。在这种教育过程中，父母会向未成年人反复申述、灌输某些社会规范。如果未成年人不接受，父母会对他进行劝说、告诫，甚至责罚。如果接受了，则会对他加以称赞、奖励。很明显，家庭中的这种道德教育具有强制性。由于家庭中的教师（如父母）与受教者（如未成年子女）情感亲密、利益一致，后者易于接受教育的内容，同时也由于这种道德教育是人最初所遇到的道德教育，甚至一个人的整个幼年时代都笼罩在这种教育中，因而它能起到其他道德教育难以起到的作用。实际上，家庭中的道德教育对一个人道德观念的形成有持久而广泛的影响，它甚至是人一生最为重要的道德教育。

家庭成员通常以婚姻和血缘为基础而联系起来，他们拥有共同的财产，并通过爱与责任而结合成了一个亲密的团体。作为社会最基本、最核心，甚至也是最重要的社会团体，它被赋予较大的自主性，被当作一个相对独立的王国。在家庭道德教育中，鉴于家庭的相对独立性，如果受教者缺乏基本的辨识能力，那么在教育内容上，教师就有较大的决定

第十四章 社会公德的形成

权。正因如此,家庭中的教师所传授的不一定只是当时流行的社会公德,也可以是其他社会规范。他甚至可根据自己的思想观念、生活经历而传授一些自己所接受的道德规范。当然,他也可能传授某些与自己所接受的不同的社会规范。如品德低下的父母也可能会要求子女接受某些社会公德,尽管他们自己不接受它们。由于家庭道德教育中的教育内容具有开放性,因而它对形成丰富的社会公德显然是有益的。不过,根据生活经验,"积善之家,必有余庆,积不善之家,必有余殃",同时也有理由表明,接受社会公德通常对人更为有益,因而家庭中的长者基于对未成年人的爱与责任,在进行道德教育时,更为经常的是传授社会公德。可见,这种道德教育对形成接受度高的社会公德实际也是有益的。

强制性道德教育不只出现在家庭中,也出现在其他地方。作为现代社会组织结构的必不可少的部分,学校也是进行道德教育的重要场所。刚进学校的学生,由于年龄小,心智尚不成熟,学校常常要向他们申述、灌输各种道德规范,对不接受它们的学生进行惩处,而对接受它们的学生给予奖励。由于未成年学生(如小学生)的道德观念并没有完全形成,因而学校中的这种强制性道德教育不仅是常见的,也是重要的。家庭中的道德教育与学校的这种道德教育尽管都具有强制性,但还是有所不同。对特定个人而言,尽管学校道德教育的影响不一定比家庭道德教育的影响更大,但由于学校教育面向全社会,全社会的人甚至都将受它的影响,因而它对整个社会的影响远大于个别家庭中的教育。基于此,尽管家庭中的道德教育内容具有开放性,父母可向子女申述、灌输自己的一些独特道德观念,可以教育他不接受某些社会公德,学校中的教师却不能如此。在某种意义上,学校对学生的要求代表了整个社会对学生的要求,因而学校道德教育的内容往往是社会所要求的道德规范,它们是或主要是社会公德。如果这样,在这种道德教育中,教师就不应当把自己个人的道德观念或特定学校的要求作为申述或灌输的内容,除非它们符合社会的要求或符合社会公德。很显然,学校的这种道德教育对形成接受度高的社会公德是有益的。

尽管强制性道德教育针对心智不够成熟的未成年人是合适的,针对心智成熟的成年人是否也合适呢?在回答此问题之前,有必要指出的是,在一个人的成长过程中,其心智的成熟到不成熟是连续变化的,因而心智成熟与不成熟通常没有截然的区别。大学生没有过多接触社会，他们在心智方面的发育也不够完全，因而他们通常不如已走入社会、年龄较长的成年人成熟。然而，与心智不成熟的小学生相比，大学生在心智成熟方面更为接近于成年人，他们远比小学生成熟。正因如此，可大致把他们看作成年人，对他们的教育可大致看作对成年人的教育。如果这样，对成年人的道德教育就主要体现在大学教育中。不过，它也出现在由国家主导的其他道德教育中，或出现在不是由国家主导而由一些社会团体（如宗教团体、家族等）自主组织的道德教育中。

即使只对社会做些简单的观察也会发现，对心智不成熟的人与对心智成熟的人所进行的强制性道德教育有明显的不同。就整体而言，对前者的教育效果将会更好，而对后者的教育效果有时不是很明显，甚至适得其反。出现这种情形是有原因的。在对心智成熟的成年人进行强制性道德教育时，如果申述、灌输的是那些具有较高支持度的社会公德，由于他早已在家庭教育或未成年阶段的学校教育中了解到，他会对反复申述、灌输它们心生反感。如果申述、灌输的不是那些具有较高支持度的社会公德，而只是某些个人、某一家族、某一党派或持某种意识形态的人群所接受的社会规范，那也可能导致他的反感。因为在他看来，那些被申述、灌输的社会规范并没有充分的根据，而其他与之不同甚至不一致的社会规范也具有某些合理性。由于社会是所有人的社会，不是某些个人或特定群体的社会，因而申述、灌输它们是令人生厌的。

此外，成年人常常会认识到，自主选择是一个心智正常的人必要的权利，而强制性道德教育恰恰试图剥夺他的这一权利。实际上，这种教育的一个基本前提就是设想受教者不成熟，需要被教导、被灌输。心智成熟的人或自认为心智成熟的人通常相信，自己有良好的分辨是非的能力，在道德领域，自己有能力自主认识与自我反思，不需要被申述、灌输某些道德规范。在他看来，强制性道德教育是居高临下的、不平等的，那些具有教育权力、施与教育的人不仅没有平等看待他，而且从根本上蔑视了他的智力与道德观念，因而这种方式不仅是对他自身能力的一种贬损，也是对他尊严的一种侮辱。正是如此，他对这种方式比较排斥，甚至极为厌恶。

当然，在众多对成年人的强制性道德教育中，受教者对它们的排斥、反感不完全相同。那些不由国家主导而由一些社会团体自主组织的强制性道德教育，如果其中的受教者是被迫参与此社会团体的，那么他们对这种教育的态度可能同对那些由国家主导的强制性道德教育的态度一样，也是排斥、反感的。如果其中的受教者是自主参与此社会团体的，则他们可能更容易接受它。不仅如此，由于社会团体自主组织的道德教育对社会所产生的影响比国家主导的道德教育所产生的影响要小得多，正如社会团体中的专制比国家中的专制更可容忍一样，人们对其中的强制性道德教育也更为容忍。在这里，教师甚至可以传授一些个人所接受的特殊的道德规范，而这种道德教育对于形成丰富的社会公德也不无益处。

由国家主导的这种道德教育之所以难以为人所容忍，一是因为对受教者而言，它不仅忽视了个人自主选择道德规范的能力，也有损其自尊。同时，由于它忽视了对受教者自主选择道德规范的能力的培养，这可能对他走向更为广阔的社会场景带来不利影响。二是因为它会对社会造成某些危害。这种道德教育通常不利于形成丰富的社会公德，使社会的道德观念同质化。在这样的社会，由于个人所接受的道德规范不是其自主选择的结果，因而它们可能没有反映个人生存的具体情境及其变化，社会难以从它们来了解社会所面临的诸多社会问题，从而更好地应对它。于是，从长远来看，这种道德教育不利于社会的长治久安。当然，这种道德教育对形成接受度高的社会公德是有益的，而这恰恰成了它存在的主要理由。不过，由于它为受教者所排斥、反感，这种益处也可能因此而在很大程度上被抵消。不仅如此，如果国家主导的这种道德教育所讲授的内容不是社会公德，而是某些个人、某一家族、某一党派或持某种意识形态的人群所接受的社会规范，那么它所讲授的内容可能与社会实际流行的社会公德不一致。于是，它可能使得社会中的道德观念混乱，结果反而不利于形成接受度高的社会公德。

相比于未成年人，成年人显然更适合于成为非强制性道德教育的对象。非强制性道德教育不直接申述、灌输道德规范。尽管教师可能向人推荐某些道德规范，却不打算强迫他接受，不打算对不接受者给予某些惩处、责罚，而对接受者给予称赞、奖励。教师这样做，通常只是为受教者在进行道德选择时提供更多的可能性，他归根结底希望由受教者自主地做出选择。正如强制性道德教育一样，非强制性道德教育也有多种形式。由于艺术作品、历史事件中包含道德内容，教师可通过推荐欣赏一些艺术作品、学习与了解某些历史事件，从而影响受教者的道德选择。只有实际接受并遵守某些道德规范，人们才能相互协作，完成某些实践。因而教师可以组织受教者参与特定的实践（如体育比赛、节日庆典等）来影响他对道德规范的选择。当然，教师还可通过引导受教者对道德现象的反思来影响他的道德选择。在这种教育中，教师主要不是强制受教者接受某些特定的道德规范，而是通过辨析伦理术语，剖明不同的伦理问题，消除他所接受的道德观念中的混乱与矛盾等，以帮助他进行周密、有效的思考，做出合适的道德判断。在这种教育过程中，教师也可能会向受教者推荐某种道德规范，但教师通常会向他表明这种道德规范的根据以及接受它时所产生的后果，甚至会向他表明其他与之不同乃至不一致的道德规范的根据以及接受它们时所产生的后果等，他的这种推荐不是强迫性质的。

由于非强制性道德教育不强制受教者接受特定的道德规范，而只是向人提供众多可供选择的道德规范，因而它似乎对社会公德的形成没有影响。然而，由于它激发了人们自主选择道德观念的能力，扩展了人们接受道德规范的范围，它无疑有利于形成丰富的社会公德。非强制性道德教育的作用还不止于此。尽管它不强制受教者接受特定的道德规范，社会中的民众可能会接受更为丰富多样的道德规范，但在教育过程中，它也尽可能为人们提供合理的选择，使其少一些偏执，避免接受一些明显不合理的道德规范。如此一来，人们接受的道德规范也会相对集中，从而有利于形成接受度高的社会公德。实际上，尽管相比于那些忽视非强制性道德教育，而只崇尚强制性道德教育的社会，强调非强制性道德教育的社会可能缺乏某些接受度极高的社会公德，但它具有更多接受度较高的社会公德。在这样的社会，极端的思想难以成为社会公德，它往往更为稳定而有序。

强制性道德教育与非强制性道德教育不仅在教育内容、教育方式上有所不同，就影响社会公德的形成而言，它们也有明显的差异。一般来说，强制性道德教育更易于形成接受度高的社会公德，非强制性道德教育则更易于形成较为丰富的社会公德。这当然不是绝对的。正如前面已表明的，不仅强制性道德教育可能有益于形成丰富的社会公德，非强制性道德教育也有益于形成接受度高的社会公德。不仅如此,在实际的教育过程中,它们不是可明确区分开来的,它们甚至是相互促进的,二者只有结合在一起才能形成完整的道德教育。在家庭或小学阶段的道德教育中,教师通常要采用某些强制性方式,但他也不能完全忽视非强制性的道德教育。对成年人进行非强制性道德教育是有益的,却也不能完全排斥强制性的道德教育。对一些反社会的罪犯以及一些心智不够成熟的成年人进行强制性道德教育不仅是有益的,甚至也是必要的。此外,在国家主导的大学教育中,甚至也有必要申述、灌输社会的一些核心社会公德,如要遵纪守法、信守承诺、团结互助、节制仁慈等。当然,在具体的教育过程中,确定强制性道德教育与非强制性道德教育的比重是困难的,它与特定的社会背景、政治结构以及文化传统等有关。不过,随着一个人年龄的增长、生活阅历的丰富以及智力的成熟,社会在对他进行道德教育时,其中强制性道德教育的比重应当越来越小,相应地,非强制性道德教育的比重则应当越来越大。

第二节 稀缺性目的

人们之所以接受一社会规范,只是因为它能达到自己的目的。一个人在可选择接受两种或多种不同社会规范的情形中,如果社会提供一些条件,使他在接受一社会规范时,相对而言更易于达到目的,那他就会倾向于接受它。由于一社会规范越可能为人所接受,它也就越可能成为社会公德,因而社会可基于这种方式来影响社会公德的形成。这其实是影响社会公德形成的一种较为常用的方式。国家根据法律对违法者进行惩处,使违法者不能达到他所追求的目的。为了达到目的,人们往往接受法律以及与之一致的社会规范。可见,法律正是通过这样的方式来影响社会公德的形成的。在强制性道德教育过程中,教师在申述或灌输社会规范时往往会伴随奖励与惩处,这样的奖励与惩处尽管不如法律严厉,却也能引导社会成员接受特定的社会规范,影响社会公德的形成。显然,基于强制性道德教育来影响社会公德形成的方式归根结底也属于这种方式。非强制性道德教育尽管不强制要求人接受特定的道德规范,但它在通过鼓励艺术作品的创作、鼓励人们参与某些实践等来影响社会公德的形成时，常常要基于人所追求的目的。而它在试图通过表明人们接受道德规范的根据以及接受它们所产生的后果等来影响社会公德的形成时，也要考虑道德规范与其目的关系。就此而言，它与这种方式也是相关的。

与其他基于目的来影响社会公德形成的方式相比，基于法律、强制性道德教育等来影响社会公德形成的方式还是有其特殊性。在这种方式中，人们面对的是具体的社会规范。在法律或强制性道德教育的影响下，一个人只能接受或不接受某些具体的社会规范，因而由此形成的社会公德是比较确定的。尽管一个人可基于不同的目的（如权力、财富或名望等）而接受或不接受这些社会规范，但这些规范所要达到的目的往往隐而不显。与之不同，在其他基于目的来影响社会公德形成的方式中，人们面对的是具体的目的，它们是显而易见的。不仅如此，由于在不同情境中有不同方式达到此目的，甚至在同一情境中也是如此，因而一个人接受何种社会规范是不确定的。如此一来，基于这种方式而形成的社会公德也将是不确定的。

法律对一些禁止性社会公德的形成有较大的影响，相比而言，它对倡导性社会公德的形成通常没有如此大的影响。强制性道德教育当然不只对禁止性社会公德的形成有影响，它不仅可形成具有较高支持度的社会公德，相比于前者，也可形成较为丰富的社会公德。不过，由于在教育过程中可能缺乏持续的激励，它对社会公德形成的影响依然是有限的。这种基于目的来影响社会公德形成的方式与之不同。由于社会可提供丰富的目的，而基于不同目的可形成不同的社会公德，甚至基于同一目的也可形成不同的社会公德，因而可期望由此形成更为丰富的社会公德。如果提供的目的（如巨大的权力、丰厚的财富、崇高的名望等）能激起大多数人的欲望，那就可能促使社会中大多数人接受某些社会规范，从而形成具有较高接受度的社会公德。不仅如此，由于这种方式可对人们接受道德规范给予持续的激励，因而它能对社会公德的形成产生持久而深刻的影响。

在这种基于目的来影响社会公德形成的方式中，由于目的不仅要能满足众多人的需要，而且也是众多社会规范或行为的目的，因而它往往是人生目的。如果人生目的可区分为稀缺性目的与非稀缺性目的，那么人们会发现，一个人在追求稀缺性目的（如权力、财富或名望等）时，由于其行为将影响他人，可能使他人不能达到目的，因而这种行为将会受他人较大的影响，它是一种社会行为。如此一来，人们在追求稀缺性目的时所接受的规范通常是社会规范。显然，社会可通过提供这样的目的来吸引人们选择某些社会规范，以形成特定的社会公德，也即可基于稀缺性目的来影响社会公德的形成。其实，基于财富或经济利益来影响人们对社会规范的选择便是这种方式的一个典型。财富或经济利益是许多人追求的人生目的，一个人之所以愿意接受某一社会规范，选择它来约束自己的行为，其中一个重要原因是由于他认识到，接受它比不接受它能获得更多的财富。如果他预料到，自己在接受某一社会规范时，自身所拥有的财富会遭受损失，那他就会犹豫，甚至不接受它。反之，如果社会能够补偿他所遭受的损失，他无疑更可能会接受它。可见，社会可通过财富的奖励与剥夺来引导人们接受特定的社会规范。中华见义勇为基金会的设立就是考虑到了这一点的结果。一些国家实行的遗产税制度则是这些国家中的富人更热衷于慈善事业、勇于承担社会责任的重要原因。

除财富之外，社会还可通过提供其他稀缺性目的（如权力、名望等）来引导人们对社会规范的选择，影响社会公德的形成。在政治实践中，人们早已发现了这一点。许多国家以法律或行政命令的方式来表彰那些品德高尚的人，不仅赋予其荣誉（如为他举办各种纪念活动、设立纪念设施等），有时甚至直接授予其权力。中国古代周王朝就主要通过"考其德行，察其道艺"来"兴贤者，能者"，来决定官员的任用[1]，汉朝也普遍存在推荐品德高尚的人出任政府官员的制度。国家在进行表彰、奖励的过程中，不仅向其国民公开宣告它所倡导的道德规范，并且通过权力、名望等来激励他们来接受它们。显然，通过这种方式将可能形成接受度高并且丰富的社会公德。

有人可能提出，品德真正高尚的人，由于可从道德行为本身中得到满足，能从中获得足够的补偿，因而他不在乎其行为是否能达到诸如获得权力、财富之类的目的，也即其行为不以其他回报为目的。斯宾诺莎就曾说："幸福不是德性的报酬、而是德性自身；并不是因为我们克制情

---

[1] 《周礼·礼仪·礼记》，岳麓书社，1989，第32页。

欲、我们才享有幸福，反之，乃是因为我们享有幸福，所以我们能够克制情欲。"① 不过，尽管一个人不一定基于权力、财富或名望而接受一社会规范，却往往也会基于其他目的，如基于知识或某种心理状态等。就斯宾诺莎来说，达到自由、获得"对神的理智的爱"便是一个人做出某行为或接受社会规范的最终根据。同时，即使存在斯宾诺莎式的人，他们在社会中也只占少数。对一般人而言，权力、财富、名望等是极为重要的人生目的，他在接受某些社会规范（如社会公德）时常常需要社会提供这方面的鼓励。"善有善报，恶有恶报"的俗语就体现了人们的这种期待。如果社会不能提供这种鼓励，一个人可能会失去接受某些社会规范的动力，或至少这种动力会衰减。

如果一事物对特定个人产生作用（如满足其欲望），促使他做出某种行为，则说它于他具有效用。如果它能满足他的欲望，它恰是他所追求的目的，则说它于他具有正效用。反之则具有负效用。财富能满足人的欲望，从而影响人的行为，因而对特定个人来说，它具有正效用。如果一事物（如接受某社会规范）不能使某人获得财富，不能满足他的欲望，则称它于他具有负效用。很明显，不仅不同事物（如权力、财富、名望等）对同一个人会产生不同的效用，同一事物对不同的人也可能产生不同的效用。如对不同的个人来说，同样的财富不一定有同样的效用，它对一个人可能具有较大的正效用，而对另一个人只有较小的正效用，有时它甚至具有负效应。

在现实生活中，人们不只追求某一人生目的，可能同时追求多种人生目的。然而，一个人做出的特定行为往往不能同时达到他的所有人生目的。有时尽管它有利于他达到某一目的，却不利于他达到其他目的。如一行为尽管能使行为者获得财富，却可能对其名望有损害。一行为尽管能使行为者获得权力，但可能对其获取财富是不利的。如果这样，这样的行为是否应当做呢？或者，如果一个人在特定情境中可能做多种行为，他应当做何行为呢？设想在某种情境中，一个人可能做如下两种行为：一行为有益于他获得财富，但对其名望有损害；一行为能增进其名望，却不利于他获得财富。他会如何选择呢？一般来说，他在考虑"应

---

① 斯宾诺莎：《伦理学》，商务印书馆，1997，第266页。

当做何行为"的问题时，首先会对行为所产生的各种效用进行加总（如它对获得财富所带来的正效用与它有损名望所带来的负效用加总），然后比较不同行为的总效用。如果一行为的总效用大于另一行为的总效用，那他就会选择做前一行为。反之，则会选择做后一行为。

根据这种方式，人们在考虑是否接受某社会规范时，如果他发现，接受一社会规范比不接受它或接受其他社会规范能获得更多的正效用，那他就会接受它。反之则不会接受它。有人或许会提出，由于这种考虑基于某种类型的后果论，而后果论存在诸多不合理之处，因而这种考虑是不合适的。的确，正如前面所谈到的，作为基础价值标准的后果论存在许多缺陷。不过，这里所谈到的后果论与前面所谈到的后果论不完全相同。这里谈到后果论时，只是表明人们实际接受了一种判定行为是否合理的标准，却不表明这种标准是合理的，不表明它是一种应当被接受的价值标准。在现实生活中，尽管后果论存在各种问题，但许多人的确接受了它。接受它的人们也许只是希望在特定情境中，根据它来判定行为是否合理，却不试图表明义务论全然是不合理的。由于没有完全合理的价值标准，人们接受它并非完全不合适的。实际上，由于后果论存在种种问题，现实生活中确实有人根据义务论来判定行为是否合理或考虑"应当做何行为"的问题。不过，人们容易发现，更多的人实际是根据上述方式来考虑此问题的。如果确是这样，那么社会根据这种方式来影响社会公德的形成就并非不合适的了。

设想一个人根据这种方式来考虑"应当做何行为"的问题。如果他是一个极度缺乏财富甚至生存面临困难的人，他在接受某社会规范（如一社会公德）时，尽管他发现它能增进名望，给他带来正效用，但也会使其财富受到损失，那么他是否会接受此社会规范呢？尽管接受此社会规范的行为只会给他在财富上带来少许损失，但由于这些财富于他来说具有极大的正效用，结果他发现，接受此社会规范所带来的总效用比不接受它所带来的总效用低。于是，他就会选择不接受它。反之，他可能会接受它。在现实生活中，人们的确发现，一个贫穷甚至生存面临困难的人，会为了获取少许财富而令人惊讶地抛弃一些基本的、为人所广泛接受的社会公德，导致所谓的"穷凶极恶"。反之，对于一个基本生存得到保障，甚至生活条件优裕的人来说，尽管在接受某些社会公德时会给自己带来财富上的少许损失,但由于它能增进自己的名望,而后者所带来的正效用远大于前者所带来的负效用,因而他极可能选择接受这些社会公德。实际上,人们通常只要求那些基本生存得到保障的人接受某些社会公德,而原谅那些处于困境中的人不接受社会公德的行为。而为了形成良好的社会道德风尚,社会常常要使生活于其中的人们摆脱贫困,拥有能维持其生存与基本尊严的物质财富。这也即是古人所常说的:"仓廪实而知礼节,衣食足而知荣辱。"

当然,不能由此断定与穷人相比富人的品德必定更为高尚。贫穷与富有是相对的。一个经济发展水平高的社会,其中的穷人可能比那些经济发展水平不高的社会中的富人更为富有。显然难以断言经济发展水平高的社会中穷人的品德一定比经济发展水平低的社会中富人的品德更为高尚。其实,即使在同一社会,也难以对富人与穷人做出类似的断言。上述看法之所以存在困难,还有其他方面的原因。一方面,人们在接受一社会规范时,往往会考虑多种目的(如权力、财富、名望等),会综合考虑它对追求这些目的而产生的总效用,而不只考虑它对某一目的(如财富)的效用;另一方面,财富对人所产生的效用不仅与一个人所拥有财富的多少有关,也与他对待财富的态度有关。少许的财富可能会对赤贫的人产生极大的正效用,但对生活得到基本保障的人来说,这种效用则会大为降低。而财富对生活得到基本保障的人所产生的效用与其主观态度有很大的关系。设想两个生活得到基本保障的人,他们拥有相同的财富,人们可能会发现,同样的财富对其中一个人可能会产生较大的正效用,对另一个人却不会如此。如生性慷慨的人尽管比生性吝啬的人拥有更少的财富,但同样的财富对他所产生的正效用可能远比它对后者所产生的正效用小。实际上,在现实生活中,人们常常发现,一些人尽管生活贫困,但他们"贫贱不能移","穷且益坚,不坠青云之志"。相反,拥有巨额财富的人,可能不在意不接受某些社会公德带给自己的损害,因而恣意妄为,践踏社会公德。这也就是人们常说的"为富不仁"。

无论如何,一个社会可基于稀缺性目的影响社会公德的形成。这种影响当然是复杂的。之所以如此,一是因为不同目的相互关联。不仅同一行为对不同的目的会产生效用,而且不同目的之间可能转化,如财富可能带来权力、名望,而权力也可能带来财富与名望,等等。二是因为这种影响方式与特定社会相关。在一个社会中，通过奖励财富来影响社会公德形成可能会取得良好的效果，但随着经济的发展，人们生活水平的提高，这种方式所起的作用可能会有所变化，如会变得越来越小。此外，某一社会通过巨大的权力、丰厚的财富、崇高的名望等来影响社会公德的形成，可能会使人们在接受社会规范时产生扭曲，导致其选择不能真实反映自然环境的变迁，不能反映人的思想观念以及经济发展所带来的变化，而由此所形成的社会公德难以成为社会制度制定的根据。同时，如果人们习惯于在提供权力、财富、名望等激励时才接受某些社会规范，而在缺少社会关注与监督时将不接受它，那么由于社会难以提供全面的激励，由此形成的社会公德是有缺陷的。这样的社会公德不仅影响的范围有限，而且当权力、财富、名望等激励难以为继时，基于它们的社会公德也可能会轰然倒塌。如一个受意识形态控制的社会，通过巨大的权力、丰厚的财富、崇高的名望等诱导而形成的社会公德会因意识形态的改变而崩塌。

第三节　非稀缺性目的

社会不仅可基于稀缺性目的来影响社会公德的形成，还可基于非稀缺性目的来引导人们选择特定的社会规范，从而影响社会公德的形成。一个人在追求非稀缺性目的（如生存、长寿、身体健康以及精神的愉悦等）时，常常要接受某些规范，这些规范与他所要达到的这些目的是直接相关的。如追求健康时，他要接受诸如"不要吸烟""要节制饮食""要坚持体育锻炼"之类的规范。为追求精神愉悦与生活的乐趣，他要探索知识、进行艺术创作与欣赏、参与各种群体性活动等。在从事这些活动时，他往往要接受某些规范。如在探索知识时要接受诸如"学而时习之""温故而知新""在检验知识时要保持客观中立"之类的规范；在从事艺术创造或欣赏时要接受诸如"要淡泊名利""要心无旁骛"等规范；在参与一些群体性活动时要接受团结、合作、忠诚等规范。

或许有人会指出，一个人在追求这样的目的时，由于不会影响其他人也同样去追求它，他的选择无关乎他人的得失，接受这些规范只是特定个人的事，因而这样的行为只是一种个体行为。于是，他在追求这样的目的时所接受的规范就如"出门要整理衣服""应当找一长杆来击落野果"等一样，只是个体规范，而不是社会规范，它们不能成为道德规范。这种看法尽管是有道理的，却不完全适当。一个人在追求这样的目的时，他可能减少甚至放弃对某些稀缺目的的追求，从而相对地增加了社会中稀缺性目的的供给，因而这样的行为不完全只是他个人的事，并非不影响他人的得失。其实，人们在追求非稀缺性目的时，甚至能实际增加稀缺性目的的供给。如知识能指导实践，使人获得更多的财富，甚至能提升整个社会的经济发展水平。一个人在追求健康并达到其目的时，他实际会减少对社会医疗资源的占有，从而使其他人能享有更多的医疗资源，等等。如果一个人的行为对他人有较大的影响，那么他人就可能在意他的行为，就可能会干预它，也即它将可能受他人较大的影响。正是如此，可把这样的行为看作社会行为，而不只是把它看作个体行为。果真如此，人们在追求这样的目的时所接受的规范就不是个体规范，而是社会规范了。由于人们接受这样的规范将减少社会成员之间的竞争、冲突，促进社会协作，它们通常会受到他人的鼓励、倡导，因而确实有理由把它们看作社会规范。

如果社会鼓励人们追求这些非稀缺性目的，那么相比于其他社会规范，因追求这些目的而几乎不得不被接受的社会规范显然就更可能成为社会公德。不过，社会还可基于非稀缺性目的来影响其他社会公德的形成，而这恰恰是此处所要关注的重点。在社会公德的形成过程中，鼓励人们追求非稀缺性目的确实有极为重要的作用。尽管知识通常不能直接为社会规范的合理性提供充分的根据，却可能为它的合理性提供某些根据，从而影响人们对它的接受。就此而言，知识为人们接受社会规范提供了必要的基础。的确，一些人（如心智不太成熟的人）由于无知，可能对一般人所接受的道德规范或社会公德满不在乎，不把它们当作自己应当接受的道德规范，甚至把它们看作个体规范。不过，在受到一定教育或获得一定知识之后，他会改变看法，会把它们当作道德规范。正是如此，有时人们认为未成年人或心智不太成熟的人没有道德观念。此外，事实以及基于它们之上的知识可使人更为真实地了解他所处的世界，它们常常获得了大多数人甚至所有人的接受。由于那些根据它们来接受社会规范的人可能做出相同的选择，因而由此可形成接受度高的社会公德。

不仅如此,随着认识范围的扩大,它们甚至也有益于提高社会公德的丰富性。

不过,由于知识只是为人们接受社会规范提供某些条件,它们不能明确告知人们要接受何种社会规范,因而它们对社会公德形成的影响不是直接的。实际上,随着认识的深入或某种知识的获得,社会不一定会形成特定的社会公德。不仅如此,由于知识可能使人认识到,某些为人广泛接受的社会公德并没有根据,而与之不同甚至不一致的社会规范也是可接受的,因而认识的深入可能无益于形成接受度高的社会公德。实际上,认识的深入不仅对人们接受那些基于宗教与意识形态狂热而形成的社会公德没有帮助,甚至可能使它们难以成为社会公德。同时,它也可能动摇了人们关于性、婚姻、家庭以及死亡等的传统道德观念,生物学、生理学以及心理学等的发展就表明了这一点。在一定程度上,认识的深入、知识的进展恰恰是道德多元论或道德相对主义的重要根源。

艺术家通常拥有超过常人的敏锐性与想象力,他们比常人更为敏锐地感知到自然环境的变迁以及他人的心理变化,更为敏锐地感知到人们所接受的不同风俗、政治制度、文化传统以及各种人情世故等。艺术家也有与众不同的判断力,他们可基于自身的感受以及其他认识做出价值判断,断定事物的美丑、好坏等。艺术家还有异乎寻常的表达能力,他们能把自己的感受以及判断通过形体、音符、图像或文字等表达出来,形成艺术作品。由于艺术作品常常蕴含着丰富的价值观念,其中就包含道德观念,因而它与道德规范不是全然无关的。实际上,艺术作品不仅会体现艺术家个人所接受的道德规范,也会体现他人所接受的道德规范以及社会公德。在艺术欣赏中,欣赏者为艺术作品所感染,为它们所打动,他不仅在此获得愉悦感,也能获知艺术作品中所承载的道德规范。对于这些道德规范,尽管他不一定会接受,但由于艺术作品本身的感染力,相比于其他社会规范,他更可能接受它。而流传广泛的艺术作品所承载的道德规范无疑能获得更多人的接受。可见,艺术创作与欣赏会影响社会公德的形成,有益于形成接受度高而丰富的社会公德。

艺术作品不仅可促使欣赏者接受其中所包含的各种道德规范,还可大大地扩展他接受道德规范的范围。一个人现实生活的范围比较小,往往局限在特定的时空中。不仅如此,日常生活总是日复一日、年复一年地循环往复。在这种生活中所进行的道德选择自然也极为狭隘而平常。然而,艺术作品(特别是文学作品)却可通过虚构的场景来扩大欣赏者的生活范围,丰富其人生阅历,使得他可以在这样的场景中进行道德选择。一个人可能没有经历战争、饥荒、各种极端的爱恨情仇,因而他在现实生活中难以进行与之相关的道德选择,而文学作品则可提供这样的场景。艺术作品还可激发欣赏者做出道德判断。越是优秀的艺术作品,就越能启发欣赏者的感知,唤醒其感知能力,激起他与众不同的情感,使得他变得更为敏感、更有洞察力,使得他能以一种与众不同的方式认识事物,做出判断。同样看到碧云天、黄叶地,一般人只能感知自然景物的色彩与形状,艺术家或受艺术作品影响的人却可能产生某种寥廓苍茫、悲怆惆怅的感觉。同样看到父亲的背影、故乡的炊烟,一般人可能无动于衷,艺术家或受艺术作品影响的人却可能心旌摇曳,感到世事的变迁与无奈。假使没有那么多艺术作品告诉人们如何来看世界、来感受人生,人们所看到的世界就很可能远不是目前所见的样子。正是如此,在王尔德看来,是生活模仿艺术,而非艺术模仿生活。他断言,"生活其实是映像,而艺术才是真实"①。由于艺术作品可以扩展人的生活阅历,使人感知到更为丰富的社会规范,因而有理由说,艺术有益于形成丰富甚至接受度高的社会公德。

艺术在影响社会公德形成方面的作用其实很早就有人指出过。《毛诗序》就曾提出,艺术可"经夫妇,成孝敬,厚人伦,美教化,移风俗"②。当然,尽管艺术可以影响社会公德的形成,却不一定总是有益的。艺术家在创作过程中,总是希望表现其个性,要做到这一点,最便捷的方式莫过于在艺术作品中表现出一些不合常规的成分。正是如此,人们常常可在艺术作品中发现各种反传统、反主流的内容,或在其中发现各种表现暴力和色情的、贪得无厌地追求享乐的内容。在这里,艺术家用夸张的方式嘲笑、奚落社会公德,甚至借艺术之名,故意违反流行的社会公德,接受其他的道德规范,以迎合自身以及社会民众的感官欲求。同时,由于受各种利益的诱惑,艺术家并不完全基于个人对现实情

---

① 奥斯卡·王尔德:《谎言的衰落》,萧易译,江苏教育出版社,2004,第26~27页。
② 《毛诗正义》第一册,中华书局,珍仿宋版印,1957,第42页。

境的真实感受来进行艺术创作,他可能为特定的价值观念张目,沦为某些利益集团的代言者。显然,诸如此类的艺术作品所承载的道德规范很可能扭曲人们的真实选择。

群体性活动(如体育比赛、文化庆典、节日游艺等)也可能对社会公德的形成产生影响。由于人们往往要放下平时的工作来参与群体性活动,他们在参与过程中也要有所花费,因而参与它不仅不能增进,反而还将减少其财富。对大部分人来说,他们参与它也难以获得权力、名望。尽管人们在参与群体性活动时通常不是为了追求权力、财富、名望等稀缺性目的,但他们依然是有目的的,最显而易见的目的是希望通过它获得精神的愉悦或情感的慰藉。的确,由于参与群体性活动可使人至少暂时摆脱日常工作的艰辛与烦恼,使人在繁忙工作之余享受闲暇,做一些自己平时想做而不能如愿的事,因而它会给人带来愉悦感。在参与群体性活动的过程中,他可与家人团聚,与朋友交往,而人与人之间的这种密切联系是他生活的重要动力。无论如何,对许多人来说,参与群体性活动所带来的正效用超过了因它而减少财富所带来的负效用,它实在是一件值得做的事。

社会不仅因政治、经济以及其他原因而鼓励一些群体性活动,即使从社会公德的形成层面来说,它也是值得鼓励的。在参与群体性活动时,人们往往会因此而接受某些特定的社会规范,参与者接受它们甚至其重要内容。如在中国的春节,人们要叩拜长辈;要向他人祝福问候;要礼尚往来地赠送亲友礼物。在体育比赛中,参与者要守秩序,与队友团结互助;在举行升旗仪式时,应当面向国旗,肃立致敬;对他方队员也要有礼貌;等等。一个人在参与群体性活动时,由于其他参与者的亲身示范,也由于他自身可直接感受到某社会规范,体会到接受它所产生的效果,因而相比于其他社会规范,他更可能接受它,而这样的社会规范往往比其他社会规范更可能成为社会公德。一般而言,群体性活动能增强社会凝聚力,激发公共精神,有助于形成一种群体性认同,人们因此而接受的一些社会规范甚至成了一个社会的共同记忆。实际上,由于世代相传,社会成员互相仿效,在群体性活动(如一些周期性出现的传统节日)中出现的一些社会规范成了具有较高接受度的社会公德。它们不仅构成了社会传统文化的重要组成部分,同时也塑造着当今的现实并影响未来的发展。

由于群体性活动提供了具体的、与参与者日常生活不同的生活场所，促进了人与所处环境之间的联系，加深了人与人之间的交流、交往，丰富了人们的生活经验，因而它可能为参与者提供更为丰富的道德选择。就此而言，群体性活动不仅有益于形成接受度高的社会公德，对形成丰富的社会公德也有所帮助。在电子信息技术日益发达、虚拟交往影响越来越大的现代社会，这种帮助显得尤其重大。总的来说，群体性活动在影响社会公德形成的过程中有重要作用，相比于基于其他非稀缺性目的来影响社会公德形成的方式，这种作用如果不是更大，它也更为直接、有力。

第四节　社会公德的系统形成

尽管社会可通过多种方式来影响社会公德的形成，但这些方式不是无关的。法律与行政措施在影响社会公德的形成上具有明显的相似性，它们又都离不开道德教育。不仅法律与行政措施常常要通过道德教育才能使人了解，它们在对社会公德产生影响的过程中也离不开道德教育，遵纪守法恰恰是道德教育的重要内容。反过来，道德教育也受法律与行政措施的深刻影响。作为社会的重要构成部分，学校的道德教育运行于法律（以及相关行政措施）之上。对于教授何种社会规范以及以何种方式进行教育，法律常常有特别的规定。不仅学校中的道德教育受此影响，其他领域中的道德教育也是如此。社会团体自主组织的道德教育以及家庭中的道德教育也不太能离开法律。在社会团体自主组织的道德教育中，它教什么以及如何教，对此法律通常会提出某些要求。尽管家庭中的道德教育内容是比较开放而自主的，但也或多或少受法律的约束。社会常常根据法律对某些不符合社会要求的家庭道德教育给予惩处，而对一些具有良好道德教育传统的家庭给予鼓励。即使是非强制性道德教育，也直接或间接地受其影响。非强制性道德教育往往只提供了选择社会规范的形式，如果希望它对社会公德的形成产生更为直接的影响，还要依赖于其他方式。法律恰恰是它的重要补充。

社会基于稀缺性目的来影响社会公德形成的方式与法律是密切相关

的。这种相关性其实是显而易见的。一方面，社会中的稀缺性目的不能同时满足其成员的需要，社会成员为争夺它们可能产生各种冲突，法律等社会制度恰恰为消除这种冲突而产生；另一方面，社会基于稀缺性目的来影响社会公德的形成是通过特定的分配方式（如某种赏罚制度）来实现的，而这种分配通常要基于法律。实际上，法律等社会制度为分配这些稀缺性目的提供了基本方式。反过来，由于法律在影响社会公德的形成时常常要通过提供稀缺性目的来实现，因而它们只有与稀缺性目的相关，法律等社会制度才有效。这些影响社会公德形成的方式存在明显的相关性，它们有时没有根本的区别。由于社会基于稀缺性目的来影响社会公德的形成时往往要依赖于法律，因而甚至可把它看作后者作用的一种补充。

法律、教育等在影响社会公德的形成时，也明显受人们对非稀缺性目的追求的影响。在道德教育中，知识的探求（如伦理学研究）是重要的，人们往往要基于知识来提供接受道德规范以及法律等的理由。无论是在强制性道德教育中，还是在法律发挥作用的过程中，为了使人更容易接受相关的社会规范，常常要通过某些方式（如借助于艺术作品、群体性活动等）来影响社会成员。如果在道德教育中，教师将道德内容融入艺术作品中，使受教者在欣赏艺术作品中接受道德教育，那么受教者不仅易于接受这种教学方式，他也将潜移默化地受道德内容的影响。由于群体性活动在生动活泼的现实生活中，把一些抽象的社会规范直接具体地呈现出来，因而它往往是其他影响社会公德形成方式的重要辅助手段。

社会基于非稀缺性目的来影响社会公德形成的方式显然与法律以及其他社会制度相关。如果社会希望通过鼓励人们探求知识、激发人们创作艺术作品的热情以及保障群体性活动的顺利进行等来影响社会公德的形成，它通常要基于法律以及相关社会制度。它们之间的这种相关性还可从另一方面体现出来。知识的影响广泛而深远，它们对社会不都是有益的，它们甚至不一定总是对社会公德的形成产生积极影响。这时社会可能通过法律以及其他社会制度对这些知识的研究与应用进行干预，甚至禁止对某些知识的相关研究与应用。艺术尽管可以影响社会公德的形成，却不总是有益的。正是如此，社会有必要对艺术创作进行适度的干预。如由于"郑声淫",《论语》就有"放郑声"之说。群体性活动在影响社会公德的形成过程中,几乎不可避免地被功利化、商业化,可能为某些利益集团(如商业资本、政治力量)所左右。如此一来,它可能扭曲社会公德的内容,因而对社会公德的形成不总是有益的。为此,人们常常制定相应的法律来做出限制。

非稀缺性目的的达到要基于一定的物质条件,这些物质条件常常是稀缺的。如尽管健康不是稀缺的,但达到健康的某些条件是稀缺的。尽管精神的愉悦不是稀缺的,但为达到这种愉悦状态而要参与的音乐会可能是稀缺的。实际上,这正是艺术作品与一些群体性活动可被商业化的根本原因。此外,在某情境中被当作稀缺性目的的事物,在另一情境中可能是非稀缺的。反之,在某情境中被当作非稀缺性的事物,在其他情境中却可能是稀缺的。财富通常是稀缺性目的,如果一社会的科学技术极为发达,生产率极高,它生产的物质财富极为丰富,其中的社会成员可以做到真正的各取所需,这时财富就可能成为非稀缺目的。正因如此,可以说稀缺性目的与非稀缺性目的是密切相关的。

稀缺性目的与非稀缺性目的之所以密切相关,实际还有其他的原因。对特定个人来说,稀缺性目的与非稀缺性目的甚至没有根本的区别。人人都可探求知识、追求艺术以及参与群体性活动。尽管这些行为所要达到的目的也许不是稀缺的,但对特定个人来说,他在探求知识、追求艺术以及参与群体性活动时,难以同时追求其他人生目的,如不能追求财富、名望、权力等。由于他不能同时追求所有这些目的,于是对他而言,前一种目的与后一类目的一样,它们就都是稀缺的了。如果不同的人生目的相互关联,那么基于它们来影响社会公德形成的方式无疑也是密切相关的,也即基于稀缺性目的来影响社会公德形成的方式与基于非稀缺性目的来影响社会公德形成的方式是密切相关的。

影响社会公德形成的这些方式密切相关其实是理所当然的。出现在同一社会中的社会现象(如社会制度、财富、知识、艺术等)归根结底是人的行为的结果,它们反过来又影响人的行为。这些现象具有共同的根源,同时它们又可作用于同一事物,因而它们相互关联并不令人奇怪。如果社会中的各种现象相互关联,则作为一种社会现象,社会公德也将与其他社会现象相关。如此一来,可以预料,社会公德的形成不只与法律、道德教育等有关,还与其他因素有关,如与文化传统、意识形态有关,与社会经济发展水平、知识发展水平等有关。确实,在一个受宗教巨大影响的社会,由于宗教为社会提供了共同价值准则与基本世界观,因而它对形成具有较高接受度的社会公德有重要支撑作用。知识水平越高的人通常越不偏执,他所接受的社会规范也越合理。一个社会,如果它的其他方面没有变化,而其知识发展水平更高了,其中的社会成员普遍拥有较为丰富的知识,当然也就更可能形成较为丰富而接受度高的社会公德。

社会公德的形成还与社会中的自然环境有关,与社会的大小有关,甚至与社会的外部环境有关。在严酷的自然环境中,由于物产并不丰富,为了更好地生存,人们需要团结协作,需要保持勤劳、俭朴的生活习惯,这样的社会显然更可能形成有关团结、勤劳、俭朴等的社会公德。同样,生活在物产富饶、气候宜人的自然环境中的人们则更可能形成有关慷慨、豁达、自信等的社会公德。孟德斯鸠曾注意到,气候的寒热、土壤的肥沃与贫瘠等将会造成人们在气质、感情等方面的差异,并由此产生不同的社会制度。[①] 按孟德斯鸠的看法,自然环境对社会公德的形成无疑是有影响的。一般而言,人口较少的社会,相比于人口较多的社会,它所接受的社会公德会更为丰富。不过,人口较少的社会,由于它易于受政治、经济、文化等变动的影响,其中的社会规范难以为较为稳定多数的人所接受,因而相比而言,其社会公德可能不太稳定。相反,人口较多的社会,尽管相比而言,它所接受的社会公德较不丰富,却可能更为稳定。此外,不同社会中民众之间的相互交流也会影响社会公德的形成。需要指出的是,即使自然环境对社会公德的形成有影响,这种影响常常也不那么直接、明显,因而它不太为人所关注。不仅如此,处于不同地域的社会有不同的自然环境,这种不同难以人为改变,因而即使关注这种影响,它也不太具有普遍的意义。社会的外部环境对社会公德形成的影响通常也不太大,相比而言,它也不太为人所关注。正因如此,这里主要关注那些存在于社会内部的社会因素对社会公德形成的影响。

---

① 孟德斯鸠:《论法的精神》(上),张雁深译,商务印书馆,1997,第 227~231、279~281 页。

不同社会因素对社会公德的形成有明显影响，但它们具体如何影响有时也并非总是很清楚的。如尽管一社会的经济发展水平越高，财富越丰富，就可能越有益于社会公德的形成，但经济发展水平如何影响社会公德的形成是不明确的。或许有人会提出，一社会存在何种社会公德以及如何存在（如它的接受度是否高等）由经济决定。如果一社会的经济发展水平越高，民众生活越富裕，人的各种物质需要得到了相当大的满足，那么他做一个好人的欲望便会越大，其道德素质也就会越高。这样一来，这一社会的道德水平也就越高。对这种经济决定论的一个常见批评是，由于难以给出一个判定社会道德水平高低的标准，因而它是不可信的。不过，由于不同社会之间或多或少存在相关性，某些社会公德被众多社会共同接受，它们甚至是普世的，因而至少可大致给出一个判定社会道德水平高低的标准。比如，假若两个社会共同接受一些社会公德，则可根据社会中民众接受它们的比例来判定其社会道德水平的高低。

当然，即使勉强给出了这样的标准，也难以确定经济发展水平更高的社会其道德水平也会更高。正如前面所表明的，认定一个人的财富越多，他便越愿意做一好人，越愿意接受某些社会公德，是没有根据的。一个人是否接受一社会公德，自然与其所拥有的财富有关，也与其他方面有关，如与社会对财富的分配有关，与其中的文化传统、意识形态等有关。尽管一社会的经济发展水平高，财富也比较丰富，但如果分配不公平，或者贫富差距过大，那些相对贫困者或在社会中遭遇不公平对待的人就可能不接受某些社会公德，以表达他们对社会的不满。一个具有浓郁宗教信仰的社会，或者传统文化积淀深厚、社会凝聚力强的社会，即使相比于另一社会其经济发展水平更低，它也可能具有较高的道德水平。人们常看到，经济不发达的社会也可能具有较高的道德水平，生活于其中的民众比许多生活于经济发达社会中的人更为淳朴、纯洁、热情、善良、诚实、团结、乐于助人等。这种现象的出现其实是有理由的，即生活于经济不发达社会中的民众在接受相关的道德规范时，会产生更大的正效用，如能获得更高的社会名望；而他们不接受它们时，所获得的财富不足以抵消不接受它们时所产生的负效用。于是，他们更乐于接受这些社会公德。总的来说，这种简单粗暴的经济决定论并没有太多的根据。而这样的想法——社会公德是在社会中系统形成的，不同社会因素对其形成的影响是复杂的，难以凭单一因素来确定社会道德水平的高低——看起来依然是合理的。

第五节　民主社会中社会公德的形成

尽管难以确定不同社会因素影响的大小，不过，直接以法律为基础来影响社会公德形成的方式以及基于它而通过强制性道德教育来影响社会公德形成的方式无疑是基本的，甚至基于它而通过稀缺性目的来影响社会公德形成的方式也是基本的。由于这些方式通过具有自上而下的强制性，对不接受或违反某些社会规范的人给予惩处，而对那些接受或遵守某些社会规范的人给予奖励，它们维系着社会成员之间的基本联系，因而是社会成为一个具有凝聚力整体的基础，是形成具有较高接受度的社会公德的基础。这些方式对形成特定的社会公德有直接而强有力的影响，其作用甚至是其他任何方式都难以取代的。尽管如此，如果打算只基于它们来影响社会公德的形成，则由此形成的社会公德将可能难以保障社会的持续稳定与有序发展。之所以如此，一方面是因为，基于这些方式所形成的社会公德尽管具有较高的接受度，却不足够丰富；另一方面是因为，在这些方式所影响的领域，人的自主性在很大程度上被压制，而由此形成的社会公德不一定能真正适应其生存环境，不一定能充当个体道德与社会制度之间的中介，因而难以期望它们能实现社会制度与现实生活之间的良性互动。其实，由于法律与社会公德之间存在一种根本的对立，社会公德是社会成员自主接受的结果，而法律的目的恰恰是限制多数社会成员甚至所有社会成员的自主性，因而这些方式出现诸如此类的问题是可理解的。

为了克服这些方式的局限，社会常常还要通过其他方式来影响社会公德的形成。人们通常期望，通过这些方式能比较充分地发挥社会成员的自主选择能力，以至于它们在影响社会公德形成的过程中，能平衡、消融那些因前一类方式所形成的不太适应环境的社会公德，以降低它们的接受度，甚至使得它们不成为社会公德。同时，人们也期望它们能形成众多其他社会公德，从而丰富社会公德的内容。显然，如果的确存在这样的方式，基于它们所形成的社会公德将更能反映生存环境的变迁，根据这些社会公德而形成的社会制度也将能更好地适应社会。看起来，那些通过非稀缺性目的以及非强制性的道德教育来影响社会公德形成的方式就属于这种方式，甚至那些不基于法律的强制性道德教育也属于这种方式。相对于基于法律来影响社会公德形成的硬性方式，这是一种影响社会公德形成的软性方式。在社会中，不仅影响社会公德形成的硬性方式不能脱离软性方式，软性方式显然也不能脱离硬性方式，它们相互促成，缺一不可。

在现实世界，不同民主社会所处的外部环境与内部环境是不完全相同的。可以预料，处于不同环境中的民主社会，在形成接受度高而丰富的社会公德时，所采取的方式也不会是完全相同的。尽管如此，它们依然有相同之处。由于基于法律来影响社会公德形成的硬性方式是其他方式难以取代的，因而任何民主社会都无法忽视这一点。不过，一个试图长治久安的民主社会，过分强调法律的主导作用是不合适的。民主社会与专制社会的一个重要不同是，它更能满足人的自主要求，而这正是相比于专制社会它更为稳定且有序的原因。如果这样，相比于专制社会，在形成社会公德上，民主社会显然能够把更多自主选择的空间留给个人。不仅如此，如果民主社会能比较充分尊重人的自主性，那它就更可能形成接受度高而丰富的社会公德。而一旦如此，它也就更可能长治久安。就此而言，民主社会有必要把更多自主选择的空间留给个人。

家庭通常是一个人生存于其中的关系最为亲密的社会团体。作为人立身的重要基础，与其他社会团体相比，它往往被赋予较多的自主权利。民主社会无疑会尊重这种权利。的确，民主社会不打算把一些限制其他社会团体的社会规范适用于家庭及其成员，如它不鼓励家庭成员之间互相举报、揭发等毁弃人伦的行为，它也可能原谅某些导致夫妻反目、父子成仇的违法行为。正是如此，尽管可以通过法律来影响家庭中的道德教育，但相比于其他社会，民主社会无疑能够也有必要更为尊重其自主性。存在丰富多样且社会成员自主参与的社会团体是一社会民主的重要体现，也是社会稳定的重要保证。为了形成丰富的社会公德，民主社会通常会给予社会团体较大的空间来从事自主道德教育，有时甚至会鼓励它从事诸如此类的道德教育。

在形成社会公德的过程中，由国家主导的学校道德教育有重要的作用，民主社会当然不会忽视这一点。与其他社会一样，在民主社会的学校道德教育中，强制性道德教育与非强制性道德教育总是结合在一起的，民主社会也不否认学校强制性道德教育的重要性。不仅如此，与其他社会一样，在民主社会中，对一个人所进行的道德教育，通常会随他年龄的增长、生活阅历的丰富以及智力的成熟而有所变化。一般而言，其中强制性道德教育的比重会越来越小，而非强制性道德教育的比重则会越来越大。不过，相比于其他社会，民主社会将会更强调在这种道德教育中发挥人的自主性。具体来说，民主社会会把强制性道德教育主要放在低龄的学生中进行，而对成年人进行的强制性道德教育将会持更为谨慎的态度。如果一定要进行这方面的教育，它可能主要向受教者强调一些核心的、接受度高的社会公德，如强调应当坚持民主原则以及遵守相关的社会规范，等等。

相比于其他社会，民主社会显然更为重视基于非稀缺性目的来影响社会公德形成的方式。实际上，人们常常发现，越是专制的社会，就越可能推崇"民可使由之，不可使知之"，就越可能限制人们对知识（尤其是一些特定知识，如天文学知识、生物学知识等）的探求。在专制的统治者看来，知识越多，民智越开发，民众就越不好控制，他们便会越反动，品德便会越败坏。专制社会对艺术、群体性活动等也有诸多异乎寻常的限制。尽管它会鼓励一些所谓符合主流价值观念（即统治者所推崇的价值观念）的艺术作品的创造与流传，但对其他艺术作品的创作与流传是不鼓励的。不仅如此，它往往会基于各种原因（如政治、经济、宗教等）而限制甚至禁止许多艺术活动，特别是那些批判性的艺术活动。在专制社会中，严苛的审查制度往往使得社会的文化生活贫乏单调，艺术作品虚伪空洞。正如专制社会中存在各种艺术活动一样，其中也存在各种群体性活动。不过，这些群体性活动通常由政府主导。由于它不鼓励人们自由集会、结社，它自然也不会鼓励人们自主进行的各种群体性活动。实际上，它限制甚至禁止举办那些不是由政府主导的大型群体性活动。在它看来，由于民众难以由此形成可与国家力量抗衡的社会团体，这种做法对社会的稳定当然是有益的。

民主社会通常鼓励对知识的探求，当然也时常有某些限制。不过，这种限制与存在于专制社会中的限制不同。专制社会中对知识探求的限制，往往是为了更好地控制人本身。民主社会中对知识探求的限制只是为了更好地利用应用知识所产生的成果。由于对某些知识的应用可能对社会产生巨大的危害，而当前社会还没有准备好如何应对它们，因而限制对它们的探求。正是如此，在专制社会，受到限制的知识往往是大量的，它们甚至是某些门类的科学。在民主社会中，受到限制的知识是比较少的，它们只是特定领域的个别知识。民主社会中的民众通常相信，即使不考虑知识对社会其他方面的影响，单纯就它们对社会公德形成的影响而言，它们终归会给社会带来益处。民主社会通常也鼓励民众参与艺术创作，积极促进艺术作品的流传。尽管它对艺术作品也有审查，但只要不违反基本社会公德（如反民主、鼓励不平等与种族歧视、渲染色情与暴力等），它通常是宽容的。民主社会不仅倡导纪念传统节日、举办各类文体游艺活动等，也鼓励社会成员从事各种群体性活动。只要不伤害他人，不对他人造成重大影响，它对这样的活动几乎没有太多的限制。

  影响社会公德形成的硬性方式与软性方式尽管相互促成，却也是相互制约的，它们甚至存在某种冲突。一般而言，硬性方式对形成接受度高的社会公德是较为有益的，但它可能不利于形成丰富的社会公德。软性方式对形成丰富的社会公德是较为有益的，它却可能不利于形成接受度高的社会公德。硬性方式与软性方式的这种冲突其实反映了存在于社会中的另一种更为基本的冲突，这种基本冲突便是人的自主选择与形成社会协作等而需要的统一价值观念之间的冲突。不同的人有不同的个性、不同的欲望，处于不同生存情境中的他们基于其个人自主性而可能做出不同的选择。尽管自主选择对形成丰富的社会公德是有益的，但过于强调它，可能难以形成多数人所接受的共识，可能难以形成接受度高的社会公德。如果这样，将使得社会难以形成较为统一的价值观念。如果希望形成接受度高的社会公德，使社会成为一个具有较强凝聚力的整体，那就意味着，至少在某些情境中，社会中的民众不能完全自主选择，要对个人的自主选择进行某些限制。

  上述的冲突似乎存在于任何社会。在民主社会中，它体现为民主的自主性、多元性与民主价值的一元性之间的矛盾。这一矛盾的存在实际也表明，即使在民主社会，其内部也将不可避免地存在冲突。"如何克服这种冲突"是民主社会面临的重要问题。有理由表明，难以对此问题提供一种适用于所有民主社会的、具有普遍意义的回答。实际上，任何诸如此类的回答都可能是违背民主精神的。如果确是如此，那么不仅对此问题，对与之相关的其他问题，如"如何影响社会公德的形成""如何进行强制性的道德教育""如何通过稀缺性目的来对道德行为进行奖励与惩处"等，不同的民主社会将可能给出不同的答案。尽管如此，对它们的回答常常只能通过民主的方式来做出。

第十五章　品德评价

第一节　品德评价与知行不一

　　一个显明的事实是：即使确定了规范的合理性，也不能确定所有价值语句的合理性。如何确定诸如"他是一个好人""他是诚实的"之类价值语句的合理性？确定这类价值语句是否合理当然要考虑它们涉及的人所接受的规范，但不止于此。由于这类价值语句包含了品质语词，它们表达了个人的品质，因而要确定它们是否合理或一个人是否具有某种品质，至少还需要考虑他对规范的遵守。相对于其他品质，人们通常更关注品德。确定一个人具有某种品德（如节制、谦虚、仁慈等），也即对他做出了某种评价，可称这种评价为品德评价。确定一规范是否合理时，实际也就对该规范做出了一种评价。对规范的（这种）评价与品德评价显然不同。在对规范的评价中，评价者可根据行为的后果或其他规范的合理性来确定它是否合理。品德评价与之不同，除了要了解一个人所遵守规范的内容以及它是否合理之外，了解他以何种方式遵守规范也是确定他是否具有某品德的重要根据。

　　在实践中，对规范的评价无疑是重要的，但仅仅注意它是不够的，品德评价也极为重要。对于特定个人而言，如果能对他人的品德有可靠的了解，他也就能更好地预见他人的未来行为，也就能更好地应对他人在社会中的行为，如能判定是否与他人进行协作以及如何协作。如果一个人对自身的品德有所了解，那他实际也就了解了自己在他人心目中的地位。明智的人能恰当地评估这种地位，并依此与他人协作。在某种意义上，品德评价甚至是社会协作的重要基础。一个人也许不在意特定个人对自己的品德评价，但通常在意多数社会成员（或社会）对自己的品德评价。对于某些人来说，这种评价有时比他的生命还重要。

　　品德评价对社会的稳定也有显而易见的意义。如果一个人被做出不好的、负面的评价,如被认为是不诚实的、奸诈的,那么他就可能清楚,这实际是社会或他人对自己的责难或惩罚。如果一个人被做出好的、正面的评价,如被认为是仁慈的、慷慨的,他就可能明白,这是社会或他人对自己的一种鼓励或赞赏。恰如其分的评价,如对心地善良、信守承诺的人做出正面评价,而对心性冷酷、背信弃义的人做出负面评价,则被评价者更可能心安理得地接受它,它实际也能促使社会扬善惩恶,形成良好的道德风尚。如果在某一社会中,心性冷酷的人成了勇敢的典范,背信弃义者成了忠诚的榜样,而心地善良的人被当作懦夫,信守承诺的人被当作卖国贼,这将使人愤懑、怨恨,对自己行为的合理性产生怀疑。生活于此社会中的民众,将很可能会在实践中感到迷茫、彷徨,以至无所适从。显然,这样的品德评价不仅难以引导人们扬善惩恶,难以促进社会成员的协作,甚至会使社会成员的价值观念产生混乱,引起社会成员之间的冲突,进而导致社会的混乱与不稳定。

总的来说,不仅对规范的评价是重要的,品德评价也是如此。其实,从它们之间的相互关联也可明了这一点。对规范的评价与品德评价是不能完全分开的。一规范如果实际无人遵守,其合理性至少是大可怀疑的。反过来,品德评价也需要根据行为的后果或行为者所遵守规范的合理性等来做出判定。如一个人只有遵守某些规范,才能确定他是否具有某种品德。而通常只有确认一规范是合理的,人们才会遵守它,或更可能遵守它。由于前面对规范的评价做了较为详细的讨论,现在有必要更多地关注品德评价。实际上,只有如此,伦理学才能算是完整的。

断言一个人具有某种品德,并不只是由于他接受了某些规范,更重要的是由于他实际遵守了它们,甚至是由于他长期遵守了它们。如果一个人只要知道一规范是合理的,他就接受它,并且也会遵守它,他所遵守的规范也就是他所接受的规范,那么在伦理学中只要谈论对规范的评价就可以了,因为品德评价从属于对规范的评价。只有当一个人知道一规范是合理的或他接受一规范,他也可能不遵守它时,才有对他进行品德评价的必要。不仅一个人知道一规范与他接受一规范是不同的,而且一个人接受一规范与他实际遵守它也不相同。这一点是容易理解的。一方面,尽管一个人接受了一规范,但他在实践中未必遵守它;另一方面,尽管一个人由于受外力的强制而被迫遵守了某规范,但他不一定认为它是合理的，不一定接受它。

　　一个人之所以接受一规范，往往是因为他认识到它是合理的，他具有或基于某些认知。由于可把实际遵守规范看作一种行为，于是，可把那在一个人接受规范与遵守规范之间出现的不一致称为"知行不一"。当一个人接受一规范而并没有实际遵守它时，就可说他是知而不行或知行不一的。由于认识结果可通过语言表达出来，一个人可通过语言来宣示他是否接受一规范，因而有时也称这种不一致为"言行不一"。中国古代思想家常常谈到知行关系问题，他们提出了诸如"先知后行""知行相资""知行合一"等各种不同的看法。乍看上去，他们之间的思想有很大的不同，他们实际也为此进行着各种似乎很深奥的争论。略作分析就可发现，这些思想家并没有清晰地确定诸如"知""行""相资""合一"等语词的含义，甚至同一思想家也很自然地在不同地方用同一语词来表达不同内容。如果明确它们的含义，他们之间的思想差异其实没有想象的那么大，其中的许多争论甚至根本就不会出现。尽管他们所谈到的这些语词的含义与现代人对它们的理解不完全相同，尽管存在诸多混淆与可能引起误解之处，我们在此还是采用"知行不一""知行合一"之类的说法。一方面是为了表明此处所讨论的问题与传统思考之间存在某些关联，另一方面则是为了表达的方便。

　　为了不陷入传统争论的泥潭，也为了后面的讨论，有必要先对"知""行""不一"等语词的含义做些简要说明。如果"知行不一"是指一个人接受规范与遵守规范之间出现不一致，则可把"知"或者看作语句"他接受某规范"的内容，或者看作它所描述的事物。同样，可把"行"或者看作语句"他遵守某规范"所指的内容，或者看作它所描述的事物。如果"知"是指"他接受某规范"所描述的事物，由于一个人是否接受规范完全可在思维中完成，因而可认为"知"属于思想领域或认识领域。如果"行"是指"他遵守某规范"所描述的事物，那么它很可能是指他遵守规范这一行为，它属于行为领域或实践领域。或许，最初提出知行关系问题的人恰是这样来理解"知"与"行"的。按这种理解，"知"与"行"显然是两类根本不同的事物，它们当然是不一致的。这样一来，"知行合一"就似乎根本是无稽之谈了，或者"知"与"行"之间的"合一"只是某种个人的心理体验，谈论它们没有太大的意义。

第十五章 品德评价

人们无论是要认识事物,对它们进行思考,还是要相互交流,以讨论这些思考成果,都需要通过语言把它们表达出来,使之成为思想领域中的事物。要思考实际的行为,也要把它们表达于语言中。尽管行为与其他一些事物(如思想领域中的事物)可能有根本的不同,但那把它们表达于语言中的语句无疑是同一类事物,可对它们进行比较。如此一来,自然也可谈论它们之间的"合一"与"不一"了。可见,如果希望有意义地讨论"知行不一"或"知行合一",那就不能把"知"看作"他接受某规范"所描述的事物,而应当把它看作"他接受某规范"的内容。同样,也不能把"行"看作"他遵守某规范"所描述的事物,而应当把它看作"他遵守某规范"的内容。

语句所指内容之间的关系当然不等同于它们所描述事物的关系,但它们的确是相关的。在特定语境中,它们之间甚至有一种对应关系。也正是如此,有时为了表达方便,也为了更直观,下面在许多时候都没有对它们做清晰的区分。如谈到"知行不一"时,不仅是指"他接受某规范"的内容与"他遵守某规范"的内容之间的不一致,有时也指它们所描述事物之间的不一致。"知行不一""知行合一""言行不一"等语词不仅是指两个语句内容之间的不一致,有时也是对事物(如人的思想、人的行为)特征的表达。不过,要较为深入地探讨这种"合一"或"不一",就有必要对它们做出清晰的区分。实际上,把语句所指内容与所描述事物混淆起来,恰恰是传统思想家在思考知行关系问题时出现混乱的一个重要原因。还有必要指出的一点是,在断定"他接受某规范"为真时,需要基于他所接受的各种事实与一些相关知识,其中既包括伦理学、政治学之类的实践知识,也可能包含物理学、化学之类的非实践知识。不仅"知"与这些事实或知识是不同的,这些事实或知识内部也存在许多区别。在考虑知行关系问题时,有必要把它们区分开来。把所有这些混淆起来是传统思想家在思考知行关系问题时出现混乱的另一重要原因。

一个人断言"他接受某规范"与"他遵守某规范"之间是"合一"的时,或断言"他接受某规范"与"他不遵守某规范"之间是"不一"的时,其意思是什么呢?一般认为,这种"不一"是指两个语句在逻辑上存在矛盾。如果两个语句(如"太阳是圆的"与"太阳不是圆的")相互反对,它们之间存在直接的逻辑矛盾,它们不可能同时为真,这时可说它们是"不一"的。断言"他接受某规范"与"他不遵守某规范"之间存在"不一"时，是否也在这样的含义上言说"不一"的呢？仔细观察这两个语句，会发现它们在逻辑上似乎并不相互反对，它们可以同时为真。如果确是这样，那么断言它们之间存在"不一"时，这种"不一"很可能就不是指它们之间存在直接的逻辑矛盾了。

如下两个语句"有些物质（如木头）燃烧后质量会变轻""有些物质（如镁）燃烧后质量会增加"也不相互反对，它们之间不存在直接的逻辑矛盾，因而有理由同时接受它们为真。然而，18世纪的人们发现，根据燃素说，上述语句所表达的内容不能同时成立的或不能同时接受它们为真。正是如此，当时的人们就说它们是"不一"的。显然，这种"不一"不是指上述语句存在直接的逻辑矛盾，而是指它们之间存在另一种类型的矛盾。这种矛盾不仅与两个语句或它们的内容相关，也与特定理论（如燃素说）相关。有理由表明，当人们断言"他接受某规范"与"他不遵守某规范"之间存在"不一"时，他所说的"不一"大致与此类似。因为断言其中存在"不一"的人通常认为，在可自由选择的情形中，如果一个人不遵守某规范，则表明他不接受此规范。如果他声称接受了此规范，但又不遵守它，则也就表明他既接受了此规范，而同时又不接受它，也即出现"不一"。这种"不一"不仅与"他接受某规范"与"他不遵守某规范"所指的内容相关，也与人们对人的了解或所持有的人性理论有关。

一个人是否知行不一？由于它不仅是一个事实问题，也是一个逻辑问题，甚至是一个事关人性理论的问题，因而对它的回答将会是复杂的。不仅如此，即便人们接受了某一人性理论，对上述问题的回答也可能是困难的。因为断定"一个人接受某规范"以及"他遵守某规范"需要证据，这些证据包括：他宣称接受了某规范，他在日记中表达了对此规范的称赞，以及他做了此规范规定的行为或相反的行为，等等。何种内容的语句才能成为断定它们的证据？这些证据在多大程度上能支持人们断定它们？这都是可争论的。不过，在特定情境中，人们对这些问题的回答通常是有共识的。基于此，这里认定，如果接受了某一人性理论，人们的确能够对"一个人是否知行不一"做出较为确切的回答。

在特定的情境中，人们可根据行为者公开宣称接受一规范以及他实际没有遵守它等事实而断定"他接受此规范"与"他遵守此规范"是否不一致，断定这两个语句所描述的事物或其行为是否知行不一。不过，即使一个人对他人可做出"他是知行不一的"的断言，他对其自身也不必定会做出"我是知行不一的"的断言。在现实生活中，对特定个人来说，的确可发现他人与他自己对他是否知行不一有不同看法。一些人因此坚持：尽管他人可以断定特定个人是知行不一的，但在他自己看来，他始终是知行合一的，不存在知行不一的情形。在他们看来，尽管特定个人宣称接受某一规范，但他知道自己其实并没有接受它，这种公开宣称不能成为"我接受此规范"为真的根据。也即是说，尽管特定个人声称接受了某规范，同时又没有遵守它，至少在他自己看来，却不能说"我是知行不一的"。于他人则不同，由于他对他人的了解没有其他可资利用的证据，他只能根据其公开的宣称或行为等来确定"他接受此规范"是否为真。如果他人实际没有遵守此规范，那么他断言他人知行不一便是有根据的。

苏格拉底就抱有类似看法。在苏格拉底看来，如果一个人知道什么事应该做，什么事不应该做，那他就一定会去做那种他应该做的事。如果他接受了某规范，那他就必定会遵守它，因为"无人会选择恶或想要成为恶人。想要做那些他相信是恶的事情，而不是去做那些他相信是善的事情"①。黑尔似乎赞同类似的看法。在他看来，对命令的"真诚认同则必然包括做某事的意思"，如果他人向我们发出做某事的命令，而我们在接受这一命令的同时又不去做命令所要求的事，那就不能说我们是真诚地接受了这一命令。② 王阳明也曾指出，"真知即所以为行，不行不足谓之知"③。尽管如此，是否可以说，在任何情境中，当人们断定一个人是知行不一的时，他依然可认为自己是知行合一的呢？或是否可以说，在行为者本人看来，他始终是知行合一的，不存在知行不一的情形呢？

可以看到，苏格拉底之所以坚持这种看法，是因为他相信，相反的看法"违反人的本性"。显然，如果不同意他对人性的这种理解，不同意"无人会选择恶或想要成为恶人"，他的看法就立刻面临困难。对于

---

① 《柏拉图全集》第一卷，王晓朝译，人民出版社，2002，第484页。
② 理查德·麦尔文·黑尔：《道德语言》，万俊人译，商务印书馆，1999，第22页。
③ 王阳明：《传习录》，载《王阳明全集》，吴光等编校，上海古籍出版社，1992，第42页。

黑尔来说，要回答这一问题，首先要说明"什么是真诚地接受一规范"的含义。一般来说，如果一个人根据他人的看法而接受了某规范，或只是为了迎合他人而接受了某规范，而他自己不真正想接受它，因而并不遵守它，那就可以说他是不真诚的。但黑尔似乎是在另一种含义上来使用"真诚"一词的。在黑尔看来，一个人接受了一规范却又不遵守它，那他就是没有真诚地接受它。如果这样来理解"真诚"一词，黑尔当然有理由认为一个人不可能是知行不一的。因为如果一个人接受了某规范而又不遵守它，则就可说他没有真诚地接受此规范。反过来，如果一个人没有真诚地接受此规范，那么当他没有遵守它时，也就不能说他是知行不一的了。然而，稍做分析就会发现，这种看法是可疑的。因为按这种看法，人们不是根据一个人当前接受某规范的情境来判定他是否真诚地接受了它的，而是根据他接受此规范之后的未来情境（如他未来是否遵守它等）来判定这一点的。这种看法无疑是不常见的。根据"真诚"一词的日常用法，如果一个人根据他认为合适的理由接受了一规范，那就应当认为他的接受是真诚的，而不能根据他接受它之后的未来情境来否认这一点。否则，对于一个人是否真诚地接受某规范的问题就无法根据目前的情境给出一个确切的回答了，甚至无法合理地使用"真诚"一词了。王阳明不同于黑尔，他并不依赖未来行为来判定"真知"或一知识是否为真，而是依赖所谓的良知。有理由表明，基于空洞而抽象的良知来判定一事物是否为"真知"是十足主观性的，因而王阳明的看法也是难以令人置信的。

当然，即使不根据一个人未来对某规范的遵守来判定他是否真诚地接受了它，苏格拉底或黑尔等人也依然可为上述看法提供辩护。他们可以说，只要行为者在一时刻真诚地接受了某规范，即便他后来没有遵守它，他也并非知行不一的。在他们看来，行为者后来之所以没有遵守它，只是由于他发现，此规范不适用于后来的某些情境。他接受此规范时没有考虑到这样的情境，如果他事先考虑到了，那就不会接受它，或只会接受一种对它经过修正而适用于此情境的规范。如他尽管真诚地接受了规范"不要说谎"，但他发现，如果遵守它，当一身患重病而自己并不知情的朋友向他询问病情时，他就要把朋友的真实病情告知于他，这种做法会给朋友造成极大的精神压力而不利于对他的治疗，于是他决定不遵守它。他在接受规范"不要说谎"时没有考虑到诸如此类的情境，如果事先考虑到了，他就很可能不会接受它，或只会接受经过修正而适用于此类情境的规范。苏格拉底或黑尔等人相信，尽管行为者接受了某规范，但他其实接受的是那不适用于某些特殊情境的规范，或是某种经过修正的规范。由于他真正接受的规范恰恰是他在后来所遵守的规范，因此他不是知行不一的，他甚至永远都是知行合一的。

上述理由其实也是比较牵强的。人们之所以接受规范，一个重要原因是希望用它来指引实践。在不同实践中，人们所面临的情境是不同的，任何人都不可能完全预见未来的情境。正是如此，他才需要指引，才需要接受各种规范。此外，人们所接受的任何规范都不可能完全包含它要指引的实践所面临的各种特殊情境。如果所有特殊情境都包含在规范之中，这样的规范不仅很复杂，甚至难以成为规范，而实际成了对特定情境中行为的描述。可见，如果不是根据未来情境来确定一个人是否接受某规范，那么一个人接受一规范时，至少对他来说，此规范的内容是确定的，他不能根据所面临的特殊情境或适用此规范的特殊情境来修正或调整。如果一个人打算根据自己所面临的特殊情境或适用规范的特殊情境来修正或调整规范，对它做出各种自由的解释，那就会使得谈论"规范"或"接受规范"没有了意义。实际上，对于上述问题，可以更为一般地说，如果承认人是自由的，其行为不完全由过去或当前的任何特定情境以及他所接受的规范决定，那么任何个人都可能因某些原因而不遵守他曾接受的规范，即使此规范适用于他所面临的特殊情境。这样一来，不仅在他人看来，甚至在行为者本人看来，他也将不可避免地出现知行不一的情形，而苏格拉底等人的看法从根本上是难以获得支持的。

断定一个人不可能存在知行不一的情形不仅不符合有关人性的基本信念与理论，也与日常语言的用法不一致。在日常生活中，人们认为他人可能是知行不一的，如他常断言某人言行不一或知行合一，告诫自己对他人要"听其言而观其行"，等等。人们有时也认为自己是知行不一的。一个人在做了某种错事之后会悔恨自己没有信守承诺，在他人需要帮助时会因自己没有尽到义务而遗憾，等等。当一个人表示悔恨、遗憾甚至自责时，他通常意识到自己是知行不一的。实际上，道德感的存在本身也就表明，一个人是能意识到自己的知行不一的。此外，如果不存在知行不一的情形，一个人所接受的规范正是他所遵守的，而他所遵守的规范也正是他所接受的规范，这将使道德教育、对行为的惩罚与奖励等变得没有那么必要了。其实，诸多社会制度以及相关的社会实践恰恰是基于人可能存在知行不一的情形这一事实的。总的来说，无论是在他人看来，还是在其自身看来，任何个人都可能知行不一。如果这样，那么对特定个人所做出的品德评价就不从属于对规范的评价了，就有必要在谈论对规范的评价之后，对品德评价给予单独的关注了。

第二节　品德评价中的运气

如何确定包含品德语词的价值语句是合理的？如何断定一个人具有某种品德或做出品德评价？对一个人的品德评价无疑与他对规范的遵守有关，如与他遵守何种规范有关，与他遵守规范的频率有关。不过还不止于此，它也与其他方面有关。如果一个人不知道一规范是否合理，他没有考虑过诸如此类的问题，他甚至没有意识到这样的规范，那就难以断言他接受了这样的规范。尽管如此，他可能实际遵守了这样的规范。如一个人在实际生活中没有考虑"不要说谎"是否合理的问题，他甚至没有意识到这样的规范。不过，他天生淳朴，心里想什么就说什么，从不说假话，他实际遵守了"不要说谎"的规范。人们通常对一个没有仔细考虑规范的合理性而只是实际遵守某规范的人与一个经过仔细考虑（如进行了所谓的理性反思）而接受并遵守这种规范的人会做出不同的品德评价。

在康德看来，如果一个人由于天性诚实而不说谎，他不说谎的行为尽管合乎义务，却是没有道德价值的。一个人只有基于理性反思而意识到"不要说谎"是合理的并遵守它，这样的行为才是出于义务的行为，才具有道德价值。卢梭则认为，淳朴的良心是一种"圣洁的本能"，它使人"天性善良"，而良心似乎比理性更为重要，依据它来指引的行为比理性指引的行为更好、更高尚。① 尽管康德与卢梭对意识到某规范是合理的并遵守它的人所具有的品德与没有意识到此规范是否合理但实际遵守它的人所具有的品德何者更为高尚存在争议，但他们都相信，二者

---

① 卢梭:《爱弥尔》（下），李平沤译，商务印书馆，1981，第417页。

的品德是不同的。断言对一个人的品德评价不只与他所遵守的规范相关，也与他对规范的接受有关，这的确是有理由的。设想如下两个人：一个人接受了诸如"不要说谎""要信守承诺"等规范，同时也时刻遵守它；另一个人尽管也遵守这样的规范，但他并不接受它，他之所以遵守，只是由于这样做是对自己有利的。人们对他们的品德评价通常会是不同的。

对一个人的品德评价不仅与他对规范的遵守以及接受有关，也与他自身的生理条件、禀赋以及成长环境或出身等有关。一个身有残疾的人难以在战斗中展现勇敢，一个大脑受损、记忆衰弱的人则难以说是聪明的。出身富贵、从小丰衣足食的人，不知钱财来之不易，他在行为中往往会表现出慷慨。而出身贫寒、从小缺衣少食的人会自然地生活俭朴。亚里士多德很早就指出，"德性既非出于本性而生成，也非反乎本性而生成，而是自然地接受了它们，通过习惯而达到完满"①。内格尔也曾说："你是这样一种人，这不只是你有意做什么的问题，还是你的倾向、潜能和气质的问题。"② 在他们看来，一个人的生理条件、禀赋以及成长环境等决定了他成年后的倾向、潜能和气质，而这些与其品德有紧密的联系，这种联系甚至难以人为改变。

对一个人的品德评价也与其行为所产生的后果有关。如果不知道或无法判断两个人是否接受了相同的规范，却知道他们做了同样的行为，这时人们可能因其行为后果的不同而对他们做出不同的品德评价。一个人抛家弃子外出求学，经年不归。一些人认为他胸怀大志、勤劳坚毅，是一个慈爱的父亲与有责任的丈夫。也有人认为他冷酷无情、刚愎自用，是一个缺乏爱心与责任感的人。如果他后来在事业上取得成功，人们可能倾向于对他做出前一类评价。反之，如果他没有在事业上取得成功，或在事业成功之前就不幸死去，人们则倾向于对他做出后一类评价。诗句"周公恐惧流言日，王莽谦恭未篡时。向使当初身便死，一生真伪复谁知？"就形象地表达了这一点。

对一个人的品德评价还与他所处的环境有关。如果对一个人的品德评价获得了多数社会成员的接受，或者多数社会成员对他做出了相同的

---

① 苗力田主编《亚里士多德全集》第八卷，中国人民大学出版社，1997，第27页。
② 托马斯·内格尔：《人的问题》，万以译，上海译文出版社，2004，第30页。

品德评价,这时就可把它看作社会对他的品德评价或社会品德评价。在现实生活中,人们会发现,尽管一个人在一社会中获得了某种品德评价,但当他处于另一社会时,他可能会获得不同甚至相反的品德评价。中国古代社会往往认为商人锱铢必较、唯利是图、贪婪狡诈、无信无义。在现代社会,商人则被认为思维敏锐、吃苦耐劳,他们敬业、执着,具有一般人所不具有的美德。孟德斯鸠就曾断言:"商业能够治疗破坏性的偏见。因此,哪里有善良的风俗,哪里就有商业。哪里有商业,哪里就有善良的风俗。"[①] 一个社会把坚持、维护与宣扬某种意识形态或信仰的人当作圣徒,认为他们大公无私、忠诚爱国。另一社会则可能认为他们冷酷无情、奴颜媚骨,是愚昧懦弱、受人操控的可怜虫。出现这样的现象是可以理解的。品德评价毕竟由人做出,它不只与被评价者有关,也与评价者有关,它受评价者知识水平、社会地位以及思想观念等的影响,不同的评价者可能对同一个人做出不同甚至相反的评价。考虑到品德评价与评价者有关,而社会中的任何人都可能对他人做出这种评价,断言对一个人的品德评价与他所处的环境有关就不令人奇怪了。

总的来说,对一个人的品德评价,受他对规范的遵守与接受的影响,受其行为后果的影响,与其生理条件、禀赋或出身有关,也与他所处的环境等有关。这些影响因素不完全依赖于他的主观任意,不完全受其自身控制。的确,一个人即使有意做某事,他所做的事也可能产生出乎其意料之外的后果。如此一来,对被评价者来说,他具有何种品德便成了一件充满偶然性的事,与运气相关。这里所说的运气是超出被评价者的控制甚至认识并对其品德评价产生重要影响的因素。运气的出现似乎具有必然性。即使不考虑评价者的因素,这种必然性看起来也是显然的。一方面,作为人,被评价者尽管是自由的,却也不能为所欲为,他受多种因素(如其生理条件、禀赋以及所处环境等)的影响,他的自由能力要依赖于它们;另一方面,生活于社会中的他人也是自由的,他人在决定做某种行为以及实现它的过程中会包含一些不确定的因素,这些不确定因素会影响被评价者的行为,从而对其品德评价产生影响。

谈到这种运气,就不能不提到威廉姆斯、内格尔等人的研究。威廉

---

① 孟德斯鸠:《论法的精神》(下),张雁深译,商务印书馆,1997,第14页。

姆斯曾以高更的事例来描绘运气。高更为了实现自己的艺术梦想，抛弃妻儿去塔希提岛。在威廉姆斯看来，高更只有在艺术上获得成功时，他才能为其行为的合理性做辩护。然而，这种成功并不完全受他自身的控制，还受其他一些因素的影响。那些不受他控制的因素就是运气。威廉姆斯区分了两类运气。如果高更没有绘画天赋，他就不可能在事业上获得成功，因而天赋是一类运气，即"内在运气"。只有高更成功地达到塔希提岛并且顺利地实现其计划，他才可能在事业上获得成功。这些促使他成功的外部条件就是"外在运气"。① 内格尔则对这种运气做了更为细致的描绘，他区分了四种类型的运气，即生成运气、环境运气、原因运气与结果运气。②

　　威廉姆斯等人对运气的谈论当然是富有启发意义的，但他们所谈到的运气与此处的运气不完全相同。这里区分了对规范的评价与品德评价，致力于谈论品德评价中的运气因素。威廉姆斯等人没有做出这样的区分，他们似乎是基于对行为的评价来谈论运气的，或是一般地谈论道德运气的。在不同（道德）评价中都可能存在运气。就对规范的评价而言，由于这种评价与规范所处的自然环境与社会环境相关，也与接受它的人所拥有的知识背景以及信念有关，它不完全只与规范的内容相关，因而可以说，在这种评价中存在运气。不过，尽管在这种评价中存在运气，它与存在于品德评价中的运气显然不完全相同。如果威廉姆斯等人希望对道德运气进行较为清晰的讨论，就有必要区分不同类型的评价，就有必要基于不同类型的评价来谈论运气。他们的混乱其实还不止于此，在其讨论中，他们所使用的一些基本语词（如"道德""价值"等）也常常存在含混之处。正因如此，这里不打算完全追踪他们的步伐来谈论运气。

　　由于品德评价受评价者主观任意的影响，受特定环境的影响，不完全基于被评价者自身，因而一些人提出，即使对被评价者的品德有所了解，也难以预料他的未来行为，难以基于它来应对他在社会中的行为。这样一来，品德评价即使有意义，也是极为有限的。此外，断言一个人具有某种品德不仅是在陈述一事实，也是在评价他，甚至是在对他或他

---

① 伯纳德·威廉斯：《道德运气》，徐向东译，上海译文出版社，2007，第33～38页。
② 托马斯·内格尔：《人的问题》，万以译，上海译文出版社，2004，第30页。

人提出要求，即认为他的品德是值得或不值得追求的。如果断言他具有某种美德，则表明它是值得追求的。反之，如果断言他具有某种恶德，则表明它是不值得追求的。就社会而言，如果一社会接受了一些评价品德的标准（这里简称为评价标准），也就意味着它确立了某些值得或不值得追求的品德。由于存在运气，一个人具有何种品德与不完全受其自身控制的因素有关，与其主观努力不存在必然的联系，因而要求一个人具有某种品德或做具有某种品德的人，也就是要求他能够对运气具有免疫力，不受运气的支配。一些人提出，这样的要求是不合理的，是一种"真正病态"的要求。①

需要说明的是，这里所谈到的"品德评价没有意义"与"要求一个人具有某种品德是不合理的"不完全相同。"品德评价没有意义"主要是指评价者对被评价者所做的品德评价与评价者的主观因素有关，与特定情境相关。由于这种评价具有主观性，它也因与特定情境相关而不具普遍性，因而难以根据它来预见被评价者的未来行为，难以依赖它来指引实践。人们之所以断言"要求一个人具有某种品德是不合理的"，是因为他认为一个人的品德不完全基于其自身的主观努力，它还受一些不为被评价者控制的因素的影响。当然，上述两个断言并非完全无关。如使得评价者难以做出具有客观性、普遍性评价的那些因素（如评价者的主观任意、特定情境等），通常也是不完全受被评价者自身控制的因素，即断言"品德评价没有意义"的原因往往也是断言"要求一个人具有某种品德是不合理的"的原因。当然，这两类原因不是完全一致的。如不完全受被评价者自身控制的因素不都是使评价者难以做出具有客观性、普遍性评价的因素，被评价者的生理条件、禀赋或出身等就是这样的因素。

对于"品德评价没有意义"的断言，有些人可能不以为然。他们指出，当断言品德评价受运气影响时，这里所说的品德评价只是他人对被评价者的品德评价，而不是一个人对自己所做的品德评价。一个人对自己所做的品德评价即使受自己主观任意的影响，它甚至是根据自己的某些心理经验（如动机、良心等）来做出的评价，这种评价也是有意义

---

① 伯纳德·威廉斯：《道德运气》，徐向东译，上海译文出版社，2007，第56页。

的。实际上,一个人对自己所做的品德评价不仅是他在社会中形成自己角色定位的基础,是其行为的基础,而且至少在他自己看来,它也是他与他人协作的基础。这种辩护当然是有合理性的。不过,即使接受这种辩护,承认一个人对自己所做的品德评价是有意义的,也由于这种评价带有浓厚的主观性而通常不太为人所重视。基于此,这里所谈到的品德评价主要是指一个人对他人所做的品德评价。

有理由表明,尽管一个人对他人所做的品德评价与他(即评价者)的主观任意以及他所处的特定情境有关,这种评价也并非没有意义。其中一个重要原因在于,一个人对他人所做的品德评价并不全然与他的主观任意以及他所处的特定情境有关,他也能根据被评价者的生理条件或其行为所体现出来的一些客观因素等而做出。正因如此,这种评价具有客观性。实际上,为了做出较为客观的评价,评价者会试图摆脱自身的主观任意以及特定情境的束缚,努力根据那些具有普遍意义的客观因素来评价他人的品德。而他一旦做出了这种评价,他就可根据它来预见被评价者的未来行为,以便与之交流、交往,与之进行协作。如果这样,当然就难以说这种品德评价是无意义的了。

如果人们总是能基于某些客观因素做出品德评价,品德评价不完全基于评价者的主观任意,它具有客观性、普遍性,则可以预见,对特定个人,不同的人可能会做出相同的品德评价。的确,尽管不同的社会有不同的政治制度,有不同的文化传统,流行不同的思想观念,等等,对同一个人,不同评价者却可能会做出相同的品德评价。这是有原因的。处于同一时期的不同社会中的民众,由于相互交流、交往,他们接受了相同的社会公德,而处于不同时期的社会中的民众,他们也可能会接受相同的社会公德。如果不同社会中的民众接受了相同的社会公德,则就意味着他们也可能接受了相同的评价标准,也可能对同一个人做出相同的品德评价。实际上,一个诚实、仁慈的人,在不同社会都可能被看作诚实、仁慈的。一个勇敢的军人,甚至其敌人也认为他是勇敢的。显然,如果存在超越特定时代的评价标准,存在超越特定时代的具有客观性的品德评价,那就难以说品德评价是没有意义的。

考虑到运气对品德评价的影响,考虑到在现实生活中不同的人有不同的生理条件、禀赋或出身,他们处于不同的环境,要求他们具有完全相同的品德的确是不切实际的。不过，为了人与人之间的相互协作，为了社会的稳定与安宁，要求那些生活在同一环境，具有相似生理条件、禀赋或出身的人具有相同的品德并非完全不合理。不仅如此，由于人的自主性，即使人们不处于相同环境中，不具有相似的生理条件、禀赋或出身，要求他们具有相似乃至相同的品德甚至也是可行的。尽管一个人在接受或遵守社会规范或社会公德时会受各种因素的影响，可能为运气所阻碍或打断，但具有实践智慧的人往往能够抵御其影响，他可根据自己的生理条件、禀赋以及所处的环境等，成就其品德。如果这样，借口人的行为受外部环境以及其他一些不受自身控制的因素影响，借口人的品德与运气相关，断定不必对人的品德提出要求，不必对人应当成为何种人提出要求，诸如此类的看法不仅没有理论上的根据，而且对于人与人之间的相互协作以及社会发展也是不利的。

当然，考虑到运气的影响，人们在对一个人进行品德评价或要求一个人具有某种品德时，尽管会考虑那些不受被评价者自身控制的因素，但他们更可能强调那些受评价者自身控制的因素，如他们可能主要基于一个人对某些规范的接受以及遵守来进行品德评价。实际上，如果一个人能克服诸多不利的生理条件、禀赋与外部环境等的影响，持续地遵守规范，相比于那些无须克服不利条件的影响而持续遵守规范的人而言，人们会对他做出更高的评价。一个人在厄运中，即使事业没有成功，但他知其不可为而为之，主动而勇敢地追求高尚的品德，他依然值得钦佩，会获得他人的称赞。还有必要考虑的是，社会中的人是多种多样的，不仅如此，一个人也具有不同的品德。的确，一个人不仅具有不同的美德，甚至可能既具有某些美德，也具有某些恶德。如一个人可能既是诚实的、仁慈的，也是懦弱的、固执的。正因如此，只有对人做出多样的品德评价，才能较为客观、公正或较为深入地认识一个人。尽管高更在绘画方面取得了成就，但他抛妻弃子的行为依然是不负责任的行为，其冷漠、自私的品德不会因其事业的成功而改变。显然，任何对高更所做出的某种单一的品德评价，都难以使人对其品德有清晰的认识。考虑到这一点，同时也考虑到运气的影响，人们可根据人自身所拥有的各种条件以及所处环境，对人的品德提出某些个性化的要求，而不是对他提出某种单一的、适用于所有人的普遍性要求。如不会过分要求贫困中的人慷慨捐赠财物，也不会过分要求那社会地位低下、时刻受人欺凌的人去宽容他人，却会要求军人更为勇敢，要求学者更为诚实，要求政治家更为爱国，等等。

第三节 误判及其消除

　　一个人对他人或自己所做的品德评价至少于他自己而言是重要的。不过，由于依赖于个人的主观任意，这种品德评价通常不是伦理学关注的重点。伦理学更为关注的是社会品德评价。尽管社会可根据某些评价标准来对人的品德做出较为客观而又合理的评价，但也可能存在误判。这里的误判是指那种认定人们对特定个人的品德评价不合理或错误的评价。具体来说，根据某种合理的评价标准，一个人本来或应当具有某种品德，但人们认为他具有某种其他不同甚至相反的品德。很明显，作为一种评价，误判与品德评价有根本的不同。品德评价是评价者对社会中特定个人的品德所做出的评价，而误判是评价者对品德评价所做的评价，它评价的对象是品德评价本身，而不是人或人的品德。

　　显然，除非明确什么是合理的评价标准，否则是不太可能对误判做出清晰讨论的。对于特定个人来说，由于不同的人可能接受不同的评价标准，因而对他具有何种品德有不同甚至相反的看法。如果这样，何人所接受的评价标准是合理的？由于不同个人所接受的评价标准难免具有主观性，因而都难以被当作合理的。不过，如果一评价标准获得了社会中多数人的接受，它是社会的评价标准，那它显然摆脱了这种主观性，而具有客观性。它可否被当作合理的评价标准呢？由于它获得了社会中多数人的接受，很可能比那些只为单纯个人所接受的评价标准更全面、更深入，也更为合理。然而，由于不同社会所给出的评价标准是不同的，这种评价标准具有历史性、地域性，因而即便它们中一些评价标准是合理的，也不可能都是合理的。那么在所有这些评价标准中，何者是合理的呢？

　　比较所有接受评价标准的社会会发现，在所有这些社会中，有一社会是特殊的，相比于其他社会，它所接受的评价标准具有优先地位。这一社会即根据评价标准进行评价的人或评价者所在的社会，它是当前的特定社会。正是基于这种优先性，可认为当前特定社会所接受的评价标准是合理的。当前特定社会之所以具有这样的优先性，这是有原因的。人们在试图对特定个人（被评价者）做出品德评价时，往往要基于一些根据。这些根据包含相关的事实，包含被评价者所接受的规范，包含确定这些事实、知识真假的标准以及判定规范合理性的标准，等等。它们通常是当前特定社会中的民众所接受的。在对不存在于当前特定社会而存在于其他社会中的人（如历史人物）做品德评价时，人们当然要依据有关其他社会的事实，甚至要依据其他社会所接受的真理标准以及价值标准，却不能只依赖它们，他还要依赖当前特定社会中的某些事实，要依赖当前特定社会中的真理标准与价值标准。在这种情形中，尽管人们评价的是其他社会中的人，评价本身却存在于当前特定社会，它是当前特定社会中的评价，与当前特定社会的具体情境有关。不仅如此，人们之所以谈论其他社会的人和事，也总是从当前关切或所碰到的问题去关注它们的。如他只是为了当前特定社会中人们的交流、交往，或只是为了当前特定社会中的相互协作等才去关注它们的。总的来说，当前特定社会为人们谈论品德、做出品德评价提供了条件与目的，离开当前特定社会来评价其他社会中的人不仅没有根据，是空洞、抽象的，甚至也是没有意义的。基于此，可以说就评价标准而言，当前特定社会具有优先性，它所接受的评价标准具有优先地位。

一些人可能提出，尽管当前特定社会不一定接受过去社会所接受的评价标准，但它所接受的评价标准也不一定为未来社会所接受。如果把未来社会所接受的评价标准看作合理的，那么当前特定社会所接受的品德评价依然可能是误判。这样一来，在确定合理的评价标准时，相对于未来社会，当前特定社会也就不具有优先性了。不过，由于未来社会不是某一具体的社会，而只是虚拟社会，基于未来社会来否定当前特定社会在品德评价中的优先地位，实际是试图以一种虚拟的评价来替代现实的评价，这种看法是不值得认真考虑的。

在专制社会，专制的统治者要求其他社会成员接受某些社会规范，如要求民众卑躬屈膝、奴颜媚骨，要求民众不顾天伦、大义灭亲等。统治者会根据它们来做出品德评价。根据这种评价标准，那些忠于统治者、残害他人的告密者便成了忠诚、勇敢的人，而那些指鹿为马、粉饰太平的人则成了爱国者，成了正义的化身。统治者会通过法律以及强制性道德教育等来推行其要求，并通过国家的强制力来大力宣扬、表彰他所树立起来的忠诚、爱国典范。如此一来，这种评价以及它所基于的评价标准就广为人知，甚至为许多人所接受（如为那些掌握权力或占有社会优势资源的人所接受）。如果当前特定社会是一专制社会，这种评价是否为误判？它所基于的评价标准是否合理？一般而言，由于专制社会中的多数社会成员不一定接受统治者所推行的社会规范，这些社会规范不一定是社会公德，因而即使基于它们而做出的品德评价广为人知，甚至为许多人所接受，这种品德评价依然不一定是社会品德评价。同时，如果这种品德评价不为社会中的多数人所接受，它们只是统治者所接受的品德评价，那么它们很可能是误判。

在专制社会，由于为统治者所接受的品德标准不一定为多数人所接受，而统治者要求民众接受的社会规范也不一定与社会中多数人所接受的社会规范相同，因而在这样的社会中，接受度高的社会公德可能不太丰富，甚至比较稀少。如此一来，就可能出现如下情形：对同一个人，社会中的民众可对他做出不同甚至相互对立的品德评价，而其中任何一种评价都难以获得众多人的接受。不仅如此，存在于此社会的评价标准也可能出现混乱。如其中政府或统治者所推荐的有关诚实、正直、爱国等的评价标准不能获得多数人的接受，而有关它们的其他评价标准由于受到统治者的反对，也没有获得多数人的接受。这种情形当然不只出现在专制社会，它也可能出现在其他社会，如它可能出现在政治、经济、文化等变动比较大的社会中。如果在一社会，对同一个人所做出的相互对立的品德评价，其中任何一种都不为社会中的多数人接受，那就难以说它们是社会品德评价，就难以说它们中的任何一种评价是误判。如在这样的社会中，一些人认为商鞅残暴冷酷、无信无义、刻薄寡情，是一个坏人。另一些人则认为他忠诚、有信义，开拓进取、勇于创新，是一个好人。由于上述两种评价都难以在社会中获得多数人的接受，因而就难以说它们中的任何一种是误判。当然，无论如何，即使在专制社会，依然存在一些为多数人所接受的品德评价或评价标准，它们是社会品德评价与社会评价标准。

在当前特定社会，如果确定了合理的评价标准，根据它所做出的品德评价是否就不是误判了呢？对此的答案依然是否定的。要确定一个人是否具有某种品德，不仅要根据某种评价标准，还要根据一些事实。如要根据被评价者接受并遵守了哪些规范、他遵守规范的频率等事实才能做出品德评价。基于不完全、不可靠甚至虚假事实（它们甚至难以称为事实）而做出的品德评价很可能是不可靠的，可能是误判。如果一品德评价的确基于诸如此类的事实，那么出现误判自然难以避免。人们之所以会基于某些不完全、不可靠甚至虚假的事实来做出品德评价，原因当然是多方面的。它可能是由评价者的主观因素造成的。由于评价者自身的原因，他对被评价者了解不够、所知不多，有时甚至故意忽视有关被评价者的某些事实，因而他在做出品德评价时会出现误判。不过，由于社会品德评价不完全依赖特定个人所做出的评价，它在很大程度上能克服存在于这种评价中的主观因素，因而在考虑误判产生的原因时，通常是不太考虑这一点的。

出现上述情形的另一重要原因是被评价者的刻意误导。许多人希望在社会中获得好的评价，不愿意获得恶评，他们甚至希望在历史上留下英名。不过，由于种种原因（如自己不愿意努力付出），他们难以通过正常方式做到这一点。为了达到目的，他们便刻意隐瞒、遮盖其不良行为，突出其好的行为，甚至编造一些根本不存在的材料以诱导人们做出误判。社会中的许多人希望如此。由于社会权力、财富等分配不平衡，那些占有社会优势资源的人也的确有能力做到这一点。如他们可以依赖所拥有的权力、财富来美化自己，诋毁其对手或敌人。他们也可掌握媒体，或通过权力、财富与媒体的结盟来引导舆论，扭曲信息，达到自己的目的。实际上，人们常常发现，在历史上，一些政治领袖会利用其所掌握的权力、财富等来大肆宣扬自己，不仅把自己塑造成一个仁慈、友爱、勤奋、诚实的人，而且是个忧国忧民、宽宏大量的人。然而，后来的诸多史料表明，他们其实心胸狭隘、自私自利、背信弃义、残酷无情，是伪善者。一般认为，唐代史书对"玄武门之变"中的李世民作了美化，对其兄弟李建成和李元吉则做了大量的丑化。当代社会对某些影视明星的包装也大多如此。

不完全、不可靠甚至虚假的事实也不完全是人们刻意误导的结果，而可能是某些客观因素（如社会文明程度、群众心理、文化传统以及不明确的行为后果等）所导致的结果。社会极为复杂，各种原因使得信息难以完全流通，或者使得它们在流通过程中被污染、被扭曲，于是，人们在做品德评价时出现了误判。明朝败亡后，一些文人罔顾事实，污蔑曹化淳开门迎贼，是一个不忠不义的卖国者。当时的民众似乎也乐意相信这一点。尽管曹化淳极力自清，但他所发出的声音并没有流传开来，最终也未能消除被强加在自己身上的不实污名。同时，由于受各种客观条件的影响，人们只能了解一个人的部分言行，而难以了解其全貌。当人们只根据有关一个人的部分事实来评价他的品德时，也可能出现误判。其实，人们在日常生活中就能体会到这一点。尽管身体孱弱的人可能不会在强横的施暴者面前挺身而出，一个希望养活自己孩子的母亲也可能会在超市偷面包，但如果仅仅根据所看到的这些事实来评价一个人的品德，无疑可能导致误判。

误判的产生有不同的原因，因不同原因而产生的误判自然也不完全相同，可把它们看作不同类型的误判。如可把评价标准不同而导致的误判称为因标准而来的误判，而把虚假事实导致的误判称为因事实而来的误判。在对品德进行评价的过程中，由于评价者所在的当前特定社会具有优先性，为了方便讨论，这里把认定某品德评价为误判的人看作存在于当前特定社会中的人，他是当代人。可以看到，因标准而来的误判所针对的品德评价，它评价的是这样的人：他与断言此品德评价为误判的人不存在于同一社会，如果后者是当前特定社会中的人，那么他是其他社会的人，如可以是当前其他社会中的人，也可以是历史人物。因事实而来的误判针对的品德评价所评价的人与之不同，他与断言此品德评价为误判的人尽管可能不生活于同一社会，如他可能是历史人物，但他们也可能生活于同一社会，也即如同断言此品德评价为误判的人一样，他可能是当前特定社会中的人。

如果在当前特定社会中的人看来，其他社会中的品德评价是误判，那么这种误判往往是因标准而来的误判。这种误判通常与社会意识形态、文化传统、法律政治制度等有关。由于其他社会与当前特定社会在意识形态、文化传统以及法律、政治制度等方面存在不同，它们接受了不同的评价标准，结果出现了误判。如在东方文化背景中受推崇的人，可能在非东方文化中被指责。在基督教社会被当作圣者的人，在其他社会可能被当作恶魔。由于这种误判是因社会整体或社会结构而出现的，因而它不只出现在此社会的特定品德评价中，也出现在此社会的其他许多品德评价中，甚至出现在此社会的所有品德评价中。如此一来，就可能出现这样的情形：在当前特定社会中的人看来，其他社会所做出的所有品德评价都是误判。当然，在当前特定社会中的人看来，其他社会中的品德评价也可能是因事实而来的误判。设想过去社会对某些历史人物做出了某些品德评价，但当代人根据考古以及其他一些方式，发现了各种之前人们所没有了解到的史料。当代人根据所获得的这些新事实而对历史人物做出了与之不同的品德评价，也即在他们看来，之前的品德评价是误判。显然，这种误判就是因事实而来的误判。

一旦确定了一品德评价为误判，则在某种程度上就已对它给予了修正。对于其他社会（特别是历史上的社会）中的品德评价，即使当前特定社会中的人认识到它是误判，对它做出了修正，对被评价者本人而言，它可能也没有太大意义。尽管如此，确定它是否为误判以及对误判做出修正依然是重要的。其重要性也许主要不体现在被评价者或其所在的社会那里，而体现在当前特定社会中。这种修正不仅对当前特定社会中那些追求青史留名的人来说是有意义的，对匡正当前特定社会中的品德评价，扬善惩恶，树立良好社会道德风尚也是重要的。可以预见，如果对当前特定社会中社会成员的品德评价出现了误判，则可能使得被评价者以及他人心生不满、怨恨。它不仅会导致不公正、难以扬善惩恶，甚至会激发社会成员之间的冲突，从而引起社会的混乱与不稳定。可见，尽管对出现在其他社会中的误判做出修正是重要的，但相比而言，对出现在当前特定社会中的误判做出修正更为重要。公正、安定而有序的社会要尽可能消除这种误判。在此主要考虑这种误判。

出现在当前特定社会中的误判大多是因事实而来的误判，要消除这种误判，当然要对那些大肆篡改、伪造事实而欺瞒他人的人，或对那些标榜自己、诋毁他人的人给予惩处。强有力的惩处显然要依赖法律等社会制度，而社会常常也不缺乏这样的法律。不过，由于那些拥有权力、财富或占有其他社会优势资源的人在无视甚至肆意践踏它们时，社会难以使他们付出相应的代价，因而要消除这种误判，也许更为重要的是要限制权力、财富等社会优势资源的过分集中，对它们的拥有与使用给予某些限制，如对这些社会优势资源进行分割，尽可能使一个人对它们的拥有保持在合理限度内；对它们的使用加以约束，对其使用过程进行监督；限制媒体与权力、财富等的结盟；等等。当然，要消除这种误判，社会还要采取其他方面的措施，如要给予民众较大的言论自由，使人敢于讲真话，同时，也要使信息尽可能地自由传播，等等。

由于专制社会中的社会制度依赖于统治者的主观任意，其他人很难对统治者进行真正的限制，因而统治者有先天的优势来篡改、伪造事实以及自我标榜与诋毁他人。在这种社会中，他的这种做法甚至被其他社会成员当作一件很自然的事，它甚至是这种社会文化生活的不可分割的一部分。正因如此，存在于专制社会中的这种误判是难以被克服的。在民主社会，权力归根结底属于全体社会成员，而不是特定个人或群体。掌握权力、财富等社会优势资源的人受多数决定原则的约束，不仅没有人拥有绝对的权力、财富，而且社会成员也能对任何个人所拥有的权力、财富进行有效的限制，能对他使用它们进行有效的监督。此外，民主社会中的平等、自主、彼此尊重的价值观念也使得那种利用特权来篡改、伪造事实的行为失去了文化基础。可以预见，相比于专制社会，民主社会更少出现误判，也更能消除误判。对于专制社会与民主社会中误判的区别，还有一点值得提及。由于专制社会所宣扬的意识形态与社会公德可能不一致，或与那些为其他社会所接受的社会公德不一致，因而为专制政府所推崇的品德评价不仅在当前社会中可能是误判，它们以及存在于此社会中的其他品德评价在后世人看来，也可能根本是误判。一般而言，民主社会中的品德评价更能经得起历史的检验，这种系统性的误判较少出现在民主社会中。

当然，即使在民主社会，完全消除这种误判依然是难以可能的。尽管相比于专制社会，民主社会中的社会优势资源会更为分散，不会过于集中，但它们也不是完全平均分配的。其实，它们的不平均分配恰恰是社会发展的动力，因而民主社会甚至没有必要努力做到这一点。不仅如此，尽管民主社会对权力、财富等社会优势资源的使用进行了较为严格的限制与监督，但要完全做到这一点也是难以可能的。如此一来，民主社会中的人们也可能利用自己所拥有的资源来刻意造成误判。这种误判尽管可能因人为的刻意而形成，却也可能因社会中所存在的诸如社会文明程度、群众心理、文化传统等因素而造成。即便在民主社会，这样的因素也不能完全消除。如果这样，自然难以期望在民主社会完全消除这种误判。

　　对社会来说，要消除误判，还可以采取其他许多方式。在现实生活中，一个人所做出的行为的后果通常没有完全显露，而他也总是在做出新的行为。如果要尽可能基于完全而可靠的事实来做出品德评价，那么在对当世之人的品德做出评价时是需要谨慎的。盖棺论定实际就表达了这种谨慎态度。一般而言，在一社会中，如果民众文化水平较高，社会物质财富较为丰富，同时社会资源的分配也比较公平，等等，那么其中的社会成员就会较为开明、宽容，比较有主见，较少受人诱导，不会轻信谣言，不会传播一些没有根据的信息。在这样的社会，自然也比较难以产生误判。

　　当然，一个社会即使能达到上述这些要求，如在一个高度文明的民主社会，经济发展程度比较高，民众丰衣足食，社会制度公平合理，社会成员开明包容、心理健全，也可能由于各种原因而存在误判。的确，尽管社会要努力避免误判，但有时也在所难免。在某种程度上，这种误判是人类复杂生活的一部分。考虑到这一点，社会有必要尽可能消除它所带来的影响。为了消除这种影响，社会除了对误判进行修正、公开事实真相、对篡改或伪造事实的人进行惩处之外，还有必要对被误判的人给予某些补偿。这种补偿可以是对受社会过分褒奖的人进行贬抑，也可以是对受社会过分贬损的人给予奖励，等等。或许有人会提出，社会中那些品德高尚、心胸开阔的人并不追求这种补偿。社会中的确存在这样的人，不过，为了社会的公正与安定，为了社会成员之间的良好协作，社会依然有必要做出这样的补偿。实际上，这种补偿不只是给特定个人，也是给整个社会。它对整个社会来说，甚至是不可或缺的。

　　如果误判终究无法完全消除，对特定个人而言，他应当如何自处呢？一些人可能会认识到，由于误判有时不可避免，因而要对自己所遭受的误判坦然面对，要对误判自己的人予以宽容。不仅如此，他坚持，尽管存在误判，但依然有必要严于律己，坚守社会公德，即使这种坚守常常不为人所知。他相信，尽管这种坚守可能不会获得社会的称颂，但的确可获得内心的安宁，成就美德。也有人考虑到，由于存在误判，因而需要时时宣扬自己，要把自己的美德善行昭告天下。当然，他的这种做法尽管可使人获得有关他自己的真实的信息，难以对他产生误判，但人们在对他做品德评价时显然是会打折扣的。一般来说，面对误判，"一个人应当如何自处"的问题实际也就是"一个人希望做何种人以及如何做人"的问题。一个人希望做何种人以及如何做人，与其出身、生理以及心理条件、所处环境等有关，不同的人对此会给出不同的回答。然而，无论一个人希望做何种人，无论他打算如何做，他也不一定能完全避免被误判。他最终是否被误判，是一件与运气相关的事情。

第四节　美德的自主培养

　　断言一个人具有一种品德也就意味着他拥有某种能力，即拥有做出一些行为（如接受某规范、遵守某规范等）的能力，正是这种能力使他呈现出美德来。如果要求一个人追求一种品德实际是要求他拥有某种能力，那这是一种什么样的能力呢？人有多种类型的能力：有些能力是自然地具有的，有些是需要通过磨炼而达到的，有些则是无论如何磨炼都不可能达到的。人自然地具有行走、呼吸的能力。一个人并不能自然地具有写作、计算的能力，但可通过磨炼而具有这样的能力。然而，无论如何磨炼，一个人都不能如猎豹一样奔跑，如大雁一样高飞，也即这种奔跑、高飞的能力是无法通过后天磨炼达到的。一般来说，人可自然地具有某种品质，但品德或呈现某种品德的能力不是自然地具有的。尽管如此，品德仍可经由后天磨炼达到。在日常生活中，人们可能会听到诸如"某人天性淳朴""他天生慷慨"之类的说法。这样的说法通常不是指一个人的淳朴、慷慨品德是自然地具有的，而只是认为它们易于通过后天磨炼而成。尽管人们意识到，有些品德难以通过后天努力而达到，如大公无私、大仁大义、大忠大孝、大慈大悲的圣贤品德就难以人为磨炼而成，但它们也并非完全不可由后天磨炼而成。完全难以由后天磨炼而成的品质很可能不是品德，或不是人的品德，而只是神的品德。这里不关注那些可自然地具有的品德以及那些难以或完全不可通过后天努力而达到的品德。

　　对特定社会来说，社会成员具有美德是重要的。断言一个人具有某种美德时，通常是指他接受并遵守了某些社会公德。如果大多数社会成员遵守社会公德，具有各种美德，则可说此社会有良好的道德风尚。美德不仅对于社会是重要的，有时对于个人也是如此。如果一个人经由后天的磨炼而具有了某种品德，则可说他培养了某种品德。显然，培养值得人们追求的品德或美德是伦理学面临的重要问题。如何培养美德？在一些中国传统思想家看来，这种培养可主要甚至完全从内心入手。据说一个人只要发现良知、端正本心、养浩然之气等，他便可培养出良好的品德，形成理想的美德或完整的人格。由于良知、本心、浩然之气是心理经验或心灵能力，只有培养者自己才能真切地了解，而培养者归根结底也只有依赖自己才能具有它们，因而似乎只要依赖于培养者自己的努力便能发现、端正它们，也只有依赖他自己才能保证是否具有它们。就此而言，发现、端正它们或培养美德是一件极为主观的事。正因如此，接受这种看法的人通常难以对"如何发现良知、端正本心、养浩然之气"的问题做出具有根据的回答，甚至难以做出清晰的回答。

这种看法甚至会在实践上产生不良后果。由于发现良知、端正本心等主要或完全依赖自己，因而似乎人人都能做到这一点，也易于做到这一点。这样一来，美德培养就成了一件唾手可得的事。不仅如此，在它看来，只要基于良心、本心，那些为所欲为的行为甚至也是合理的，即使它并不合乎社会公德。这实际可能会导致自我欺骗。如一个人自以为发现了良知、端正了本心，于是他便自以为从此具有了美德，他便可问心无愧地做他所想做的事，而置滔滔天下于不顾。这种美德培养方式也可能造就欺世盗名之徒。由于良知、本心等只有培养者个人才能真切了解，而他人难以了解它，因而如果社会中的民众相信这样的看法，一些人便可借此放心地来伪装自己。如果一社会广泛地接受了这种自欺欺人的美德培养方式，可以预见，在此社会中将会出现诸多不公正的现象与品质败坏的人，其中的社会成员也可能难以进行大规模持续的协作。

完全依赖这种良知、本心等来培养美德的看法不仅难以达到目的，实际也少有人坚持。许多中国传统思想家尽管强调这种培养美德的方式，却也不完全如此。他们强调，培养美德要基于对一些社会公德的接受与遵守，要基于一些客观事物。儒家经典《大学》就提出："古之欲明明德于天下者，先治其国；欲治其国者，先齐其家；欲齐其家者，先修其身；欲修其身者，先正其心；欲正其心者，先诚其意；欲诚其意者，先致其知；致知在格物。"① 在《大学》看来，修身不仅要基于正心、诚意，不仅要在齐家、治国、平天下等中体现出来，要具体遵守某些社会公德，还要依赖于格物、致知。无论如何，尽管美德的呈现要依赖心灵能力，在谈到美德培养时也离不开心灵，但心灵可以通过客观事物而被理解，它受客观事物的影响。正是如此，可基于某些客观事物，并且通过可被公共理解的方式来培养心灵能力，从而培养美德。实际上，那些试图通过发现良知、端正本心等来培养美德的人常常也不得不基于这样的方式。

谈到影响美德培养的客观事物，首先要提到的当然是知识。知识对于美德培养无疑是重要的，它不仅影响了美德培养的动力与目标，也影响了美德培养的方式。一个人只有知道美德是值得追求的，他才会培养美德。一个人常常只有知道美德是什么、存在哪些美德以及不同美德之间的关系，他才会选择所要培养的美德。同时，只有知道培养某种美德需要遵守哪些社会规范，一个人才能真正切实地培养美德。有些美德（如大公无私）要付出极大的努力才能达到，相比而言，有些美德（如举止得体）则易于达到。只有了解美德培养的难易，人们才能在培养美德时知进退，知道所需要用力之处。此外，对美德的培养通常要遵循一定的次序，因而明了次序对美德培养也是有益的。

尽管在培养美德的过程中需要知识的滋养，但知识对美德培养的影响其实是复杂的。一方面，知识的作用体现在美德培养的各个环节中；另一方面，不同的知识可能对美德培养产生不同的影响。由于不能完全基于知识演绎出规范，一个人接受一规范不完全是基于知识的结果，因而即使随着认识的深入，一个人比之前的自己拥有更多的知识，他可能因此而增强了接受某些社会规范的信心，也不能保证他必定会接受它，更不能保证他必定会遵守它。其实，影响美德培养的知识常常是简单的，它不仅易于为人所知，也实际为人所知。正因如此，在现实生活中，人们会发现，一个人所拥有知识的丰富程度不一定对其美德培养有重大影响，而具有美德的人不一定是掌握知识很多的人，甚至不是拥有丰富伦理知识的人。不仅如此，知识有时甚至不利于对美德的培养。一个人知

---

① 《大学》，载朱熹《四书章句集注》，中华书局，2011，第5页。

道的越多，他就越可能发现自己所接受的规范其实是没有充分根据的，他也就越可能接受那些与之不一致的规范。在实践中，他一旦发现自己在践行某些社会公德时出现困难，就会自我解脱，轻言放弃，以至于左右摇摆、首鼠两端，甚至厚颜无耻，转而遵守其他社会规范。如此一来，他反而难以成就美德。相反，一些宗教信徒或生活在文明不太发达社会中的人们，常常不屈不挠地接受并遵守某些宗教戒律、禁忌、风俗以及社会公德，结果他们成就了许多为文明程度更高、拥有更多知识的现代人所敬畏的高尚品德。

于美德培养来说，一个人仅仅拥有某些知识，知道要接受何种社会规范是不够的，他还要实际遵守相关社会规范，践行美德，也即要知行一致。在某种意义上，知行一致是美德培养的基础。如何使人知行一致？要回答这一问题，首先要清楚一个人为何会知行不一。这里不考虑那种受某些客观因素影响而失去自主性，从而导致知行不一的情形，只考虑那种人的主观因素导致其知行不一的情形。在这种情形中，尽管某些客观因素会影响人的行为，使他知行不一，但由于其主观因素能最大限度地消除这种影响，因而仍然可以说，其行为归根结底是由主观因素导致的。为了方便讨论，可把这样的主观因素简单地归结为两个方面：一是他对规范的接受没有足够坚定的信心；二是促使他遵守规范的动力不够。这两方面显然是有联系的。一个人尽管接受了某规范，但他认识到，与其他规范的根据相比，此规范的根据不是那么充分。于是，他接受它就比较勉强，就没有足够的信心。如果一个人接受一规范比较勉强，那他遵守它时就会比较犹豫，就会迟疑不决，也即他遵守它的动力不够。反过来，如果一个人义无反顾地遵守某规范，这通常表明，他有坚定的信心来接受它，他甚至认定它有充分的根据。狂热的宗教信徒或革命者义无反顾、不辞辛劳甚至不惧死亡地遵守某些规范，这与他们抱有极坚定的信心来接受那些规范是有关的。

这些主观因素既包含接受规范的信心，包含促使行为产生的动力，也可能包含其他内容，这些不同内容相互之间还可能存在某些关联，因而说明这些主观因素的具体内容以及它们之间的关联是极为困难的。正因如此，这里不把不同内容的主观因素区分开来，而统称为自制力。于是可以说，一个人之所以知行不一，就是由于他缺乏自制力，而总是知行一致的人则是具有较强自制力的人。自制力导致自制，知行一致则是自制力导致的结果，因而也可把"知行一致"等同于"自制"，而"知行不一"等同于"不自制"或"缺乏自制力"。一般称促使行为产生的心灵能力为意志。如此一来，那使人遵守规范的心灵能力也是意志。一个人接受一规范不完全基于知识，也有其他方面的原因，这些原因与那促使行为产生的心灵能力（即意志）无疑有相关之处。在某种意义上，接受一规范也可看作一行为。于是也说不自制或缺乏自制力源于意志薄弱，具有自制性质的人或有自制力的人是意志坚定的人。

缺乏自制力的人通常具有如下特征：他不仅知道为何要接受某一社会规范，并且自己也接受了它，但在现实生活中，他没有能力或没有勇气遵守它。当然，谈到一个人缺乏自制力时，有时不只是指他没有遵守他所接受的社会规范，也可能指其他方面。假设在特定情境中，一个人可在两种或多种可供选择的行为中进行选择，并且他认为在这些行为中，其中一种更值得去做，不过他最终选择做了另一种行为，如一个苦恼的上班者早上起床后，发现自己面临两种选择：一是离家去上班，一是在家打游戏。尽管他知道上班比打游戏更值得去做，但他最终放弃了它，而选择在家打游戏。那么在这种情境中，人们也可断言他是缺乏自制力的。

缺乏自制力的这两种类型显然是相关的，人们有时甚至把它们看作相同的。不过仔细比较一下就会发现，它们其实还是存在某些区别。一个人知道去上班能给自己带来益处，这是他所欲求的行为。他也知道打游戏能给自己带来快乐，这也是他所欲求的行为。只是两相比较，他认为当下打游戏能给自己带来的快乐超过了上班给他带来的益处，因此他放弃上班而选择在家打游戏。他在二者之间所做出的这种选择可看作他在两个所欲求行为之间所做出的选择。此选择类似于一个人在食堂窗口边对套餐的选择。食堂中的各种套餐都是他所欲求的，但他只能选择一种，他需要在两个欲求行为之间做出选择。一般认为，一个人选择其中任何一种套餐都难以说他是缺乏自制力的。如果这样，是否也可以说，一个人无论是选择去上班，还是选择打游戏，都不表明他缺乏自制力呢？对此问题的回答是存在争议的。也正是由于考虑到这一点，在此只讨论一个人不选择遵守他所接受的社会规范时所体现出来的缺乏自制力。

如果一个人获得了某些有关美德以及美德培养的知识，也就可能增强他接受以及遵守某些社会公德的信心，从而提升其自制力。可见，知识对于自制力的提升是重要的。前面谈到知识的作用时实际就已体现了这一点。由于美德要体现在行为中，体现在对规范的遵守中，因而在实践中提升自制力、培养美德是理所当然的。考虑到现实生活中存在各种知行不一的现象，考虑到一个人易于接受一社会规范而难以遵守它，也即"知易行难"，人们通常相信，相比于通过知识来提升自制力，在实践中提升自制力会更为重要，也更为真实可信。如何在实践中提升自制力、培养美德？

　　设想在人生的紧要关头，如在面临大是大非之际，在面临生死存亡之时，一个人能摆脱威逼利诱而坚守自己所接受的社会规范。在此情境中，他无疑显示出了极强的自制力。所谓"沧海横流，方显英雄本色"。尽管在人生紧要关头一个人能较为充分地呈现其自制力，也能较为充分地提升其自制力，但自制力的提升不完全依赖于此。一方面，在人的一生中，这样的紧要关头其实是比较少见的；另一方面，一个人如果过早面临这种紧要关头，可能反而不利于其自制力的提升。实际上，由于坚强的自制力没有养成，那试图培养美德的人可能会在这种情境中对自己的坚守产生怀疑，从而改变自己的信念，接受其他社会规范。的确，尽管培养美德要努力精进，却也不能操之过急，常常要先易后难。如果一个人过分急于培养某些美德，结果可能一蹶不振，从而丧失培养美德的动力。反之，如果一个人在平常的生活中，从一些伦常小事做起，遵守那些切实易行的社会规范，如在家孝敬父母、出外尊敬长辈、爱护公物、诚信待人，平时"勿以恶小而为之，勿以善小而不为"，那么他也可积小成大、聚少成多，不断地在生活中提升自制力。日积月累，他甚至能在人生紧要关头呈现极强的自制力。一个人如果不注意在平常小事中成就美德，总是幻想自己能在人生紧要关头呈现极强的自制力，那终究只是水中月、镜中花。

　　断言一个人具有某种美德的一个重要原因是他长期遵守了某些社会规范或社会公德。长期遵守某些社会规范或社会公德不仅是判定一个人具有自制力的重要根据，其实也是提升其自制力的重要方式。人一旦在社会中树立起了具有某种美德的形象，在他与他人协作或交往中，他人就会预料他将遵守某些社会公德。可以说，这种美德是他与其他社会成员协作的基础，甚至是他与他人订立的契约。设想有一天，他不顾及自己的形象，不遵守与之相关的社会公德，那他就可能会遭受他人的谴责。这会给他带来危害。这种危害很可能会比那些不具有这种形象的人在不遵守相同社会公德时所遭受的危害更大。之所以如此，是因为在他树立这种形象时，他就已为这种形象的树立付出了相当的代价。如果他不顾及这种形象而不遵守社会公德，那他不仅会遭受那些不具有这种形象的人在不遵守相同社会公德时所受到的危害，而且他之前的付出也会付之东流。当然，如果他遵守相关的社会公德，他由此获得的益处通常也比那些不具有这种形象的人在遵守相同社会公德时所获得的益处更大。因为这时他更易于获得他人的协作，更可能得到他人的帮助。如一个诚实的人不信守承诺所带来的危害，往往会比一个无赖不信守承诺所带来的危害更大，而诚实的人信守承诺也将比一个无赖信守承诺收获更多。可见，一个长期遵守某些社会公德并因此而树立起了某种美德形象的人，相比于他人，他在未来更可能遵守它，他也有更大的自制力做到知行一致，也即越是具有美德的人，他也就更为自制。

  一个人刚开始遵守某些社会公德时会遇到阻力。如由于他可能要放弃自己原来所要接受的社会规范，违背自己的"本心"，他在心灵深处会有情感冲突，会遇到情感上的阻力。不仅如此，它还可能会给他带来其他方面（如财富）的损害。不过，他一旦克服这些阻力，遵守社会公德，他可能会发现，原来遵守它们并不如想象的那么难。他可能会发现，遵守社会公德不仅最终能获得他人的帮助，能给自己带来诸多益处，而且心里感到轻松，甚至会自然地生出一种喜悦。在现实生活中，一些遵守社会公德、立志培养美德的人，可能最初只是为了个人的利益（如获得名望），或者只是为了做给别人看的。然而，经过不断地克服阻力，持续地坚守社会公德，他逐渐发现，其中自有一种乐趣，遵守它们并非苦差事。最终，他甚至不会为了求得别人的赞誉而做给别人看，即使在隐蔽无人处他也会坚持不懈地遵守它们。结果在他那里，遵守它们成了一种习惯，成了一件很自然的事。俗语"少成若天性，习惯成自然""积习难改"就描绘了这种情形。这时自制力就成了一种类似天性的东西，生长在他身上，再难以改变。

总的来说，无论是知识，还是实践，它们对自制力的提升、美德的培养都有显而易见的作用，不仅如此，它们的作用也出现在美德培养的各个环节中。这里之所以把它们区分开来，只是为了更为清晰地了解它们在美德培养过程中的作用。其实，它们在现实生活中是时刻不可分的。就此而言，知行总是一致的。当然，这里所谈到的知行一致与前面所谈到的知行一致尽管有关联，却不尽相同。还有必要指出的是，尽管一个人需要具有自制力，一个具有较强自制力的人通常也是值得信赖的人，但人的自制力不总是越强便越好。具有自制力的人可能行善，也可能作恶。相比于自制力不强的恶人对社会的危害，一个具有极强自制力的恶人对社会的危害往往会更大。具有极强自制力的希特勒对人类来说是一个悲剧。同时，由于社会不断变化，一社会规范尽管在某一时期是社会公德，但它在另一时期可能并非如此，于是，某些社会规范或社会公德不总是值得接受或遵守的。如此一来，在不同时代，人们所应当培养的美德也可能是不同的，需要因时而变。相比而言，自制力不那么强的人可能更适应社会的变化。的确，由于人接受或遵守规范并没有完全充分的根据，人们在接受或遵守规范时，可根据实际情况来调整自己的行为。这种调整不仅于行为者自身是有益的，于社会而言，它常常也会带来好的结果。

第五节　美德培养的社会环境

美德培养要依赖行为者自身所拥有的知识，要依赖其自制力的提升。不过，它不只要依赖于行为者自身，还要依赖于一些外部条件。这些外部条件不仅包括自然因素，也包括社会因素。即使自然环境对美德培养有影响，由于自然环境的这种影响常常不那么直接，也不很明显，因而它不太为人所关注。不仅如此，处于不同地域的社会有不同的自然环境，这种不同难以人为改变，因而即使关注这种影响，它也不太具有普遍意义。社会环境对美德培养的影响与自然环境的这种影响显然不同。尽管不同社会中的社会环境是不同的，但它们通常可因人的意愿而改变，甚至可因此而变得相同或相似起来。正因如此，人们可以主动地改变社会环境来培养美德。同时，社会环境常常对美德培养有直接的影响，这种影响广泛而深远，它不仅存在于对各种美德的培养中，也渗透于美德培

第十五章　品德评价

养的各个环节，如培养何种美德、如何培养美德以及美德培养所要达到的目的都或多或少与之相关。基于此，在美德培养中，相比于自然环境的影响，人们更为关注社会环境的影响。

社会环境（也可简便地称之为社会）如何影响（个人的）美德培养？对特定个人来说，美德培养要通过接受并遵守某些社会公德才能实现，因而可通过社会对社会公德形成的影响来大致了解它对（个人的）美德培养的影响。不过，这两种影响是不同的。对社会影响美德培养的了解通常只要观察个别社会成员所受社会的影响就可获得。与之不同，对社会影响社会公德形成的了解要基于对社会中所有成员所受影响的了解而获得。由于社会可通过多种方式（如法律、强制性道德教育或基于稀缺性目的等）来影响社会公德的形成，它显然也可通过多种方式来影响美德培养，甚至可通过诸如法律、强制性道德教育或基于稀缺性目的等来影响美德培养。鉴于前面已谈到过相关的问题，这里不关注如何通过这些方式来影响美德培养的问题，而主要关注何种社会有利于美德培养。

一个人之所以会接受并遵守某些社会公德，培养某种美德，很大程度上是因为借此能达到自己的目的。实际上，从根本上说，上述这些培养美德的方式都与人们所追求的一些基本目的（即人生目的）有关。尽管不同的人，甚至同一个人也追求不同的人生目的，但可以把所有这些人生目的归结到一起而称为幸福。尽管"幸福"是一个含义极为模糊的词，但它还是具有某些为许多人所共同接受的含义。在日常语言中，"幸福"是指某种类型的心理经验，如指快感、满足、心灵的宁静等。正是如此，有时甚至明确地称之为幸福感。幸福感的出现显然不是无中生有的，它只有基于某些内部或外部条件才能达到。如一个人只有获得健康、财富、权力、爱情等时，或者只有获得高度的社会安全、优质的社会服务、良好的居住环境等时，才具有这种心理经验，因而人们有时也把获得这样的事物看作幸福。《尚书·洪范》中记载了五种幸福，即"寿""富""康宁""攸好德""考终命"，这种"五福之说"大致就是如此理解幸福的。[①] 由于幸福感与获得某些事物密切相关，它们甚至不可分割，因而"幸福"常常不仅指某种幸福感，也指可达到幸福感的事物。由于

---

① 顾颉刚、刘起釪：《尚书校释译论·洪范》（第三册），中华书局，2005，第1196页。

幸福感与这些事物（或对这些事物的获得）就如一个硬币的两面，它们不可分割，因而统称为幸福。基于此，这里把幸福看作人生目的或人们达到它们之后而具有的某种心理经验。

　　人人都向往幸福，都希望在有生之年过上幸福的生活，于是可一般地说，培养美德的目的是获得幸福。如果一个人总是接受并遵守社会公德，或具有了某种美德，同时他也获得了幸福，则就可以说，他在此社会中达到了（品）德（幸）福一致。如果一个人预见到他会在社会中达到德福一致，或了解到社会中的民众总是德福一致的，那他自然会努力培养美德。反之，如果他看到，那些无视社会公德、公然违法乱纪的人，那些强横蛮霸、无信无义的人，在社会中如鱼得水、飞黄腾达，并且占有高位，拥有巨额财富；如果他看到，那些谨守社会公德、遵纪守法的人，那些心地善良、行为正直的人，总是处于社会底层，辛苦劳碌，却常常遭受厄运以至贫病交困，那么他对努力培养美德就会犹豫不决起来，以至于背弃美德。可见，对于美德培养来说，德福一致是极为重要的，它甚至是人们追求美德的根本性原因。

　　如何使人在社会中实现德福一致？康德曾考虑过这个问题。他相信，要达到这一点，不仅要设想具有自由的人的心灵或灵魂是不死的，而且要设想存在全知全能的神。[①] 不过，即使不考虑心灵是否不死以及神是否存在的问题，康德的这一看法也是不太可信的。幸福与心灵的感知有关，而这种感知又依赖于身体的感觉器官，也即一个人所感知到的幸福不仅与心灵有关，也与身体有关。如果没有这样的感觉器官，则就没有这样的感知，也就没有如此这般的幸福。考虑到这一点，如下的情形便是可设想的：一个人（心灵）尽管在此世遇到某事物时会感到幸福，并且他在来世遇到相同的事物时也会感到幸福，但这两种幸福可能是不相同的，他甚至在来世遇到相同事物时会感到不幸。也就是说，可能出现如下情形：在来世的他（心灵）看来，此世的不幸恰是幸福，而此世的幸福恰是不幸。如果这样，那么他如何确定此世所感到的幸福是真正的幸福呢？或许全知全能的神有一个确定幸福与不幸的客观标准，但平凡的世人如何可能知道它呢？由于此世被认为的美德在来世或许是恶德，

[①] 康德：《实践理性批判》，邓晓芒译，人民出版社，2003，第181页。

而此世的恶德在来世恰是美德,因而于人而言,确定一个超越特定人世(社会)的评价品德的客观标准无疑是困难的。可以说,当康德把德福一致寄希望于灵魂不死或来世,或寄希望于神时,他没有也不可能真正解答此问题。

在现代,人们其实不太关心来世的德福一致,而比较关心现实生活中的德福一致。如果现实社会能提供这样一种环境,使得生存其中的具有美德的人得享幸福,而不必等到来世,这无疑会促使人们培养美德。在这种意义上,"如何实现德福一致"就不仅仅是一个与特定个人相关的问题,它也是一个社会问题。康德抛开与此问题相关的社会因素,试图单纯依赖于个人的信念与自主选择来解答它,自然难以达到目的。一个人在社会中如何实现德福一致?它显然是一个复杂的问题,当然难以指望在此对它做出较为系统而深入的回答。考虑到此处所关注的主题,这里只关注"社会如何使人实现德福一致"或"何种社会能使人实现德福一致"的问题。

社会基于社会制度(包含法律、行政措施等)来分配社会资源时,它在某种程度上也就确定了幸福的分配。如果在一社会中,相比而言,那些具有美德或品德高尚的人易于达到其目的,易于获得幸福,而那些品德低劣的人不易达到其目的,不易获得幸福,那就可说它是一个易于实现德福一致的社会。易于实现德福一致的社会无疑有利于其社会成员培养美德,而不易实现德福一致的社会则不利于其社会成员培养美德。由于民主社会中的社会制度与社会公德比较一致,它们甚至是基于社会公德而被制定出来的,因而社会成员在培养美德时就不必违反社会制度,甚至会遵守社会制度。正因如此,在民主社会,那些接受社会公德或品德高尚的人会得到社会的接受、支持或鼓励,相比而言,他们也因此而易于获得幸福。反之,那些不接受社会公德或品德低劣的人会被社会排斥、反对甚至惩处,从而通常难以获得幸福。由于民主社会从根本上保证了其社会成员的德福一致,因而相比于其他社会,它是更易于实现德福一致的社会。相比而言,专制社会中的社会制度与社会公德更为不一致,人们在遵守社会公德时可能违反法律,而遵守法律时又可能违反社会公德,因而它是不易实现德福一致的社会。

需要指出的是,尽管民主社会更易于实现德福一致,但其中的德福也不总是一致的。这自然是有原因的。在现实生活中，民主社会中的社会制度不都是基于多数决定原则的，如它们可能是社会管理者专断的结果。由于其中的社会制度不总是与社会公德一致，而遵守社会公德的人可能违反社会制度，因而他可能难以达到幸福。不仅如此，随着社会的发展，各种社会因素不断变化，即便是根据多数决定原则制定出来的社会制度，也总是可能变得不符合社会公德起来。此外，由于民主社会中的品德评价可能存在误判，生活于其中的民众不能得到完全合理的品德评价，因而那些没有得到合理评价的人当然是可能无法获得相应的幸福的。无论如何，在民主社会中是可能出现德福不一致的，它的出现甚至是显而易见的。也正是如此，在社会中存在一些对德福不一致的矫正措施，这些措施包含对具有美德的人进行奖励，对不追求美德、放任自己的人给予惩处，等等。这些措施是社会难以系统地实现德福一致时所做出的临时救济，而它们的出现恰恰表明了德福不一致的现实存在。

其实，无论何种社会，要求它实现完全的德福一致是不适当的。一方面，社会资源的分配不完全根据个人的品德来进行，如社会可能需要根据个人的能力、贡献的大小以及其他因素来分配幸福。要求社会实现完全的德福一致，实际是把政治领域、经济领域、文化领域完全道德化了。这样的社会不仅不是一个好的社会，甚至是一个远比现在的社会坏的社会，它可能导致文化单一、经济落后，其中充斥各种欺世盗名之徒或伪君子。另一方面，要实现完全的德福一致，就势必要把社会中不同人所接受的评价品德的标准或判定幸福的标准统一起来。尽管社会中存在评价品德的标准，但它只能获得多数人的接受，而不能获得所有人的接受。不同的人对幸福也有不同的感受，从而有不同的判断标准。正因如此，难以给出一个为所有人所接受的评价（品）德、（幸）福的统一标准。尽管难以给出一个为所有人所接受的评价品德或幸福的统一标准，但通常还是存在为社会中多数人所接受的评价标准。就幸福而言，人们通常把生存、健康、维持基本生活的财富以及自尊当作达到幸福的基本条件，因而可通过它们而获知社会中多数人所接受的评价幸福的标准。当然，这种标准并不一定适用于所有人。

在某种意义上，德福一致也不是完全值得追求的。实际上，德福之间在某种程度上的不一致不仅可能促进社会其他事业的发展，还可能促进其他一些美好事物的产生。如果在一个社会中，一个人追求美德时能自动地获得幸福，那他追求美德就可能不完全是基于自主的选择，而是依赖于社会（制度）本身，预期社会所给予他的幸福。反之，如果一个人即使没有获得世俗的幸福或预期难以获得这样的幸福，他也依然追求美德，那就表明他有更强的自制力来追求美德。通常认为，这时他所成就的品德将更为高尚，其心灵更显伟大。的确，德福不一致有时能成就更高尚的美德，使人的心灵散发出感人至深的光辉。

  有必要指出，尽管相比于专制社会，民主社会中德福更为一致，但在实际存在的专制社会，其中的许多社会制度与社会公德也是基本一致的，其中的德福也存在基本的一致性。没有这种一致性，专制社会是不稳定的，它将总是处于动荡不安之中。就此而言，任何稳定而有序的社会，无论是民主社会还是专制社会，其中的德福存在基本的一致性。尽管在稳定而有序的社会中，德福存在基本的一致性，但也总是存在某些不一致。不同社会中德福不一致的程度当然也不完全是相同的，其中有些社会易于实现德福一致，或德福一致的程度较高，有些社会则德福一致的程度较低。尽管相比而言，民主社会更易于实现福德一致，但即使在民主社会，人们依然会发现，在现实生活中，具有美德的人也未必幸福，而幸福的人未必有美德。这恰恰表明，美德不是所有人都能成就的，成就美德是一个需要自主追求并努力达到的事业。

第十六章　安身立命

第一节　人的自觉

尽管伦理学探讨了人生的目的、判定规范合理性的标准，甚至研究了对品德的评价与美德培养等，但这依然是不够的。在实际生活中，人们更为关心的是他应当成为什么样的人或应当具有何种品德、他要接受并遵守何种社会规范等，也即他应当如何为人处世、安身立命。尽管前面或多或少地谈及了这些问题，却没有认真关注它们，现在是时候了。

要探讨这类问题，有必要对人生存于世的情形有所了解。人一呱呱坠地，便生出各种欲望，追求各种目的。一个人最初所渴求的目的往往是具体的，他为眼前而活，为追求特定的感官享受或基于一时的情绪而行事，如他渴望得到可口的食物、称心的玩具、他人的爱抚等。为达到这些目的，他也要接受一些规范，其中不仅包含社会规范，也包含一些技术规范。这些规范通常是具体的，不具有较高的普遍适用性。随着年龄的增长、生理的成熟，人的生活阅历日益丰富，智力大为提升，其行为能力与理解能力显著增强。这时他追求的目的不仅越来越多，也越来越抽象，他甚至追求诸如健康、友谊、名望、自由之类的人生目的。不仅如此，他接受的规范也越来越多、越来越普遍，其中就包含了一些较为普遍的社会规范，即道德规范（个体道德）。

人生存于世的初期，其生活领域比较狭窄，所面临的生活场景比较简单，即使如此，他所接受的人生目的或道德规范也往往源于多个方面。他可从不同地方接受它们，如可从家庭、学校、教堂等场所接受它们，也可从邻里、社区以及其他场所接受它们。他可通过不同方式来接受它们，如其中一些来源于年长者（如父母、教师等）的言传身教，有些则是他主动模仿、学习的结果。一个人接受人生目的或道德规范的原因也是多方面的：有些是由于它们能满足他的需要；有些是出于对权威（如父母、教师、神灵）的信赖；有些是为取悦他人或为融入周围社会的结果；有些则是由于他发现，如果不接受它们将会面临惩罚。

尽管人们基于不同方式与原因而接受了各种人生目的或道德规范，但它们不是完全不同的。一个人在其人生的初期，通常会把他所接受的人生目的或道德规范当作理所当然的，相信它们具有无可怀疑的合理性，甚至相信它们是神圣的。他之所以接受它们，很大程度上是受自身因素以及一些外部环境因素影响的结果，他似乎是自然地、无意识地接受了它们。他接受它们只是"顺习而行，照例行事"①，因而有时与其说是他主动地选择了它们，不如说是他被动地接受了它们。一般来说，一个人处于人生初期时对待自身所接受的人生目的或道德规范的态度与他在其他人生阶段对待它们的态度有所不同。根据对待它们的不同态度，可区分不同人生阶段。如果一个人处于人生初期，或者尽管他不处于人生初期，但他如在人生初期那样对待自己所接受的人生目的或道德规范，则可说他所处的人生阶段为早年。其他阶段则可称为成年。

人们习惯于用"早年""成年"等语词来表示人生的不同阶段。这里的"早年""成年"与它们的一些惯常用法不同，它们所表示的人生阶段不是根据人的生理状态，而是根据其心理状态来区分的。儿童生活的世界往往是经由其父母或他人重新塑造后的世界。在这一世界中，他根据父母或他人的要求来行事，他接受了他们所给出的目的与规范，其中就包含各种人生目的或道德规范。他信赖它们，依靠它们，从来没有怀疑过它们。实际上，由于没有或很少发现存在其他与之不一致的人生目的或道德规范，他甚至相信，世界上的他人都接受了相同的人生目的或道德规范。在这种生存状态中的儿童无疑处于人生的早年阶段。在一个与世隔绝的原始社会，人们按千百年流传下来的传统而生活。由于传统中包含着各种人生目的以及道德规范，生活于这一世界中的人们便可根据它们来应对周围世界。这种应对通常是有效的，其中大多数人乃至所有人都没有对它们产生疑问，而理所当然地接受了它们。他们甚至相信，其中一些人生目的或道德规范来自神的旨意，反思或怀疑它们是亵渎神灵的，因而也是大逆不道的。可以说，原始社会中的民众尽管在生

---

① 冯友兰：《新原人》，生活·读书·新知三联书店，2007，第45页。

理上已成年，但在心理状态上还未成年，还处于人生的早年阶段。

某些前现代社会，由于受血缘或从事职业等的影响，其中的社会成员被分为不同的等级。不同等级之间的成员不能自由流动，每个人都处于特定的等级，并且各安其位。每一等级有固定的生活模式，处于特定等级的人有其确定的人生目的或道德规范。在这一社会中，人一出生就处于某一社会等级中，他理所当然地承袭了他所处等级的人生目的或道德规范。这时他不去怀疑或者选择什么，他安心于此，甚至感到自己必定如此或理当如此。生活于此社会中的人尽管在生理上已成年，但其心理状态还处于人生的早年阶段。在现代社会，即使那些在生理上已成年的人，如果对自己所接受的人生目的或道德规范没有反思、怀疑，他只是自然而然或理所当然地接受它们，或只是由于他人做了这样的选择，于是他也做出同样的选择，那就可以说，他在心理上还处于人生的早年阶段。

由于人生目的或道德规范来自不同地方，一个人可通过不同方式、基于不同理由来接受它们，因而即便在早年，随着生活阅历的丰富，他也会发现，他所接受的人生目的或道德规范并不一致。这会使他感到困惑，会引起他的反思。他会反思为何会存在这样的不一致，会反思如何消除这种不一致以及反思如何在众多不一致的人生目的或道德规范之间进行选择，等等。不仅如此，他可能发现，其他社会中的民众也接受了各种人生目的或道德规范，而它们不同于他所接受的或流行于他所处社会中的那些人生目的或道德规范。他还可能发现，不仅生活于不同社会中的民众接受了不同的人生目的或道德规范，那些生活于同一社会中的民众也是如此。凡此种种，都可能使他对早年所接受的人生目的或道德规范产生怀疑。

这种怀疑还可能来自它们与现实生活之间的脱节或冲突。人们发现，一方面，一个人所接受的诸多人生目的实际不一定能达到。如求寿者不能得长生，求财者难以安享财富，求名者反而身败名裂，求权者终为权力所伤害。另一方面，一个人从小被教导要接受某些人生目的，如崇尚自由、珍惜友谊、热爱祖国、以天下为己任等，他甚至也接受了它们。然而，那些不追求这些目的的人，那些长期束缚于特定生活、工作的人，那些无信无义、追求个人享乐的人，其生活看起来也很幸福。相比于前一类人，他们看起来甚至更为幸福。同时，人们也发现，由于社会的变迁以及受生理或心理因素的影响，一个人不一定能一贯地遵守自己所接受的道德规范，那些为达到某些目的而遵守道德规范的行为在现实生活中实际难以如愿，不遵守它们反而更易于达到目的。所有这些都可能使人们对自己早年所接受的人生目的或道德规范产生怀疑。皮亚杰在研究"儿童如何接受规范"时也发现了类似情形。皮亚杰发现，刚开始时，儿童尊重所接受的规范，他认为规范是"神圣而不可触犯的，是从成人产生的，是永久存在的"，只是到了后来他才意识到，规范是"由于互相同意而制定的法律，而且如果你要做一个诚实的人，你就必须尊重它们。但是如果你能使共同舆论都赞同你的意见，你也可以改变这些规则"①。一旦意识到这一点，他就会逐渐对自己所接受的目的与规范进行反思，就会对它们产生怀疑。皮亚杰指出，这种怀疑几乎会随年龄的增长而自然地出现，也会随之而逐渐增加。

　　人一旦不满足于他以前所接受的人生目的或道德规范，对它们产生怀疑；一旦意识到自己接受它们不是必要的，他可接受其他与之不同甚至不一致的人生目的或道德规范，这时就说他有了自觉。一个人的自觉会随着其行为能力的增强、智力的成熟以及生活阅历的丰富而出现，也会因人的其他生理－心理经验而产生。死便是可能引起这种自觉的生理－心理经验。死是人生的终结。一个人活着时不曾死，他死去时却已不是他自身了，因而严格而言，一个人从来不曾真正经历死，他只是察觉到了他人的死。然而，正是从他人的死中，人意识到自己终有一死，自己的死无人可代理。这就如海德格尔所说，"任谁也不能从他人那里取走他的死"，每个人"都必须自己接受自己的死"②。死的这种终结性与不可代理性显示：不同的人虽有不平等的生，却有平等的死。死不仅给人的生命以期限，也给人的行为、追求、希望等以限制。死昭示人生短暂，同时也警醒世人，要在短暂的人生里活出自己的个性，展示出自己的特殊性，避免成为千篇一律的"常人"。一个人如果希望活出自己的

---

① 让·皮亚杰：《儿童的道德判断》，傅统先、陆有铨译，山东教育出版社，1984，第20页。
② 海德格尔：《存在与时间》，陈嘉映、王庆节合译，生活·读书·新知三联书店，2006，第276页。

个性,不成为"常人",他进而意识到:要自主地选择自己的人生目的或道德规范,而不能任由他人代理。他就会意识到:那些由他人代理而接受的人生目的或道德规范不一定是自己真正需要的,不一定能满足自己的个性要求,因而不能把它们当作理所当然的,要对它们进行反思。如此一来,他便产生了自觉。

尽管死对于人的自觉有显而易见的作用,过于渲染它却也是不必要的。对于特定个人而言,不仅死是他人不可代理的,其他一些生理－心理经验也是如此。这种不可代理的生理－心理经验其实随处可见,爱恨情仇是不可代理的,其他一些需要个人亲力亲为的事(如看病、锻炼等)同样如此。如果死亡能引起自觉,那就没有理由断言这些生理－心理经验不会引起自觉。人生由人的诸多行为或经历组成,如果人生短暂,那么相比而言,这些行为或经历更为短暂,青春易逝、韶华难再、时过境迁、物是人非。如果人生短暂是令人痛惜的事,它会引起人的自觉,那么其他行为或经历也可能如此。可见,尽管人的死能唤起自觉,却不只有它能唤起自觉,死不是人自觉的必要条件。实际上,如果人是不死的,一个人也可能对人生目的或道德规范产生怀疑,也可能产生自觉。更进一步,作为一桩必然要被接受的事实,"人固有一死"并不能为人应当做何事或人的自觉提供充分的根据。设想一个人念及自己终有一死,他终将埋骨青山、灰飞烟灭,那他很可能更有理由承袭他人所接受的人生目的或道德规范,或更有理由把对它们的选择交由他人代理。如果一个人念及自己终有一死,他可能更为相信:人生苦短,理当及时行乐,怀疑人生目的或道德规范岂不是自找麻烦、徒寻烦恼?如此一来,死就不仅不是人自觉的必要条件,甚至也不是其充分条件。

作为一种心理状态,自觉与其他心理状态一样,它的出现与人的自由有关,而不完全由任何特定因素所决定,因而也可说它的出现受多种因素的影响。一个人智力的成熟、认识的深入可能使他自觉。一个人寿命越长,生活阅历越丰富,就越容易自觉。社会中不同的人所接受的人生目的或道德规范存在不同,甚至存在不一致,这一事实也能激发人的自觉。一个人甚至可能因生活过程中的一些偶然经历而产生自觉。人们在日常生活中面临的情境总是似曾相识,他总是按固有的方式生活。忽然有一天,这种情境发生了变化,他不能按原有的方式生活,这时也可能激发他的自觉。不管因何因素产生自觉，人一旦有了自觉，他就会反思自己所接受的人生目的或道德规范，就可能不再希望只是被动地接受它们，而试图主动地做出选择。这也就意味着他有了更大的独立性与自主性。正因如此，许多人把自觉看作人之为人的标志，它体现了人的尊严，体现了人与动物的根本区别。这就如梁漱溟所说的，"人惟自觉乃临于一切动物之上而取得主动地位"[①]。

许多人文学者相信，一个人要么是自觉的，要么是不自觉的，不同人的这种心理状态不仅有截然的不同，也有高下、好坏的区别。在他们看来，不仅婴幼儿或儿童是不自觉的，而且一些人虽然在生理上已成年，但在心理状态上还未成年，这些人是不自觉的。他们相信，即使在现代社会，也只有少数人才是自觉的，其中的多数人虽然在生理上已成年，他们却依然是不自觉的。这类看法当然是可疑的。由于自觉是一种心理状态，因而难以令人信服地给出一个判定人是否自觉的清晰标准。如此一来，断定一个人特别是一个生理成熟、智力正常并且生活阅历丰富的成年人是不自觉的便是困难的了。实际上，贸然地断言某些人不自觉往往被认为是一种对人的歧视，体现了一种自以为是的精英主义心态。

婴幼儿或儿童受生理、心理的限制，尚可说他缺乏自觉，但断言生理成熟、智力正常并且生活阅历丰富的成年人不自觉常常是极为冒险的。虽然生理与智力的成熟不必定使人产生自觉，人的自觉也不是其生活阅历丰富的必然结果，但它们的确为人的自觉提供了良好的基础。设想社会中存在众多生理、智力成熟并且生活阅历丰富的成年人，他们是不自觉的，同时设想在这一社会中存在自觉的人。社会中的这两类人不仅在生理、智力上相似，而且相互之间存在交流、交往，他们相互影响。由于自觉不是某种神秘莫测、难以企及的心理状态，而只是一个人对自己已往的生活与价值观念进行反思、产生怀疑时所伴随的心理状态，它甚至可能因某些极为普通的事物而引起，因而有理由相信，那些不自觉的人也可能会不同程度地受自觉的人的影响，从而产生自觉。的确，由于文化水平的提高、历史经验的丰富、相互交流以及交往的深入，现代生

---

① 梁漱溟：《人心与人生》，上海人民出版社，2011，第71页。

活中充满了对人生目的或道德规范的反思、怀疑，它们不仅体现在晦涩的哲学中，也体现在诸如文学作品、历史、音乐等中。只要有较为成熟的生理与智力基础，有较为丰富的生活阅历，一个人具有自觉便不是一件难以达到的事。

尽管现代社会中多数生理与智力成熟的人具有自觉，但他们确实不具有同等程度的自觉。一些人尽管认识到，自己所接受的人生目的或道德规范存在不一致，它们没有充分的根据，却没有对有关它们的问题进行深入反思。一些人发现，要解答这样的问题不仅要耗费心神，而且它们看起来与自己当前的生活、工作并无直接关系，因而索性把它们抛之脑后，从此再也不曾触及它。也有一些人与之不同，他们不畏艰难，竭力探索，甚至愿意用毕生的时间与精力来思考它们。只要一个人曾经对自己所接受的人生目的或道德规范有所反思或怀疑，即使他现在不再反思、不再怀疑，鉴于他们曾自觉过或有过自觉，大致也可把他们看作自觉的人。相比于那些对此孜孜不倦、艰难探索的人，他们的自觉程度无疑是较低的。正是如此，对于社会中的成年人来说，尽管难以断言其中某个人没有自觉，难以谈论他们自觉的有与无，却可谈论他们自觉程度的高与低。不过，为了方便，有时也称那些自觉程度较低的人是不自觉的，而称自觉程度较高的人是自觉的。

第二节　人生困境

自觉的人尽管对自己所接受的人生目的或道德规范有怀疑，但他依然要接受一些人生目的或道德规范。一个人在其人生经历中，会发现存在众多的人生目的或道德规范，它们内容各异，甚至互不一致，他不能同时接受它们，因而面临选择。人在生活中总是面临选择。到商店买牙膏时，他面临选择。到饭店面对菜单时，他面临选择。打算乘坐交通工具到另一座城市时，他也可能面临选择。有关人生目的或道德规范的选择与存在于日常生活中的这些选择不同。在日常生活中，你可暂时不选择或避免选择，如你可暂时不买牙膏或选择不出行等，但有关人生目的或道德规范的选择难以回避。由于人生目的是多数行为甚至所有行为的目的，而人的几乎所有行为都受道德规范的约束，因而在生存过程中，一个人不得不做出这样的选择。如你一旦与人交流，就面临选择：要不要讲真话。遇到处于困境中的他人时，你就面临选择：要不要帮助他。无论你做何种选择，都表明你接受了某种人生目的或道德规范。

当然可以说，人们在日常生活中也总是在做选择，这些选择难以回避。即使一个人在商店不准备买任何牙膏，他实际也做了一种选择，即不选择。尽管如此，有关人生目的或道德规范的选择依然与之不同。由于它们影响人的许多行为，甚至所有行为，因而对特定个人来说，一旦做了这样的选择，也就决定了自己想要做什么样的人以及如何做人，也就确定了自己的行事方向与准则。这些被选择的人生目的或道德规范就成了他心中的明灯，是其安身立命的基础。一旦做出了这样的选择，在漫长的人生旅途中，即使面临艰难险阻，他也能坚忍不拔，勇往直前。可见，这是一种基础性选择。由于它显示了一个人生存的基本特征与方式，甚至塑造了人本身，因而也可说它是一种生存性选择。

尽管一个人做出了某种生存性选择，这种选择却不是不可更改的。成年后，一个人可能对早年所接受的人生目的或道德规范产生怀疑，他决定改变自己原来所做的选择，而选择其他的人生目的或道德规范。随着生活阅历的丰富、生存环境的变化，他也可能对成年后所接受的那些人生目的或道德规范产生怀疑，并决定改变自己原来的选择。不过，由于这种选择影响巨大而深远，它甚至包含了一个人以前的全部生活经验与智慧，因而人们通常不愿意改变，它甚至也是难以改变的。正是如此，尽管一个人在确立了人生目的、接受了某些道德规范之后，他可能会放弃它们，转而接受其他与之不一致的人生目的或道德规范，但这种转变不是常见的，也即这样的选择难以改变、难以废止，它甚至是一次性的。与之不同，由于一个人不选择使用某种品牌的牙膏或食用某种口味的菜肴对他今后的生活影响比较小，对他人生其他方面的影响也微不足道，因而他的这种选择往往可以多次改变，甚至可以随意废止。

一个人应当选择何种人生目的或道德规范的问题无疑是值得关注的，它们常常被当作人生问题，也即所谓的人生价值问题或人生意义问题。有必要把它们与另一类型的人生价值问题或人生意义问题区分开。一种流行看法提出，"人生价值就是一个人的人生或人生的所作所为对于作为主体的个体自身需要满足的现实效应和对于作为主体的社会需要满足的现实效应"①。这种类型的人生价值,据说又可分为两种,即人生的自我价值和人生的社会价值。人生的自我价值是一个人对自己的价值,即满足自身需要的"现实效应";人生的社会价值是一个人对他人或社会的价值,也即满足他人或社会需要的"现实效应"。在日常言谈中,人们通常谈到某物的价值。如果一物对人有用,能满足人的需要,则就说它具有价值。上述看法所谈到的人生价值与人们日常所谈到物的价值显然存在相似性。人的劳动对他人是有用的,人的思想也可启迪他人,甚至人的器官因可移植而具有价值,因而如某物品具有价值一样,人或人生也是具有价值的。

  当然可把有关这种价值的问题看作人生价值问题,不过,这种问题的提出是把人当作物或把人"物化"了的结果。尽管以这样的方式谈论"价值"是可行的,它甚至也合乎"价值"一词的通常用法,但这里不准备做类似的事情。其中一个原因是,这样的谈论出现了诸多的混淆。如在谈到人生的自我价值时,一些人试图把人生的自我价值与实现这种价值的条件区分开来。在他们看来,由于人格是实现这种价值的条件,因而可把这种价值与人格区分开来。另一些人则不以为然,他们相信,人格本身就是一种人生价值,即所谓的人格价值。另一个原因则是,难以对这种价值问题做出清晰的讨论。由于社会是一个无定形体,其中包含各种不同的社会群体,不同社会群体有不同的需要,因而可根据它们做出不同甚至根本不一致的价值判断。的确,对一公司有价值的事物不一定对一社区有价值,对一社区有价值的事物不一定对人类有价值。戈培尔对希特勒的德国是有益的,对其邻国甚至整个人类却是有害的。这样一来,在谈论价值或价值问题时就可能出现混乱。

  这里所谈到的人生价值问题与上述的人生价值问题也并非完全不同。由于一个人对他人或社会具有价值,因而社会很可能会乐意鼓励他提供这种价值,对社会做出贡献,鼓励他选择对他人或社会有益的人生目的或道德规范。当伦理学家在解答"应当选择何种人生目的""应当选择何种道德规范"或"为何而活""如何而活"之类的问题时,对上述人生价值问题的讨论就可能为他解答这些问题提供某些启示,甚至成为其

---

① 陈新汉:《论人生价值》,《山东社会科学》2010年第11期,第17页。

根据。或许正是基于这一点，才使得一些人热衷于讨论它。不过，如果他们的确想要这样做，就有必要注意其中可能出现的逻辑混乱。实际上，即使一个人承认自己对他人或社会具有价值，他也可能并不乐意为他人或社会提供这种价值，他也不一定认为应当为他人或社会提供这种价值或做出某种类型的生存性选择。不仅如此，认识到一个人努力劳动对他人有用，他的忠诚、仁慈对社会有价值，于是就认定他应当努力劳动，应当忠诚、仁慈，这种看法不仅把人物化了，也忽视了人的自主性，它隐秘地包含了一种专制思想。

对一个人应当选择何种人生目的或道德规范的问题，前面有过许多讨论。回想起来，可以发现，尽管伦理学家提供了许多应当接受的人生目的或道德规范，却没有一种有充分的根据，他们也不太可能给出充分的根据。其实，即使没有对伦理学做过深入的研究，人们也可从自身对所处世界的一些基本了解与生活阅历中体会到这一点。地球孤悬于漫漫宇宙，生存于其上的个人沉浮于茫茫人海，而个人生存于此世界又是一件极为偶然的事。偶然生存于此世的人，其行为受制于特定的环境。如果一个人认定某些人生目的或道德规范有充分的根据，它们不仅应当适用于不同的情境，也应当为不同的人所接受，它们超越于特定社会，超越于特定个人，乃至适用于整个人类或宇宙，这不会显得有点荒谬吗？不同社会生存着不同的人，他们有着不同的思想与情感，接受了不同的人生目的或道德规范，甚至同一社会中的不同人也接受了不同的人生目的或道德规范。一个人认定世间只有某些特定的人生目的或道德规范有充分的根据，人们都应当接受它们，而那些不接受它们的人尽管生活幸福，其生活也是不合理的，是没有意义的，这样的看法难道不令人奇怪吗？

一个人希望长命百岁、富甲一方、名动天下、权倾一时，并且对这些目的孜孜以求。不过，如果他意识到，它们往往只是水中月、镜中花，即使能达到目的，他毕竟也将老去，化归尘土，它们于自己终归无益。这样一来，他的希望就不会那样强烈，其坚守就可能怠惰。一个人希冀名垂后世，为万世楷模，于是恪守礼教，谨守社会公德，大公无私，以天下为己任。然而，如果他意识到，追求这些目的往往功未成而身先死、名未达而神先颓；如果他意识到，即使自己功业卓著，载于史册，即使后世为自己建庙立碑、旌表门闾，而史册终将毁于书蠹，庙碑没于萋萋荒草；如果他意识到，纵然后人时常怀念自己的丰功伟绩，终有一天，人类寓居的地球将会消亡，而在它消亡之前，人类或许早已灰飞烟灭，所有这一切最终都消失得无影无踪，耗散于漫漫宇宙，如此一来，他可能会问：坚守它们有何意义？

尽管如此，生活依然要继续，人还是得生存下去，而他也就不得不选择某些人生目的或道德规范。然而，当准备做出这样的选择时，他便立刻面临一个两难：一方面，他既缺乏来自外部（如他人、社会等）的指导，自己又无法为所选择的人生目的或道德规范找到充分的根据；另一方面，他终究不得不做出选择。这使得他感到极为懊恼、沮丧，以至悲伤、痛苦，甚至感到自己来到这世上也是一件极为不幸的事。自己无端地被抛到这个世上，却不能把握自己的命运和未来，于是在他心中就产生了一种前所未有的孤独感与挫败感。他张皇失措、心烦意乱，犹豫、徘徊，深陷焦虑与苦恼之中。

持续不断反思人生价值问题的人或自觉的人可能会因长期的焦虑、苦恼而麻木，他会感到一切的抱负、一切的追求都没有了意义，他在这世上就如行尸走肉一般，了无生趣。在现实生活中，人们会发现，具有自觉、不断追问人生价值问题的人常常苦恼不已，他甚至越思考越痛苦。与之不同，那些不反思这类问题的人，甚至心里从来没有浮现过这个疑问的人，却看上去生活很幸福。天真烂漫的儿童、"不知不识，顺帝之则"的原始先民或"饱食终日、无所用心"的人，他们相信社会是确定的，并且相信自己所接受的人生目的或道德规范刚好适合自己所生存的社会，因而可说他们是没有自觉的。这些没有自觉的人由于从来没有意识到其他人生目的或道德规范的存在，从来没有被人生价值问题所折磨，他们在社会中安然地生活着，因而的确可以设想，相比于自觉的人，他们会感到更为幸福而满足。如果这样，人的自觉是否值得？追问人生价值问题是否有必要？在浪漫主义者看来，只有心里从来没浮现过这个疑问的人或不自觉的人才是最幸福的人，而最幸福的人据说"不必问人生意义"。他相信，不自觉的人即使不是最幸福的，由于他们至少没有自觉的人所面临的种种焦虑与苦恼，因而相比而言，他们将更为幸福。

第十六章 安身立命

也有许多人对此不以为然。他们提出，不追问人生价值问题的人也未必幸福，即使他们拥有幸福，那也只是一种低质量或低层次的幸福，是一种不长久的幸福。自觉的人确实常常苦恼，但他依然比那些不具有自觉或不那么具有自觉的人更为幸福。苏格拉底就相信，那种未经自主选择的生活，那种未经反思的人生，其实是不值得过的。他们相信，天真烂漫的儿童之所以幸福，不过是其父母或整个社会呵护的结果。在一个只有儿童生活的社会或没有他人呵护的社会，难以想象儿童依然会有如此幸福的生活。那些"不知不识"或"无所用心"的人，尽管可能是幸福的，但一旦有了自觉，有了"知识"与"用心"，他们就很可能不会认为过去那种"顺帝之则"或"饱食终日"的生活是幸福的，他们甚至会力图摆脱那种被人畜养式的生活。

由于幸福具有主观性，因而难以清晰地比较苏格拉底式的人与天真烂漫的儿童何者更为幸福。不过，即使天真烂漫的儿童比苏格拉底式的人更幸福，也有理由相信，这种幸福不是成年人应当追求的人生目的。追问人生价值问题似乎是人生理、智力成熟的自然结果，是其生活阅历丰富的自然结果，这类问题会在人心中自然而然地出现。如果亚当知道了那"知善恶树"上的果子的作用，他终究有一天会尝试取它来吃。对那些在心中从来没有浮现这一问题的人（如天真烂漫的儿童）来说，有关人生价值的问题也终究会在他心中涌现，他拥有的那种幸福终究会因自己的成长而失去。或许有人会提出，尽管一个人不能总是自然地处于儿童的状态，或总是处于"不知不识""无所用心"的状态，却可以重新回到那种状态。然而，一个具有知识的人，一个具有自觉的人，并不能如同脱下一件衣服一样，抛弃自己所拥有的知识，忘却烦恼，回到那"不知不识"或"无所用心"的状态。试图回到那种状态，故意不去思考人生价值问题，或许只是一种不切实际的幻想。如果这样，试图基于它来摆脱上述苦恼的方式就是自欺欺人的，它注定不会成功。

总的来说，或许不自觉的人生活会幸福，甚至会比自觉的人更为幸福，但人或多或少会自觉起来，几乎会不可避免地遇到人生价值问题。而一旦如此，他也就难免会焦虑与苦恼，其人生终将面临困境。如何摆脱这种人生困境？

第三节 四种人生境界

　　回顾人的一生，发现会经历一些不同的阶段。人在不同生存阶段会伴随特定的心理状态，可称之为人生境界。这里的境界所指的心理状态与诸如知、情、意或感性、理性之类心理状态不同。当人们把心理状态区分为诸如知、情、意或感性、理性等时，他其实认为，一个人可同时具有知、情、意或感性、理性等心理状态，它们不具有排他性，只是同一心灵的不同体现。尽管一个人在关注人的感性时，可能不会注意其理性，但其理性此时并非不存在的。人生境界与之不同。某一人生境界是一个人整个心灵的状态，而不是其中某一部分的状态或其状态的一部分。一个人在不同生存阶段总会伴随某种人生境界，不同人生境界却不能同时出现在一个人的心灵中，它们相互之间具有排他性。

　　人一来到这世上，就接受了一些目的与规范。尽管他最初所接受的目的与规范是具体的，与特定情境相关，但随着其成长，他会接受越来越普遍的目的与规范，最终会接受一些人生目的或道德规范。由于此时他所接受的人生目的或道德规范能有效地指引他的生活，在应对周围世界时没有面临困境，他便把它们当作不可置疑的或理所当然的。他没有反思自己为什么会接受它们或是否可不必接受它们。当然，他有时也会发现，它们并不能有效地指引实践，也会面临某些困境。不过，他相信这不是由于它们的原因，而是其他因素导致的结果，比如，这是它们不能应对某些新情境的结果。他有时也会发现，他人接受了不同的人生目的或道德规范。尽管这的确是令人奇怪的，但他相信这是一些与自己生活无关的原因所导致的，是他人生活于特定情境的结果。处于这一阶段的人显然具有某种心理状态，这是其人生之初所具有的人生境界。这种人生境界是人自然而然地具有的，它不需要人的主动追求，因而可称之为自然境界。

　　在漫长的人生旅途中，一个人逐渐发现，与自己生活于同一社会中的他人实际接受了不同的人生目的或道德规范，而自己所接受的人生目的或道德规范看起来也不是完全合理的，也不是那么值得追求的。他意识到，自己原来之所以接受它们，只是自己生活在一个不够完整、不够

第十六章 安身立命

丰富的世界（如家庭、学校等）中的结果，只是受到亲人、师长或朋友爱护的结果，或只是自己生理与智力不够成熟、生活阅历不够丰富的结果。一旦意识到这一点，他就没有了原本的执着，就对原来所接受的人生目的或道德规范产生了怀疑，就可能开始反思自己"为何而活"以及"如何而活"的问题了。只有在此时，他才有了自觉，才真正长大了。人一旦自觉起来，对自己曾接受的人生目的或道德规范产生了怀疑，就会试图摆脱它们而寻求其他更为合理的人生目的或道德规范。这种寻求是艰难的。他发现人们所提供的答案存在各种问题，它们含混，存在歧义，与现实脱节，甚至存在各种不一致。他发现人们对人生目的或道德规范的接受只是特定情境的产物，是他们抱持特定思想观念的结果。他的寻求处处受阻、四面碰壁。他陷入了迷茫、彷徨、沮丧之中，陷入了无尽的焦虑与苦恼之中。可把自觉的人所不可避免地具有的这种心理状态称为苦恼境界。

尽管生理与智力成熟的成年人都可能反思人生价值问题，但许多人并没有坚持下去。当他发现这些问题难以获得解答时，当他发现这终将导致无尽的苦恼时，他也努力摆脱它。为了做到这一点，他把自己埋没于日常的繁忙之中，以便把问题遗忘，摆脱苦恼。在繁忙的空隙，苦恼依然可能出现，这时他会尝试通过各种方式来排解它们。人世间充斥着各种排解的场所，人们也发明了各种排解的方式。在这种繁忙中，他感到充实、满足，感到生活充满意义。经由酒吧、茶肆以及各种游艺、闲言碎语的排解，他重新焕发生机。由于人生价值问题未获圆满解答，如果他不得不做出生存性选择，他终将随波逐流，把他人所接受的人生目的或道德规范当作自己所要接受的，让他人来代理自己做选择。由于这些人生目的或道德规范没有充分的根据，他的行为终究没有根基，因而他所感到的充实与满足并不能持久，它们只是空虚的幻影。在酒酣耳热之时、在繁华散尽之地、在残夜梦醒之际，这些问题又可能涌上心头，苦恼依旧。

如何脱离苦恼境界？一些人相信，存在某些无可怀疑的人生目的或道德规范，它们甚至是神圣的，是亘古不变的教条、永恒的真理。他自己所接受的恰恰便是这样的人生目的或道德规范。这种信念显然不是基于充分的根据，而只是基于信仰。在信仰的支持下，他对人生目的或道德规范不再怀疑，也不再随大流、从世俗，在心中有了自己的主张。于是，他不再迷茫、彷徨、沮丧，也不再焦虑与苦恼。他对生活充满了信心，在实践中不再犹豫。在信仰的支持下，他可以一往无前，甚至无所畏惧。一般称基于信仰而摆脱了人生困境的人所具有的心理状态为信仰境界。

具有自然境界的人同样相信某些人生目的或道德规范是理所当然的，他在生活中同样不会怀疑与犹豫，因而自然境界与信仰境界有共同之处。不过，它们还是有明显的不同。具有自然境界的人由于没有经历苦恼境界，常常不太清楚自己所接受的人生目的或道德规范的意义，对自己为何接受它们而不接受其他人生目的或道德规范混沌不明。他对它们的接受也因此不太坚定，有时生活中的一些微小变故就可能触动他，使他对它们产生怀疑。实际上，处于自然境界的人并不强烈地认定自己所接受的人生目的或道德规范是合理的，他甚至没有这种合理与不合理、对与错的观念。他之所以接受它们，只是受他人教导或受特定环境等影响的结果。与之不同，处于信仰境界的人经历了苦恼境界，他是人生的自觉者。他所接受的人生目的或道德规范是自己主动追求、经过比较的结果，因而他是比较清楚它们的意义的。相比于处于自然境界的人，处于信仰境界的人对人生目的或道德规范的接受是坚定的，他有强烈的合理与不合理或对与错的观念。他坚定地认定，自己所接受的人生目的或道德规范是合理的，它们甚至是所谓的普遍价值，所有人都应当接受它们，与之不一致或不同的人生目的或道德规范则是不合理的、是错的，人们不应当接受它们。

需要指出，不只处于信仰境界的人抱有信仰，处于自然境界的人也抱有信仰，甚至处于其他人生境界（如苦恼境界）的人也是如此。实际上，信仰无处不在，它不仅是实践的基础，也是认识的根据。在认识活动中，信仰便是确认事实、获取理论的基础。一般而言，信仰并没有充分的认识论上的根据。尽管如此，它依然要由认识活动所确认，因而在此意义上，它根本也是认识的结果。不过，信仰之为信仰，恰恰意味着它能超越认识结果本身，而可成为认识的基础。信仰的这种超越性也表明了它与其他认识结果之间的不同。

不仅信仰与其他认识结果不同，不同信仰之间也存在差异。就其他人生境界中的信仰与信仰境界中的信仰而言，它们就有显著的不同。信仰境界中的信仰是指，处于这一境界中的人相信，信仰（如某些特定事物存在）是绝对的，它是认识的绝对基础或根据。这里的绝对性是指，那具有绝对性的信仰能影响其他认识结果，而其他认识结果却不能影响它。抱有这种信仰的人如果相信存在神，相信存在某些特定的、亘古不变的人生目的或道德规范，相信存在特定的永恒真理，等等，那么他所抱有的这些信仰就不会因后来的认识活动而改变。其他信仰与之不同，抱有这种信仰的人并不那么坚定相信它，他可能只是把它当作一种暂时的认识基础。尽管这种信仰能影响其他认识结果，但其他认识结果也可能反过来影响它，也即他可能因其他非信仰的认识结果而调整它，改变它。如尽管他相信存在神，但如果这种信仰与其他事实不吻合，他也可能放弃它，而接受其他的信仰。尽管他相信存在绝对的时空，但如果这种信仰与其他事实不吻合，他也可能放弃它，而接受相对的时空观。总的来说，尽管抱有这种信仰的人可能由于认识的原因而不得不接受某些信仰，但它们不是绝对的，如不是指存在某种绝对的神，不是指存在某些亘古不变的人生目的或道德规范，也不是指存在某些永恒的真理，等等。为了区分二者，这里称前者为信仰，而称后者为信念。

许多人并不把接受特定的信仰当作摆脱人生困境的灵丹妙药。在他们看来，这种信仰没有充分根据，它带有某些神秘色彩。实际上，它很可能只是接受者固执、心胸不开阔甚至愚昧的结果。同时，这种信仰在实践中也会产生不一致，如会产生所谓信仰与理性之间的冲突，从而难以很好地指引生活实践。如果难以通过信仰来摆脱人生困境，还有何种方式可能做到这一点呢？处于苦恼境界的人会发现，尽管人生面临困境，但人总得活下去，也总得接受某些人生目的或道德规范，即便这种接受带有几分无奈、几分勉强。在这种无奈、勉强中，他突然发现，之前的迷茫、沮丧、彷徨只是源于一种执着，是他执着地寻找具有充分根据的人生目的或道德规范的结果。考虑到这一点，于是他改弦易辙，不再孜孜以求，不再执着，而是知难而退，重新回视自己以及所处的情境，反思自己所做出的选择。

一旦如此，他惊讶地发现，自己的眼界开阔起来了，他看到了许多之前难以看到的事物。他看到，尽管无法为人生目的或道德规范找到充分的根据，但它们或多或少都存在某些根据。人们所生存的自然环境、社会环境提供了这样的根据，人与人之间的因缘际会、交互往还提供了这样的根据，生活中的每一次付出与收获、每一次喜悦与伤痛、每一次爱与恨提供了这样的根据。他看到，自己所接受的人生目的或道德规范的根据甚至不见得比其他人生目的或道德规范的根据更不充分，他不必抛弃它们，它们自有其被接受的理由。不仅如此，他可能认识到，自己所需要的不在虚无缥缈的远方，而是就在眼前。他甚至可能认识到，自己生活中本已具足了自己所要寻求的一切，原来并不缺少什么。

　　这样一来，他虽然没有接受与众不同的人生目的或道德规范，也没有为自己所接受的人生目的或道德规范找到充分的根据，却获得了对它们的一种全新理解。他认识到，任何人生目的或道德规范都没有充分的根据，都存在局限。自己所接受的人生目的或道德规范尽管有局限，却也是有根据的，此情此境，相比于其他，它们甚至是更值得接受的。他由此确立起了自己的行为目的与准则。一旦如此，他便不必再左寻右找，不必在实践中举止无措，在他心中就有了一种安静、祥和。由于他在行为中不再怀疑与犹豫，从人生的苦恼中摆脱了出来，因而心中自然会生出一种喜悦、一种欢欣。他接受它们时不一定是为了他人的欣赏，不一定是为了名于后世，也不一定是为了蒙神恩，他可能只是为了自己的快乐，为了家人的福祉，为了所爱之人的欢喜。他知道，他人的行为也不是完全合理的，其他的人生目的或道德规范也并无充分根据，因而他不因自己的选择而羞愧，不会为此而感到难为情。他泰然自若、怡然自得。处于这种生存阶段的人所具有的心理状态显然不同于自然境界、苦恼境界，也不同于信仰境界，它是一种新的人生境界。

　　尽管具有这种人生境界的人在生活中不再怀疑、犹豫，但他不同于具有自然境界或信仰境界的人。具有这种人生境界的人有丰富的生活阅历，他是经过艰苦努力才得以脱离苦恼境界的，因而他不同于具有自然境界的人。他与具有信仰境界的人一样，所接受的人生目的或道德规范是自己主动追求的结果，他不仅认为它们有合理与不合理之分，而且接受它们有坚定的信念，不会轻易产生动摇。不过，他也不完全相同于具有信仰境界的人。尽管具有信仰境界的人摆脱了人生的困境，但他在行事中有一种一往无前、死不回头的执着，总以为自己的选择是对的。他不仅对接受其他人生目的或道德规范的人缺乏宽容，在自己行事中也不够谨慎。具有这种人生境界的人由于认识到自己所接受的人生目的或道德规范并没有充分的根据，自己接受它们有几分无奈、有些勉强，因而即使他人的接受不同于自己的接受，他对此也会宽容。不仅如此，由于他意识到，自己所接受的人生目的或道德规范可能不合时宜，可能在实践中面临不一致，因而他对它们通常会抱一种谨慎态度。他会在实践中时时反思、评估它们，在某些情境中，他甚至可能会接受与之不同的人生目的或道德规范。正是如此，在考虑接受哪些人生目的或道德规范时，他会"与时俱化，而无肯专为"①。尽管具有这种境界的人是执着的，但其执着不同于具有信仰境界的人的执着，它是他基于对自己所接受的人生目的或道德规范更为全面、深入了解的结果，是他基于对自己及所处情境深刻洞察的结果。

具有自然境界的人往往会随着自身的成长而认识到，自己所接受的人生目的或道德规范是有局限性的，因而他通常会自觉起来，从而几乎不可避免地达到其他人生境界。可见，自然境界是不稳定的。人们不希望总是处于苦恼之中，他会想方设法摆脱它。如他会试图掩盖、遗忘它，不能如愿时，就会努力排解它。如果人总是想方设法摆脱苦恼境界，那么它与自然境界一样，显然也是不稳定的。相比于自然境界与苦恼境界，信仰境界无疑是更为稳定的。不过，由于具有这种人生境界的人坚持特定的信仰，他难以发现自身所接受的人生目的或道德规范的局限，因而他不仅常常面临各种价值观念之间的冲突，也难以应对纷繁复杂的现实世界，从而难免陷入苦恼。同时，随着认识的深入、所处情境的变化，他也可能改变自己的信仰，甚至转而达到其他人生境界。如宗教信徒可能转变其信仰，改信其他宗教或根本不信宗教；革命者也可能由于种种原因而放弃自己的信仰。由于信仰者可能转而具有其他人生境界，如重新回到苦恼境界，也可能改变自己的信仰，而坚持其他价值观念，因而信仰境界也不是稳定的。

这种新的人生境界与其他人生境界不同。由于具有它的人在实践中有坚定的信念，在行为中不会怀疑与犹豫，他超越了自然境界与苦恼境

---

① 王先谦集解《庄子》，上海世纪出版集团，2009，第192页。

界，因而通常不会回到自然境界，也不会回到苦恼境界。同时，由于具有它的人能与时俱化、因时而变，在其生活中不太可能会出现难以克服的有关价值观念的冲突。而即使随着认识的深入、生活阅历的丰富，一个人改变所接受的人生目的或道德规范，改变自己的信念，他依然可具有这种人生境界。可见，具有其他境界（如苦恼境界、信仰境界等）的人可能会达到此种人生境界，却难以想象具有此种境界的人会转而改变自己，而具有其他人生境界。正是如此，相比于自然境界、苦恼境界和信仰境界，可以说它更为稳定。实际上，难以想象还有其他人生境界比它更为稳定，因而可以说它是最为稳定的人生境界。具有此种境界的人常常要经历自然境界、苦恼境界，甚至要经历信仰境界，而他一旦具有了它，却不会返回到其他境界。这样一来，具有这种境界的人就会感到，其他人生境界是低层次的，而它却是人生所追求的最高目的。正是如此，可把它看作一种"高"的人生境界。

这种新的人生境界是人仔细反思人生价值问题的结果，是人深刻洞察自身及其所处情境的结果。具有这种人生境界的人对人生价值问题不再怀疑，对自己所接受的人生目的或道德规范有比较全面而充分的了解。由于具有这种人生境界的人在其心中有了一片光明，它照耀着他前行的人生道路，他在实践中不再犹豫、不再迷茫，因而可以说，这是一种"明"的人生境界。处于其他人生境界中的人当然也可能认为自己心中有光明，认为自己的人生道路也经过了明智的反思，甚至认为自己所具有的境界是高的。不过，它并不稳定，可能转化为其他人生境界。而具有这种人生境界的人一旦经历了这样的转化，他就会意识到，自己之前所具有的人生境界只是迷茫的结果，那种"明"或"高"并不真实。就此而言，它不是真正"明"的人生境界，也不是真正"高"的人生境界。由于这种人生境界是稳定而"高"的境界，也是"明"的境界，它既"高"且"明"，故可称之为高明境界。

第四节　人生境界的确认

作为一种心理状态，不仅不同人的人生境界有所不同，甚至同一个人在不同时期所具有的人生境界也有差异，因而有必要区分它们。实际上，为了对人有更深入的了解，有必要对他的各种状态或过程做出区分，对其心理状态或人生境界的区分恰恰是人认识其自身的必然结果。区分不同人生境界不仅是人深入认识自身的结果，也有其他方面的目的。如它为进一步认识人自身提供了一种思想框架，甚至对实践也是有益的。如果一个人了解到，人可有不同人生境界，而人生境界可以因其自己的主动追求而获得，那么当他了解自己所具有的人生境界时，他便可由此判定自己在社会中的位置，从而为自己未来的实践做出合适的选择与安排。

根据心理状态可区分出不同的人生境界，这种区分与对人生阶段的其他区分可能是不同的。人的一生在生理上可区分为儿童、少年、青年、成年以及老年等不同阶段。人们为区分不同生理阶段提出了不同的标准，这些标准尽管有些模糊，根据某一标准所区分出来的不同生理阶段也不很明确，但根据它们所做出的区分还是具有某些明显的特征。首先，根据某一标准所区分出来的不同生理阶段按确定的先后次序出现在人生之中。其次，这些阶段的出现是一个自然的过程。一个人只要寿命足够长，他便会依次经历这些阶段。此外，不同的人在同样的年龄大致会处于同样的生理阶段。人生境界不同于生理阶段。一个人尽管会自然地具有自然境界，甚至会不可避免地达到苦恼境界，但信仰境界、高明境界是人主动追求的结果。一个人通常不会自然地达到信仰境界与高明境界。人生境界也不是按确定次序出现的，不仅苦恼境界可转化为信仰境界，信仰境界也可返回到苦恼境界。一个人即使寿命足够长，也不一定会经历每一人生境界，信仰境界、高明境界就不是每个人都会经历的。正是如此，不同的人在同样的年龄不一定会具有同样的人生境界，从一种人生境界到达另一种人生境界也没有确切的时间。在人生中达到某一人生境界，有的人可能早一些，有的人则会晚一些，有的人甚至总是或长期处于某一人生境界，而不会达到另一人生境界。

作为心理状态，人生境界显然不是一个可观察之物，如何可能区分它们呢？言为心声，心是行为的推动者，语言与行为都可反映心灵或心理状态，因而人们有理由说，可根据客观的言行来了解人的心理状态，并由此区分不同的人生境界。尽管如此，人生境界终究不是一个可观察之物，对它们的区分将不可避免地存在模糊之处。正因如此，一些人对此总是疑虑重重。在认识过程中,对事物的区分尽管要尽可能地清晰,要做到这一点通常却是难以可能的。因而在区分事物时,常常要忽其小异而取其大同。考虑到这一点,人们就会发现,尽管难以完全清晰地区分不同的人生境界,但对它们的区分与对其他事物的区分并没有根本的不同,因而上述的疑虑是不必要的。在现实生活中,人们的确可对人生境界做出较为清晰的区分,当然,这种区分是忽其小异而取其大同的结果。

天真烂漫的儿童谨守父母的教诲,听从师长的训导,他在聆听这些教导时不追问为什么,不加怀疑、犹豫就接受了它们。据此可以说,他处于自然境界之中。如果一个人为人生价值问题困扰不已,他坐卧不安,行色匆忙,觉得好像有很多事要做,但又感到不踏实,甚至感到所做之事均无意义,即"终日忙忙,如有所失,无事而忧,对景不乐,即自家亦不知是何缘故"①,如此则可说,他处于苦恼境界之中。亚伯拉罕义无反顾地把自己最珍爱的儿子送上祭坛,他在对神的信仰中没有反思与犹豫,无条件地听从神的旨意,成了神在人间的工具。亚伯拉罕为了信仰,几乎是任何事情都做得出来的。可以说,这时的亚伯拉罕处于信仰境界。

具有高明境界的人尽管不再迷茫于人生价值问题,但他所处的环境以及所拥有的知识与他人没有根本的不同。与他人一样,他也只是肉体凡胎,也有生老病死,有喜怒哀乐;与他人一样,他也害怕痛苦,厌恶死亡,渴望舒适与安乐。尽管与他人相比,他对人生价值问题有更明智的考虑,他了解自己所接受的人生目的或道德规范是什么,了解自己接受它们的缘由,但他对其他知识的了解与他人对这些知识的了解相比,并没有根本的不同。他不一定是满腹经纶的鸿儒,不一定是聪慧敏锐的智士,他对某些知识(如自然科学知识)的了解甚至不如其他许多人。由于他与他人没有根本不同,他所接受的人生目的以及道德规范与他人接受的常常没有太多特别之处。与平常人一样,他也是饮食男女,也会结婚生子,追求财富、名望、权力等;与平常人一样,他对父母、亲人也未能忘情,对他们也时常牵挂在怀,愿意承担相当的责任;与平常人一样,他对生养他的土地与周围的人有一种自然而然的情感,会依赖它

---

① 袁宏道:《李子髯》,载《袁宏道集笺校》,上海古籍出版社,1981,第241页。

第十六章 安身立命

们、热爱它们，会产生一种责任感，感到自己要为它们做些什么，甚至会为它们挺身而出。无论如何，与具有其他人生境界的人相比，具有高明境界的人往往没有接受与他人所接受的不同的人生目的或道德规范。可能与具有自然境界的人一样，他承袭了各种传统的人生目的或道德规范；可能与具有苦恼境界的人一样，他接受了众多常俗的人生目的或道德规范；也可能与宗教信徒一样，他信仰神、崇拜神，谨守各种清规戒律。

由于在表现于外的言行上，具有高明境界的人与具有其他人生境界的人看起来似乎没有根本不同，因而人们常常会疑惑：高明境界为何物？它具有哪些特征？那些据说具有高明境界的人被问及诸如此类的问题时，他们的回答常常也只是：高明境界"不可说"，"说似一物即不中"，它只是"与手探水、冷暖自知"，等等。因此，如果人们试图由此来了解高明境界，那他多半会是失望的。正因如此，许多人断定：高明境界空疏无稽，是玄妙、神秘之物，它只是某些人心理上自我满足的想象，只是一种虚构。其实，一些人抱有这种看法是不令人奇怪的。一个从小养尊处优、锦衣玉食，甚至可以任性胡为的人，从来没有意识那些与自己所接受的不同的人生目的或道德规范是合理的，自然是难以体会到高明境界的。一个人尽管对人生价值问题有过迷茫、彷徨，有过焦虑、苦恼，但他并不努力反思它，而总是试图回避、掩盖它。他逃避到大众的背后，在常俗中随波逐流、得过且过。他当然是难以体会到高明境界的。一个人受权威（如宗教或意识形态等）的诱导，接受了某些人生目的或道德规范，他在那些接受了相同信仰的人中获得慰藉，他的信仰在与他人的交流、交往中不断被强化，结果他从来没有怀疑过它们，从来没有设想其他生活的可能性。显然，他也是难以体会到高明境界的。

尽管如此，依然难以断定高明境界不存在。人生境界与其认识相关，而认识又要经由语言来呈现。如果高明境界的确存在，它自然可通过语言来了解。实际上，人们常常基于这样的方式来判定一个人是否具有高明境界。正是由于庄子曾言，人生于世，要"举世誉之而不加劝，举世非之而不加沮，定乎内外之分，辩乎荣辱之境"①，人们断言庄子达到了

---

① 王先谦集解《庄子》，上海世纪出版集团，2009，第4页。

高明境界。程颢宣称,"道通天地有形外,思入风云变态中。富贵不淫贫贱乐,男儿到此是豪雄"①,人们大概也会因此而断言程颢达到了高明境界。当然,不只可从"言",也可从"行"来了解人生境界,因而也可通过一个人的行为来判定他是否达到高明境界。尽管通过语言所了解的心灵与通过行为所了解的心灵通常是一致的,但由于心灵是自由的,人的言行可能不一,因而基于它们来判定一个人是否达到高明境界时也可能出现不一致。如果这样,何种判定更为基础呢?人们显然更为相信根据行为来判定人生境界的方式。的确,一些人尽管口舌纵横,故作机锋,如果他在实践中张皇失措、顾此失彼,甚至固执任性、为所欲为,终究不能认为他达到了高明境界。

如何根据行为来判定一个人达到了高明境界?晋人祖约与阮孚都经商敛财。有人访祖约,祖约慌忙隐藏财物。有人访阮孚,阮孚则泰然自若,还指自己所卖木屐叹道:"未知一生当著几量屐。"②祖约在对待财富方面,追随常俗,接受了流行于当时士人中的人生目的或道德规范。但他发现,它们与自己实际所接受的人生目的或道德规范并不一致,存在冲突。他希望掩饰这种冲突,他的掩饰以及因掩饰不及而产生的慌乱恰恰暴露了这种冲突。可以说,祖约爱财,却不知根本因何而爱。尽管阮孚可能实际接受了与祖约类似的人生目的或道德规范,但他不盲从于常俗,不认为流行的人生目的或道德规范便是合理的,而自己实际所接受的人生目的或道德规范是不合理的。在他看来,君子爱财,取之有道,经商谋利没有什么可值得掩饰的。在他心中,应当接受的人生目的或道德规范与实际接受的人生目的或道德规范之间没有冲突,因而他能在他人面前言行一致、轻松洒脱、气定神闲。可以说,阮孚具有高明境界。当时的人正是由此判定祖约与阮孚境界高下的。《论语》记载颜回,"一箪食,一瓢饮,在陋巷。人不堪其忧,回也不改其乐"③。由此也可大致断定,颜回是具有高明境界的。

---

① 《二程集》,中华书局,1981,第482页。
② 徐震堮:《世说新语校笺》,中华书局,1984,第199~200页。
③ 《论语》,载朱熹《四书章句集注》,中华书局,2011,第85页。

第五节　高明境界的达到

　　相比于其他人生境界，高明境界既"高"且"明"，同时，具有高明境界的人比其他人更为明智，那是否表明高明境界比其他人生境界更好，更值得追求呢？如果不相信存在高明境界，这样的问题自然也就不存在。不过，即使相信存在高明境界的人，他大概也难以对此做出肯定回答，也难以断言高明境界比其他人生境界更好、更值得追求。有理由说，如果一个人坚持，相比于其他人生境界，某种人生境界是更好或更值得追求的，那他人通常是没有充分的理由来指责他，向他推荐或要求他追求其他人生境界的。不幸的是，的确有许多人坚持不同于高明境界的其他人生境界是更值得追求的。一些浪漫主义者就相信，自然境界是更值得追求的，一个人应当如无忧无虑、天真烂漫的儿童一样生活，应当如"凿井而饮，耕田而食""不识不知，顺帝之则"的先民一样生活。在宗教信徒看来，信仰境界无疑更值得追求。尽管一个人在繁忙的日常生活中不时陷入焦虑、苦恼，但它们总是能在日常生活中得以回避、掩盖，总是能被很快排解。而一旦如此，处于苦恼境界的人依然可行事如昨、欢笑依旧。许多人恰恰乐意在这种苦恼与快乐的循环中了此一生。正是如此，这里不试图表明一个人应当达到某一人生境界或某一人生境界是值得追求的，而只希望表明现实生活中的人们实际具有哪些人生境界，只希望描绘不同人生境界的具体特征以及它们之间的关系，以便为人们评估自己处于何种人生境界、反思自己应当追求何种人生境界提供基础。

　　当然，如果一个人终于自觉起来，他开始反思人生价值问题，并为此做了不倦的探求；如果他最终没有能够获得可信的答案，但在不断的反思过程中，他看到繁忙的日常生活所掩盖的虚情假意、自欺欺人，意识到人世间的荒诞与绝望，为此困扰不已，难以自拔；如果他看到有人在平时行事时以至人生紧要关头有主见、不盲从，从容坚定，言行中有一种了然于胸的气度，其音容笑貌自然地散发出平和自在的光芒，洋溢着发自内心的喜悦，他心向往之，那么，他或许是会倾向于追求高明境界的。如果一个人认定高明境界比其他人生境界更好，并且他决意追求它，这里自然乐于把它推荐给他，也愿意向他描绘高明境界的特征以及达到的过程。

如何达到高明境界？高明境界的达到显然不是在漫无目的的随想中突然领悟的结果，它需要具有某些条件。随着其成长，人可能会自觉起来，会认识到在生存过程中，尽管他必须选择某些人生目的或道德规范，却没有权威能可靠地告诉他必定得选择哪些，一切都要依赖自己，由自己来决定。他会认识到，他将面临许多不同甚至互不一致的人生目的或道德规范，尽管它们或多或少有某些根据，却都没有充分的根据。一个人只有获得了诸如此类的认识，才可能达到高明境界。这种认识当然不一定是他亲自探索的结果，他也可从各种文献典籍中获得，可从教诲、训导中获得，甚至可从闲言碎语中获得。实际上，在人类漫长的文明发展过程中，涌现出了大量的类似认识。这些认识被表达出来，散落于社会的各个角落，以致那些没有经过艰辛智力探索的人也可能因各种机缘而了解到它们。

一个人即便经过艰辛的智力探索，获得了这样的认识，如果没有亲身实践，他的这种认识依然是有缺陷的。不仅如此，那些没有经过艰辛智力探索的人，通过丰富的实践，也可能获得类似的认识。的确，具有一定生活阅历的人会发现，自己曾接受的人生目的或道德规范存在局限，谨守它们会遇到各种困境。他会发现，他人所接受的人生目的或道德规范尽管与自己所接受的有所不同，但如果设身处地地考虑，它们也具有合理性。相比于单纯的智力探索，基于实践甚至能获得更为丰富而深入的认识。实践不仅使人认识到在不同情境中可能需要接受不同的人生目的或道德规范，也使人认识到在不同情境中具体要接受何种人生目的或道德规范。实际上，人们会发现，没有经过丰富实践而接受的人生目的或道德规范，它们之于接受者，就如格言之于儿童一样。尽管一名儿童能背诵众多的格言，但它们于他来说，依然只是一些空洞、抽象的教条。当然，实践也不是能离开认识的。一个在人世间浑浑噩噩的人，尽管经历万千，但如果没有痛彻的反省，他终究也难以获得深刻的认识。

只有经过深刻的反思、丰富的实践，只有经过彷徨、犹豫、怀疑，经过那"衣带渐宽终不悔，为伊消得人憔悴"的阶段，方能达到"蓦然回首，那人却在，灯火阑珊处"的高明境界。不过，尽管上述认识是达到高明境界的必要前提,但它与那只有处于高明境界的人才具有的认识有根本的不同。由于在逻辑上基于它并不能获得后一类认识,因而一个人即使经历了这样的阶段,获得了这样的认识,他也未必能达到高明境界。要超脱其他人生境界,达到高明境界,还需要经过一个非逻辑的认识过程,还需要经过一次思想的跳跃,也即要经过所谓的"顿悟"。顿悟使人豁然开朗、脱胎换骨,使人纵身一跃,达到高明境界。

"顿悟"是对心理状态的某种转化方式的描绘。在顿悟过程中,心灵在一瞬间由一种状态转化到另一种状态,在这两种状态之间似乎没有经历中间步骤,转化是一下子完成的。它是一种整体的、革命性的突变,就如一壶达到临界状态的表面平静的水,一点微小的扰动就能使它沸腾起来一样。自觉的人经过艰苦的努力,其心灵也可能达到这样的状态:即便外部的微小触动也能使他产生快速而巨大的变化。这一状态即是产生顿悟前的临界状态。顿悟的产生与心灵所处的原初状态有关,也与外部的触动有关。外部的触动可能是他人的指点,可能是某些社会事件,甚至可能是某一自然事件。由于这种转化是一种整体的突变,因而难以描绘转化的具体过程,难以了解影响顿悟产生的各种相关因素是什么以及它们作用的清晰过程。禅宗祖师欲使那些追求更高人生境界而出现疑问的弟子有所跃升,便常常通过一些非逻辑的、不合情理的、答非所问的言语来触动他,或通过诸如竖拂子、执拄杖、棒打、掌掴等动作来触动他,使他顿悟。禅师们知道,难以通过逻辑的方式使人达到这种顿悟,却可能通过不同的因素而触动他。

高明境界的最终达到要依赖顿悟,没有经历顿悟,不仅那自觉的人之前的奋力反思终无了局,他甚至会对自己所获得的认识产生怀疑,会对自己的追求或信念产生动摇。作为达到高明境界的必经阶段,顿悟无疑是重要的,却不表明高明境界的达到就可忽视渐近过程或"渐悟"。不仅持续不断的艰苦反思、长期丰富的实践是那自觉的人达到高明境界的必要前提,而且在达到高明境界的过程中,顿悟也不是其追求的终点,它只是一个新的起点。

尽管自觉的人依赖顿悟触及了高明境界,但于他而言,这种境界通常还只是纯粹智力上的成就,它甚至只是偶尔显现的心理状态。不仅如此,基于顿悟而获得的认识还可能只是一种从总体上理解人生目的或道德规范的方式、态度，还只是一种形式上的、抽象的东西，它缺乏实质的内容。如它难以明确告知人们在现实生活中做什么以及如何做，难以明确告诉人们在实践中要接受何种人生目的或道德规范，等等。实质的内容显然需要他在实践中根据具体情境填补起来，也只有如此，高明境界才不是抽象的，而变得具体、真实起来。可见，自觉的人要真正达到高明境界，他还要时时在不同情境中有所发明，不可盲目地以为，既已"立乎其大者"，便可一味地做去。这里把一个人在实践中真实地了解自己所要接受的人生目的或道德规范的过程称为实践的操持。

一个人即使有了顿悟，触及了高明境界，即使知道在现实生活中做什么以及如何做，也可能难以真正达到高明境界。人在日复一日、年复一年的繁忙中，在蝇营狗苟、奔波追逐的人生沉浮中，可能忘记自己的追求，忘记自己所曾达到的认识以及所要遵守的人生目的或道德规范。更为一般地说，人生于世，会面临各种情境。他在现实生活中会遇到各种苦痛、挫折、失败，这使得他可能会因此而改变信念、放弃追求。他在现实生活中也会快乐、顺遂、成功，它们又可能使他忘乎所以，背离初心。可见，要真正达到高明境界，一个人有过顿悟是不够的，甚至知道在具体情境接受哪些人生目的或道德规范也是不够的，他还要在实践中长期地坚守它们。只有如此，这种境界才能在其言行中自然地流露出来，这时才可说，他真正地具有了高明境界。要做到这一点，他就要时时反省自己，极力不忘自己的追求与曾达到的认识，还要在实践中抵制诱惑，超越一时的苦痛与快乐、挫折与顺遂、失败与成功，以自己的坚守来约束自己的言行。如果他在实践中谨言慎行，常存敬畏之心，不使心思散逸，那么在长期的坚守中，他终将成就一种独特的行为习惯，而高明境界也能常得维持，并且能在其言行中自然地流露出来。

具有高明境界的人尽管言行一致，坚守自己所接受的人生目的或道德规范，却不表明他不能有所改变。当然，即使具有高明境界的人可能改变其生存性选择，这种改变也不是随波逐流，而是基于自己以及具体情境做出选择的结果。具有高明境界的人所做出的这种改变自然也不是经常的。经常改变自己的生存性选择不仅会使自己曾经的探索前功尽弃，也可能使自己的行事没有方向与原则。人在得意时或许不会想到改弦易辙，在失意时却常常会对自己的言行以至生存性选择产生怀疑。人生不

第十六章　安身立命

如意事十之八九,如果一个人稍不如意便改变自己坚守的信念,那他的这种改变将是经常的。经常而轻率地改变自己生存性选择的人尽管舞文弄墨、摇唇鼓舌,自以为明心见性,达到了高明境界,其实在实践中他难以从容平和,轻松洒脱。他甚至油滑狂邪,终究难以摆脱苦恼境界。

许多人希望通过远离社会来排除外部干扰,坚守信念,以保持高明境界。这种方式有时当然是可靠的,甚至也是必要的,但由于人不能总是远离社会,故而它不总是可行的。只有在社会中,人们才能确认自己所接受的信念是否真实。一个人远离社会或许可成为他在社会中坚守信念的一种预备,但完全基于它而保持的高明境界最终只是一个空洞的幻影。真正具有坚定信念的人不会因处于人世间而改变其信念,因而他也无须离群索居、远离社会。实际上,如果一个人试图通过这种方式来坚守信念,那只能表明他对自己的自制力或所坚守的信念还不那么自信。甚至可以说,他所要达到的人生境界不是高明境界,而是信仰境界。因为在他的设想中,他自己所坚守的那些信念是不可更改的,他试图坚守的不是信念,而是信仰。其实,那些处于信仰境界的人(如许多宗教信徒)也反对通过这样的方式来达到或保持其境界。如慧能就说:"佛法在世间,不离世间觉。离世觅菩提,恰如求兔角。"[①]

可以看到,在达到高明境界的过程中,大约要经历如下环节。首先当然要有强烈的意愿。具有自觉的人如果没有追求高明境界的意愿,他自然也就不可能达到它。其次,在达到高明境界的过程中,深入的认识显然是必要的。尽管具有自觉的人经过艰苦的反思与丰富的实践,获得了对人生价值问题的全面而深入的认识,但要达到高明境界,他还要经过顿悟。顿悟不能从人之前的认识中合乎逻辑地获得,它基于某些机缘,基于个人的创造。通过顿悟,具有自觉的人对人生价值问题有了一种全新的认识,他也由此触及了高明境界。然而,要巩固顿悟所达到的认识成果,使之转化为实践智慧,还需要实践的操持与坚守。实际上,经历顿悟的人即使获得了深入的认识,触及了高明境界,如果他只是沉湎于此,轻视实践,并不能使其人生境界发生真实的变化。只有通过实践的

[①] 《六祖大师法宝坛经》卷1,载《大正藏》第48册,中华电子佛典协会,2009,第351页。

操持与坚守，经历顿悟的人的认识才更为丰富而深刻，认识才能转化成为自己的行为方式，他才能长期保持高明境界，他所具有的高明境界才变得具体而真实起来。

上述环节当然不是分离开的，它们也不是按一定次序而出现的。在人生过程中，它们不仅可能交错地出现，甚至会相互强化。具有追求高明境界的意愿自然是进一步深入认识人生价值问题，努力达到高明境界的基础。不过，它也是认识的结果。没有对人生价值问题的深入认识，一般人是不太可能具有这种意愿的。具有自觉的人即使有追求高明境界的意愿，它也可能由于他没有顿悟而被侵蚀、削弱。反之，如果他达到顿悟，真切地体会到高明境界的妙处，他追求的意愿自然就会更为强烈。深入的认识需要借助于实践，实践也是保持高明境界的基础。如果实践存在于不同环节，那么认识也是如此。实践的操持是其坚守的前提，而在实践的坚守中，人们不仅要注意自己所达到的认识，也要时时评估自己以及所处的情境，甚至改变自己的信念。就此而言，在达到高明境界的过程中，实践的操持与坚守相伴相随。

第六节　中庸之道

具有高明境界的人心地坦然，不感到迷茫，但他在生活中依然面临选择何种人生目的或道德规范的问题。他将如何选择呢？他的选择与他人的选择是否有所不同呢？对特定个人来说，相对于任何他人，他是特殊的个体，是世间的唯一。故而人们提出，具有高明境界的人要实现、保障或突出这种特异性，在选择时就不能以他人为榜样，而要与众不同，也即"要成为自己"或"要实现自己"。然而，由于人是自由的，他在生活中根本是自己下决心，自己拿主意，他根本是自己的主宰。即使他也曾犹疑不决，也曾听命于他人，以他人为榜样，却归根到底是他自己在选择，因而"要成为自己""要实现自己"的倡导实际是没有太大意义的。不仅如此，任何人理所当然就是他自己，他甚至不可能不成为自己。由于这种倡导暗示一个人可以不成为自己，因而它甚至隐含了一种悖谬。

一个人为了成就自己的独特性，希望自己的选择与众不同，这样的做法在实践中其实难以行得通。同一社会中的民众往往具有相同的生理特征,他们处于相同的政治经济背景与文化传统中,接受了相似甚至相同的知识与价值观念。在与他人交流、交往时,他会发现,自己并不那么出众,与他人并没有根本不同,自己只是一个平常人。他会发现,自己即使与他人存在某些差异,他与他人之间的相同之处也远多于这些差异。他会发现,真正"要成为自己"或"要实现自己",要与众不同,就不仅要违拗自己所接受的知识与价值观念,也要违拗自己所处社会中的社会制度与文化传统,甚至要违拗自己的生理条件。这样一来,"要成为自己"或"要实现自己"的人就恰恰没有能够真正成为自己、实现自己。这种倡导会鼓舞起人的自信心,使人膨胀起来,以致在社会中铤而走险,为"成为自己"而冒天下之大不韪,结果社会将可能因此而混乱、动荡、冲突横生。这样的倡导的确难以在现实社会中行得通,信从这种看法的人会发现,理想与现实之间存在冲突。由于这种冲突可能引发诸如焦虑、压抑、沮丧、苦闷、恐惧等心理问题,因而有理由相信,常见于现代人中的这些心理问题与上述流行教条或多或少是有关的。

当然,在"要成为自己"或"要实现自己"的流行教条中还可看到更多的内容。它可能暗示,就人生目的或道德规范而言,尽管他人的接受并非没有根据,但一个人根据自己的真情实感或实际需要等做出的选择也有其根据,它甚至不比其他选择的根据少。正是如此,他要对自己的选择有信心,不要盲从于他人,不要"反认他乡是故乡"。如果这样,具有高明境界的人可从这样的教条中获得启发,他甚至无须排斥它。不过,对具有高明境界的人来说,这样的教条也只是时刻警醒自己,不要盲从,要从众人中抽身出来,在实践中坚守自己的信念,却不表明他必定要特立独行、标新立异,不表明他必定要接受某些与众不同的人生目的或道德规范。

具有高明境界的人所接受的人生目的或道德规范与平常人所接受的常常没有根本的不同,他似乎如同平常人一样地生活。不过,他们之间还是有所不同。平常人受制于公共意见,不追问人生价值问题,他们总是跟从社会中多数人的看法,追踪大众的平均性理解。他们之所以接受它们,只是由于它们是别人或大多数人所接受的,其本身没有主见、没有原则。他们抹杀了是非,混淆了善恶。正是如此,也可以说他们没有自觉或不具有较高的自觉，他们就是所谓的"乡愿"。这里把乡愿所接受的人生目的或道德规范称为中道。具有高明境界的人知道，他之所以接受了与平常人或乡愿所接受的类似乃至相同的人生目的或道德规范，并不是由于它们有充分的根据，也不是由于它们是多数人所接受的，而是由于其他的人生目的或道德规范不见得比它们更好，它们本身有可接受之处，此时此地，接受它们甚至是应当的。可见，这是他对人生价值问题进行深入反思之后所做的选择，他的选择基于高度的自觉。

具有高明境界的人当然不认为接受流行的或多数人认可的人生目的或道德规范便是完全合理的。由于每个人都可以有自己独特的生活，接受它们并非唯一的、不可避免的，因而尽管他常常接受它们，行中道，却也不拘泥于此，他能自觉地改变，做出其他的选择。如尽管他在平常的生活中识大体、跟大流，随俗从众，明哲保身，但在时局动荡不安，他人踌躇不决、观望不前之际，或在灾祸突降，民众避之唯恐不及之时，他能挺身而出，开风气之先，表现出一种"虽千万人，吾往矣"的气魄。如果具有高明境界的人所接受的人生目的或道德规范不一定是中道，那会是什么呢？对于众多具有高明境界的人来说，他们可能接受，不仅如此，甚至同一个人在不同情境中也可能接受不同的人生目的或道德规范，因而要对它们给出准确的描绘是困难的。不过，由于它是具有高明境界的人所接受的，故可一般地称之为高明之道。《中庸》中有所谓"极高明而道中庸"[①]的说法，有鉴于此，又可称之为"中庸之道"。

具有高明境界的人行中庸之道，因而他不一定是圣人。圣人以增进社会公共利益而非个人私利为目的，他救万民于水火，解苍生于倒悬。为达目的，他不仅恪守礼教，遵守社会公德，而且箪食瓢饮，不避艰险，常常表现出至仁至义、大公无私等美德。可称圣人所接受的这些人生目的或道德规范为圣人之道或圣道。圣人常常真诚地相信，圣人之道有充分的根据，接受它们是理所当然的，因而他具有坚定的信念乃至信仰。圣人为行圣人之道，身体力行，上下求索，即使知其不可为也勉力为之，他在实践中会表现出一种百折不回的顽强、执着精神。

具有高明境界的人也不一定是神人。如同圣人，神人也相信接受某

---

① 《中庸》，载朱熹《四书章句集注》，中华书局，2011，第36页。

些人生目的或道德规范是理所当然的。不过，他与圣人还是有所不同，他之所以接受它们，不是由于它们会增进社会公共利益，而是由于它们来自超自然的神。他不仅相信存在神，也相信神是人进行判断、发布命令的最终根据，甚至是所有知识的根据，它给定了人生的目的以及应当谨守的道德规范。正是由于有了神的保证，神人可以全然不顾社会公共利益，可以冷酷无情、六亲不认，心安理得地追求个人私利——自己获得拯救，达到永恒至福。当然，神人毕竟生活在社会中，他实际会在社会中做利他的事，会遵守社会公德，但所有这一切归根到底只是为了拯救自己。尽管宗教信徒不一定是神人，神人也不一定只存在于宗教中，但神人往往是一些虔诚的宗教信徒。可把神人所接受的人生目的或道德规范称为神人之道或神道。

具有高明境界的人当然不认为圣人、神人所接受的人生目的或道德规范是错的，不过，由于他有理由认定它们没有充分的根据，因而在他看来，圣人、神人通常是不明智的。圣人或神人常常指责那些他所不接受的人生目的或道德规范没有根据，是不合理的，在他的心目中，只有特定信仰才是合理的，因而他对其他人生目的或道德规范、对其他的人和事缺乏宽容。就此而言，圣人、神人又是偏执的。圣人匡扶社稷，扶危济困，为大家而不顾小家，为公而忘私，他主要甚至完全为他人而活。可以说，圣人媚于他人，偏执于入世。神人禁制感官欲望，摒弃现实享乐，幻想在来世获得福报。为了自己能蒙神恩，出离苦海，他一心事神。神人媚于神，偏执于出世。由于来世的自己与现世的自己至少在身体上是不同的，而只有心灵与身体的结合才有痛苦与快乐，才有疾病与健康，才有诸多幸福与不幸福的感受，甚至只有如此才能完成实际的行为，因而有理由相信，一个与自己没有共同身体的心灵不太可能与自己是同一的。如果这样，来世的自己与现世的自己就不是同一个自己了。就此而言，神人为来世的自己而牺牲现世的幸福便与圣人为他人而牺牲自己的幸福是类似的，他甚至根本也是为他人而活的。

与平常人相比，具有高明境界的人不随波逐流、不盲从，他无疑更为自觉。具有高明境界的人不仅认识到自己所接受的人生目的或道德规范没有充分的根据，也认识到他人的接受是有根据的，因而相比于圣人、神人，他更为明智。具有高明境界的人时刻反思自己"为何而活"以及

"如何而活",反思自己所要接受的人生目的或道德规范,一旦认定,他便操守专一,谨而行之。如果他发现其中的某些目的难以达到或不可能达到,尽管他心向往之,也不会把它们当作自己的人生目的。如果他发现一些道德规范难以做到,他也可能不会选择它们。由于他能根据现实情境来调整自己,因而他是通达而不偏执的。具有高明境界的人在谨守某些人生目的或道德规范时,由于他不一定为了他人的欣赏,不一定为了名垂后世或蒙神恩,因而其行为在他人或神看来不一定是高尚的,他可能不是通常意义上的好人。当然,他也不一定是通常意义上的坏人。

具有高明境界的人不媚于世、不媚于神,他可能只是为了自己的幸福,只是为了家人的利益,只是为博得所爱之人的喜欢,他根本是为己的。他知道,即使全然为自己,他所做的事也没有什么不对,他无须为此感到羞愧、难为情。不过,他知道自己身处人世,与他人相互关联,为他即是为己,为己便要为他。即便他是为己的,却也可为他人而行。他可为自己所爱的事业、所爱的家庭、所爱的群体(如民族、国家等)而放弃享乐,忍受痛苦,历经磨难,甚至牺牲生命。在他那里,认识与实践是一致的,因而他在实践中问心无愧,无须伪装。他安详、喜悦,他自在、洒脱。可以说,具有高明境界的人不是入世的圣人,不是出世的神人。他立足于人伦日用,却又超然于它;他立足于人世,却又超然于人世,是入于世而又超于世的哲人。

结语　行如哲人

伦理学家努力分析伦理术语的含义以及各种价值语句之间的关系，根据各种事实来推演结论，以便为人们选择合理的价值观念提供理由。不过，由于伦理学家意识到，自己不一定能为此提供充分的理由，甚至根本难以做到这一点，因而他们通常不太乐意向人推荐价值观念。他们甚至认为，那些试图兜售特定价值观念的伦理学难以说是可信的，它们实际沦为了特定意识形态、政治权力或传统观念的附庸；如果一个伦理学家向人推荐某种价值观念，或宣称某类行为是好的或坏的，那就表明他的讨论很有可能出现了问题。然而，作为一门实践科学，伦理学需要面向实践，它甚至首先是实践的，其次才是理论的。那伦理学如何面向实践呢？其实，即使伦理学不直接为人生目的提供理由，不推荐特定的道德规范，它也会对实践产生影响。一个人在试图做出生存性选择时，往往需要基于相关的知识，如他要知道选择一道德规范时会导致何种后果，要知道特定人生目的与某些道德规范之间有何关系，等等，而伦理学恰恰提供了这一点。

伦理学对实践甚至有更为直接的影响。在现实生活中，人们相互交流，表达各自的看法，宣扬并试图使人接受自己的价值观念。这样的做法不仅是可理解的，甚至是必要的，它可以使不同的社会成员相互了解，接受相同的价值观念，凝聚社会共识，促进相互协作。正是如此，宗教信徒、道德榜样以及政府官员等在宣扬某种价值观念时，在告诉人们应当成为什么样的人或应当如何做人时，它们常常是可容忍或可接受的。伦理学家不仅难有充分的理由指责这种行为，他甚至也有必要表达或推荐自己的价值观念。实际上，由于伦理学家比其他人拥有更多的伦理学知识，如比其他人更了解人生目的以及道德规范的性质，更了解它们之间的关系以及接受它们后可能产生的后果，等等，因而他可能比宗教信徒、道德榜样以及政府官员等更有资格推荐人生目的或道德规范。尽管为了保证伦理学的科学性，伦理学家在研究过程中要尽可能地悬置自己的价值观念，以避免它们影响其研究结果，但在研究完成之后，他可以甚至有必要如同其他社会成员一样，根据自己的研究以及相关知识提出自己认为合理的价值观念。

如果一定要求伦理学家推荐某种价值观念，他会做何推荐呢？许多伦理学家会提出：行如圣人！圣人有自己坚守的信念，他摆脱了人生困境，就此而言，一个人立志成圣于己是有益的。圣人品德高尚，其言行合乎民情。他通常为社会所容，为世人所爱。不过，立志成圣的人往往要先天下之忧而忧，后天下之乐而乐。他要殚精竭虑，劳碌奔波，以致形容枯槁、伤体残身，甚至牺牲性命。因而尽管他于世有功，其行为于己却可能无利。不仅如此，即使长期努力，立志成圣的人也可能难以达到目的，甚至为世人所不容。苏格拉底与孔子的境遇就显示了这一点。显然，这些都可能使人对立志成圣产生动摇。其实，如果人们发现，在现实生活中，那些立志成圣的人实际接受了不同的圣人之道，而古往今来圣人所行之"道"也不完全相同。同时，如果他发现，不仅在一社会中存在不同的社会群体，对一群体有利的事不一定对另一群体有利，很难找到对所有社会群体都有利的事，而且圣人之道甚至根本没有充分的根据，那么，他很可能因此而对立志成圣产生动摇。

如果一个人不为个人私利着想，一心希望增进社会公共利益，遵守社会公德，那么即使他没有完全达到目的，他也会问心无愧，甚至还会感到某种满足。在社会中，尽管一个人知圣人之道难为，甚至于不可为，却依然勉力为之，他反而更易于赢得他人的崇敬。正是如此，对那些具有坚定信仰而立志成圣的人来说，上述的动摇只是信仰不坚定者缺乏自制的结果。坚决立志成圣的人即使发现自己所接受的价值观念存在不一致，他也只是随认识的深入而放弃某些信仰，却不会动摇他坚守其他信仰的决心，不会动摇他成圣的决心。不仅如此，尽管立志成圣的人知道圣人之道没有充分的根据，但如果他知道，任何事都并非尽善尽美，选择其他道路也不过如此，那他也可能不会因此而失去坚守它的动力。相反，他在行圣人之道时可能会洒脱自得、闲适安详，待人会宽厚起来，行事会谨慎起来。这时他在行圣人之道时兼有哲人气度。他不仅在成就圣人，也在成就哲人，他成就的是圣哲。

尽管可向人推荐圣人之道，它实际也为一些人所坚守，但它确实不是人人都能做到的。圣人之道与平常人甚至多数人所接受的价值观念有显著不同。它要求人谨守社会公德，不谋求个人私利，因而通常难以满足人在生理以及心理上的某些自然欲求。它要求人反思自己，不断地自我批评，因而会彰显自己在品德上的诸多缺陷。由于在平常人或多数人看来，它违常情，悖常理，因而他们对它敬而远之。此外，好与坏相对，美德与恶德也相辅相成。在某种意义上，正是由于一些人或多数人不是圣人，其他人才可能成为圣人，也即圣人之道实际不为社会中的某些人或多数人接受，它只为个别人或少数人接受，甚至在逻辑上也不可能为社会中的所有人接受。如果这样，向社会中的所有人推荐行如圣人的价值观念显然是不太合适的。

于社会而言，圣人之道不为多数人接受也许不是坏事，而是一桩幸事。立志成圣的人由于要倾注大量的时间与精力来行圣人之道，成就圣人品德，他往往会忽视对自身其他能力的培养，也没有时间与精力来培养它们。这正如沃尔夫所说："如果道德圣贤把他所有的时间投身于给养穷人或治疗病人，或者为牛津饥荒救济委员会筹集资金，那么他必然没有阅读维多利亚时代的小说或演奏双簧管，或者提升他反手击球的技艺。……一个道德圣贤一般来说不能鼓励重要的非道德利益与技能的发现与发展。"① 如果立志成圣的人没有努力探求知识，没有努力培养自己敏锐感受能力，没有努力培养身体的协调能力，等等，他自然难以成为伟大的科学家、艺术家、工匠，也就可能才智平凡、见识短浅、言行乏味。这样一来，可以预见，人人都立志成圣、都行圣人之道的社会，它很可能是文化单一、经济落后的，其中的民众生活平淡枯燥、缺乏创造力。

社会庞大而复杂，出现于其中的行为往往会产生诸多意想不到的后果，而这些后果不仅行为者自己很难搞清楚，甚至任何人都很难搞清楚。如一个人自以为对社会有利或不利的行为实际不一定真正如此。的确，在现有社会条件下，一个人的行为于社会是有利的，但如果社会中人人都如此行为，便会因此而构成一种新的社会条件，在此条件下，此行为

---

① 苏珊·沃尔夫：《道德圣贤》，载徐向东编《美德伦理与道德要求》，江苏人民出版社，2007，第175页。

不一定对社会有利。反之，尽管一个人的行为于社会是不利的，如果社会中人人都如此行为，它可能反而于社会有利。于是可能出现如下情形：尽管特定个人遵守社会公德的行为于社会有利，但如果社会中人人都遵守社会公德，它对社会就不一定是有利的。休谟就曾指出："慷慨……不但使人不能适合于广大的社会，反而和最狭隘的自私一样，使他们几乎与社会互相抵触。因为每个人既然爱自己甚于爱其他任何一个人，而且在他对其他人的爱中间，对于自己的亲戚和相识又有最大的爱，所以这就必然要产生各种情感的对立，因而也就产生了各种行为的对立；这对于新建立起来的结合不能不是有危险的。"[①] 许多经济学家也相信，一个人人立志成圣、人人公而忘私的社会，很可能是经济发展停滞不前的社会。

无论如何，圣人难为，立志成圣注定只有少数人才能做到。如果一个社会，借助国家的力量，不断鼓吹人们立志成圣，而立志成圣成了一种时尚，那么其中许多社会成员就会弄虚作假。他们在人前会表现得似乎品德高尚，只要有可能，就会背弃圣人之道。于是，社会将出现种种伪善。在此社会中，一些人自思圣人难为，于是干脆放弃圣人之道，我行我素。人一旦放下对美德的追求，也就可能为自己放弃社会责任、胡作非为找到了借口。这时他要么汲汲于功名富贵，最大限度地追逐物欲的满足，要么自暴自弃，陷于颓废堕落。可见，在一个要求人人立志成圣的社会或人人立志成圣的社会，其总体道德水平也许并不如人们所想象的那么高。立志成圣的人希望其言行为后人景仰、敬慕，垂范后世，他甚至把成圣看作获得权力、财富、名望的路径，就此而言，可以说他是自私的。自私无疑也是贪婪、嫉妒、心胸狭窄、为达到个人目的而无恶不作等心理与行为的基础，因而人们在推崇圣人之道时，也可能恰恰鼓励了这种恶行。这其实正是古代智者所担忧的，"圣人不死，大盗不止"。

如果试图向所有人推荐行如圣人的价值观念，甚至借助国家力量来要求人人立志成圣，这很可能会扼杀人的自主选择能力。这种推荐与现代人所推崇的某些价值观念显然是不一致的。当然，尽管行如圣人难以成为一个适合向所有人推荐的价值观念，但鼓励人行如圣人不仅可以引

---

① 休谟：《人性论》（下），关文运译，商务印书馆，1996，第 527～528 页。

导人们培养美德，对树立良好的社会道德风尚、形成接受度高的社会公德也是有益的。就此而言，它依然不失为一个好的推荐。不过，它之所以适合于向人推荐，恰恰是因为它只为少数人所接受。其实，在从事扶危济困、救助他人等事业时，社会的力量通常远大于个人的力量。越是大型的社会，社会公共部门在这类事业中所能起的作用就越比个人所能起的作用大。如果一社会在这类事业中特别强调个人的作用，那就表明，它其实在这方面是不够有作为的，其社会制度存在缺陷。在专制社会中，由于社会制度的缺陷，社会优势资源分配不均衡，存在大量需要救助的人。专制社会中的统治者不太可能主动根据社会制度来重新分配，为了消除社会成员之间的冲突，维护其统治的稳固，也为了掩盖社会制度的不良与自己的贪婪，他们习惯于推崇圣人之道。这或许便是越专制的社会就越推崇圣人之道，或越不遗余力地以国家力量来推进所谓道德建设的原因。相比而言，由于有较为良好的社会制度，民主社会中所要救助的人会更少。即使存在这样的人和事，在民主社会中的民众看来，良好的社会制度会比个人的品德更能提供有效而良好的帮助，而提供这样的帮助甚至主要是社会的职责。正是如此，相比于专制社会，民主社会往往更注重完善社会制度，而不是推崇所谓的圣人之道。

如果圣人难为，甚至也不必为，行如神人又如何呢？神人有坚定的信仰，相信所接受的神人之道是有根据的，因而他也从根本上摆脱了人生困境。神人为了自己的目的，往往与人为善，遵守社会公德，甚至会表现出圣人的品德。实际上，神人之道不完全来源于神，它所包含的许多价值观念就来源于世俗的人生理想与社会公德。由于一个人行如神人不仅于己有益，他如同圣人一样也可为社会所容、为世人所爱，因而看起来它不失为一种可向人推荐的价值观念。不过，由于与有神关的陈述往往是无稽之谈，人们通常难以在智力上相信存在神，因而可以想象，要求人行如神人难以获得广泛的接受。神人之道要求人追求来世得救，放弃感官享乐，不追求世俗的人生目的，甚至敌视现实生活，这也使得它难以被广泛接受。此外，要求人人行如神人不仅与现代人所推崇的某些价值观念不一致，甚至不可避免地导致伪善流行，因而可以预见，要求人人行如神人的社会也不一定是具有良好道德风尚的社会。不仅如此，如果一个社会人人都行如神人，相信只有神人之道是合理的，其他价值观念全然不合理，这样的社会将会如人人立志成圣的社会一样，生活枯燥乏味，经济停滞不前，文化黯淡单一。相比于人人立志成圣的社会，它所存在的这些缺陷甚至有过之而无不及。如果这样，向人推荐行如神人的价值观念又有何必要呢？

宗教确立了某种特定的神人之道，为行如神人提供了具体的样式。在社会缺乏强有力的权威时，宗教为社会形成具有凝聚力的整体发挥了重要的作用。在社会文化水平低下时，它对文明的传播与发展也有巨大的推动作用。同时，宗教还给信仰者带来灵魂的安宁，给他以精神慰藉与归属感。鉴于宗教对社会发展所起的无与伦比的作用，在人类历史的早期，甚至在之后的较长时期，宗教常常为社会所接纳，甚至为它所支持。然而，经过长期的发展，社会逐渐形成了一个具有凝聚力的整体。这种凝聚力既表现在社会成员接受了共同的传统文化、价值观念等上，也表现在形形色色的法律、风俗以及各种规章制度等社会制度上。传统文化、价值观念等为各种社会制度提供了基础，后者反过来又为前者的发展提供了保障，它们共同为社会的凝聚力提供了持续的支持。这种支持通常比宗教的支持更为有力。随着社会文化水平的提高，宗教在社会中不仅难以促进文明的传播与发展，还常常起着阻碍作用。随着社会成员交流、交往的紧密与深入，在社会中形成了诸如国家、家庭、家族等各种社会群体。这些群体与宗教一样，不仅能给人带来灵魂的安宁，也能给人提供精神慰藉与归属感。由于人们可以自主选择或调整这种影响，如一个人可以自主选择加入何种群体以及与何人交流、交往等，以此来弥补自己在情感方面的缺失，满足自己在心理方面的需要，因而这些群体对人心理方面所产生的影响不仅是强烈的，甚至相比而言，比宗教所产生的影响更符合人的需要。凡此种种，可以说，尽管在社会的发展过程中，宗教的确起过重要的作用，但随着时间的推移，这种作用会越来越小。实际上，在现代社会，它变得越来越被边缘化了。

在立志成神的人看来，他人或社会只是他获得救赎的工具。由于他根本只是爱神，其他的爱都从对神的爱中引申出来，爱他人便是神要求的结果，因而他对不爱神、不敬神的人很可能是不爱的。尽管他遵守社会公德，但如果神启示他抛弃世俗的道德规范，如抛家弃子、遁世山林，或蹂躏异端、戕害异教徒，他通常也会义无反顾。可以设想，如果某种宗教获得了社会中多数人的接受，以至形成了政教合一的社会，那么宗教领袖就会获得极大的权势，他就很可能推行绝对专制、唯我独尊的社会制度。在这样的社会中，利用公共权势冷酷待人、排斥异己的事将比比皆是，报复诅咒、摧残凌虐的事将层出不穷。历史与现实中的各种事实都一再地表明了这一点。其实，无论何种宗教，只要它将所接受的价值观念或宗教教义、教规等明确地规定下来，把它们绝对化，它们就会变得比较狭隘，就会难以应对时代的变化。正是由于宗教的这些特征，尽管它可能成为个人的主观爱好，但在现代社会，人人行如神人无论如何都不是值得倡导的。

如果一个人自思圣人难为，而神人又不愿为，要向他做何推荐呢？或许现实的推荐是，行如哲人！哲人不盲从、有主见，行事平和，自在喜乐，在生活中时时处处如饮甘泉。可见，这种推荐于人是有益的。哲人尽管明智、通达而不偏执，为人真实，做事不虚伪，却可如平常人一样生活。要求人行如哲人时，并不要求他对自己的生活改弦更张，改变自己的兴趣、爱好，并不要求他接受某些难以接受的人生目的或道德规范。他可以像自己以往一样生活，不用如行圣人之道的人那样违拗自己的诸多生理、心理欲求，也无须如行神人之道的人那样厌世弃俗。在某种意义上，它与其是在推荐一些新的人生目的或道德规范，不如说是在推荐一种对待它们或人生的新态度。由于它可使人得到万千，却不会使人失去毫厘，因而它只是使人"得轮明月照大江"，却"不废江河万古流"。

行如哲人不要求人相信无根据之物，不要求人行难行之事，因而它不仅比圣人之道、神人之道易行，甚至比中道易行。乡愿以他人的行事标准为自己行事的标准，以他人的选择为自己的选择，他们所奉行的中道似乎是易行的。然而，多数人的意见变幻莫测，中道也将时常变化，因而一个人在行中道的过程中，稍不留心就会过度，有时则又不及。于是，他行事时时要谨小慎微，要看他人的眼色行事。同时，受传统思想观念的影响，受自己所处环境的影响，甚至受生理、心理条件的限制，任何人都有一些自己所坚持的价值观念。为行中道，乡愿就可能要偏离它们，甚至要违拗它们。无论如何，中道看似易行，其实却是难行的。与之不同，哲人有自己的主张，有自己的选择，他自主地行事，而不必过于顾及其他。尽管他在行事之前有反思，要克服各种困难来坚持自己的选择,不过,由于他可创造性地行事,可"从心所欲,不逾矩",因而其行事往往更为简捷易行。

之所以难以想象一个社会人人都行如圣人或行如神人,一个重要原因就是,行如圣人或行如神人实际难以为所有人或多数人接受,而相比于现实社会,一个所有人或多数人都行如圣人或行如神人的社会甚至是更坏的社会。由于行如哲人不仅于行为者有益,而且它简捷易行,因而不仅社会中的多数人,甚至所有人都可行如哲人。一个不甘平凡,希望成圣、成神的人可以行如哲人,平常人也可以如此。行如哲人的人可以是达官显贵、名媛高士,可以是贩夫走卒、市井小人,也可以是守财奴、偷鸡摸狗之徒乃至大奸巨恶。只要愿意,一个人当然可以把成圣或成神当作自己所要追求的目的,但它注定不会为社会中所有人或多数人坚守,因而它注定只是一种空洞的社会理想。相反,由于成为哲人可能是社会中的多数人或所有人所追求并可能实现的,因而可现实地向人推荐:行如哲人!

要求人行如哲人时,尽管它不要求人做个通常意义上的好人,却也不要求他成为通常意义上的坏人。行如哲人的人可能不从善,但他一般更不会行恶。由于立志成为哲人的人是明智的,他知道"修善尚不蒙福,为邪欲以何望?"[①] 因而即便为着自己的利益,他也不太可能主观为恶于社会。行如哲人不仅于社会无害,甚至实际是有益于社会的。明智的哲人往往不会过分追求权势、财富以及其他一切不切实际的事物。即使他追求诸如此类的事物,通常也会认识到,它们只不过是他达到其他目的(如幸福、快乐等)的手段,只是身外之物,却不是其终极目的,因而他"物物而不物于物"。由于他不偏执于名望、财富甚至权势,不过分追求它们,因而尽管他主观上并没有追求这一点,但其行为的确在客观上有利于消除社会冲突,促成社会的良好协作。总的来说,人人行如哲人的社会不同于人人行如圣人或行如神人的社会,与现实社会相比,它即便不是一个更好的社会,至少也不是一个更坏的社会。

行如哲人只是为个人追求幸福指出了一个自主努力的方向,要达到个人幸福却不能只依赖于此。人与人之间的交流、交往形成了社会,社

---

① 徐震堮:《世说新语校笺》,中华书局,1984,第364页。

会不仅提供了人们追求幸福的现实环境，还提供了幸福本身，因而对幸福的追求终究是与社会相关的。不仅人人都可行如哲人，而哲人也不局限于某种类型的生活。哲人可能与世无争、淡泊名利，可能扶危济困、克己奉公，也可能故弄玄虚、欺世盗名，甚至可能自由放荡、任性胡为。行如哲人的人生活在同一社会，他们相互之间不可避免地存在冲突。除非社会存在强有力的约束来协调他们之间的冲突，指引他们的行为，否则，即使所有社会成员都是哲人，社会也难以良好运行，而哲人也难以指望获得比较完满的幸福。这种协调、指引显然只有通过制定与实行相关社会制度才能实现。社会如何尽可能为其中的人们提供幸福的生活呢？或如何尽可能给那些兴趣各异的哲人提供合意的生存空间呢？这自然是目前需要面对的问题，不过，对它们的讨论已超出本书的范围了。

跋

自完成《语言与知识》一书之后,我便开始准备本书了,正式动手写作它也用了好几年。这些年,尽管我近乎把全部精力都放在本书上,但就它目前所呈现出来的内容看,其实还是不能令人满意的。我之所以决意出版它,主要由于不希望被周围人看作滥竽充数之徒。在这样的年代,一个人如果长期不发表点什么,是难免不被如此看待的。同时也由于,我相信闭门造车不是好的思考方式。要让自己的思想更为完善,就有必要把它拿出来,供人检视、批评。

本书的写作是有缘由的。小时候常听祖母念叨,"人要有良心","不能做丧天良的事",等等。从其认真态度可见,于老人家而言,良心、天良等是极清楚的。不过我对此一直懵懂未明,至今犹然。即便如此,她的话却"中心藏之,何时忘之!"这大约是我写作本书的首要缘由。自从我进入哲学领域以来,就一直对伦理学有兴趣,也逐渐有了一些想法。决心对它们做较为系统的清理是我写作本书的另一缘由。

大概可以预见,本书如我的其他著作一样,一经出版,便将沉寂于茫茫书海,最终如同从未出现过一样。不过,至少于我而言,它依然是有意义的。它不仅让我对做过的思考有了交代,同时也成了我下一步思考的起点。尽管它就如浩瀚宇宙中的一颗流星,或如那荒郊野外的一朵小花,在我的世界中,它却绚烂地出现过。一念及此,欣慰之情便难以自主。本书的看法或许还很肤浅,其中甚至包含诸多错漏舛误,难以为宿儒奥学们赏识,但我依然希望它能对那些有心阅读它的人提供些许启发。

图书在版编目(CIP)数据

伦理学基础/黄正华著. -- 北京：社会科学文献出版社，2018.12
 ISBN 978 - 7 - 5201 - 3668 - 6

Ⅰ.①伦… Ⅱ.①黄… Ⅲ.①伦理学 Ⅳ.①B82
 中国版本图书馆CIP数据核字(2018)第232909号

伦理学基础

著　　者 / 黄正华

出　版　人 / 谢寿光
项目统筹 / 曹义恒
责任编辑 / 单远举　曹义恒

出　　版 / 社会科学文献出版社·社会政法分社 (010) 59367156
　　　　　 地址：北京市北三环中路甲29号院华龙大厦　邮编：100029
　　　　　 网址：www.ssap.com.cn
发　　行 / 市场营销中心 (010) 59367081　59367083
印　　装 / 天津千鹤文化传播有限公司

规　　格 / 开　本：787mm×1092mm　1/16
　　　　　 印　张：27.5　字　数：435千字
版　　次 / 2018年12月第1版　2018年12月第1次印刷
书　　号 / ISBN 978 - 7 - 5201 - 3668 - 6
定　　价 / 138.00元

本书如有印装质量问题，请与读者服务中心 (010 - 59367028) 联系

版权所有　翻印必究